Unterwegs mit

Magdalena Niedzielska-Szurmant & Jan Szurmant

Sie möchten Krakau gemeinsam mit uns erleben? Gerne. Seit ein paar Jahren bieten wir auch Führungen durch die Stadt und Umgebung an. Angelehnt an die Touren in unserem Buch oder zu besonderen Interessen wie jüdischer Geschichte und Krakaus verträumtesten Cafés.
Kombiniert mit einem Ausflug in Kleinpolen oder auch ganz nach Ihren Wünschen. Mehr unter:

www.meinkrakau.de

Unsere Geschichte mit Krakau ist schon ein kleines Liebesdrama: vom ersten Augenblick an vernarrt, oft wiedergesehen, nicht mehr weggewollt, aber weggemusst, zurückgekommen – schließlich dageblieben. Endgültig angekommen sind wir an einem für Krakau so typischen, halb sonnigen, halb vernebelten Frühlingstag im Jahr 2006. Seitdem hat sich in unserer Beziehung viel verändert. Das meiste zum Guten, auch wenn uns manches traurig stimmt. So erinnern wir uns mit Wehmut an längst geschlossene Restaurants, doch mit entspanntem Lächeln registrieren wir, dass die Altstadt wie auch die umliegenden Viertel einfach nicht totzusanieren sind. Die originellen Cafés, die wildromantischen Kellerkneipen und mittelalterlich anmutenden Fleckchen begeistern auch unsere Freunde, die aus Europa und Amerika häufig zu Besuch kommen. Was bisweilen zu Eifersüchteleien führt. Beim ersten Mal kommen sie nämlich noch unseretwegen nach Krakau, ab dem zweiten Mal sind wir uns da nicht mehr so sicher.

Und noch etwas müssen wir Ihnen gestehen: Beim Schreiben unseres Krakauführers, dem Zeugnis unseres „Liebesdramas", ist es uns nicht immer gelungen, nüchterne und professionelle Distanz zu wahren. Stattdessen haben wir uns vom traumverlorenen Charme der Stadt treiben und verzaubern lassen. Machen Sie es doch genauso. Vielleicht bahnt sich da eine weitere Liebesgeschichte an …

Was haben Sie entdeckt?

In welchem Hotel haben Sie sich wohlgefühlt, wo befindet sich Ihre liebste Kawiarnia, in welcher Karczma war es am urigsten, im welchem Restaurant am feinsten? Wenn Sie Tipps, Anregungen oder Verbesserungsvorschläge zum Buch haben, lassen Sie es uns wissen.

Schreiben Sie an: Magdalena Niedzielska-Szurmant, Jan Szurmant, Stichwort „Krakau" | c/o Michael Müller Verlag GmbH | Gerberei 19, D – 91054 Erlangen | Niedzielska.Szurmant@michael-mueller-verlag.de

Krakau

Magdalena Niedzielska-Szurmant & Jan Szurmant

. komplett überarbeitete und aktualisierte Auflage 2017

Inhalt

Orientiert in Krakau

Wege durch Krakau

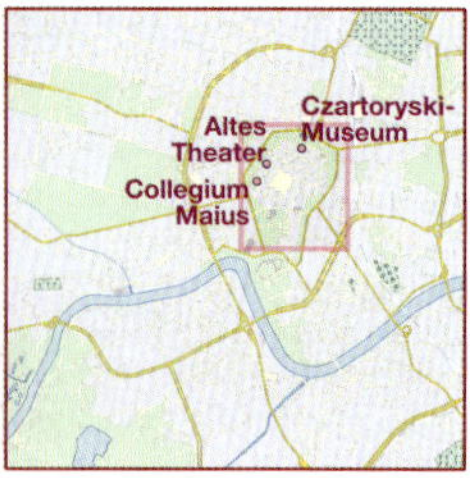

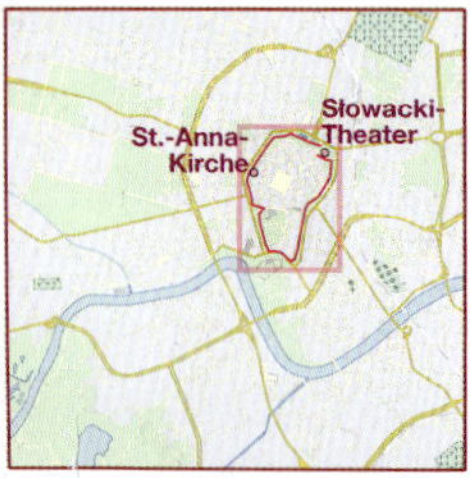

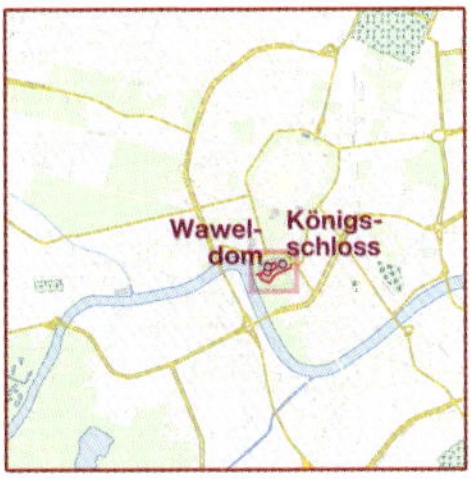

Auf der Königsburg

Tour 5: Wawel

Hoch über der Stadt thront stolz der Wawel, von dem einst die Könige das Land regierten. Touristische Höhepunkte sind das restaurierte Königsschloss mit den königlichen Gemächern und der Waweldom mit seinen prächtigen Kapellen und Königsgräbern.

■ S. 80

Mitten im Krakauer Jugendstil

Tour 6: Piasek und Nowy Świat

Neben verspielten Jugendstilgebäuden bietet die Tour eine Reihe sehenswerter Museen. Herausragend ist das Nationalmuseum mit seinen vielfältigen Exponaten insbesondere auch aus dem Bereich der modernen polnischen Kunst.

■ S. 92

Zwischen Plätzen und Märkten

Tour 7: Kleparz

Der nördlich der Altstadt gelegene Stadtteil beherbergt all das, wofür im engen Zentrum kein Platz war: Bahnhof, Kunstakademie, Nationalbank ... Das Herz des Viertels ist der Rynek Kleparski, auf dem es die besten Lebensmittel der Stadt zu kaufen gibt.

■ S. 108

Zum Rakowicki-Friedhof

Tour 8: Wesoła und Warszawskie

In den beiden westlich des Zentrums gelegenen Stadtteilen herrscht fast schon ländliche Idylle. Auf Besucher warten unter anderem eine der romantischsten Straßen der Stadt und der schön angelegte Rakowicki-Friedhof mit seinen kunstvollen Grabsteinen.

■ S. 116

Jüdischem Leben auf der Spur

Tour 9: Kazimierz

Kazimierz, das einstige jüdische Viertel Krakaus, hat sich nach dem Krieg nur schleppend von den Folgen des Nazi-Terrors erholt, erst in den letzten zwei Jahrzehnten ist das Leben wieder erwacht. Ein Spaziergang zwischen Melancholie und (neuer) Hoffung.

■ S. 124

Im ehemaligen Ghetto

Tour 10: Podgórze

An die Verbrechen der Nazi-Zeit erinnert neben einer Installation auf dem Platz der Helden des Ghettos vor allem die Ausstellung in der ehemaligen Schindler-Fabrik, die durch Steven Spielbergs Film ins kollektive Gedächtnis der Welt gerückt ist.

■ S. 144

Von der Weichsel zum Ehrenhügel

Tour 11: Zwierzyniec und Dębniki

Entlang der Weichsel gibt es einige Schätze zu entdecken: den Erlöserfriedhof mit seinen kunstvollen Gräbern, das moderne Zentrum für Japanische Kunst und vor allem den Kościuszko-Hügel, der einen tollen Panoramablick über die ganze Stadt bietet.

■ S. 156

Zwischen Bäumen und Tieren

Tour 12: Las Wolski

Die Tour durch Krakaus Stadtwald mit dem kleinen, aber feinen Zoo ist mehr als nur ein Ausflug ins Grüne: Man trifft auf einen Märchengarten voller Skulpturen, eine prachtvolle Villa im Stil der polnischen Renaissance und ein einsames Kloster.

■ S. 166

Relikte des Sozialismus

Tour 13: Nowa Huta

Die 1949 planmäßig angelegte Trabantenstadt „Neue Hütte" protzt mit Monumentalbauten des sozialistischen Realismus und verstört mit der bedrückenden Tristesse der Plattenbauarchitektur. Ein Spaziergang durch die realsozialistische Vergangenheit.

■ S. 174

Zu Krakaus Pilgerzielen

Tour 14: Łagiewniki

Die Vorstadt im Süden Krakaus ist den Pilgern vorbehalten: Hier liegen in direkter Nachbarschaft das Sanktuarium der Barmherzigkeit Gottes und das imposante Johannes-Paul-II.-Zentrum, das dem verstorbenen polnischen Papst gewidmet ist.

■ S. 186

Nachlesen & Nachschlagen

Kompakt

Verzeichnisse

Gotischer Holzaltar von Veit Stoß in der Marienkirche

Orientiert in

Krakau

Stadt und Stadtviertel

Sightseeing-Klassiker

Sightseeing-Alternativen

Essen gehen

Ausgehen

Shopping

Orientiert in Krakau

Stadt und Stadtviertel

In der Altstadt Krakaus und den angrenzenden Stadtteilen findet man sich gut zurecht, die Sehenswürdigkeiten liegen alle nah beieinander. Man kann sich also auf das Schöne konzentrieren, statt lange nach dem Weg suchen zu müssen.

Bei unseren Touren außerhalb der Altstadt haben wir bei allen Sehenswürdigkeiten die Haltestellen der öffentlichen Verkehrsmittel und die entsprechenden Linien angegeben. So finden Sie leicht zurück ins Zentrum oder zur Unterkunft.

Wie ist Krakau?

Wenn an manchen Tagen im Frühling und im Herbst Nebelschwaden die architektonischen Meisterwerke verhüllen, wirkt Krakau fast mystisch. Vielleicht sind diese Dunstschleier mit dafür verantwortlich, dass sich die Stadt mit dem Attribut „die Magische" schmückt. Doch der Zauber geht über die Pracht ihrer Bauwerke weit hinaus. Der Krakauer Schriftsteller und Satiriker Tadeusz Boy-Żeleński bezeichnete seine Heimatstadt treffend als Heimat der Einbildungskraft. Und dieses immaterielle Krakau lebt von den Legenden und Liedern, den Gedichten, Romanen und Kunstwerken, die hier entstanden sind und immer noch entstehen. Keine Frage, Krakau trägt den Titel „die Magische" zu Recht: Hier geht es sinnlich und übersinnlich zu statt nüchtern und rational. Die inzwischen rund 10 Millionen Gäste pro Jahr erleben Krakau als einen magischen Ort – und zugleich als einen Ort, der aus dem Dornröschenschlaf aufgewacht ist. Also keine Stadt, in der man sich schnell zurechtfindet? Keineswegs …

Wie ist Krakau aufgebaut?

Der Wunsch liegt nahe, es dem Helden in „Ich schwebe über Krakau" gleichzutun. Wie in Adam Zagajewskis literarischer Liebeserklärung an Krakau könnte der geradezu klassische Stadtaufbau so von oben bewundert werden: Alles dreht sich in Krakau um die tropfenförmige Altstadt mit dem großen Hauptmarkt und den schachbrettartig angeordneten Straßen. Hier liegen die Sehenswürdigkeiten nah beieinander. Umgeben ist das historische Zentrum von einem Grüngürtel. An seinem südlichen Zipfel thront der Königshügel Wawel – von wenigen Ausnahmen abgesehen ist das Stadtgebiet insgesamt eher flach als hügelig. Unterhalb des Wawels schlängelt sich die Weichsel durch die Stadt. Alle Touren in unserem Buch berücksichtigen diesen Stadtaufbau. Mit steigender Nummerierung führen sie, einem Schneckenhaus gleich, immer weiter vom zentralen Marktplatz weg zu touristisch weniger bekannten Orten. Dabei wird man bemerken, dass sich viele Touren schneiden, kreuzen oder gar denselben Ausgangspunkt haben. Für die Durchführung sollte man je einen Vor- oder Nachmittag einplanen.

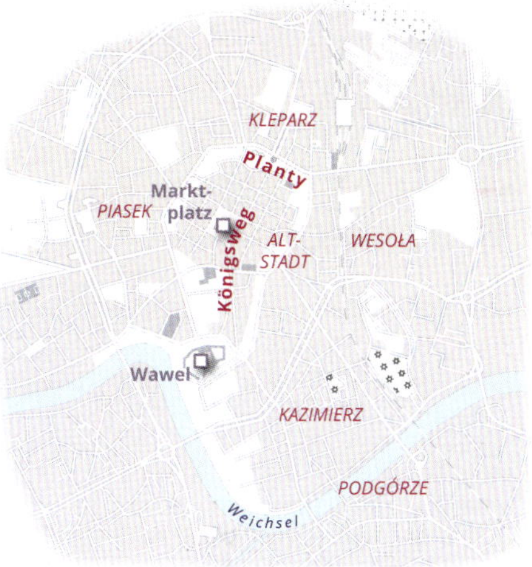

Touren im historischen Zentrum

Tour 1 führt rund um den 16.000 m^2 großen Hauptmarkt mit den Renaissance-Tuchhallen, der gotischen Marienkirche und viel Trubel, **Tour 2** verschafft einen Einblick in die Attraktionen der Altstadt, wie die 650 Jahre alte Universität und die vielen Kirchen, während **Tour 3** am ehemaligen Königsweg entlang einmal quer durch das historische Zentrum führt, vorbei an vielen Geschäften. **Tour 5** konzentriert sich auf das Areal des über der Stadt thronenden Königshügels Wawel mit Schloss und Kathedrale. **Tour 9** führt in das aus „Schindlers Liste" bekannte jüdische Viertel Kazimierz mit Synagogen, blau glänzendem Kopfsteinpflaster und vielen schönen Cafés.

Wer beispielsweise nur für ein **Wochenende in Krakau** ist, kann die ersten fünf Touren miteinander kombinieren, wofür etwa eineinhalb Tage zu kalkulieren sind. Von Vorteil ist, dass man dabei nicht auf Verkehrsmittel angewiesen ist. Und den restlichen halben Tag verbringt man dann damit, Kazimierz kennen und lieben zu lernen.

Touren rund ums Zentrum

Weniger bekannt, doch kaum weniger interessant sind die Sehenswürdigkeiten der Touren 4, 6, 7, 8 und 10. **Tour 4** vermittelt nicht zuletzt eine Vorstellung von der Größe der Altstadt: Der Rundgang führt durch den Park namens Planty um den historischen Stadtkern herum. **Tour 6** in Piasek dürfte der Favorit unter Freunden des Krakauer Jugendstils sein. Eine ähnliche Architektur ist auf **Tour 7** in Kleparz zu entdecken, die zudem mit einem gut besuchten Markt lockt. Die Höhepunkte von **Tour 8** in Wesoła sind der Botanische Garten und der Rakowicki-Friedhof. **Tour 10** führt schließlich durch das ehemalige Ghetto in Podgórze, heute ein Boom-Stadtteil mit vielen Startup-Unternehmen.

Touren außerhalb des Zentrums

Die Touren 11, 12, 13 und 14 bieten ein Kontrastprogramm zum typischen Stadtbild: **Tour 11** führt entlang der Weichsel zum Aussichtshügel Kopiec Kościuszki, **Tour 12** entführt in den Stadtwald Las Wolski und zum Zoo, **Tour 13** wiederum zeigt das als sozialistische Vorzeigesiedlung geplante Nowa Huta und **Tour 14** bietet nicht nur katholischen Pilgern Einblicke in das interessante Sanktuarium Bożego Miłosierdzia und das dem polnischen Papst gewidmete Centrum Jana Pawła II.

Orientiert in Krakau

Sightseeing-Klassiker

Krakaus gesamtes Zentrum gehört zum UNESCO-Weltkulturerbe. Wer die Stadtmitte einmal gesehen hat, fragt nicht warum, denn rund um den Marktplatz reiht sich ein sehenswertes Gebäude ans andere. Nicht zu vergessen die vielen Kirchen, Museen und mit der jüdischen Vergangenheit verbundenen Orte.

Die Touren 1, 2, 3, 5 und 9 sind das angenehme „Muss" für jeden Krakaubesucher, denn dort gibt es die meisten der „großen" Sehenswürdigkeiten zu entdecken. Die Wege sind hier in der Regel recht kurz.

Auf dem Königsweg

- **Königsweg:** Dieser Weg verläuft durch die Altstadt und über den Hauptmarkt zur Königsburg und erinnert an die Route, auf der die Herrscher nach Kriegen, Jagden oder Ausflügen zurück nach Hause kamen. Hier lassen sich die meisten Sehenswürdigkeiten finden. → Tour 3, S. 56

- **Barbakane, Florianstor:** Die Reste der Stadtbefestigung am Auftakt des Königswegs zeugen von Krakaus einstiger Stärke. Hier blieben die Stadtmauern, das Tor und das Verteidigungswerk stehen, ansonsten wurden sie abgerissen. → Tour 3, S. 58

- **Hauptmarkt:** Das lebhafte Zentrum der Stadt ist um diesen größten mittelalterlichen Platz Europas angeordnet, der wiederholt zum schönsten Platz der Welt gewählt worden ist. Die Tuchhallen in seiner Mitte sorgen für die reizvolle Zweiteilung der eigentlich quadratischen Grundfläche. → Tour 1, S. 24

- **Tuchhallen:** In der Mitte des Marktplatzes ziehen die formvollendeten Tuchhallen mit den langen Arkaden und den Krämerbuden voller Kunsthandwerk den Blick auf sich ... → Tour 1, S. 33

- **Wawel:** Das einstige Königsschloss mit der eindrucksvollen Kathedrale ist komplett erhalten und birgt bedeutende Zeugnisse der polnischen Geschichte. Die Burganlage bildet logischerweise den Abschluss des Königswegs. → Tour 5, S. 80

Kirchen

- **Marienkirche:** Auf die gotische Marienkirche mit den unterschiedlichen Türmen und dem prachtvoll geschnitzten Hochaltar von Veit Stoß macht nicht zuletzt das Trompetensignal aufmerksam, das stündlich vom Nordturm geblasen wird. → Tour 1, S. 28

- **Franziskanerbasilika:** Die Kirche des Franziskanerklosters weist ein „Best of“ des berühmten Krakauer Künstlers Stanisław Wyspiański auf. Die Wände hat er mit Feldblumen bemalt, am eindrucksvollsten ist aber sicher sein Glasfenster, das Gott bei der Erschaffung der Welt zeigt. → Tour 4, S. 76

▪ **Paulinerkirche „Auf dem Felsen“:** Die auf einen Felsen gebaute Klosterkirche ist das für Krakauer vielleicht bedeutendste Gotteshaus der Stadt – in ihrer Krypta sind berühmte Künstler wie Miłosz oder Wyspiański in Sarkophagen bestattet. → Tour 9, S. 135

Geschichte und Kunst

▪ **Untergrund des Marktplatzes:** Unter dem Hauptmarkt gibt es nicht nur zahllose Kellerrestaurants und -kneipen, sondern seit 2010 auch dieses unterirdische Museum, in dem man das Leben im mittelalterlichen Krakau entdecken kann. → Tour 1, S. 35

▪ **Czartoryski-Museum:** Unter den vielen sehenswerten Gemälden der Sammlung ist das berühmteste Leonardo da Vincis „Dame mit dem Hermelin“. Allerdings ist diese vorerst auf dem Wawel (ab Mai 2017 im Nationalmuseum) zu sehen, da das Museum seit Jahren renoviert wird. Wir haben die Baustelle „Krakauer BER“ getauft. → Tour 2, S. 42

▪ **Collegium Maius:** Der gotische Prachtbau gehört zu einer der ältesten Universitäten Europas, zu deren berühmtesten Studenten Nikolaus Kopernikus zählte. Für eine universitäre Funktion reichen die Räumlichkeiten längst nicht mehr aus, stattdessen kann man im Museum erfahren, wo und wie einst studiert worden ist. → Tour 2, S. 47

▪ **Nationalmuseum:** In ständigen und wechselnden Ausstellungen sieht man vor allem Werke der Moderne und zeitgenössische Kunst. → Tour 6, S. 99

Jüdische Geschichte

▪ **Kazimierz:** Der Stadtteil spiegelt das heutige und frühere jüdische Leben wider: Sieben Synagogen gibt es und Klezmer in jüdischen Restaurants. Daneben ist Kazimierz auch ein Zentrum des studentischen Nachtlebens. Und an einigen Stellen findet man auch die Drehorte für Spielbergs Meisterwerk „Schindlers Liste“. → Tour 9, S. 124

▪ **Platz der Helden des Ghettos:** Den Opfern des Nazi-Terrors ist dieser Platz im ehemaligen Ghetto gewidmet. Beim Apotheker der Apteka Pod Orłem erhielten die Verfolgten lebenswichtige Unterstützung und Hoffnung. In unmittelbarer Nähe wurde die aus dem Film „Schindlers Liste“ bekannte Fabryka Schindlera in ein eindrucksvolles Museum verwandelt. → Tour 10, S. 149

▪ **Auschwitz-Birkenau:** Im rund 50 km von Krakau entfernten ehemaligen Konzentrationslager Auschwitz-Birkenau ermordete die SS fast 1,5 Millionen Menschen. Die heutige Gedenkstätte zeigt das grausame System der industrialisierten Massentötung anhand von musealen Ausstellungen sowie originalen Lagern, Gaskammern und Krematorien. → Ausflüge, S. 206

Sightseeing-Alternativen

Wohl dem, der genügend Tage zur Verfügung hat: Von den meisten der hier aufgelisteten Sehenswürdigkeiten werden Sie noch nie gehört haben. Umso mehr gibt es zu entdecken und zu staunen.

Die Touren 6, 7, 10, 11 und 13 sollten Sie sich nicht entgehen lassen, um ein teils sehr kontrastreiches Bild Krakaus zu gewinnen.

Im Grünen

- **Planty:** Die Grünanlage mit Blumenbeeten und Büsten wurde anstelle der ehemaligen Stadtmauer um die Altstadt herum angelegt. Ein Spaziergang im Park verdeutlicht die Ausmaße des Zentrums. → Tour 4, S. 68
- **Rakowicki-Friedhof:** Eindrucksvolle Grabmale und eine parkähnliche Atmosphäre dominieren diesen Friedhof. Hier findet man die Gräber bedeutender Polen. → Tour 8, S. 122
- **Fahrt auf der Weichsel:** Schiffsausflüge sind eine willkommene Abwechslung. Per Boot, Dampfer oder Gondel kann man sich ganz entspannt am Weichselufer und einigen Sehenswürdigkeiten vorbeischippern lassen. → Tour 11, S. 164
- **Kościuszko-Hügel:** Der weithin sichtbare Hügel wurde zu Ehren des Freiheitskämpfers Tadeusz Kościuszko aufgeschüttet. Aus imposanter Höhe gewährt er einen interessanten Blick über die Stadt. → Tour 11, S. 163

Noch mehr Kirchen

- **Dominikanerkloster:** Die Kirche des Klosters beeindruckt mit ihrem Stilmix aus Gotik, Renaissance und Barock. Unbestrittener Höhepunkt sind die Beichtstühle und das Chorgestühl in vollendeter Schnitzkunst. → Tour 2, S. 48
- **St.-Andreas-Kirche:** In bald mehr als 1000 Jahren hat diese romanische Kirche noch jeden Angriff überstanden. Das mächtige und dennoch schlanke Mauerwerk beeindruckt uns stets aufs Neue. → Tour 3, S. 63
- **Łagiewniki:** Das auch architektonisch interessante Sanktuarium der Göttlichen Barmherzigkeit ist eines der bekanntesten Pilgerziele in Polen und Europa. Gleich daneben wartet das neue Johannes-Paul-II.-Zentrum, ein dem polnischen Papst und Heiligen gewidmetes Sanktuarium mit eindrucksvollen Mosaikarbeiten. → Tour 14, S. 186

Hart erarbeitete Kunst

▪ **Buntglasmuseum:** Seit mehr als einem Jahrhundert ist Krakau ein Zentrum der Buntglaskunst. In der Werkstatt erfährt man von den Künstlern Faszinierendes und Unerwartetes über die einzelnen Arbeitsschritte bis hin zum fertigen Fenster. → Tour 6, S. 98

▪ **Zentrum für Glas und Keramik:** In der Glasfabrik kann man bei Vorführungen die einzelnen Herstellungsprozesse von künstlerischem Glas miterleben. → Tour 10, S. 151

▪ **Wieliczka:** In der südlich an Krakau grenzenden Kleinstadt befindet sich eines der weltweit ältesten Salzbergwerke. In diesem Labyrinth voller Wunder kommt man an Kammern, Kapellen, Schächten und Salzseen vorbei, wobei immer wieder in Salz gehauene Monumente, Figuren, Reliefs, Krippen, Altäre und biblische Szenen auftauchen. → Ausflüge, S. 196

Das ganz andere Krakau

▪ **Restaurants und Clubs:** Die historische Altstadt hat die weltweit größte Dichte an Lokalen. Ein Großteil von ihnen ist in den Katakomben der Krakauer Kellergewölbe untergebracht. Die gemauerten oder direkt in den Fels gehauenen Keller sind in Sachen Romantik unübertroffen. → Touren 1, 2, 3 und 9

▪ **Cafés:** Noch reizvoller sind wohl die Cafés. Liebevoll eingerichtet, voller Antiquitäten und gemütlicher Ecken, mit selbstgemachten Kuchen, sündhaft leckerer heißer Schokolade oder ehrlichem Kaffee. Unsere Favoriten sind das Nowa Prowincja (S. 51), Camelot (S. 51) und Mleczarnia (S. 139). → Touren 1, 2, 3, 4 und 9

▪ **Nowy Świat und Piasek:** In den zwischen Zentrum und Nationalmuseum (S. 99) gelegenen Stadtvierteln sind die reizvollsten Jugendstilgebäude Krakaus zu bewundern. Spannend wird es in der ehemaligen Tabakfabrik Tytano (S. 101), in deren Hallen Start-ups, Modedesigner, Blogger, Künstler, Coworking-Büros, aber auch Restaurants, Kneipen und Boutiquen gezogen sind. → Tour 6, S. 92

▪ **Markt von Kleparz:** Krakaus beliebtester Markt mit den besten Lebensmitteln aus der Region. Perfekt zum Kaufen und Schlendern, Riechen und Anschauen. → Tour 7, S. 113

▪ **Museum für zeitgenössische Kunst:** In einem beeindruckenden Betonbau direkt neben der Schindlerfabrik ist dieses Museum untergebracht. Zu sehen ist die ganze Bandbreite zeitgenössischer Kunstwerke von Gemälden über Installationen bis Readymades. → Tour 10, S. 150

▪ **Nowa Huta:** Der heutige Stadtteil Krakaus ist eine im Stil des Sozialistischen Realismus gebaute Planstadt. Außer den wuchtigen Wohnblöcken steht hier die schlichte, aber eindrucksvolle Kirche Arka Pana (S. 181), für die die Bewohner jahrzehntelang kämpften. Seit 2016 sind in der Galeria Zdzisława Beksińskiego (S. 179) verstörende Gemälde des dystopischen Surrealisten zu entdecken: Düstere Atmosphären, teils abstoßende Farben, peingekrümmte Körper, allgegenwärtiger Tod und Leiden. → Tour 13, S. 174

Orientiert in Krakau

Essen gehen

Krakau ist zwar eine junge, in vielen Dingen aber auch konservative Stadt. Kulinarisch bedeutet dies, dass man sehr viele, sehr gute polnische Restaurants findet. Nach guten Restaurants mit internationaler Küche muss man etwas länger suchen. Aber keine Angst, auch da haben wir eine ausreichend lange Liste für Sie zusammenstellen können.

Ausführliche Restaurantbeschreibungen finden Sie am Ende jeder Tour.

Besonders interessant zum Essengehen sind unsere Touren 1 bis 4, 6, 7, 9 und 10.

Wissenswertes zur polnischen Küche gibt es auf S. 234–236 zu lesen.

Eine Liste aller Restaurants finden Sie ab S. 281.

Polnisch, altpolnisch ...

Unterschieden wird zwischen altpolnischen und polnischen Restaurants. Die altpolnische Küche ist deftiger und fleischlastiger. Passend ist die Inneneinrichtung der Restaurants, meist urig mit viel Holz, die Bestellungen nehmen Kellner in Tracht auf. Die anderen polnischen Restaurants hingegen interpretieren die traditionellen Rezepte moderner und leichter.

... oder lieber multikulturell?

Die aus den **mittel- und osteuropäischen Nachbarländern** gekommenen Migranten und Flüchtlinge haben die Rezepte ihrer Heimat mitgebracht. So kann man im Wiśniowy Sad (→ S. 65) russisch, im Smaki Gruzji oder in der Chinkalnia (→ S. 137) georgisch, im Smak Ukraiński (→ S. 65) ukrainisch, im Balaton (→ S. 65) ungarisch und im Restauracja Armeńska (→ S. 163) armenisch essen. Einen besonderen Stellenwert hat auch die **jüdische und israelische Küche** wie im Szeroka Nr. 1, Klezmer-Hois, Ariel oder Hamsa (→ S. 136).

Schnell, gut und günstig

Gegen den **kleinen Hunger** helfen die überall erhältlichen, an süße Brezeln erinnernden *obwarzanki*. Ein polnischer Fastfoodklassiker sind *zapiekanki*, mit Käse überbackene Pilzbaguettes, meist mit Lauch bestreut und in Ketchup ertränkt. Die besten gibt es bei Zapiekanki (→ S. 51), aber auch bei der Mini Bar Endzior (→ S. 138) oder der Bar NaMaxa (→ S. 138).

Glücklicherweise sind die kantinenartigen Überbleibsel aus der Zeit des Sozialismus noch nicht aus dem gastronomischen Stadtbild verschwunden: In einer *bar mleczny* (Milchbar) oder *jadłodajnia* kann man schnell, günstig und meist gut essen. Unsere Tipps: U Stasi (→ S. 51), gospoda koko (→ S. 51), Bar Grodzki (→ S. 65), Polakowski (→ S. 138), Jadłodajnia Wczoraj i Dziś (→ S. 155) oder Bar mleczny (→ S. 184).

Streetfood für Nachtschwärmer gibt es vor allem in Kazimierz. Kultstatus haben die Grillwürste von Kiełbaski z Niebieskiej Nyski (→ S. 122) und Max Grill (→ S. 185). Krakaus beste Hamburger werden im Gruba Buła (→ S. 138) gebraten. Seit ein paar Jahren kommen Foodtrucks immer mehr in Mode. Die beliebtesten Stellplätze sind der Plac Izaaka (→ S. 138) und der Skwer Judah (→ S. 138). Auf letzterem sollte man bei Andrus vorbeischauen, denn dort gibt es die beste *maczanka*, die Krakauer Variante des Döners mit einer Tradition bis ins 16. Jh.

Vegetarisches und Veganes

Die polnische Küche hat weitaus mehr zu bieten als nur Fleisch. In fast allen Restaurants gibt es traditionelle Gerichte, die ohne Rind, Schwein und Co. auskommen. Auch gibt es viele rein vegetarische und vegane Lokale. Glonojad (→ S. 114) und Momo (→ S. 136) sind empfehlenswerte vegetarische Bars, Restaurants mit raffinierten Kreationen sind das Veganic (→ S. 104), WieloPole 3 (→ S. 122) oder Pod Norenami (→ S. 104). Vegetarisches und veganes Streetfood gibt es bei Vegab (→ S. 122), Vege To Tu auf dem Plac Izaaka (→ S. 138) und koscher im Szalom Falafel (→ S. 138). Auch in Milchbars stehen viele fleischlose Gerichte auf der Karte.

5 Tipps für 5 Abende

- **Jarema:** Gleich fünf Leser lobten dieses Restaurant und auch wir haben hier schon häufig vorzüglich gegessen! Die eigentlich ostpolnische Küche integriert geschickt baltische und ukrainische Einflüsse. Die ungezwungene Atmosphäre mit Geigen- und Klaviermusik, die Trachten der Kellnerinnen und die Einrichtung erlauben eine Reise in die gute alte Zeit. → **Tour 7, S. 114**

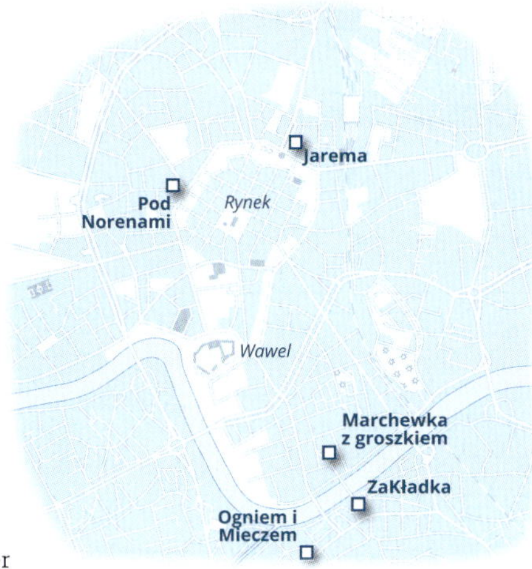

- **ZaKładka:** In der Küche steht der bei den Kochweltmeisterschaften und vom Michelin ausgezeichnete Rafał Targosz. Dabei halten sich die Preise in seinem 2013 eröffneten Bistro in Grenzen. Zu entdecken und schmecken gibt es feine Kreationen seiner individuellen polnisch-französischen Fusionsküche. → **Tour 10, S. 155**

- **Ogniem i Mieczem:** Eine typische *karczma*, in der altpolnische Gerichte serviert werden. Sehr beliebter Treffpunkt für urige Gelage, beispielsweise mit einem „halben Meter Fleisch" aus der Rippe in Honig und Wein. → **Tour 10, S. 154**

- **Marchewka z groszkiem:** Auf Deutsch „Möhren mit Erbsen" – die Suppe mit diesen beiden Zutaten ist der Renner bei den Gästen, die die entspannte Atmosphäre, Kinderfreundlichkeit und günstige und fantasievolle Speisekarte schätzen. Futtern wie bei polnisch Muttern – wir sind Stammgäste! (→ Foto S. 16) → **Tour 9, S. 136**

- **Pod Norenami:** Chefkoch Paweł Albrzykowski lernte bei zahlreichen chinesischen Meistern, zeitgleich schrieb und übersetzte er Bücher zur asiatischern Küche. In seinem Krakauer Restaurant kredenzt er fernöstliche Gerichte, bei denen er Fleisch durch vegane oder vegetarische Zutaten ersetzt. → **Tour 6, S. 104**

Orientiert in Krakau

Ausgehen

Krakau ist für seine Bars, Kneipen und Clubs berühmt. Mittlerweile gibt es sogar Touristen, die einzig aus diesem Grund anreisen. Besonders interessant zum Ausgehen sind der Hauptmarkt, die Altstadt sowie die Viertel Piasek, Kazimierz und Podgórze.

Typisch polnisch: tagsüber Café oder Bistro, abends Restaurant oder Kneipe und in der Nacht ein Club – alles im gleichen Lokal.

Zu Theater, Oper oder Konzerten von Klassik über Jazz bis Folkore gibt es ausführliche Infos ab S. 238.

Eine Liste aller Abendlokale und Clubs finden Sie ab S. 284.

Kurze Tage, lange Nächte

„In Warschau wird das ganze Jahr gearbeitet, in Krakau nur im Winter, den Rest des Jahres wird gefeiert" – dieser Spruch verrät viel über die Selbsteinschätzung der Krakauer. Und tatsächlich: Ob in den mittelalterlichen Gewölben unter dem Hauptmarkt oder im angesagten Viertel Kazimierz – überall werden die Nächte lang. Im Sommer sind Kneipen und Clubs oft rund um die Uhr geöffnet, langweilig wird es nirgendwo.

Wodka oder Craft Beer?

Seit einigen Jahren gibt es in Polen einen Trend zu **Wodkabars**. In der Regel sind diese rund um die Uhr geöffnet, der *wódka* oder ein kleines Bier kosten umgerechnet 1 €, kleine Snacks wie Hering, Würstchen oder Bigos gibt es für 2 €. Die unserer Meinung nach beste in Krakau ist die Ambasada Śledzia (→ S. 52), beliebt sind auch Bania Luka (→ S. 53) und Pijalnia Wódki i Piwa (→ S. 52). Wer lieber Bier von **Mikrobrauereien** aus Krakau, Polen und der Welt trinkt, sollte im House of Beer (→ S. 52), Weźże Krafta (→ S. 105) oder Ursa Maior (→ S. 140) vorbeischauen.

Kultur am Abend

Krakau ist nicht nur „Welterbe", Krakau ist Polens Kulturhauptstadt. Und Krakau ist erfüllt von Musik – seit Jahrhunderten gilt die Stadt als Muse der Künstler. **Philharmonie**, **Oper** und **Theater** zählen zur europäischen Spitze (→ Kulturleben, S. 238). Gleiches kann man über die vielen **Festivals** sagen (→ Veranstaltungskalender, S. 244). Für die **Jazzszene** zählt Krakau gar zu den bedeutendsten Zentren weltweit. Davon kann man sich am besten in der Harris Piano Jazz Bar (→ S. 38), im Piec Art (→ S. 52) oder im Alchemia (→ S. 139) überzeugen. Nicht zuletzt ist Krakau eines der traditionsreichsten, bedeutendsten Zentren des jüdischen Lebens in Europa – und eine Stadt des **Klezmer**. Hören kann man ein Konzert im Klezmer-Hois (→ S. 136), Szeroka Nr. 1 (→ S. 128), Ariel (→ S. 136) oder in den Synagogen (→ Tour 9).

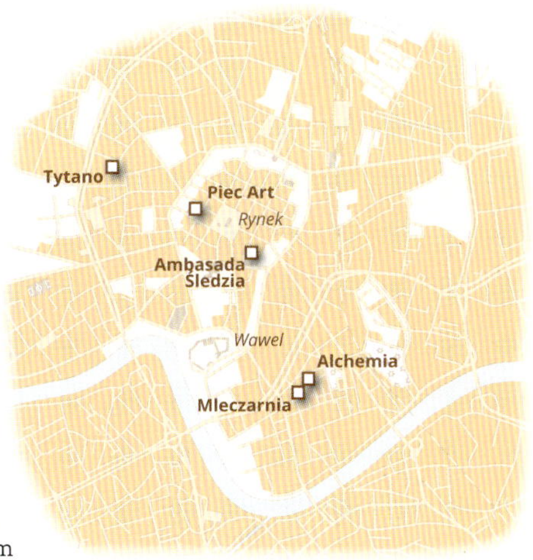

Alternatives Nachtleben

Im jüdischen Viertel **Kazimierz** treffen sich Künstler und Studenten, inzwischen aber auch Touristen aus aller Welt in außergewöhnlichen Bars, berüchtigten Kneipen oder verträumten Cafés voller Antiquitäten. Rund um den **Plac Nowy** tobt das Leben, reiht sich eine Kneipe an die andere. Über einen Schrank betritt man schon mal den nächsten Raum wie im Alchemia (→ S. 139/Foto S. 18) oder tanzt frühmorgens auf Tischen wie im Singer (→ S. 139). Und das Mleczarnia (→ S. 139) hat den wohl schönsten Biergarten weit und breit. Seit 2015 gibt es ein **neues Zentrum des Nachtlebens**: Im Tytano (→ S. 105), dem „städtischen Ökosystem voller Ideen" in einer ehemaligen Zigarrenfabrik, treffen sich viele Nachtschwärmer in Kneipen und Clubs.

Unter freiem Himmel

Eine Warnung vorweg: **Alkohol** darf in Polen nur in Biergärten und an ähnlichen Orten getrunken werden, nicht aber irgendwo sonst unter freiem Himmel.

Im Sommer gut besucht sind die **Weichselboulevards** (Touren 9 und 11). Nicht weniger beliebt ist natürlich das gepflegte, aber relativ teure Bier an den Tischen im Freien vor Restaurants und Kneipen auf dem **Hauptmarkt** (→ Tour 1).

In **Kazimierz** verlagert sich das Nachtleben nicht nur in Sommernächten, sondern auch im Winter zu den Stellplätzen der *foodtrucki* wie dem Skwer Judah (→ S. 138) und natürlich auf den Plac Nowy (→ S. 132), wo die Baguette-ähnlichen Zapiekanki verkauft werden.

Zum Tanzen

Getanzt wird oft auch spontan in **Kneipen**, etwa im Singer (→ S. 139) zu Balkanbeats und Tango. Natürlich gibt es auch richtige **Clubs** mit elektronischer Musik wie etwa das Frantic (→ S. 52) oder Prozak 2.0 (→ S. 66). Nicht nur Homosexuelle gehen zum Tanzen gerne in den Kellerclub LaF (→ S. 140) oder ins oberirdische Cocon (→ S. 140).

5 Tipps für 5 Abende

- **Ambasada Śledzia:** Kult! Die Heringsbotschaft ist eine der polnischen Tapas-Bars. Die besten Beilagen zum Runterspülen der Klaren sind natürlich die Heringskreationen: in Sahne, mit Curry, als Tatar … → S. 52

- **Piec Art:** Von den unzähligen Krakauer Jazzklubs sicher einer der besten. Eher Modern Jazz, seltener Free-Jazz-Experimente. → S. 52

- **Tytano:** Die zu einem Kulturzentrum umfunktionierte ehemalige Zigarrenfabrik ist einer der interessantesten Orte, der in Krakau in den letzten Jahren entstanden ist. → S. 101

- **Alchemia:** Magisch ist diese Kneipe, in der man trotz der vier Räume und dem Keller (hervorragende Jazzkonzerte!) nur selten einen Platz findet. Hier schlägt das Herz des alten Kazimierz (→ Foto S. 18). → S. 139

- **Mleczarnia:** Ein Lokal voller alter Bilder, Plakate, Truhen und Radios. Im Sommer kann man im Garten im Schatten eines Kastanienbaums sein Bier genießen. → S. 139

Orientiert in Krakau

Shopping

Mit den Tuchhallen steht noch immer ein mittelalterliches Einkaufszentrum zur Verfügung, es gibt aber viel mehr Boutiquen, Lädchen und Geschäfte. Was landet bei Besuchern besonders oft im Rückreisegepäck? Mode oder Schmuck polnischer Designer, Lebensmittel von Honig bis Wodka, Kunsthandwerk und tolle Souvenirs.

- Die besten Adressen zum Einkaufen liefern unsere Touren 1 bis 3, 6, 7 und 9.
- Der Schwerpunkt liegt bei den Einkaufstipps auf Läden, die nur in Krakau oder Polen zu finden sind.
- Eine Liste der im Buch genannten Läden und Galerien gibt es ab S. 287.

Polnische Designer

Polnische Modedesigner sind das nächste große Ding. Überzeugen Sie sich am besten vor Ort: Exklusiv und luxuriös sind der Showroom von **Hexeline** und die Boutiquen **Louve with Evolue** (→ Foto S. 20) und **IPM DESIGN** (alle Tour 1), in denen man die angesagtesten polnischen Designer findet. Etwas günstiger wird es bei **Cashmire** mit Designerstücken aus edler Kaschmirwolle oder **Aryton**, wo es schöne Mäntel gibt (beide Tour 2). Besonders gut gefallen uns die Kreationen der Krakauer Designerin Małgosia Bochenek in ihrem Showroom **Boho** (Tour 7).

Alternativer, erschwinglicher und auch für Männer sind die Stücke bei der **METQA Perception Box** und im **Forum Mody** (beide Tour 6) sowie bei **IdeaFix** und **The Hive** (beide Tour 9) mit einer jeweils großen Auswahl an Klamotten verschiedener junger Designer aus Polen. Hippieske oder folkloristische Damenmode aus Leinen gibt's bei **Podlasek** (Tour 2), **lniane marzenie** oder **Polski Len** (beide Tour 3). Für fair gehandelte Ethnomode von Designerinnen aus Krakau oder Polen sollten Sie bei **KOKO world** (Tour 8) oder **Mapaya** (Tour 9) vorbeischauen, vegane Schuhe für Männer und Frauen gibt es bei **Fairma** (Tour 9). Wer es retro mag, geht zu **Vintage Classics** (Tour 9). Tolle und robuste Taschen finden Männer und Frauen bei **Słoń Torbalski** (Tour 2) und etwas eleganter bei **De Mehlem** (Tour 3 und 11).

Maßgeschneidert

Wer sich lange genug in Krakau aufhält, kann sich Anzüge oder Hochzeitskleider auf den Leib schneidern lassen. In der **Artystyczna Pracownia Krawiecka J. Turbasa** (Tour 4) entstehen elegante Anzüge, Smokings, Mäntel und Kostüme; zu den Kunden zählen Präsidenten, Könige und Nobelpreisträger. Jede Braut mit genügend Zeit vorm großen Tag sollte bei **Anna Kara** (Tour 9) vorbeischauen: Hier werden traumhafte Hochzeitskleider angepasst.

Schmuck

Schmückenden Bernstein findet man in den **Tuchhallen** (Tour 1) oder mit Zertifikat bei **Boruni** (Tour 3). Wer andere Steine und delikatere Arbeiten vorzieht, wird in der **Galeria Biżuterii ORA** (Tour 2 und 9) fündig. Geschmackvolle und jugendliche Kreationen in Schwarz, Weiß, Silber oder Bunt fertigt der Juwelier **Blazko Kindery** (Tour 9). Und das Goldschmiede-Ehepaar von **Buchwic Concept Jewellery** (ul. Stacyjna 11, www.buchwic.pl) kreiert bei Heavy-Metal-Musik feine Edelmetallarbeiten.

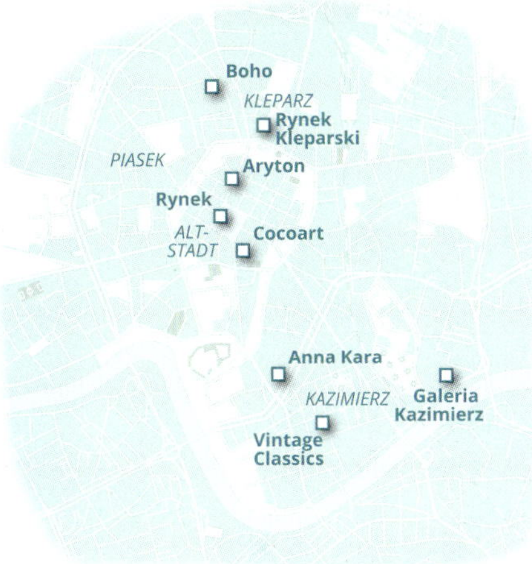

Plakatkunst und Grafiken

Die polnischen Plakatkünstler, Grafiker und Karikaturisten zählen zu den besten der Welt. Fündig wird man in der **Galeria Plakatu** (Tour 2) in der Altstadt, in der es kunstvolle Originale, Nachdrucke und Postkarten gibt. In der **Galeria Andrzeja Mleczki** (Tour 2) findet man die bösen Zeichnungen des berühmtesten polnischen Karikaturisten auf T-Shirts, Postkarten oder Tassen. Aga Gajs Bild eines Mädchens mit traurigen Kulleraugen ziert in ihrem Lädchen **Make your own Rainbow** (Tour 2) Tassen, Kacheln und Schmuck: ein romantisches Mitbringsel.

Kitschfreie Souvenirs

T-Shirts mit teils international verständlichen polnischen Wortspielen gibt es bei **Chrum.com** (Tour 4). Folkloristisches wandert in den **Tuchhallen** (Tour 1) und bei **Krakuska Sztuka Ludowa** (Tour 2) in die Einkaufstaschen. Wirklich schönes Kunsthandwerk aus Keramik und Holz gibt es bei **Cocoart** (Tour 3), einfallsreiche Souvenirs, handgemachte Spielzeuge, tolle Retro-Postkarten und Taschen bei **Absurdalia** (Tour 3), verträumte Bilder und Fotos des alten Krakau auf Taschen, Kalendern und Postkarten in der **Galeria LueLue** (Tour 9).

Märkte

Einkaufen wie die Krakauer? Kann man vielleicht am besten auf dem **Rynek Kleparski** (Tour 7) mit vielen regionalen Lebensmitteln. Die bekommt man auch auf dem **Nowy Kleparz**, wo es zusätzlich viele Kleiderstände gibt. Kleiner ist der Markt auf dem **Plac Nowy** (Tour 9), dafür findet man dort auch Antiquitäten und Vintagemode.

Shopping Malls

Die **Galeria Krakowska** (Tour 7) am Hauptbahnhof ist eine Shopping Mall mit Gleisanschluss. Zu finden sind hier auch polnische Ketten wie Ania Kruk und Apart (Schmuck), Femestage und Simple (Frauenmode), Gatta (Strümpfe und Strumpfhosen), Rage Age, Próchnik, Vistula und Wólczanka (Männermode), Tatuum und Reserved (Casual Mode), Wojas, Ryłko, Kazar und Badura (Schuhe) sowie Ochnik (Lederwaren). Die **Galeria Kazimierz** (Tour 9) ist etwas edler. Auch hier findet man natürlich polnische Ketten wie W. Kruk (Schmuck), Bytom, Vistula und Wólczanka (Männermode), Simple und Molton (Frauenmode) oder Wojas, Badura, Ryłko und Kazar (Schuhe).

Nikolaus Kopernikus ist bis heute Krakaus berühmtester Student

Wege durch Krakau

Rund um den Marktplatz

Tour 1

Alle Wege führen zum Rynek, denn der zentrale Marktplatz ist das Herz der Innenstadt. Der weltweit größte mittelalterliche Platz gilt als magisch, in seiner Gestalt als unerreicht und einzigartig. Von diesen Superlativen sind nicht nur die Krakauer überzeugt.

Marienkirche, wunderschöner Holzaltar & Polychromien, S. 28

Marienturm, Trompetensignal & Panoramablick, S. 30

Tuchhallen, Flanieren in Arkadengängen, S. 33

Galerie der Poln. Kunst des 19. Jh., Meisterwerke in Öl, S. 34

Untergrund des Marktplatzes, Geschichte erleben, S. 35

Hauptmarkt

Rynek

Im Jahr 2005 suchte die amerikanische Organisation „Project for Public Spaces" nach dem schönsten Platz der Welt – und ihre Wahl fiel auf den Krakauer Rynek. Wer einmal auf ihm steht, wird die Entscheidung der Jury auch ohne Kenntnis ihrer Kriterien nachfühlen können. Auf der 200 mal 200 Meter großen Grundfläche fehlt es an nichts: eindrucksvolle Architektur aus mehreren Jahrhunderten, eine einzigartige Kirche, Denkmäler und die prachtvollen Tuchhallen in der Mitte des Platzes. Diese Vorzüge allein erklären aber nicht die Attraktivität des Platzes. Vielmehr ist hier die vielbeschworene Krakauer Magie am ehesten spürbar; und hier wird deutlich, weshalb immer mehr Touristen die Stadt besuchen. Die Atmosphäre ist im wahrsten Sinne des Wortes unbeschreiblich. Charakteristisch sind die vielen Blumenfrauen, die ihre bunte Pracht auf dem Rynek an die Frau und den Mann zu bringen suchen. Über Jahrhunderte sprachen sie als inoffizielle Botschafterinnen Krakaus dabei schon mit Staatsmännern, mit Päpsten und Königen. Die allgegenwärtigen Tauben werden gefüttert und umsorgt statt vertrieben. Und hier mischen sich wie so oft in Krakau Realität und Mythen: Einer Stadtlegende zufolge lieh sich Prinz Probus Gold von einer Hexe, gab es ihr aber später nicht zurück. Aus Rache verzauberte sie alle seine Ritter in Tauben. Und mit ein bisschen Fantasie sehen die grauen Vögel wirklich etwas ritterlicher und edler aus auf diesem Marktplatz.

Dasselbe gilt für die Straßenmusiker und die für Stunden bewegungslos dastehenden Mimen in einfallsreichen Kostümen. Eine von ihnen ist die als Krakaus lebende Legende geltende Biała Dama (Weiße Dame) mit ihrem weiß geschminkten Gesicht und dem in derselben Farbe gehaltenen Gewand.

Die auch als Theaterschauspielerin bekannte Maja Iljuczonek ist allerdings in den letzten Jahren immer seltener an ihrem angestammten Platz vor der Marienkirche zu sehen. Das Motion Trio hingegen musiziert nun gar nicht mehr wie noch vor einigen Jahren auf dem Rynek. Stattdessen spielen die drei Akkordeonisten auf den bekanntesten Bühnen der Welt, u. a. in der Carnegie Hall und mit Größen wie Bobby McFerrin, Trilok Gurtu oder Krzysztof Penderecki.

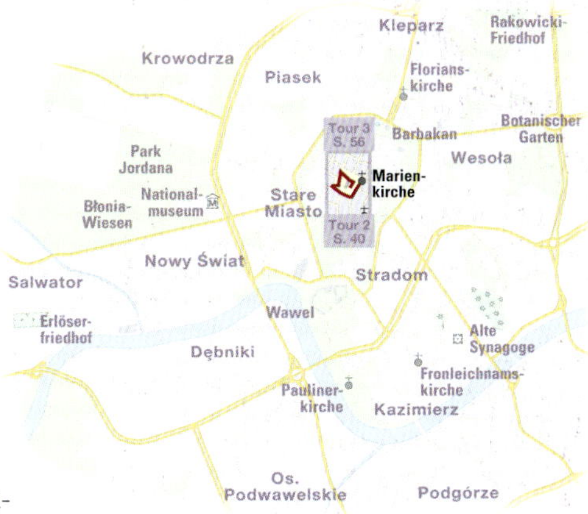

Auch die vielen von geschmückten Pferden gezogenen Droschken verstärken das Bild einer zeitlosen Umgebung. Dieses Flair wollen die Menschen genießen, die an den Tischen der vielen Straßencafés und Restaurants sitzen oder über den Platz flanieren.

Wie man schnell feststellen kann, ist der Rynek auch heute noch der wichtigste Treffpunkt der Krakauer. Meist verabredet man sich „Pod Adasiem" („Unterm Adamchen"), wie der Volksmund das Denkmal zu Ehren des romantischen Nationaldichters liebevoll nennt.

Tour-Info Alle Sehenswürdigkeiten des Spaziergangs sind von den **Haltestellen des Zentrums** aus schnell erreichbar. Deshalb sind hier keine Anfahrtsmöglichkeiten angegeben. | **Dauer**: reine Gehzeit ca. 30 Min.

Spaziergang

Der Spaziergang beginnt an der Einmündung der ulica Floriańska in den Rynek, von wo aus man die wichti gsten Sehenswürdigkeiten schon sehen kann. Gleichzeitig braucht man wohl ein paar Minuten, um diesen Platz auf sich wirken zu lassen. Ins Auge fällt dabei auch der architektonische Stilmix der Paläste an den Seiten. Von der Renaissance über den Barock bis zum Jugendstil sind alle bedeutenden Bauweisen vertreten. Die erste Sehenswürdigkeit ist noch eher unspektakulär, aber spannend genug. Es handelt sich um die **Kamienica Hipolitów**, in der eine Ausstellung zeigt, wie die Krakauer vom 17. bis zum 19. Jh. lebten. Bedeutender ist natürlich die **Marienkirche (Kościół Mariacki)**. Bevor man sie innen besichtigt, bietet sich eine Umrundung an, bis auf dem Marienplatz (plac Mariacki) der kleine Studentenbrunnen (Fontanna Żaka) zu sehen ist; ihn schmückt eine der Figuren des Hochaltars der Marienkirche als Kopie. Direkt gegenüber dem Brunnen sieht man auf der Fassade der Marienkirche eine Sonnenuhr. Diese zwei kleinen Details sind eine ideale Einstimmung für die Pracht im Inneren der Kirche, die man als Gläubiger durch das barocke Portal (1750–1752) von Francesco Placidi betritt. Touristen müssen allerdings zuvor bezahlen und nehmen den Seiteneingang. Nicht vergessen sollte man den **Marienturm (Wieża Mariacka)** mit seiner hervorragenden Aussicht, von dem zu jeder vollen Stunde das berühmte Trompetensignal (→ Kasten S. 27) erklingt. Gegenüber der Marienkirche steht die **St.-Barbara-Kirche (Kościół św. Barbary)**, in der sonntags um 19 Uhr ein deutschsprachiger Gottesdienst gehalten wird. Gegenüber der Marienkirche ist ein langes Haus zu sehen, in dem Stanisław

Wyspiański wohnte und sein Meisterwerk „Wesele“ (→ Kasten „Junges Polen“ – Krakaus Variante des Jugendstils, S. 232/233) vollendete. Wenn man nun die Ostseite des Ryneks entlanggeht, sieht man rechts vor den Tuchhallen das **Adam-Mickiewicz-Denkmal (Pomnik Adama Mickiewicza)**, ein beliebter Treffpunkt der Krakauer.

Kurz dahinter steht Krakaus ältestes Gotteshaus, die **St.-Adalbert-Kirche (Kościół św. Wojciecha)**. Im weiteren Verlauf wird es etwas mysteriöser, denn im letzten Haus an der Südseite soll der Alchemist Twardowski gelebt haben. Der Meister der geheimnisumwitterten Wissenschaft gilt als ein Vorbild für die Figur des Faust. Tatsächlich hielt sich Johann Wolfgang von Goethe mehrmals in Krakau auf, die Geschichte wird ihm also geläufig gewesen sein. Im Nachbarhaus davor befindet sich die **Galerie MCK (Galeria MCK)**, in der wechselnde Kunst- und Fotoausstellungen zu sehen sind, meist mit einem Bezug zu Krakau. In dem gegenüberstehenden Eckhaus an der Westseite des Platzes befindet sich der **Keller Unter den Widdern (Piwnica Pod Baranami)**. Das berühmte Kabarett ist für seinen feinen Humor und seine beliebten Lieder bekannt. In dem Nachbarhaus ging es allerdings weit weniger lustig zu – hier wurde Bartolomeo Berrecci ermordet. Der Erbauer der Zygmunt-Kapelle auf dem Wawel hatte noch einige offene Rechnungen in seiner italienischen Heimat, die wohl zu seinem gewaltsamen Tod führten. Heute liegt er in der Kościół Bożego Ciała in Kazimierz begraben. Auf dem Weg zum **Rathausturm (Wieża Ratuszowa)** kommt man an einer klassischen, dennoch zeitgemäßen Skulptur von Igor Mitoraj vorbei, die der Künstler der Stadt schenkte. Weiter in Richtung der Nordseite erinnert eine Gedenktafel an Walenty Badylak, der sich 1980 an dieser Stelle aus Protest gegen die Verlogenheit des Sozialismus sowie das Verschweigen der stalinistischen Morde in Katyń verbrannte. Am Ende der Westseite steht der **Krzysztofory-Palast (Pałac Krzysztofory)**, in dem wichtige Ausstellungen des Historischen Museums untergebracht sind. Einer der Höhepunkte dieses Spaziergangs aber ist der Besuch der **Tuchhallen (Sukiennice)**. In diesen Markthallen voll formvollendeter Pracht werden heute Souvenirs und Handwerkskunst verkauft. Im 1. Stock präsentiert die bis 2010 von Grund auf restaurierte **Galerie der Polnischen Kunst des 19. Jh. (Galeria Sztuki Polskiej XIX w.)** ausladende Gemälde polnischer Maler. Spektakulär ist die Ausstellung **Untergrund des Marktplatzes (Podziemia Rynku)**, die seit 2010 auf 6000 m^2 Mauerreste, Gänge und Keller zeigt. Schön ist auch der nachts beleuchtete Kristallbrunnen, der bei Tag Licht in die Kellergeschosse des Museums eindringen lässt und wegen seiner Form fast wie eine Miniaturausgabe der Pyramide vor dem Pariser Louvre wirkt.

Die beiden Türme der Marienkirche

Rynek → Karte S. 29

Krakau im Kasten

Die Unvollendete von Krakau

Der Hejnał, ein kurzes Trompetensignal, ertönt seit dem Mittelalter stündlich. Seit 1927 wird er sogar täglich um 12 Uhr vom polnischen Rundfunk live ins ganze Land übertragen und ist damit die älteste ständige Musiksendung der Welt. Die Bezeichnung kommt vom ungarischen hajnal, was Dämmerung bedeutet und auf den eigentlichen Ursprung hinweist. Wie in jeder europäischen Stadt des Mittelalters hatten auch in Krakau Stadtpfeifer die Aufgabe, die Zeit zu verkünden und vor Gefahr zu warnen. Eine der größten Gefahren der damaligen Zeit war das Feuer (weswegen die sieben festangestellten Trompeter noch heute der Feuerwehr unterstellt sind). Die andere Gefahr bestand aus feindlichen Angriffen, und hier liegt laut Legende der Grund für das plötzliche Abreißen der Melodie: Während eines Tatarenangriffs blies ein Turmbläser unermüdlich immer wieder dasselbe Warnsignal. Krakau konnte dadurch gerettet werden, der Held jedoch wurde von einem Pfeil in der Kehle getroffen und starb, bevor er das Signal zu Ende bringen konnte. Auch an sein Schicksal soll erinnert werden, wenn der Hejnał in jede Himmelsrichtung gespielt wird, nach Süden für den König, nach Westen für den Bürgermeister, nach Norden für die Gäste der Stadt und nach Osten zum Hauptquartier der Feuerwehr. In einer dieser Richtungen wird wohl auch der berühmte polnische Jazzmusiker Tomasz Stańko als Kind zugehört haben, was ihn zur 13. Variation auf seinem Album „Soul of Things" angeregt hat. Er zitiert darin die „zweite Nationalhymne der Polen" auf ganz persönliche Weise. Kritikern in aller Welt gilt Stańko als der bedeutendste Jazztrompeter seit Miles Davis. Und so lebt die Legende auch außerhalb Polens weiter ...

Signal im Stundentakt

Sehenswertes

Kamienica Hipolitów

Bürgerhaus der Hipolit-Familie

Das Haus wurde im 17. Jh. von der Händlerfamilie Hipolit in seinen heutigen, von außen eher unspektakulären Zustand versetzt. Der Keller und die Steinportale stammen jedoch aus dem 14. Jh., zudem sind Renaissance-Kolumnen und barocke Stuckarbeiten von Baltasar Fontana sowie hölzerne Balkone und Rokoko-Polychromien erhalten. Die Ausstellung zeigt seit 2003 auf zwei Etagen und in verschiedenen Räumen typische Schlaf-, Ess-, Wohn- und Studierzimmer aus dem 17. Jh. bzw. dem 19. Jh. Von besonderem

Interesse sind das Arbeitszimmer wegen der erwähnten Stuckarbeiten, der Salon und der Sammlersaal mit Kunstobjekten aus mehreren Jahrhunderten.

Nov.–März Mi, Fr–So 9–16, Do 12–19, April-Okt. Mi–So 10–17.30 Uhr. Eintritt 2 €, erm. 2 €, Mi frei, Führung (auf Deutsch) 21 €. Pl. Mariacki 3, ✆ 12-4224219, www.mhk.pl.

Kościół Mariacki

Marienkirche

An der nordöstlichen Ecke des Marktplatzes erhebt sich die Basilika, die zugleich Pfarrkirche des Krakauer Zentrums ist. Das Wahrzeichen der Stadt wurde von 1287 bis 1320 auf den Fundamenten einer romanischen Kirche errichtet.

Blick auf den Altar der Marienkirche

Schon von Weitem sichtbar sind die zwei unterschiedlich hohen Türme, die die Frontfassade prägen. Das Innere schmückt einer der größten Schätze spätgotischer Kunst überhaupt, der von 1477 bis 1489 vom Nürnberger Veit Stoß (von den Polen *Wit Stwosz* genannt) geschaffene Hochaltar. Der Künstler, der für diese Arbeit eigens nach Krakau gekommen war, erhielt damals 1808 Gulden – das entsprach dem gesamten damaligen Jahresetat der Stadt. Der städtische Schatzmeister musste sich aber keine Sorgen machen, denn die Summe wurde von der Bürgerschaft bezahlt. Der im geöffneten Zustand 12,85 Meter hohe und 11 Meter breite Altar aus Eichenholz hat die Form eines Schranks mit zwei beweglichen Seitenflügeln. Die Figuren des Marienaltars sind aus Lindenholz geschnitzt, ihre Gesichtszüge wirken durch die Bemalung und Vergoldung verblüffend ausdrucksvoll. Die Krakauer nehmen sich ihn jedes Jahr vor Weihnachten als Vorbild für ihre liebevoll gestalteten Szopki Krakowskie. Diese Weihnachtskrippen werden in einem Wettbewerb bewertet und später im Historischen Museum ausgestellt. Das Original hingegen zeigt bei geöffneten Seitentüren die sechs Freuden Marias. Das Öffnen kann man täglich um 11.50 Uhr miterleben, die Türen werden um 18 Uhr wieder geschlossen. Bei geschlossenen Seitenflügeln sind dann die zwölf Leiden Mariens, Szenen aus der Passion Jesu, zu sehen. Dieser eindrucksvolle Anblick blieb den Krakauern jedoch im Zweiten Weltkrieg verwehrt, als die deutschen Besatzer den Kunstschatz nach Deutschland verschleppten. 1946 kam er zurück nach Krakau und seit 1957 kann man ihn wieder an seinem ursprünglichen Platz bewundern, ebenso wie andere bedeutende Werke von Veit Stoß (darunter ein Steinkreuz) und zahllosen anderen Künstlern aus verschiedenen Jahrhunderten. Zu beachten sind hierbei die von Stanisław Wyspiański und Józef Mehoffer nach Bildern von Jan Matejko gefertigten Glasfenster, die

Essen & Trinken (S. 36)

4 Tetmajerowska und Hawełka
5 Dobra Kasza Nasza
9 Szara
:4 Wesele
:5 Wierzynek

Nachtleben (S. 37/38)

8 The Piano Rouge
5 Harris Piano Jazz Bar
7 Ratuszowa
9 Budda Drink and Garden
:3 Pod Jaszczurami
:6 U Louisa

Cafés (S. 36/37)

2 Café Europejska
6 Gehanowska Pod Słońcem
8 Pijalnia Czekolady Wedel
9 Bankowa
13 Vis-a-Vis
14 Cafe Magia
16 Noworolski
22 Słodki Wentzl
27 Café Zakątek

Einkaufen (S. 38)

1 Tatuum
3 Hexeline
5 Wawel
7 Sukiennice
10 Krakowska Manufaktura Czekolady
20 Galeria Bukowski
21 R7
26 Pasaż Rynek 13, Louve with Evolue und IPM DESIGN

Sonstiges (S. 38)

11 Kacia Nora
12 Centrum obsługi zwiedzających
18 Kartenverkauf

als einzige Lichtquelle der deshalb recht dunklen Kirche dienen. Auch das marmorne Montelupi-Grabmal (um 1600) von Santi Gucci (1530–1599) und natürlich Jan Matejkos von Blau und Gold dominierte Polychromien (1890–1892) ziehen die Blicke der Besucher auf sich. Gönnen Sie sich also das zusätzlich zu zahlende Ticket für die Fotoerlaubnis.

Mo–Sa 11.30–18, So 14–18 Uhr; Messe Mo–Sa 6–11 Uhr jede halbe Stunde sowie 18.30 Uhr, So 6, 7, 8, 9, 10, 11.15, 12, 13, 18.30 Uhr. Eintritt 2,50 €, erm. 1 €, Fotogebühr 1 €. Rynek Główny 1, Kasse Mo–Sa 11.15–17.45 Uhr, So 14–17.45 Uhr, schräg gegenüber dem Seiteneingang beim Brunnen (→ Praktische Infos/ Sonstiges, S. 38), www.mariacki.com.

Verblüffend ausdrucksvolle Gesichtszüge

Wieża Mariacka

Marienturm

Um die beiden Türme der Marienkirche rankt sich die angeblich wahre Geschichte von einem Bruderzwist, dessen tragisches Ende an Kain und Abel erinnert. Die Brüder bekamen den Auftrag, jeweils einen der Türme zu errichten. Als der Ältere der beiden als Erster fertig wurde, ging er nach Ungarn. Bei seiner Rückkehr sah er sofort, dass sein jüngerer Bruder mittlerweile einen schöneren und höheren Turm geschaffen hatte. Voll Zorn und Eifersucht begann er in einem Gasthaus einen Streit und erstach den begabteren Widersacher. Doch sofort wurde er von Reue erfasst und wollte sich von seinem eigenen Turm in den Tod stürzen. Die Häscher hielten ihn jedoch davon ab, um ihn am Ende auf dem Marktplatz zu enthaupten.

Der höhere der beiden Türme der Marienkirche heißt Marienturm und gehört übrigens der Stadt, von ihm aus erklingt stündlich das Trompetensignal Hejnał (→ Kasten S. 27). Seine Spitze ist über 239 Treppenstufen zu erklimmen, oben belohnt ein fantastischer Blick über die Stadt die Mühen des Aufstiegs. Von 2013 bis 2014 gab es eine dringend benötigte Renovierung.

April–Okt. Di–Sa 9.10–11.30 und 13.10–17.40 Uhr alle 30 Min. Einlass. Eintritt 4 €, erm. 2,50 €. Rynek Główny 1, www.mariacki.com.

Kościół św. Barbary

St.-Barbara-Kirche

Das gotische Gotteshaus wurde nach der Legende zeitgleich mit der Marienkirche erbaut, und zwar aus überschüssigen Steinen der großen Schwester. Im Gegensatz zur genauen Bauzeit ist die Erweiterung um zwei Joche zwischen 1402 und 1492 bekannt. Als im frühen 15. Jh. wegen der wachsenden und einflussreichen deutschen Gemeinde die Marienkirche für deutschsprachige Predigten reserviert war, wurden in St. Barbara die polnischen Gottesdienste gefeiert. 1537 wandte sich das Blatt und König Sigismund I. verfügte, dass die größere polnische Gemeinde in die Marienkirche umzog. Im Gegensatz zu der vor allem im 19. und 20. Jh. von deutscher wie polnischer Seite vertretenen These, dass dies auf großen Widerstand gestoßen sei, gehen Historiker heute eher von einer friedlichen Entwicklung aus. Die teilweise zweisprachige Bevölkerung nahm sogar nacheinander an beiden Messen teil. Seit 1997 gibt es sonntags um 19 Uhr wieder einen deutschsprachigen Gottesdienst, der oft ökumenisch ausgerichtet ist. Sehenswert sind das Muttergottesfenster, der Tabernakel und die Polychromien, die nach aufwendiger Restaurierung zwischen 2002 und 2009 so beeindruckend sind wie lange nicht mehr.

Mo–Sa 8–16, So 13.30–16 Uhr, Messe Mo–Sa 16, 18, 20 Uhr, So 9.30, 11, 12.30, 16, 18 Uhr, Messe auf Deutsch So 14.30 Uhr. Mały Rynek 8 (Zugang über pl. Mariacki), www.swbarbara.jezuici.pl, www.gemeinde.deon.pl.

Pomnik Adama Mickiewicza

Adam-Mickiewicz-Denkmal

Auf wenig Begeisterung stieß die Statue zu Ehren des polnischen Nationaldichters nach ihrer Fertigstellung im Jahr 1895. Das lag zum einen daran, dass der wesentlich bekanntere und beliebtere Künstler Jan Matejko die Ausschreibung gegen Teodor Rygier verloren hatte, und zum anderen daran, dass letzterer ein eher enttäuschendes, fast schon kitschiges Werk schuf. Inzwischen haben sich die Krakauer aber an ihren „Adam" gewöhnt, und das Denkmal mit den vier Allegorien des Vaterlands, der Tapferkeit, der Wissenschaft und der Poesie (→ Foto S. 24) ist heute ein beliebter Treffpunkt. Vielleicht stärkte auch die Zerstörung durch die Nazis 1940 die Zustimmung zu dem 1955 wieder errichteten Denkmal. Vergleichsweise jung ist die Tradition von Abiturienten, die 100 Tage vor ihrer Matura nicht allein der Mickiewicz-Lektüre vertrauen, sondern auf einem Bein um die Statue hüpfen. Unter der Kleidung tragen sie dabei Glück verheißende rote Unterwäsche – und die Anzahl der Umrundungen soll ihrer Abschlussnote entsprechen; eine Eins ist die schlechteste, eine Fünf die beste polnische Note ...

Verzauberte Ritter füttern

Kościół św. Wojciecha

St.-Adalbert-Kirche

Der eigentliche Eingang der romanischen Kirche befindet sich unterhalb des heutigen Straßenniveaus. Auch ansonsten wirkt sie wie ein seltsames Überbleibsel aus alter Zeit. Kein Wunder, denn das kleine Gotteshaus soll schon vor dem Jahr 1000 durch den Heiligen Wojciech, einem frühen christlichen Prediger, gegründet worden sein. Es steht in starkem Kontrast zu den größtenteils in der Renaissance und später entstandenen Gebäuden auf dem Marktplatz. In der Krypta ist ein Museum eingerichtet, das die Geschichte des Rynek zeigt. Von Interesse sind dabei die archäologischen Ausgrabungsfunde und der Querschnitt, auf dem die mittelalterliche Bebauung zu sehen ist. Bei Restaurierungsarbeiten und Ausgrabungen im Jahr 2006 wurden zahlreiche neue Schätze ans Licht geholt.

Mai–Okt. Mo, Mi–Sa 10–16, Di 10–14 Uhr. Messe Mo–Sa 8, Di 15.30, So 10.30 und 12.15 Uhr. Museum in der Krypta Juni–Okt. Mo–Sa 10–16 Uhr, Eintritt 0,50 €, Mo frei. Rynek Główny 3, www.ma.krakow.pl.

Galeria MCK

Galerie MCK

Zwischen 1998 und 2006 wurde der Palast von Grund auf restauriert und um Ausstellungsflächen erweitert. Seitdem ist das Międzynarodowe Centrum Kultury (Internationales Kulturzentrum) um einiges interessanter geworden. Viele der etwa vierteljährlich wechselnden Ausstellungen haben Krakau und seine Geschichte zum Thema, ein großer Erfolg war aber auch z. B. die Alltagschronik „DDR – Erzählungen aus einem Land, das es nicht mehr gibt" im Jahr 2012. Zuletzt wurde die Bibliothek im Dachgeschoss zu einer mit Glas überdachten Terrasse ausgebaut, die Sicht auf den Rynek gewährt. Besuchen kann man dort auch den nach dem Consulting-Unternehmen Roland Berger benannten Reading Room.

Di–So 10–18 Uhr. Eintritt 2,50 €, erm. 1,50 €. Reading Room Mo und Fr 10–16, Di–Do 10–19, Sa 10–14 Uhr. Rynek Główny 25, ✆ 12-4242800, www.mck.krakow.pl.

Piwnica Pod Baranami

Keller Unter den Widdern

Das Eckhaus mit den charakteristischen Widderköpfen ist die Heimat des bekanntesten polnischen Kabaretts. Zunächst trafen sich hier nur ein paar Freunde, die sich Sketche vorspielten, sangen und die Ereignisse des Tages kommentierten. Aus diesen informellen Zusammenkünften im Jahr 1956 entwickelte sich bald ein festes Ensemble. Die wichtigsten Gründungsmitglieder waren Andrzej Bursa, Bronisław Chromy, Ewa Demarczyk, Leszek Długosz, Grzegorz Turnau und Zbigniew Preisner. Diese Namen zeigen schon, welche Talente sich hier versammelt hatten: Chromy ist heute ein bedeutender Bildhauer, Długosz und Turnau sind beliebte Liedermacher, Preisner ist ein gefragter Filmkomponist ... Herz und Seele des Kabaretts war aber unbestritten der „Magier von Krakau" (→ Kasten S. 240) genannte Piotr Skrzynecki (1930–1997). Der sympathische und bescheidene Mann mit dem ungewöhnlichen Bart leitete das Ensemble, war sich aber nicht zu schade, mit seinem Glöckchen durch die Stadt zu laufen, um Publikum einzuladen. Noch heute kann man hier Vorstellungen sehen, die die polnische Wirklichkeit mit kritischem Humor begleiten.

Bar tägl. 12–1 Uhr, Tango Mi, Jazzkonzert Do, Kabarett Sa, jeweils ab 21 Uhr. Rynek Główny 27, ✆ 12-4212500, www.piwnicapodbaranami.pl.

Wieża Ratuszowa

Rathausturm

Der Rynek war nicht durchgängig so offen wie heute. Noch zu Beginn des 19. Jh. stand mitten auf dem Platz ein Rathaus und versperrte mit dem angefügten Pranger die freie Sicht und den Weg. Dies dürfte wohl der Grund für den Abriss gewesen sein, bei dem einzig der schief stehende Turm erhalten blieb. In diesem befindet sich ein Museum, das archäologische Fundstücke, Uhren und alte Kostüme zeigt. Wesentlich interessanter aber ist der Blick über die Stadt, den ein Raum in einem der oberen Stockwerke gewährt. Im Keller ist außerdem ein kleines Café untergebracht.

März–Okt. tägl. 10.30–18 Uhr, Nov./Dez. tägl. 12–18 Uhr. Eintritt 2 €, erm. 1,50 €, Mo frei, Führung (auf Deutsch) 30 €, Audioguide 1 €. Rynek Główny 1, ✆ 12-4264334, www.mhk.pl.

Rynek → Karte S. 29

Pałac Krzysztofory

Krzysztofory-Palast mit Stadtmuseum

Das Gebäude hat zwar einen interessanten Innenhof mit den schon fast obligatorischen Arkadengängen, wichtiger aber ist, dass es die wichtigsten Ausstellungsobjekte des Historischen Stadtmuseums zeigt. So findet man Kunsthandwerk, Waffen, Porträts historisch bedeutender Personen oder Rüstungen. Doch erst zwei Highlights machen den Museumsbesuch zu einem Vergnügen, bei dem man nicht nur etwas über die Stadtgeschichte erfährt. Zum einen ist dies das 1904 von Stanisław Wyspiański (1869–1907) geschaffene Kostüm des Lajkonik, das dem Sieg über die Tataren gewidmet ist. Zweiter Publikumsmagnet ist die Ausstellung der *Szopki*. Diese ganz besonderen Weihnachtskrippen werden jedes Jahr von Krakauer Bürgern jeden Alters für einen Wettbewerb gestaltet. Die Krippe hat zwar die Geburt Jesu zum Thema, statt der Scheune in Bethlehem bildet aber die Marienkirche mit ihrem Altar den Hintergrund.

Die besten *Szopki* sind nach dem im Dezember stattfindenden Wettbewerb bis Ende Februar im Museum zu sehen. Leider bleibt die Dauerausstellung wegen Restaurierung bis voraussichtlich 2018 geschlossen. Es gibt aber regelmäßig Wechselausstellungen mit jeweils unterschiedlichen Öffnungszeiten. Die

Dauerausstellung in der Cyberteka (→ Tour 2) zeigt in der Zwischenzeit die Geschichte Krakaus von der frühesten Besiedelung an.

Bis voraussichtlich 2018 geschlossen, Wechselausstellungen Mi–So 10–17.30 Uhr. Eintritt 2,50 €, erm. 1,50 €. Rynek Główny 35, ✆ 12-6192300, www.mhk.pl.

Sukiennice

Tuchhallen

In der Mitte des Marktplatzes ziehen die formvollendeten Tuchhallen mit den langen Arkaden den Blick auf sich. Bereits im frühen Mittelalter hatten an dieser Stelle Händler ihre Stände, an denen sie Lebensmittel, Dinge des

Die Tuchhallen in ungewohnter Beleuchtung

täglichen Bedarfs und natürlich die für den späteren Namen verantwortlichen Stoffe und Tücher feilboten. 1358 erfüllte König Kazimierz Wielki dann ein schon 100 Jahre zuvor von Prinz Bolesław Wstydliwy gegebenes Versprechen: Er ließ für die Händler ein Gebäude errichten, das jedoch 1555 einem Brand zum Opfer fiel. Der drei Jahre währende Neubau gab den Tuchhallen, die den Rynek in zwei gleich große Teile trennen, ihre heutige Gestalt. Verantwortlich für das Renaissance-Meisterwerk war Giovanni Maria Padovano (1493–1574). Bemerkenswert sind die an der Fassade überall sichtbaren Skulpturen, die sogenannten Maszkarony (Fratzen). Der Florentiner Santi Gucci (1530–1599) soll zu den einfältigen, zickigen und hässlichen Fratzen durch die Gesichter der damaligen Magistratsmitglieder inspiriert worden sein. Die eigentliche Vollendung der Sukiennice fand erst im späten 19. Jh. statt. Verantwortlich war Tomasz Pryliński, ein Schüler von Jan Matejko (1838–1893). Letzterer entwarf die Arkadensäulen und Läden im Inneren des Gebäudes, in denen Kunsthandwerk und Andenken verkauft werden. Seit dieser Zeit können Besucher in den Arkadengängen flanieren, sich in eines der Cafés setzen, die Souvenirläden begutachten oder das Museum im ersten Stock besuchen. Laut Legende war das über dem Eingang beim Mickiewicz-Denkmal hängende Messer die Tatwaffe beim Brudermord im Marienturm (→ Wieża Mariacka); andere Quellen behaupten, dass man mit seiner Klinge die Ohren von Dieben abgeschnitten habe. Zwischen 2006 und 2010 wurde der obere Teil des Gebäudes aufwendig restauriert.

Tägl. ab 9 Uhr bis etwa Sonnenuntergang. Rynek Główny 1/3.

Galeria Sztuki Polskiej XIX w.

Galerie der polnischen Kunst des 19. Jh.

Polens erstes Nationalmuseum wurde 1889 gegründet – in seinen vier Sälen präsentiert es Gemälde und Skulpturen aus dem 19. Jh. Dominierend sind Wer-

Fiaker vor dem Mickiewicz-Denkmal und den Tuchhallen

ke aus der Romantik, frühe Impressionisten und monumentale Darstellungen großer historische Ereignisse, die für das auseinandergerissene Polen auch eine patriotische Funktion erfüllten. Letzteres trifft auf die *Sala Siemiradzkiego* rechts des Treppenaufgangs zu: Eines der riesigen Werke ist das bei allen Polen bekannte „Hołd Pruski" („Die preußische Huldigung", 1882) von Jan Matejko (1838–1893). Das Bild, auf dem auch die oft kopierte Figur des „Stańczyk" (Hofnarr) zu sehen ist, hängt heute nur unweit der Stelle, an der sich die historische Szene abgespielt hat. Anlass für die Gründung des Museums lieferte aber die Schenkung des 4 x 7 m langen Werkes „Pochodnie Nerona" („Die Fackeln Neros", 1876) von Henryk Siemiradzki (1843–1902). Ein weiteres Highlight in diesem Saal ist das Selbstporträt „Ahaswer" des großen Krakauer Malers Maurycy Gottlieb (1856–1879). Im gegenüberliegenden Saal (*Sala Chełmońskiego*) gibt es das 1894 entstandene Gemäldes „Szał" („Der Wahn") von Władysław Podkowiński (1866–1895) zu entdecken. Der Maler selbst soll nach Fertigstellung des Werks wahnsinnig geworden sein und versucht haben, das Bild zu zerstören. Die beabsichtigte Wirkung ist ihm jedenfalls so gut gelungen, dass es mental schwache Besucher immer wieder dazu inspirierte, das Werk zu zerstören. Dem Bild konnten diese erfolglosen Versuche aber ebenso wenig anhaben wie die Bestrebungen seiner Zeitgenossen, es verbieten zu lassen. Der Rest der Ausstellung in diesem Saal präsentiert vor allem Darstellungen des ländlichen Lebens. Herausragend sind die Arbeiten von Aleksander Gierymski, Jacek Malczewski, Anna Bilińska-Bohdanowicz und Józef Chełmoński. Der Eingangssaal und der Saal geradeaus (von der Treppe gesehen) sind weniger spektakulär, zugänglich ist auch eine Aussichtsterrasse mit einem Café, von der aus man das Treiben auf dem Rynek beobachten kann.

Di–Sa 10–18, Do 10–20, So 10–16 Uhr. T[...]se und Café Szał tägl. 10–20 Uhr, an Sommerabenden bis 23 Uhr. Eintritt 4 €, erm. 2 €, Kinder bis 16 J. und Studenten mit ISIC-Karte 0,25 €, So frei, Führung (auf Deutsch) 32,50 €, Audioguide 2 €, erm. 1 €. Rynek Główny 3, ✆ 12-4335400, www.mnk.pl.

Podziemia Rynku

Untergrund des Marktplatzes

ynek → Karte S. 29

Das 2010 eröffnete unterirdische Museum verdankt seine Existenz der Tatsache, dass das mittelalterliche Krakau tiefer lag, frühere Gassen und Erdgeschosse also heute unter Tage liegen. Mit über 6000 m² Fläche ist sie die weltweit größte Ausstellung dieser Art und sicher auch eine der spektakulärsten. Die rund 500.000 Besucher pro Jahr laufen auf ehemaligen Straßenzügen, passieren dabei verschüttete Friedhöfe, Geschäfte sowie mittelalterliche Überreste und Ausgrabungsstücke. Das Museum genügt dabei modernsten Ansprüchen, Hologramme sowie interaktive und audiovisuelle Elemente lassen den Besucher ins mittelalterliche Leben eintauchen. Der Name der Dauerausstellung „Auf den Spuren der europäischen Identität Krakaus" signalisiert, dass auch die Vergangenheit der Stadt als multikulturelles europäisches Handelszentrum nicht zu kurz kommt. Die Eröffnung hatte sich übrigens immer wieder verzögert, da das empfindliche Mikroklima beachtet werden musste; wegen des Zuströmens von Sauerstoff könnten sich Pilze und Schimmel ausbreiten und die gesamte Altstadt zum Einsturz bringen – so die geradezu apokalyptischen Befürchtungen mehr oder weniger kundiger Experten.

Nov.–März Mi–Mo 10–20, Di 10–16 Uhr; April–Okt. Mo 10–20, Di 10–16, Mi–So 10–22 Uhr, jeden 1. Mo im Monat geschlossen. Eintritt 5 €, erm. 4 €, Di frei, Führung (auf Deutsch) 30 €, Audioguide 1 €. Letzter Eintritt 1 Std. vor Schließung; vorherige Buchung über die Internetseite empfohlen. Rynek Główny 1, ✆ 12-4265060, www.mhk.pl, www.podziemiarynku.com.

…he Infos

→ Karte S. 29

…ken

Restaurants

Fast alle Restaurants haben von Frühling bis Spätherbst auch außen Tische stehen, von denen man das bunte Treiben auf dem Rynek beobachten kann. Leider sind in den letzten Jahren einige Restaurants mit langer Geschichte verschwunden, die dann durch zu teure und rein auf Touristen ausgelegte Lokale ersetzt wurden.

Hawełka **4** Sehr traditionsbewusster Fixpunkt des kulinarischen Krakaus, ein Verwandter gründete später in Wien das gleichnamige Kaffeehaus. Zu Beginn im 19. Jh. bot man Sandwiches an, inzwischen zählen Pilz- und Wildgerichte in vielen Variationen zu den Spezialitäten des Hauses. Über einen separaten Eingang gelangt man in das für seine Süßspeisen bekannte Café. Leser waren 2008 allerdings nicht begeistert, weder vom Service noch vom Essen noch von den anderen Gästen. Für geschlossene Gesellschaften kann das **Tetmajerowska** **4** reserviert werden. Hg. 8–25 €. Tägl. 11–23 Uhr. Rynek Główny 34, ✆ 12-4220631, www.hawelka.pl.

MeinTipp **Szara** **19** Raffinierte, dennoch eher schwere Küche mit Spezialisierung auf Fischgerichte. Auf jeden Fall eines der besten Krakauer Restaurants, das auch viele unserer Leser begeisterte. Rentiertatar 10 €. Tägl. 11–23, Bar ab 8 Uhr, Frühstück (ab 4,50 €) 8–12 Uhr. Rynek Główny 6, ✆ 12-4216669, www.szara.pl.

Wierzynek **25** Mit seiner mehr als 600-jährigen Geschichte Krakaus ältestes Lokal. Zu Beginn speisten hier Könige aus ganz Europa, in unserer Zeit ließen es sich Mächtige wie Fidel Castro oder Charles de Gaulle und Stars wie Steven Spielberg oder Robert de Niro schmecken. Auch in den Bestseller „1000 Places to see before you die" wurde man aufgenommen – also nach dem Besuch einen Haken machen, sofern man das Buch besitzt. Im Jahr 2016 kostete ein 5-Gänge-Menü ohne Getränke 60–160 €. Tägl. 13–23 Uhr. Rynek Główny 16, ✆ 12-4249600, www.wierzynek.com.pl.

Wesele **24** Altpolnische Küche, die hölzerne Einrichtung passend urig. Man fühlt sich tatsächlich wie bei einer Bauernhochzeit auf dem Land, worauf der Name der Karczma anspielt. Marinierte Rippchen in Pflaumensauce mit Śliwowica 8,50 €. Tägl. 12–23 Uhr. Rynek Główny 10, ✆ 12-4227460, www.weselerestauracja.pl.

MeinTipp **Dobra Kasza Nasza** **15** Am lustigen Logo mit dem pickenden Vogel ist die wohl einzige Neueröffnung der letzten Jahre auf dem Rynek zu erkennen, die keine Touristenfalle ist. Einfallsreiche Gerichte mit Buchweizen (*kasza*) für 4,50–5,50 €. Dazu gibt es das leckere Bier der polnischen Brauerei Miłosław für nur 1 €. Rynek Główny 28, www.dobrakaszanasza.pl.

Cafés

Pijalnia Czekolady Wedel **8** Die Warschauer Firma ist mit ihrer 150-jährigen Tradition so etwas wie das polnische Lindt. In diesem Tempel der Schokolade werden Leckermäuler glücklich, wenn sie eine der zahlreichen edlen Variationen probieren, egal ob flüssig, als Fondue oder Praline. Oder aber als Tasting Menu (3 x kleine heiße Schokolade, 3 x kleines Dessert, Praline und Café oder Tee). Tägl. 9–24 Uhr, Nov.–April nur bis 22 Uhr. Rynek Główny 46, ✆ 12-4294085, www.wedelpijalnie.pl.

Słodki Wentzl **22** Lange Zeit berühmt für seine Desserts – die hausgemachten Torten zählten zu den besten der Stadt, das Eis stand ihnen in nichts nach. Hat aber leider in den letzten Jahren immer mehr nachgelassen. Tägl. 10–22 Uhr. Rynek Główny 19, ✆ 12-4295712, www.slodkiwentzl.pl.

Bankowa **9** Tische und Dekoration scheinen aus dem Antiquitätenladen zu kommen. Innen recht wenig Platz, aber seit Jahren bei Krakauern und Touristen sehr beliebt. Tägl. 8–22, So ab 10 Uhr. Rynek Główny 47, ✆ 12-4295677.

MeinTipp **Café Zakątek** **27** Persönliche und sympathische Atmosphäre im zum Glück noch nicht restaurierten Hinterhof. Empfehlenswert sind die Toasts, die wie Magnete auf die Stammkunden wirken. Auch wenn es 2014 einen Besitzerwechsel gab: Die hausgemachte Zitronenlimonade bleibt ein Traum! Tägl. 9–23 Uhr, So/Mo erst ab 10 Uhr. Ul. Grodzka 2, ✆ 12-4295725.

Vis-a-Vis **13** Der Lieblingsort von Piotr Skrzynecki, der hier mit einer Skulptur verewigt ist. Mittelaltes Publikum aus teils bekannten Musikern, Künstlern und Dichtern. Faszinierendes Überbleibsel aus Krakaus prätouristischer Epoche mit eigenem Wikipediaeintrag, bekannt

Rynek → Karte S. 29

auch unter dem Spitznamen *Zvis*. Tägl. 8–23, Fr/Sa bis 1, Sa ab 9, So ab 10 Uhr. Rynek Główny 29, ✆ 12-4226961, www.zvis.pl.

Café Europejska **2** Treffpunkt der Krakauer High Society. Mit Sandalen und Shorts bekleidet dürfte man sich in dieser Umgebung mehr als unwohl fühlen. Sachertorte und andere Wiener Spezialitäten harmonieren perfekt mit dem edlen Krakauer Schmäh. Tägl. 8–24 Uhr. Rynek Główny 35, ✆ 12-4293493, www.europejska.pl.

Gehanowska Pod Słońcem **6** Beliebtes Frühstück im „Haus unter der Sonne" bis 12 Uhr. Elegant, aber nicht zu teure Kaffeekreationen und Desserts, im Keller ein Restaurant mit vielen Fleischgerichten. Tägl. 8–24, Restaurant ab 12 Uhr. Rynek Główny 43, ✆ 12-4229378, www.podsloncem.com.

Café Magia **14** Gemütliches, ruhiges Café in einem Hinterhof. Die Magie im Namen bezieht sich auf das Flair des Palasts aus dem 14. Jh., in dem man versteckt ist. Die Bedienung ist aber nicht die schnellste. Tägl. 8–2 Uhr, im Herbst/Winter wird manchmal später geöffnet. Pl. Mariacki 3, ✆ 12-4264773, www.cafebarmagia.pl.

Noworolski **16** Schon wegen der Lage an den Tuchhallen eine Institution, leider etwas blasiert. Innen sitzen manchmal noch Damen mit Hut oder Gentlemen im Frack, an den Tischen unter den Arkaden vor allem Touristen aus aller Welt. Kaum zu glauben, dass auch Lenin hier Stammgast war. Tägl. 8.30–23/24 Uhr. Rynek Główny 1, ✆ 12-4224771, www.noworolski.com.pl.

Lokale für Tag und Nacht

Budda Drink & Garden **19** Indisch, nicht tibetisch, wie die Kamasutra-Zeichnungen demonstrieren. Kräftiges Rot, viele Kerzen, Cocktails und ruhige Musik, die perfekte Bar zum Entspannen nach einem Sightseeing-Tag. Bei gutem Wetter Service im großen Innenhof. Tägl. 12–1, Do–Sa bis 3 Uhr. Rynek Główny 6, ✆ 12-4216522, www.budda-drink.com.pl.

Pod Jaszczurami **23** Ein Kulturzentrum mit langer und ereignisreicher Geschichte, die auf den Schwarz-Weiß-Fotos an Wänden und auf Tischen zu entdecken ist. Zahllose berüchtigte Partys, unvergessene Konzerte und experimentelle Theateraufführungen fanden hier statt. Auch Fidel Castro höchstselbst soll schon hier gewesen sein. Davon ist heute leider kaum noch was spürbar, stattdessen herrscht oft Ballermann-Feeling mit Karaoke und Disconächten. So–Mi 9–1, Do–Sa 9–2/3 Uhr. Rynek Główny 8, ✆ 12-4294538, www.podjaszczurami.pl.

U Louisa **26** Beliebter Club mit Salsa-Nächten, Konzerten und Vernissagen. Die Kellerräume hingegen lassen das Mittelalter lebendig werden, zumindest nach ein paar Bieren.

Arkadengänge der Tuchhallen

Tägl. 11–1, Juli/Aug. erst ab 16 Uhr. Rynek Główny 13 (im Keller), ✆ 12-6170222, www.ulouisa.com.

The Piano Rouge **8** Leichter Jazz ohne Gefuddel in plüschiger Umgebung. Auf der Karte Bistrogerichte. Eintritt erst ab 21 J., einigermaßen strenger Dresscode. Tägl. 10–2, Konzerte ab 21 Uhr. Rynek Główny 46, ✆ 12-4310333, www.thepianorouge.com.

meinTipp **Harris Piano Jazz Bar** **15** Klassischer Jazzkeller mit guter Akustik. April–Okt. tägl. 11–2, Nov.–März 13–2 Uhr, Konzerte tägl. ab 21 Uhr. Rynek Główny 28, ✆ 12-4215741, www.harris.krakow.pl.

Ratuszowa **17** Im Rathausturm, inmitten der Ausstellung über das folkloristische Theater und dem ehemaligen Betätigungsfeld des Henkers. Seit dessen Rücktritt werden die Gäste wesentlich besser behandelt: Das einzig Scharfe sind die Messer, die zu den Sandwiches und Salaten gedeckt werden. Sehr beliebt ist der Biergarten, in dem im Sommer ab 19 Uhr New-Orleans-Jazzbands aufspielen, im Frühling und Herbst manchmal schon ab 17 Uhr. Tägl. 9–1 Uhr. Rynek Główny 1, ✆ 12-4211326, www.ratuszowa.krakow.pl.

Einkaufen

Schokolade & Alkohol

R7 **21** Spirituosen und Zigarren als noble Mitbringsel. Mo–Sa 9–23, So 11–22 Uhr. Rynek Główny 7.

Wawel **5** Ein Paradies für Naschkatzen: original Krakauer Schokolade und Konfekt. Tägl. 10–19 Uhr. Rynek Główny 33, www.wawel.com.pl.

Krakowska Manufaktura Czekolady **10** Im Geschäft kann man Pralinen, Trüffel und Schokolade in verschiedensten Formen und Geschmacksrichtungen erstehen, im Café sich einer heißen Schokolade erfreuen oder in der Manufaktur den fleißigen Schokogießern bei der Produktion zuschauen. Nach dem Umzug leider weniger Platz und Atmosphäre. Regelmäßig werden Workshops für 15 € angeboten. Tägl. 10–22 Uhr. Pl. Mariacki 1, www.chocolate.rakow.pl

Kunsthandwerk, Blumen & Teddys

meinTipp **Galeria Bukowski** **20** Teddybären in allen Größen und Formen. Ein Paradies für Kinder und Seelenverwandte. Mo–Sa 10–19, So 10–18 Uhr. Ul. Sienna 1, www.galeriabukowski.pl.

Sukiennice **7** Kunsthandwerk und Andenken in vielen kleinen Läden in den Tuchhallen. Auch zum Stöbern und Flanieren ideal. Die Krämerbuden und der Arkadengang wurden 2006–2010 renoviert und strahlen seitdem wieder in altem Glanz. Tägl. 9–18 Uhr (zur Orientierung).

Blumenstände, an der ganzen nördlichen Flanke des Rynek stehen Blumenfrauen mit ihrem bunten Angebot. Tägl. 8–22 Uhr (zur Orientierung).

Mode

Tatuum **1** Junge polnische Mode, die in ganz Mittel- und Osteuropa trendy ist, inzwischen gibt es auch Filialen in Berlin. Mo–Sa 10–20, So 10–19 Uhr. Rynek Główny 37, www.tatuum.com.

Hexeline **3** Elegante und einfallsreiche, aber nicht ganz billige Frauenmode aus Polen. Tägl. 11–20 Uhr. Rynek Główny 40, www.hexe.com.pl.

Pasaż Rynek 13 **26** Nobles Einkaufszentrum in einem geschmackvoll restaurierten Haus. Feinkost, internationale und polnische Designermode sowie Schmuck. Den guten Geschmack lässt allerdings die manchmal nervige Musikauswahl vermissen. Mo–Sa 11–21, So 11–17 Uhr. Rynek Główny 13, www.pasaz-13.pl.

meinTipp **Louve with Evolue** **26** Wunderschöne Modeboutique (→ Foto S. 20) mit Stücken der besten polnischen Designer wie Robert Kupisz, Gosia Baczyńska, Mariusz Przybylski oder Natalia Jaroszewska. Mo–Sa 11–21, So 11–17 Uhr. Rynek Główny 13 (im EG).

IPM DESIGN **26** Zwar auch internationale Designer, am interessantesten sind aber die heimischen Kreationen von Risk made in Warsaw, Filip von Polen oder Mulholland Life. Mo–Sa 11–21, So 11–17 Uhr. Rynek Główny 13 (im 1. Stock).

Sonstiges

Kacia Nora **11** Im Jahr 2013 wurde das privat geführte Henkermuseum eröffnet, in dem mehr als 100 Folterinstrumente zu sehen sind. Tägl. 10–19 Uhr. Eintritt 2,50 €, erm. 2 €. Rynek Główny 29, kacianora.pl.

Infos und Kartenverkauf für die Marienkirche **18** Geöffnet jeweils 15 Min. vor Öffnung und Schließung der Kirche.

Centrum obsługi zwiedzających **12** Informationen zu den und Tickets für die städtischen Museen. Tägl. 10–19 Uhr. Rynek Główny 1.

Studentenbrunnen vor der Marienkirche

Im historischen Zentrum

Tour 2

Jahrhundertelang durch die Stadtmauern vor Angriffen und heute durch den Grüngürtel vor Abgasen geschützt, ist das Zentrum Krakaus ein quicklebendiges „Biotop". Hier konzentrieren sich Kirchen, Museen, Galerien und mittelalterliche Gebäude, aber auch Hunderte von Restaurants, Cafés, Kneipen und Clubs.

- **Czartoryski-Museum**, Meisterwerke aus Antike & Neuzeit, S. 42
- **Altes Theater**, Polens wichtigste Bühne, S. 45
- **Kunstplakatgalerie**, Meisterwerke zum Stöbern & Kaufen, S. 46
- **Collegium Maius**, eine der ältesten Unis in Europa, S. 47
- **Dominikanerkloster**, Chorgestühl in vollendeter Schnitzkunst, S. 48

Altstadt

Stare Miasto

Bevor Krakau 1978 in die Liste des UNESCO-Weltkulturerbes aufgenommen wurde, standen mehr als 50 einzelne Bauwerke in den Büchern der Verantwortlichen. Wahrscheinlich wollten sie sich den bürokratischen Aufwand ersparen, jedes einzeln aufzulisten, und stellten kurzerhand die gesamte historische Altstadt unter den Schutz der internationalen Organisation. Über den von Barcelona gehaltenen Rekord mit den meisten Bauwerken auf der UNESCO-Liste kann man deswegen in Krakau nur milde lächeln.

In Polen kennt man die Straßen und Häuser der Altstadt, selbst wenn man noch nie dagewesen war, aus den Liedern, Geschichten und Legenden, die sich um Krakau ranken. Da wäre zum Beispiel der Liedermacher Grzegorz Turnau, der davon singt, dass es über der ulica Bracka immer regnet. Der eine oder andere Pole richtet instinktiv den Blick gen Himmel, sobald er sich in dieser Straße befindet.

Die Anordnung der Wege und Gassen ist strikt: Beinahe jede Straße verläuft – relativ zum Rynek gesehen – entweder in senkrechter oder in waagrechter Richtung. Allerdings bricht so manche romanische Kirche, die aus der Zeit vor der strengen Bebauung ab dem 13. Jh. stammt, aus dieser Symmetrie aus. Sie steht schräg, entgegen dem netzartigen Gebilde der umgebenden Gassen.

Mindestens so berühmt wie die Bauten selbst sind die Keller der Innenstadt. Sie verdanken ihre Entstehung der Tatsache, dass die Straßen und Plätze mit der Zeit immer höher aufgeschüttet wurden, die Häuser aber auf ihrem ursprünglichen Niveau blieben: Wo sich also früher Eingangsflure und Erdgeschossräume befanden, gelangt heute kein Sonnenlicht mehr hin. In diesen katakombenartigen Tunnels und Höhlen unter den Straßen befinden sich die Restaurants und Cafés, die Krakaus kulinarischen Ruf begründen.

Nicht zu vergessen die ebenfalls unterirdischen Kneipen und Clubs. Die Stadt schläft nämlich nie, das Treiben, das man tagsüber auf den Plätzen und in den Gassen beobachten kann, verlagert sich nur ein paar Treppenstufen tiefer.

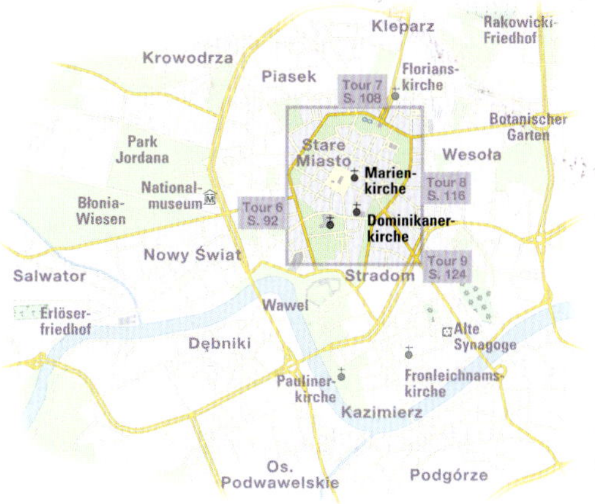

Spaziergang

Im Gegensatz zu den anderen Touren empfehlen wir für die historische Altstadt keinen speziellen Spaziergang – eine Reihenfolge festzulegen wäre hier sinnlos. Die schachbrettartige Anordnung der Straßen im Zentrum erleichtert das Zurechtfinden, und wirklich jeder Winkel ist sehenswert. Die Touristinformation hält alleine mehrere thematische Rundgänge bereit, andere Reiseführer beschränken sich gar auf die historische Altstadt. Die wichtigsten Sehenswürdigkeiten sind ohnehin unten aufgeführt. Einige bedeutende

Krakau im Kasten

Beim Klingeln Poesie

Krakau darf sich mit dem Titel „UNESCO Literaturstadt" schmücken. Woran liegt's? Beileibe nicht nur daran, dass in der Stadt vor gar nicht langer Zeit mit Wisława Szymborska und Czesław Miłosz noch zwei Literaturnobelpreisträger gelebt haben oder dass es viele Literatur- und Poesiefestivals gibt. Es liegt nicht nur daran, dass Krakau in einigen Romanen die Hauptrolle spielt oder auch deutsche Schriftsteller wie etwa Juli Zeh in der Stadt wohnen oder gewohnt haben. Vielmehr sind es die kleinen Dinge: In der ul. Gołębia gab es lange Zeit einen poetischen Briefkasten, in den die Krakauer Liebesbriefe einwerfen konnten, die dann prämiert wurden. Noch aktiv ist die sogenannte „Gegensprechanlage der Poesie" vor der Tür des Cafés Nowa Prowincja in der ul. Bracka (→ „Praktische Infos" S. 51). Wenn man den Klingelknopf gedrückt hält, ertönen Gedichte vorlesend die Stimmen hiesiger Poeten, darunter natürlich auch die von Szymborska. Die große Dame der polnischen Poesie war übrigens Stammgast im Nowa Prowincja und wird drinnen immer noch gebührend geehrt. Ach ja, Besitzer des Cafés ist Grzegorz Turnau, hauptberuflich Liedermacher der in Polen und Litauen sehr beliebten „gesungenen Poesie". Nur ein paar Meter entfernt, an der Ecke zum Rynek, werden von Sonnenuntergang bis 2 Uhr nachts per Projektor Gedichte an die Außenwände des Goethe-Instituts geworfen – samt englischer Übersetzung. Die Idee zu den leuchtenden Versen hatte der Krakauer Dichter Michał Zabłocki. Zunächst wurden nur seine Gedichte an die Wand projiziert, seit einigen Jahren sind auch die Verse von Dichtern aus aller Welt zu lesen.

Straßen und Plätze werden in anderen Touren beschrieben, zuallererst der Rynek (Tour 1), aber auch die ulica Floriańska, die ulica Grodzka und die ulica Kanonicza (alle Tour 3). Um doch ein paar Ecken zu nennen, die Sie nicht vergessen sollten, legen wir Ihnen die ulica Gołębia, den Mały Rynek (→ Foto S. 40), die ulica św. Tomasza oder den seit 2010 auf Vordermann gebrachten Plac Szczepański ans Herz. Doch Ihre eigene Lieblingsstelle werden Sie sicherlich schnell finden ...

Sehenswertes

Alle Sehenswürdigkeiten sind in kürzester Zeit von den Haltestellen des Zentrums erreichbar; deshalb sind keine Anfahrtsmöglichkeiten angegeben.

Muzeum Czartoryskich

Czartoryski-Museum

Leider hat sich das Czartoryski-Museum immer mehr zum „Krakauer BER" entwickelt. Wann die seit 2010 andauernden Renovierungsarbeiten abgeschlossen sein werden und Leonardos „Dame mit Hermelin" wieder zu sehen sein wird, fragen auch wir uns. Termine wurden genannt, verworfen und ein ums andere Mal verschoben. Ende 2016 dann ein Hoffnungsschimmer: Der polnische Staat hat die auf 2,5–3 Milliarden Euro geschätzte Sammlung und Immobilien von der Stiftung des Fürsten Czartoryski erworben – für schlappe 100 Millionen. Die Wiedereröffnung wurde zuletzt für 2018 angekündigt. Mal sehen, ob es diesmal hinhauen wird.

Das Museum ist nach der Adelsfamilie benannt, die ihre Sammlungen der Stadt vermachte. Während im 1. Stock des Gebäudes zwar durchaus interessantes, aber eher unscheinbares Kunsthandwerk steht, findet man im 2. Stock Gemälde europäischer Künstler. Prunkstück der Sammlung ist sicher die „Dama z gronostajem" (um 1490; „Dame mit Hermelin"), eines der wenigen

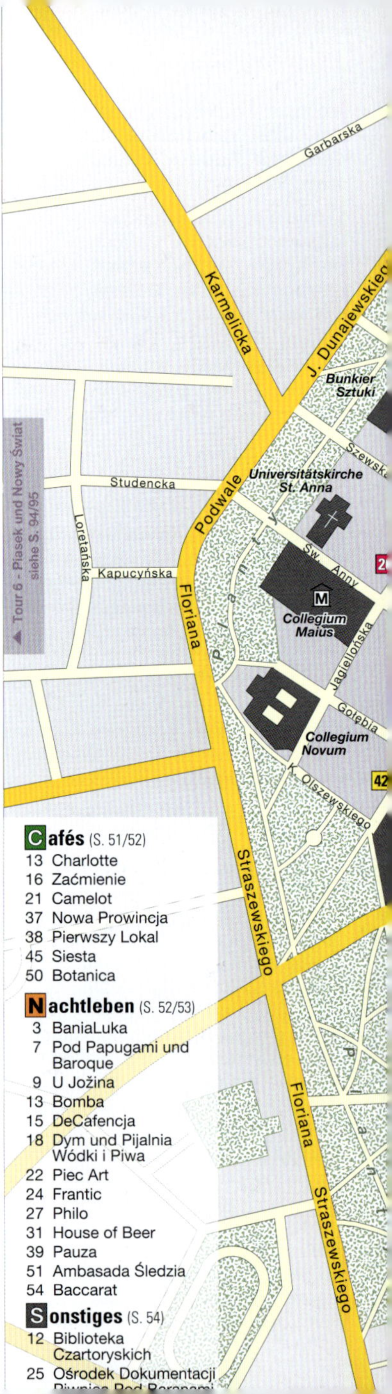

Basztowa
Tour 7 - Kleparz
siehe S. 110/111
Planty
Reformaten-kloster und -kirche
Pijarska
Sławkowska
Piaristen-kloster
Piaristen-kirche
Warszawska
Barbakane
Basztowa
Arsenał Miejski
Florianstor
St.-Markus-Kirche
Reformacka
Św. Marka
Natur-historisches Museum
Czartoryski-Museum
Pijarska
Św. Jana
Floriańska
Teatr Słowackiego
Szpitalna
Św. Tomasza
Plac Szczepański
Galeria Andrzeja Mleczki
Kloster der SS. Prezentek
Dom Matejki
Szołayski-Haus
Plac Św. Ducha
Szczepańska
St.-Johannes-Kirche
Theater-museum
Heiligkreuz-kirche
Pharmazie-museum
Cyberteka
Pałac Krzysztofory (Stadtmuseum)
Tour 8 - Wesoła und Warszawskie
siehe S. 117
Szewska
Sukiennice (Tuchhallen)
Św. Krzyża
Rynek Główny
Marienkirche
Rynek Główny
Rathausturm
St.-Barbarakirche
Mikołajska
Mały Rynek
Jesuitenkloster
Sienna
Maria-Schnee-Kirche
Westerplatte
M. Kopernika
St.-Adalbert-Kirche
Pasaż Bielaka
Stadtarchiv
Na Gródku
Dominikanerinnen-kloster
Bracka
Stolarska
Galeria Plakatu
Grodzka
Erzbischöflicher Palast
Dominikaner-kloster und -kirche
Tour 1 - Rynek
siehe S. 29
Franciszkańska
Franziskaner-basilika
Dominikańska
Planty
Bernhardiner-kloster
Poselska
Archäologisches Museum
Senacka
Collegium Iuridicum
St.-Peter-und-Paul-Kirche
Św. Gertrudy
Cricoteka
Plac Św. Marii Magdaleny
St.-Andreas-Kirche
Kanonicza
Klarissen-kloster
Museum Erzdiözese
Martins-kirche

Essen & Trinken
(S. 49–51)
1 Cyrano de Bergerac
4 Indus Tandoor
6 Farina
8 Morskie Oko
14 Ed Red
17 Gruszka Nowa
20 Leonardo
25 Milkbar
26 Cechowa
28 Trattoria Soprano
29 Zen
30 Chimera
34 Green Day und U Stasi
35 Moaburger
36 Zapiekanki
41 gospoda koko
43 Gospoda C.K. Dezerter
47 Kawaleria
49 Bohema
52 Guliwer
53 Pod Kominkiem
55 Polakowski
58 Corse

Einkaufen (S. 53/54)
2 Cashmire
5 Fejkiel Gallery
8 Pszczelarz
10 Aryton
11 Kersten Gallery
15 Słoń Torbalski
19 Antykwariat Wójtowicz
23 Rara Avis
24 Krakuska Sztuka Ludowa
25 Galeria ZPAF i SKA und Echo
32 Vistula
33 Galeria Biżuterii ORA
42 Podlasek
44 Galeria Atelier Iwona Siwek-Front
46 pepita
48 Noa Noa
56 Piekarnia Mojego Taty
57 Make your own Rainbow

Tour 2:
Stare Miasto (Altstadt)

erhaltenen Ölgemälde Leonardo da Vincis (1452–1519). Wenn man in der Vergangenheit Pech hatte, befand sich das Porträt der Dame, die noch viel hübscher ist als Mona Lisa, auf Weltreise. Solange das Museum wegen oben genannter umfangreicher Restaurierung geschlossen bleibt, ist sie auf dem Wawel (ab Mai 2017 im Nationalmuseum) zu sehen. Auch Rembrandt (1606–1669) ist mit seinem Meisterwerk „Landschaft mit dem barmherzigen Samariter" (1638) vertreten. Kurios sind die persönlichen Gegenstände der beiden Feldherren Napoleon und Kościuszko sowie von Captain Cook. Ein weiteres Highlight der Sammlung stand jahrzehntelang auf den Raubkunstlisten und wurde erst Ende 2016 entdeckt: Raffaels „Porträt eines jungen Mannes". Die Chancen stehen gut, dass das im Zweiten Weltkrieg nach Deutschland verschleppte Meisterwerk aus dem frühen 16. Jh. bis zur Wiedereröffnung restauriert sein wird.

Im gegenüberliegenden Arsenal sind Fundstücke aus der Antike zu sehen, darunter zwei ägyptische Särge mit Mumien. Das Arsenal ist der Teil des Museums, der auch vor der offiziellen Wiedereröffnung besucht werden kann, obwohl es auch hier gelegentliche Schließungen gibt.

Antike Ausstellungsobjekte im Arsenal: Di–Sa 10–18, So 10–16 Uhr. Eintritt 3 €, erm. 2 €, Kinder bis 16 J. und Studenten mit ISIC-Karte 0,25 €, So frei, Führung (auf Deutsch) 33 €. Ul. św. Jana 19, ✆ 12-3705460, www.mnk.pl.

Die gesamte Altstadt ist für Künstler und Mimen eine Freilichtbühne

Kościół Pijarów

Piaristenkirche

Die von Kacper Bażanka (1689–1726) von 1718 bis 1728 erbaute Barockkirche wirkt von außen wie ein kleiner, weißer Fremdkörper inmitten der eher dunklen Häuser. Dieser schöne Kontrast wird durch eine Illusion im Inneren ergänzt. Die vielfarbigen Wandmalereien aus dem Jahr 1733 mit ihrer vollendeten Perspektive und kunstvollen Schattierung von Franciszek Ekstein (1689–1741) lassen die kleine Kirche wesentlich größer erscheinen. Das prunkvolle Grabmal zur Rechten des Presbyteriums ist dem Ordensmann und Aufklärer Stanisław Konarski (1700–1773) gewidmet, dem Pionier des polnischen Bildungswesens. Einmal im Jahr finden hier Konzerte für einen karitativen Zweck statt.

Geöffnet nur während der Messen Mo–Sa 7, 8, 19 Uhr, So 7, 8.30, 10, 11.30, 13, 19 Uhr. Ul. Pijarska 2/4, www.pijarzy.pl.

Kościół Reformatów

Reformatenkirche

Die barocke Kirche ist immer noch unter ihrem alten Namen bekannt, auch wenn sie heute eigentlich dem

Heiligen Kazimierz geweiht ist. Sie wurde 1673 erbaut und wäre nicht weiter erwähnenswert, gäbe es da nicht das besondere Mikroklima unterhalb der Kirche. Das ist nämlich dafür verantwortlich, dass die in den Katakomben vom 17. bis zum 19. Jh. bestatteten Mönche mumifiziert erhalten blieben (nur in seltenen Ausnahmefällen auf Anfrage zu besichtigen oder an Allerseelen, 2. Nov., sowie am 3. Nov.).

Geöffnet nur während der Messen Mo–Sa 7.30, 10, 16.15, 17.30 Uhr, So 7.30, 9, 10:30, 12, 13, 16.15 und 19 Uhr. Ul. Reformacka 4, ✆ 12-4220623, www.ofm.krakow.pl.

Galeria Andrzeja Mleczki

Galerie von Andrzej Mleczko

Werke von Karikaturisten werden normalerweise nicht zu den Bildenden Künsten gerechnet. Bei den gezeichneten Kommentaren von Andrzej Mleczko (geb. 1949) ist das anders. Der politisch nicht korrekte Karikaturist ist in Polen Kult. Eher Zartbesaitete werden von seinen direkten und teils sexuell anstößigen Zeichnungen vielleicht schockiert sein. Die meisten anderen werden seine mit wenigen Strichen skizzierten, teils auch politischen Kommentare lieben. In der zu einer touristischen Attraktion gewordenen Galerie kann man Plakate, Bücher, Postkarten, T-Shirts, Tassen und sogar Bettwäsche mit seinen Motiven erstehen.

Tägl. 10–18 Uhr. Ul. św. Jana 14, ✆ 12-4217104, www.mleczko.pl.

Cyberteka

Cyberthek

Der Westflügel des Krzysztofory-Palastes wurde über Jahre hinweg aufwendig renoviert, um Platz zu schaffen für die Ausstellung zu Krakaus Stadtgeschichte unter dem Motto „Krakau – Zeit und Raum“. In sechs kleinen Sälen wird seit 2014 die Entwicklung der Stadt von den Anfängen der Besiedelung über mittelalterliche Zentren und die Eingemeindungen bis hin zur urbanen

In der Galerie von Andrzej Mleczko

Epoche vor dem Ersten Weltkrieg gezeigt. Wie der Name der Dauerausstellung schon verrät, kommen dabei auch 3-D-Filme und weitere multimediale Mittel zum Einsatz. Wie so oft in Krakau sind nicht nur die Ausstellungsobjekte von Interesse, sondern auch die sorgfältig restaurierten Räumlichkeiten an sich. Auch der eine oder andere Blick aus einem der Fenster lohnt sich.

Di–So 10–17.30 Uhr, jede halbe Stunde Zugang in Gruppen von je 20 Pers. Eintritt 3 €, erm. 2 €, Di frei. Rynek Główny 35 (Eingang über ul. Szczepańska), ✆ 12-6192335, www.mhk.pl.

Stary Teatr

Altes Theater

Polens ältestes Theater wurde schon 1781 gegründet; in dem heutigen Gebäude wurde allerdings erst später gespielt. Es ist aus zwei gotischen Gebäuden zusammengelegt, besitzt aber eine typische Jugendstilfassade. Die Bühnenkunst wurde hier – und wird es noch immer – nicht als reine Unterhaltung verstanden, sondern auch

Stare Miasto → Karte S. 42/43

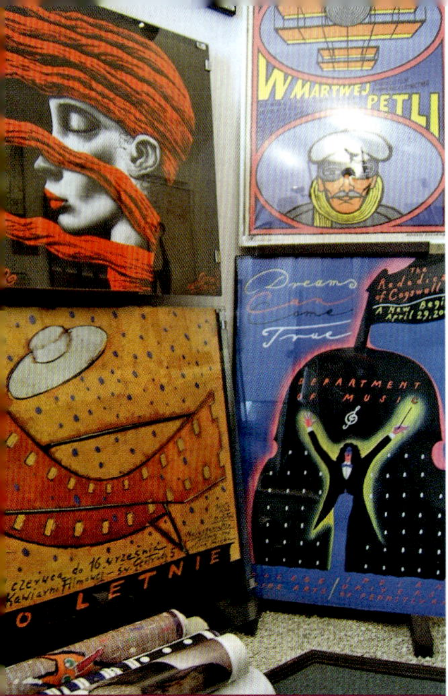

In der Kunstplakatgalerie

als Verpflichtung, die Besucher zum Nachdenken anzuregen. Viele Uraufführungen fanden in diesem Haus statt, in dem die gesamte Theaterelite Polens schon einmal tätig war. Auch im Ausland bekannte Namen, die mit dem Stary Teatr in Verbindung stehen, sind die des Autors Stanisław Wyspiański, der Schauspielerin Helena Modrzejewska (nach der das Theater auch offiziell benannt ist), der Regisseure Andrzej Wajda und Krystian Lupa sowie des Schauspielers, Drehbuchautors und Regisseurs Jerzy Stuhr.

Das theatereigene **Museum MICET** zeigt Requisiten, Kostüme und Theaterfotos und -videos, die über Jahre hinweg in einem aufwendigen Projekt digitalisiert wurden, im November 2016 gab es endlich die feierliche Eröffnung. Für Theaterfreunde auch ohne Polnischkenntnisse empfehlenswert.

Foyer und Kassen Mo–Fr 9–17, Sa 9–13 Uhr, Museum Di–So 11–19 Uhr. Ul. Jagiellońska 5, ✆ 12-4228020, www.stary.pl, www.micet.stary.pl.

Galeria Plakatu

Kunstplakatgalerie

Eine Galerie, die sich ganz der polnischen Plakatkunst widmet. Man kann aus 2000 Originalen, Nachdrucken und Postkarten auswählen oder sie einfach nur betrachten. Was sich eher nach einem gewöhnlichen Geschäft anhört, ist tatsächlich einer der kulturellen Geheimtipps in der Stadt: Polnische Plakatkünstler sind wegen ihrer Arbeiten weltweit gefragt, in der Galerie findet man deshalb auch viele Kunstplakate mit deutscher Beschriftung. Egal, ob es um Vernissagen, Konzerte oder Theateraufführungen geht, die einladenden Plakate haben eine ganz eigene Handschrift und strotzen vor Einfallsreichtum. Insofern sind ihre Werke mit den Gemälden der großen Meister oder den Bauwerken der bedeutenden Architekten zu vergleichen.

Mo–Fr 12–16, Sa 11–14 Uhr. Ul. Stolarska 8/10, ✆ 12-4212640, www.cracowpostergallery.com.

Stare Miasto → Karte S. 42/43

Kamienica Szołayskich

Szołayski-Haus

Ab 2018 erneut dem Allroundgenie gewidmetes Museum: Vom Dramatiker und Regisseur Stanisław Wyspiański (1869–1907) gibt es dann wieder Skizzen für die Bühnengestaltung, Kostüme und Requisiten sowie Erstdrucke von Dramen zu besichtigen. Vom Sakralkünstler Wyspiański kann man dann Entwürfe für Buntglasfenster sehen, z. B. die in der Franziskanerkirche und im Ärztehaus verwirklichten. Ein Raum wird sich seinem Schaffen rund um den Wawel widmen, man sieht Bilder des Hügels und auch das Modell zur Umgestaltung des Wawel in eine polnische Akropolis. Ein Teil der Sammlung wird erneut den Familienmenschen Wyspiański präsentieren, der seine Angehörigen auf Gemälden und Fotos verewigt hat. Auf einem Stockwerk werden schon vor der Wiedereröffnung Werke gezeigt, die der exzentrische Kunstsammler Feliks „Manggha" Jasieński (1861–1929) zusammengetragen hat.

Di–Sa 10–18, So 10–16 Uhr. Eintritt 3 €, erm. 2 €, Kinder bis 16 J. und Studenten mit ISIC-Karte 0,25 €, So frei. Ul. Szczepańska 11, ✆ 12-4335450, www.mnk.pl.

Collegium Maius

Collegium Maius

Die älteste Universität Polens ist zugleich eine der ältesten der Welt, schon seit 1364 wurde an der Krakauer Akademie gelehrt. Kurz danach bezogen die Lehrenden dieses Gebäude, das der König der Stadt für diesen Zweck gestiftet hatte. 2014 gab es also das 650-jährige Jubiläum zu feiern. Im Erdgeschoss waren die Hörsäle untergebracht, Aula, Bibliothek und Schatzkammer befanden sich im 1. Stock. Auf dem gleichen Stockwerk lag auch der Gemeinschaftsraum der Dozenten, die im ganzen Collegium verstreut wohnten. Bis zum 19. Jh. änderte sich daran nichts. Für die heutige Jagiellonen-Universität mit ihren zigtausend Studenten würde der Platz natürlich nicht mehr ausreichen, die Fakultäten wurden deshalb längst an viele verschiedene Orte innerhalb und außerhalb des Zentrums verlagert. Das Collegium Maius selbst nimmt eine repräsentative Funktion ein. Seine Museumsräume wurden schon von Johannes Paul II., dem japanischen Kaiser und der Queen besucht. Abgesehen von den gut erhaltenen Sälen, in denen Kopernikus studierte, sind auch mehr als 2000 wissenschaftliche Objekte zu betrachten. Die bedeutendsten darunter sind astronomische Ausstellungsstücke, sehenswert ist u. a. der Kopernik-Raum. Auf dem Jagiellonen-Globus (Globus Jagielloński) wurde zum ersten Mal der Name „Amerika" vermerkt. Bemerkenswert sind auch die Räumlichkeiten, die Aufschluss geben über die Atmosphäre einer mittelalterlichen Universität. Laut einer Legende soll hier auch der originale Faust studiert haben, der Goethe zu seinem Werk angeregt hat. Eine weiteres kleines Extra ist der Oscar, den Andrzej Wajda für sein Lebenswerk erhalten hat.

Die „Helenka" ist eines von vielen verträumten Kinderporträts in Pastell von Stanisław Wyspiański

Aus der Nähe betrachtet wirkt die goldene und im Fernsehen so eindrucksvolle Figur aber eher schlicht. Ebenfalls einen Besuch wert ist der Innenhof mit seinem Brunnen, den Kreuzgängen und den verspielten Regenrinnen. Dort befindet sich auch eine Uhr, die täglich um 9, 11, 13, 15 und 17 Uhr ein Werk des polnischen Organisten und Komponisten Jan z Lublina spielt, wozu sechs Figuren hervorkommen, die eng mit der Universität verbundene Persönlichkeiten darstellen. Seit 2010 kann man kostenlos den Professorengarten mit interessanten Versuchsobjekten und Büsten von wichtigen Akademikern besichtigen. Zwei Jahre später wurde außerdem der renovierte Hof „Huta" (aus dem Deutschen Hütte) von der ul. św. Anny aus für die Öffentlichkeit freigegeben. Seit 2016 gibt es auch eine interaktive Ausstellung zur universitären Geschichte Krakaus.

Mo–Sa 10–15, Di bis 16, April–Okt. Di/Do bis 18 Uhr, alle 20 Min. mit obligatorischem Führer, Reservierung erforderlich, letzter Einlass 40 Min. vor Ende, 13 Uhr englischsprachige Führung. Innenhof von Sonnenaufgang bis -untergang. Eintritt 3 €, erm. 1,50 €, Di ab 14 Uhr frei, April–Okt. erst ab 15 Uhr frei. Interaktive Ausstellung: Mo–Sa 9–13.30 Uhr. Eintritt 2 €, erm. 1 €. Ul. Jagiellońska 15, ✆ 12-6631307 (Reservierung), www.maius.uj.edu.pl.

Wendeltreppe im Collegium Maius

Klasztor Dominikanów

Dominikanerkloster

Das zweite große Kloster in der Innenstadt existiert schon seit dem 13. Jh. Wegen eines Brandes wurde es aber 1872 neu aufgebaut, der vorherrschende Stil ist deswegen neugotisch. Die ältesten originalen Teile sind die Eingangsfassade und die Kapelle des Heiligen Jacek (Kaplica św. Jacka).

In der Kapelle steht der schön gestaltete Schrein des Heiligen, am Ende des Hauptschiffs hingegen der verspielte Hochaltar. Eine daneben angebrachte Gedenktafel stammt wahrscheinlich von Veit Stoß. Bemerkenswert ist auch die Rosenkranzkapelle (Kaplica Różańcowa) mit schwarzem und weißem Marmor und mit einem goldenen Madonnenbild in der Mitte des Altars. Die gotischen Kreuzgänge mit Grabesmonumenten sind ebenfalls einen Besuch wert. Unbestrittener Höhepunkt sind allerdings die Beichtstühle und das Chorgestühl in vollendeter Schnitzkunst. 2018 oder 2019 soll übrigens das Klostermuseum eröffnen und dann im romanischen Teil der Anlage die Geschichte des Ordens, aber auch wertvolle Objekte aus sieben Jahrhunderten präsentieren, darunter eindrucksvolle liturgische Gewänder.

Die Messen in der Dominikanerkirche sind übrigens mehr als gut besucht, was an der liberalen Ausrichtung, den klaren Predigten und am politischen Mut in den sozialistischen 1980er-Jahren liegen dürfte.

Tägl. 6–22 Uhr. Messe Mo–Sa 7, 8, 9, 12, 17, 19.30 Uhr, So 8, 9, 10.30, 12, 13.30, 15.30 (außer Juli/Aug.), 17, 19, 20.20, 21.30 Uhr. Eintritt frei. Ul. Stolarska 12, www.krakow.dominikanie.pl.

Restaurants, Cafés und Clubs

Das soll kein Witz an dieser Stelle sein, denn auch sie zählen zu den Sehenswürdigkeiten der Stadt. Es gibt sogar englischsprachige Reiseveranstalter,

Chorgestühl in vollendeter Schnitzkunst in der Dominikanerkirche

Stare Miasto → Karte S. 42/43

die sich einzig auf das Nachtleben der Stadt konzentrieren. Gründe hierfür sind schnell gefunden. Die historische Altstadt hat die weltweit größte Dichte an Lokalen, die Zahl schwankt zwischen 500 und 700. Ein Großteil von ihnen ist in den Katakomben der Krakauer Kellergewölbe untergebracht. Die mit alten Steinen gemauerten oder sogar in rohen Stein gehauenen Wände sind in Sachen Romantik unübertroffen.

Praktische Infos

→ Karte S. 42/43

Essen & Trinken

Restaurants

Cyrano de Bergerac 1 Schon 1998 zum besten Restaurant Südpolens gewählt, konnte das hohe Niveau seitdem halten. Die feine französische Küche schmeckt auch vielen Stars wie zum Beispiel Roman Polański. Achtung: Beim Eintreten den Kopf einziehen! Hg. 15–38 €, ganzer Hummer mit Cognac-Sauce 38 €. Tägl. 12–23 Uhr. Ul. Sławkowska 26 (im Hinterhof), ✆ 12-4117288, www.cyranodebergerac.pl.

Leonardo 20 Nobelrestaurant der Extraklasse. Italienische Küche in immer neuen Kreationen. 3-Gänge-Menü 21–45 €. Tägl. 12–23 Uhr. Ul. Szpitalna 20/22, ✆ 12-4296850, www.leonardo.com.pl.

Corse 58 Liebevoll eingerichtetes korsisches Restaurant. Fisch- und Meeresfrüchteplatte für 2 Pers. 35–56 €. Tägl. 13–23 Uhr. Ul. Poselska 24, ✆ 12-4216273, www.corserestaurant.pl.

Indus Tandoor 4 Langgezogenes Restaurant. An den durch die hohen Lehnen der Sitzbänke getrennten Tischen schmeckt die indische Küche, die authentischer ist, als es die blonden Kellnerinnen im Sari vermuten lassen. Hg. 4–11 €. Tägl. 12–22, Fr/Sa bis 24 Uhr. Ul. Sławkowska 13/15, ✆ 12-4232282, www.indus.pl.

Trattoria Soprano 28 Helle Pastelltöne dominieren dieses italienische Restaurant, tolle, wechselnde Karte. Spaghetti mit Muscheln 7 €. Tägl. 9–24 Uhr. Ul. św. Anny 7, ✆ 12-4225195, www.trattoriasoprano.pl.

Cechowa 26 An den Decken findet man Zunftzeichen der Handwerkergilden, an den Tischen polnische Gerichte und ein gemischtes Publikum, das oft schon seit der Eröffnung in den 1960er-Jahren zur Stammkundschaft zählt.

Hg. 3,50–9,50 €. Tägl. 11–22 Uhr. Ul. Jagiellońska 11, ✆ 12-4210936, www.restauracja cechowa.pl.

MeinTipp **Chimera** **30** Zwei Lokale in einem: eine entspannte Salatbar mit frischer und breiter Auswahl (Vegetarierparadies!), zum anderen ein nobles Restaurant mit königlichen Rezepten, in dem sich Künstler und Journalisten treffen und beispielsweise Ente mit Sauerkirschen, Salzkartoffeln und Rotkohl für 14 € verspeisen. Hg. 7–17 €, in der Snackbar 4,50 € für einen großen Teller. Tägl. 12–23 Uhr, Salat- und Snackbar im Sommer So–Mi 10–23, Do–Sa bis 24, im Winter tägl. 9–22 Uhr. Ul. św. Anny 3, ✆ 12-2921212, www.chimera.com.pl.

Pod Kominkiem **53** Mehrere Säle im Keller. Altpolnisches Essen höchster Qualität, zu dem man den Krakauer Klosterwein probieren kann. Rindslende im Kräutermantel mit Pfifferlingen in Sahnesoße, Ofengemüse und Trüffel-Kartoffelpüree 13,50 €. Tägl. 12–23 Uhr. Ul. Bracka 13, ✆ 12-4302130, www.piwnicapod kominkiem.pl.

Bohema **49** Die Bänke sind aus alten Bettgestellen gefertigt, ein Schutzengel hilft bei der Verdauung. Typisch polnische Fleischgerichte wie Kaninchen in Sahnesoße für 11 €. Tägl. 12–23 Uhr. Ul. Gołębia 2, ✆ 12-4302683, www.bohema.cracow.pl.

Kawaleria **47** Die Säbel, Uniformen und der sonstige Pferdekrimskrams brachten das altpolnische Lokal auf den 1. Platz in Sachen Inneneinrichtung beim großen Restaurant-Test von „Newsweek". Überzeugende Küche: Schweinelende mit Oscypek-Käse, Sauermehl-Sauce und Kartoffel-Petersilien-Püree 11 €. Tägl. 12–22 Uhr. Ul. Gołębia 4, ✆ 12-4302432, www.kawaleria.com.

Gospoda C.K. Dezerter **43** Ein (auch verfilmtes) Kultbuch über Deserteure der polnischen Armee liefert die Ideen für dieses Restaurant. Einen Großteil der Flucht verbringen die Deserteure in Österreich, woher auch die meisten Rezepte stammen. Unter anderem Wiener Schnitzel satt 9 €. Tägl. 9–23, Fr/Sa bis 24, So ab 10 Uhr. Ul. Bracka 6, ✆ 12-4227931, www.ckdezerter.pl.

Green Day **34** Vegetarische Frische und veganes Junkfood, für den großen Hunger gibt es Platten mit mehreren verschiedenen fleischlosen Spezialitäten. Dazu frische Säfte, Kräutertees oder Joghurtgetränke. Sets 4 €. Mo–Sa 11–22, So 11–21 Uhr. Ul. Mikołajska 14, ✆ 12-4311027, www.greenday-krakow.pl.

MeinTipp **Ed Red** **14** Wenn Steaks in Krakau, dann hier: Der Küchenchef Adam Chrząstowski garantiert höchste Qualität bei Zutaten und Zubereitung. Für Fleischliebhaber gibt es internationale Klassiker mit polnischem Touch. Rinderfilet 19 €, Lammrücken mit Thymian und Minzkruste 15,50 €. Tägl. 12–23, Fr/Sa bis 24 Uhr. Ul. Sławkowska 3, ✆ 690-900555 (mobil), www.edred.pl.

Zen **29** Stilvoll eingerichtete Sushi-Bar mit die besten Fischhappen, die man in Krakau bekommt. Von 12 bis 17 Uhr unbegrenzt Sushi für 22 €. Tägl. 12–24 Uhr. Ul. św. Tomasza 29, ✆ 12-4265555, www.zensushi.pl.

Morskie Oko **8** Offenes Feuer, große Portionen, Di–Sa spielt eine folkloristische Kapelle. Man meint, man wäre in der Tatra. *Moskole* (Kartoffelpuffer aus der Tatra) mit Steinpilzen 4 €, Fleischplatte für 2 Pers. 17 €. Tägl. 12–23/24 Uhr. Plac Szczepański 8, ✆ 12-4312423, www.morskieoko.krakow.pl.

Gruszka Nova **17** Krakauer Restaurant mit langer Tradition, das zwischenzeitlich geschlossen war. Seit der Wiedereröffnung 2011 kann man sich wieder von der Einrichtung und der altpolnischen Küche zu einer Zeitreise ins frühe 20. Jh. verleiten lassen. Leser waren so begeistert, dass sie gleich zweimal zum Essen kamen. 2016 gab es den nächsten Besitzerwechsel, leider sind dabei die Preise gestiegen. Hg. 9–17 €. Tägl. 10–22 Uhr (warme Küche ab 12 Uhr). Ul. Szczepańska 1 (im 1. Stock), ✆ 534-174506 (mobil), www.gruszkanova.pl.

Guliwer **52** Süßes, kleines Restaurant mit französischer Küche. Oft wechselnde Tagesgerichte, Do–Sa Muscheln in Weißwein-Sauce für 7 €. Tägl. 9–23 Uhr. Ul. Bracka 6, ✆ 12-4302466, www.guliwer-restauracja.pl.

Farina **6** Eines der besten Restaurants mit Schwerpunkt auf Fisch, mediterrane und polnische Gerichte ergänzen die Karte. Dazu eine unkomplizierte und gemütliche Einrichtung. Dorade auf Blattspinat 10,50 €, großer Meeresfrüchtekorb 35 €. Tägl. 12–23 Uhr. Ul. św. Marka 16, ✆ 12-4221680, www.farina.com.pl.

Moaburger **35** Burgerladen mit Buletten in richtiger Größe und aus echtem Fleisch, immer voll. Für Vegetarier wird stattdessen Ziegenkäse zwischen die Brötchenhälften gelegt. 400-g-Mammut-Burger mit Käse, Bacon, Roter Bete, Ananas, Tomaten, Gurke und Zwiebeln 7 €. Tägl. 11–23, Fr/Sa bis 24 Uhr. Ul. Mikołajska 3, ✆ 12-4212144, www.moaburger.com.

U Stasi 34 Eine der Krakauer Kultmilchbars mit ehrlicher und leckerer Küche. Die Professorendichte ist wohl höher als an jeder Fakultät, ansonsten freuen sich Studenten, Rentner und auch der eine oder andere Obdachlose, wenn sie einen der wenigen Sitzplätze ergattert haben. Mo–Fr 12–17 Uhr oder bis es nichts mehr gibt. Ul. Mikołajska 16, ✆ 12-4215084, www.jadlodajniaustasi.republika.pl.

MeinTipp **gospoda koko** 41 Genießt unter den Krakauer Studis Kultstatus. Woran liegt's? Wahrscheinlich daran, dass man bis in die Nacht hinein große Portion für kleines Geld bekommt, die Tageskarte stets fröhlich gemalt wird und man wie bei Muttern futtern kann. Tägl. 8–3 Uhr. Ul. Gołębia 8, ✆ 12-4302135, www.gospodakoko.pl.

Milkbar 25 Modernisierte Milchbar, die Krakaukennern vielleicht noch unter dem früheren Namen „Bar smaczny" ein Begriff ist. Im Vergleich zu früher ein anglisierter Name, etwas höhere Preise und freundlichere Farben. Tagesmenü 4,50 €. Di–Sa 8–20, So 9–20 Uhr. Ul. św. Tomasza 24.

Polakowski 55 Gut Ding hat Weile. Mehr als 100 Jahre hat diese Krakauer Institution für schnelles und gutes Essen gebraucht, um ein zweites Lokal zu eröffnen. Gołąbki (Kohlrouladen) oder Bigos 2,50 €. Tägl. 11–21 Uhr. Pl. Wszystkich Świętych 10, ✆ 12-4302156, www.polakowski.com.pl.

Zapiekanki 36 Wie der Name verrät, sind die in Polen so beliebten Pilzbaguettes Programm. Und die schmecken hier sehr gut und sind mit frischen Pilzen belegt. Kein Wunder also, dass man schon 35-jähriges Bestehen feiern konnte. Tägl. 10–19 Uhr (im Sommer länger, im Winter kürzer). Ul. Sienna 3.

Cafés

MeinTipp **Camelot** 21 Sicher eines der beliebtesten Cafés der Stadt, von der Washington Post gar zum besten Café der Welt gekürt. Romantik pur auf den unverkleideten Holzdielen, zwischen hölzernen Figuren und runden Tischlein. An den Wänden hängen Meisterwerke von Nikifor und weitere naive Kunst. Um das Ganze noch zu toppen, freitags Kabarett und regelmäßig Ausstellungen oder Konzerte. Ideal auch zum Frühstück. Tägl. 9–24 Uhr. Ul. św. Tomasza 17, ✆ 12-4210123.

Zaćmienie 16 Café mit vielen kleinen Winkeln, einem romantischen Keller und stimmungsvollem Garten im Innenhof. … bis 1 Uhr. Ul. Szczepańska 3, …

MeinTipp **Nowa Prowincja** … begehrt sind die Plätze am … Bar, die man über eine Trep… …erreicht. Unkomplizierte Kneipe für nette Gespräche, außerdem sehr guter Kaffee, sündhaft leckere heiße Schokolade und selbst gemachter Kuchen. Lieblingscafé der Dichterin und Literaturnobelpreisträgerin Wisława Szymborska. Tägl. 8.30–23, So ab 9, Fr/Sa bis 1 Uhr. Ul. Bracka 3/5, ✆ 12-4305959.

Botanica 50 Blumen und Pflanzen sind das zentrale Thema im gemütlichen Café, das 2008 um eine Orangerie erweitert wurde. Auch kleinere Gerichte wie Sandwiches oder Salate. Frühstück bis 12 Uhr. Mo–Do 8.30–23, Fr/Sa bis 24, So 9–23 Uhr. Ul. Bracka 9, www.cafebotanica.pl.

Abstecher in Innenhöfe lohnen sich!

Stare Miasto → Karte S. 42/43

..ipp Charlotte 13 Krakauer Filiale eines ..arschauer Bistros mit sehr französischem Flair. Trotz der sprichwörtlichen Abneigung gegen alles Hauptstädtische war das Charlotte schon kurz nach der Eröffnung stets voll. Kein Wunder, bei der entspannten Atmosphäre, den leckeren Croissants und Croques und dem guten Wein. Frühstück (3–6 €) bis 23 Uhr! Mo–Do 7–24, Fr 7–1, Sa 9–1, So 9–22 Uhr. Pl. Szczepański 2, www.bistrocharlotte.com.

Pierwszy Lokal ... 38 ... na Stolarskiej po lewej stronie, idąc od Małego Rynku – das ist nichts weiter als eine Standortbeschreibung. Das Lokal mit dem längsten Namen Krakaus ist beliebt bei Nachteulen, Frühaufstehern und Studenten. Mo–Fr 7.30–3, Sa/So 9–3 Uhr. Ul. Stolarska 6/1, ✆ 12-4312441.

Siesta 45 Sympathisches Café mit drei kleinen Zimmern. Mo–Fr 9–23, Sa ab 11, So ab 11.30 Uhr. Ul. Stolarska 6.

Lokale für Tag und Nacht

meinTipp **Ambasada Śledzia** 51 Kult! Die Heringsbotschaft (so die Übersetzung) ist eine der polnischen Tapas-Bars, wie üblich kosten Getränke 1 €, Snacks 2 €. Die besten Beilagen zum Runterspülen der Klaren sind natürlich die Heringskreationen: in Sahne, mit Curry, als Tatar ... Mo–Sa 8–24, So 9–24 Uhr (um die Ecke beim ehemaligen Frisör geht es ab 19 und bis 5 Uhr weiter). Ul. Stolarska 8/10.

Marcin Świetlicki – Stammgast in der Ambasada Śledzia

Der 1961 geborene Poet, Schriftsteller und Rocksänger feiert sich als zeitgenössischen Outsider mit Titeln seiner Poesiesammlungen wie „49 Verse über Wodka und Zigaretten". Seine einfallsreiche Krakau-Romantrilogie wurde leider bisher noch nicht ins Deutsche übersetzt.

Baroque 7 Mehr als 100 verschiedene Wodkasorten und 200 Cocktails für Genusstrinker – die Grundlage schaffen passende Snacks. So–Mi 12–24, Do–Sa 12–5 Uhr. Ul. św. Jana 16, ✆ 12-4220106, www.baroque.com.pl.

Frantic 24 Etwas snobistischer Club mit metrosexuellen Männern und entsprechenden Frauen. Die DJs legen aber meistens recht gut auf. Mi–Sa 22.30–3 Uhr. Ul. Szewska 5, ✆ 12-4230483, www.frantic.pl.

Bomba 13 Mischung aus Café und Kneipe. Unser Meinung nach ist es am Abend am schönsten, im Winter im Obergeschoss mit Blick auf den Platz, im Sommer auf den Stühlen vorm Lokal. So–Do 12–1, Fr/Sa bis 2 Uhr. Plac Szczepański 2/1.

meinTipp **Piec Art** 22 Jazzklub mit Konzerten, meist Mi–Sa. Eher Modern Jazz, selten Free-Jazz-Experimente. Keller tägl. 17–2, Bar ab 12 Uhr, Konzerte ab 21 Uhr, oft auch später. Ul. Szewska 12, ✆ 12-4291602, www.piecart.pl.

House of Beer 31 Ehrliche Kneipe mit sehr vielen Biersorten aus Polen und aus aller Welt. So–Mi 14–1, Do–Sa 14–2 Uhr. Ul. św. Tomasza 35, www.houseofbeerkrakow.com.

meinTipp **Pauza** 39 Etwas schwer zu finden, aber es lohnt sich. Minimalistischer Stil, umso ausgiebigere Gespräche der Studenten und Künstler. Auch künstlerisch hochwertige Fotoausstellungen in der Galerie und in der Kneipe. Mo–Do 10–24, Fr/Sa 10–3, So 12–24 Uhr. 2016 umgezogen: Ul. Stolarska 5/3, 1. Stock, www.pauza.pl.

U Jožina 9 Verschiedene tschechische Biersorten für nur 1–1,50 €. Feiern und absacken kann man entsprechend gut, den Abend gemütlich ausklingen lassen sicher weniger. Tägl. 12–1, Fr/Sa 12–2 Uhr. Ul. św. Tomasza 7.

Pijalnia Wódki i Piwa 18 Eigentlich immer volle Stehbar mit ostalgischer Inneneinrichtung und einfachem Prinzip: Snacks für 2 €, Klare, Wein und Bier für 1 €. Tägl. 9–6 Uhr. Ul. św. Jana 3–5.

Philo 27 Existentialistisch – zum Kaffee kommt eine philosophische Weisheit auf einem Zettelchen. Viele Kaffeesorten und konkurrenzlos billiger Lunch sowie Snacks. Zapiekanki, Pizza und Brote für 1 €, der freundliche Service ist eigentlich unbezahlbar. So–Mi 10–23.30, Do–Sa 12–3 Uhr, manchmal auch rund um die Uhr geöffnet. Ul. św. Tomasza 30, ✆ 12-4319191.

Dym 18 Verraucht, wie es vor dem Verbot der Fall war und wie der Name noch immer vermuten lässt, ist das Café nicht mehr; dafür beliebter Treffpunkt für ein gemischtes Publikum. Tägl. 10–24, Fr/Sa bis 3 Uhr. Ul. św. Tomasza 13, ✆ 12-4296661.

DeCafencja 15 Kultkneipe in einem kleinen Raum, in den Nachtschwärmer strömen, wenn andere Kneipen und Clubs bereits schließen. Wenige Touristen, viele Krakauer. Tägl. 13–6, So ab 15 Uhr. Ul. Sławkowska 4, ✆ 12-3414137.

Pod Papugami 7 Zwar ein Irish Pub, bietet jedoch wesentlich mehr als das übliche Guinness-Britpop-Gemisch. Die Treppen scheinen

Stare Miasto → Karte S. 42/43

Die Ecke des „Ungläubigen Thomas" beim Café Camelot zählt zu den malerischsten Orten der Altstadt

beim Hinausgehen länger und steiler als beim Hereinkommen. Tägl. 12–2, So ab 15 Uhr. Ul. św. Jana 18, ✆ 12-4228299, www.podpapugami.krakow.pl.

Baccarat **54** Sehr luxuriöser House-Club mit teuren Lampen und plüschigen Sofas zum Versinken. Do–Sa 21–5 Uhr. Ul. Stolarska 13, www.baccaratclub.pl.

BaniaLuka **3** „Zwischen Wódka und Snack" lautet das Motto und zeigt, dass es sich um eine weitere der in den letzten Jahren aus dem Boden sprießenden polnischen Tapas-Bars handelt. Die Snacks kosten 2 €, (alkoholische) Getränke 1 €. Tägl. 10–6, Fr/Sa bis 8 Uhr. Plac Szczepański 6.

Einkaufen

Brot und Honig

Piekarnia Mojego Taty **56** Beschreibung → Tour 9. Mo–Sa 7–20, So 8–15 Uhr. Plac Dominikański 2, www.piekarniamojegotaty.pl.

Pszczelarz **8** Laden der lokalen Imkerkooperation mit hochwertigem Honig, Bienenwachs und Zubehör. Mo–Fr 10–17, Sa 10–14 Uhr. Pl. Szczepański 8, www.osppszczelarz.pl.

Mode und Taschen

Podlasek **42** Kleinpolnische Designermode aus Leinen – von ausgefallen über hippielike und folkloristisch bis hin zu elegant. Mo–Fr 10.30–18.30, Sa 11–15 Uhr. Ul. Wiślna 9, www.podlasek.com.pl.

Noa Noa **48** Outlet-Geschäft der dänischen Mode- und Schuhmarke. Mo–Sa 10–19 Uhr. Ul. Sienna 17.

Słoń Torbalski **15** Bunte, handgemachte Designertaschen aus Krakau für sie und für ihn. Wir haben beide zwei schöne, die seit Jahren schwersten Inhalt aushalten. Mo–Fr 10–19, Sa 10–15 Uhr. Ul. Sławkowska 4, www.slontorbalski.com.

Pepita **46** Taschen für Frauen von klein bis groß und traditionell bis modern. Tägl. 10–20, Fr/Sa bis 21 Uhr. Ul. Sienna 11.

MeinTipp **Aryton** **10** Boutique einer polnischen Designerin, deren Erfolg in erster Linie auf ihren schönen Mänteln beruht. Es gibt aber auch Blusen, Kleider, Hosen oder Pullis, die Frauen jeden Alters stehen. Mo–Fr 11–19.30, Sa 11–17 Uhr. Ul. Szpitalna 34, www.patrizia.aryton.pl.

Echo **25** Boutique mit polnischer Frauenmode für Büro und Freizeit. Mo–Fr 10–19, Sa 11–19, So 12–18 Uhr. Ul. św. Tomasza 26, www.echoshop.pl.

MeinTipp **Cashmire** **2** Weiche, elegante und farbenfrohe Schals, Handschuhe und Mützen,

Mäntel, Kleider und Oberteile aus der edlen Kaschmirwolle. Da aus polnischer Produktion, kann frau im Vergleich zu Deutschland relative Schnäppchen erwarten. Ul. Sławkowska 22, www.cashmire.net.

Vistula **32** Klassische Eleganz für Herren, die Anzüge überzeugten auch „James Bond" Pierce Brosnan. Mo–Fr 11–19, Sa 11–16 Uhr. Ul. Szpitalna 3, www.vistula.pl.

Schmuck und Kunsthandwerk

Galeria Biżuterii ORA **33** Einfallsreicher und kunstvoller Schmuck nach eigenem Design, den man so elegant nur sehr selten findet. Mo–Fr 11–19, Sa 10–16, So 11–15 Uhr. Ul. św. Anny 3/1a, www.galeria-ora.com.

MeinTipp **Make your own Rainbow** **57** Aga Gaj bezeichnet sich selbst als schüchterne Optimistin mit 1000 Ideen pro Minute. Eine davon ist bezaubernd schön und das Leitmotiv ihrer kleinen Galerie: Das Bild eines romantischen Mädchens mit traurigen Kulleraugen findet sich auf Tassen, Kacheln, Schmuck wieder. Tägl. 11–18 Uhr. Ul. Dominikańska 3.

Leitmotiv der Galerie Make Your Own Rainbow

Krakuska Sztuka Ludowa **24** Hat im Prinzip alles, was man in den Tuchhallen kaufen kann, allerdings günstiger und weniger gedrängt. Mo–Fr 10–20, Sa 11–20, So 11–18 Uhr. Ul. Szewska 9.

Antiquariate

Rara Avis **23** Antiquariat mit alten Büchern, Karten, Drucken, Plakaten und Stadtansichten (15.–20. Jh.), auch Antiquitätenversteigerungen. Mo–Fr 10–18, Sa 10–14 Uhr Ul. Szpitalna 11, www.raraavis.krakow.pl.

Antykwariat Wójtowicz **19** Alte Bücher, Karten, Stiche und Ähnliches zum Stöbern oder Erwerben. Mo–Fr 10–18, Sa 10–14 Uhr. Ul. Szpitalna 19, www.antykwariat.wojtowicz.krakow.pl.

Kunstgalerien

Galeria ZPAF i SKA **25** Galerie mit ambitionierter Kunstfotografie. Do–So 12–18 Uhr. Ul. św. Tomasza 24, www.zpafiska.pl.

Kersten Gallery **11** Zeitgenössische polnische Künstler, u. a. kann man Skulpturen von Bronisław Chromy erstehen. Mo–Fr 11–19, Sa 11–15 Uhr. Ul. Sławkowska 5/7, www.kerstengallery.com.pl.

Fejkiel Gallery **5** Konzentriert sich auf zeitgenössische Grafiken und Zeichnungen. Mo–Fr 11–18, Sa 11–16 Uhr. Ul. Sławkowska 14, ✆ 12-4291553, www.fejkielgallery.com.

MeinTipp **Galeria Atelier Iwona Siwek-Front** **44** Seit mehr als 15 Jahren malt Iwona Frauen mit gesunden Rundungen und die weniger schönen Seiten Krakaus, in den letzten Jahren immer häufiger auch wohlgenährte Katzen. Regelmäßige „Ausstellung" auf ihrem Balkon. Mo–Fr 10–17.30, Sa 10–15 Uhr. Ul. Wiślna 8 (1.Stock), bei Nichtanwesenheit: ✆ 605-455190 (mobil).

Sonstiges

Galeria-Pracownia Tadeusza Kantora (Cricoteka) **40** Wechselnde und feste Ausstellungen zum Werk der Theaterlegende Kantor bis zu der Premiere des Spektakels „Umarła klasa" („Die gestorbene Klasse"). Er selbst nannte das Atelier seinen „schäbigen kleinen Raum der Vorstellungskraft". Weitere Informationen → Tour 3 (Archiwum-Galeria Cricoteki). Di 10–18, Mo und Mi–Fr 9–16 Uhr, Sa/So zu. Eintritt frei. Ul. Sienna 7/5, ✆ 12-4213266, www.cricoteka.com.pl.

Biblioteka Czartoryskich **12** Sammlung mit bedeutenden handschriftlichen Dokumenten und Büchern vom 9. bis zum 18. Jh. sowie Drucken und Karten ab dem 16. Jh. U. a. das Original von Kopernikus' „De revolutionibus" und der Polnischen Chronik von Jan Długosz. Mo–Fr 8–14 Uhr, Lesesaal Mo–Fr 9–15.45, Sa 9–13.45 Uhr. Registrierung mit Ausweis und Foto. Ul. św Marka 17, ✆ 12-4221172, www.mnk.pl.

Ośrodek Dokumentacji Piwnica Pod Baranami **25** Ausstellungen und Infos zum Kabarett und Piotr Skrzynecki → Tour 1. Mo–Fr 8–15 Uhr. Ul. św. Tomasza 26.

Fenster des Café Camelot

In des Königs Fußstapfen

Tour 3

Wahrhaft eines mächtigen Herrschers würdig sind die Straßen, auf denen der Königsweg, die Droga Królewska, verläuft. Die historische Route der Einzüge, Prozessionen und Begräbnisse ist heute freilich weniger feierlich als zu Zeiten der Wawelkönige, aber noch immer reizvoll.

Königsweg

Droga Królewska

Als Krakau noch eher einer Festung ähnelte als einer weltoffenen Stadt, die es damals schon war, wurde es von Königen und hochstehenden Gästen durch das Florianstor betreten. Von hier steuerten diese die königliche Burg auf dem Wawel an. Doch nicht nur feierliche Krönungen folgten der Route, sondern auch die Begräbnisprozessionen, auf denen die Särge der Könige in den Wawel gebracht wurden, wo sie bis heute stehen.

Und noch heute kommt ein Großteil der Besucher vom Bahnhof aus zum seit jeher wichtigsten Eingang des Zentrums. Heute ist der Tourist König, und auch er schlägt meist dieselbe Richtung ein.

Tour-Info **Startpunkt**: Barbakane. | Alle Sehenswürdigkeiten sind von den **Haltestellen des Zentrums** schnell erreichbar. Deshalb sind keine Anfahrtsmöglichkeiten angegeben. | **Ende**: ul. Kanonicza. | **Dauer**: reine Gehzeit ca. 25–45 Min.

Spaziergang

Bei diesem Spaziergang gehen wir nicht exakt denselben Weg, den damals die Könige nahmen: Der Königsweg begann schon bei der Florianskirche, und er endete auf dem Wawel. Wenn Sie wollen, können Sie den Spaziergang aber mit den Touren 5 und 7 kombinieren. In diesem Fall würden Sie tatsächlich in die Fußstapfen der Könige treten. Der hier vorgestellte Weg ist sicher mit der einfachste, weshalb man sich auf die einzelnen Sehenswürdigkeiten gut konzentrieren kann.

Vom Startpunkt an der **Barbakane (Barbakan)**, einem runden, der Stadtmauer vorgelagerten Bollwerk, geht man einfach immer geradeaus. Sobald der Grüngürtel überschritten ist, ist schon das einst wichtigste Stadttor zu sehen, das **Florianstor (Brama Floriańska)**. Über die lange Einkaufsstraße ulica

Floriańska flanieren wir zunächst zum **Jama Michalika**, einem Café mit großer Vergangenheit. Nur wenige Meter weiter steht das **Matejko-Haus (Dom Matejki)**, in dem der Künstler Jan Matjeko lebte und arbeitete. Danach passieren wir das **Pharmazie-museum (Muzeum Farmacji)** und das Hotel Pod Różą, in dem der Künstler Jan Matjeko lebte und arbeitete. Danach passieren wir das **Pharmazie-museum (Muzeum Farmacji)** und das Hotel Pod Różą, in dem Franz Liszt häufig zu Gast war. Den Marktplatz schlendern wir ganz königlich an der Ostseite entlang und durch den trichterförmigen Eingang hinein in die ulica Grodzka. Die beiden gegenüberliegenden Häuser waren hier früher durch einen Übergang verbunden, von dem Kinder beim Empfang des Königs oder wichtiger Gäste Blumen streuten. Auf diese schmeichelnde Tradition muss man leider verzichten, die weiteren Sehenswürdigkeiten entschädigen aber dafür. Die erste befindet sich mit dem **Pawilon Wyspiański 2000** am besonders abends schönen plac Wszystkich Świętych. Sowohl der Platz als auch das Gebäude wurden anlässlich des 100. Todestags des namengebenden Künstlers neu gestaltet. An der Ecke zur ulica Poselska auf der linken Seite kann man die ehemalige Werkstatt von Veit Stoß leider nicht besichtigen, dafür aber ein paar Schritte weiter geradeaus das **Collegium Iuridicum** auf der rechten Straßenseite mit seinem reizvollen Innenhof.

Schräg gegenüber steht die imposante barocke **St.-Peter-und-Paul-Kirche (Kościół św. Piotra i Pawła)**, die teilweise der römischen Kirche Il Gesù nachempfunden wurde. Kleiner ist die romanische **St.-Andreas-Kirche (Kościół św. Andrzeja)**. Auch der weitere Verlauf der ulica Grodzka ist „kirchlich" geprägt, schließlich verlassen wir die Straße und gehen rechts an der Nordflanke des Wawels an der **St.-Ägidius-Kirche (Kościół św. Idziego)** vorbei bis zur ulica Kanonicza. Diese Straße war einst eines der klerikalen Zentren, wovon bis heute das **Museum der Erzdiözese (Muzeum Archidiecezjalne)** zeugt, in dem der spätere Johannes Paul II. in seinen Krakauer Jahren wohnte. Vorbei an eleganten Häusern wie dem **Palast des Bischofs Erazm Ciołek (Pałac Biskupa Erazma Ciołka)** durchschreiten wir diese vielleicht schönste Straße der

Das Florianstor ist der Auftakt des Königswegs

Stadt bis zur **Cricoteka, Archiv und Galerie des Theaters Cricot (Archiwum-Galeria Cricoteki)**. Ein paar Schritte weiter kommen wir zurück auf die ulica Grodzka und beenden damit den Spaziergang. Der historische Königsweg bog übrigens schon vorher von der ulica Grodzka in die Kanonicza ein und führte in entgegengesetzter Richtung zum Wawel.

Sehenswertes

Barbakan

Barbakane

Aus Angst vor weiteren Angriffen der Türken und Tataren wollten die Krakauer ihre Stadt besser schützen. So bauten sie in den letzten Jahren des 15. Jh. vor jedem Stadttor starke Bastionen, insgesamt drei. Die einzig noch erhaltene findet sich am Nordeingang der Stadt. Die eindrucksvollen drei Meter starken Mauern sollten besonders vor den damals aufkommenden Feuerwaffen schützen. Durch einen tunnelartigen Gang gelangten freundlich gesinnte Gäste von der kleinen Burganlage in die Stadt. Zur Verteidigung dienten auch die tiefen Wassergräben und die zahlreichen Schießscharten. Zu ihrer Zeit galt die Barbakane als uneinnehmbar, heute finden in ihrem Innern Konzerte und Spektakel statt, zudem informiert eine etwas dürftige Ausstellung über die Geschichte der Anlage. Alle drei Wochen gibt es samstags Ritterspiele und Mittelalter-Workshops, für die der normale Eintrittspreis fällig wird; aktuelle Termine auf der unten angegebenen Homepage.

Die Barbakane galt früher als uneinnehmbar

April–Okt. tägl. 10.30–18 Uhr, 2. Mo im Monat geschlossen, im Juli/Aug. Ritterspiele u. Ä. Sa/So 11/12–16/17.30 Uhr. Eintritt 2 €, erm. 1,50 € (Kombiticket für Barbakane und Verteidigungsmauern). Ul. Basztowa, ✆ 12-4229877, www.mhk.pl.

Brama Floriańska

Florianstor

Das Haupttor der damaligen Stadtmauer. Während die Reste der Verteidigungsanlage zugunsten der Planty zu Beginn des 19. Jh. abgerissen wurden, steht das Florianstor mit seinem kurzen Mauerstück und den drei Wehrtürmen noch immer so wie bei seiner Erbauung um das Jahr 1300. Das Dach des zentralen Turms ist barocken Ursprungs, im 1. Stock befindet sich eine Kapelle, die Fassade schmückt ein Relief des Heiligen Florian. Bis heute betreten die meisten Besucher die Stadt durch das Tor, an dessen äußerer Fassade das Wappentier Polens zu sehen ist, ein von Jan Matejko gefertigter weißer Adler. Seit 2007 dürfen die Mauern betreten werden, ein wegen der Aussicht und für Fotos lohnenswerter Abstecher.

April–Okt. tägl. 10.30–18 Uhr, 2. Mo im Monat geschlossen. Eintritt 2 €, erm. 1,50 € (Kombiticket für Verteidigungsmauern und Barbakan). Ul. Pijarska, ✆ 12-4211361, www.mhk.pl.

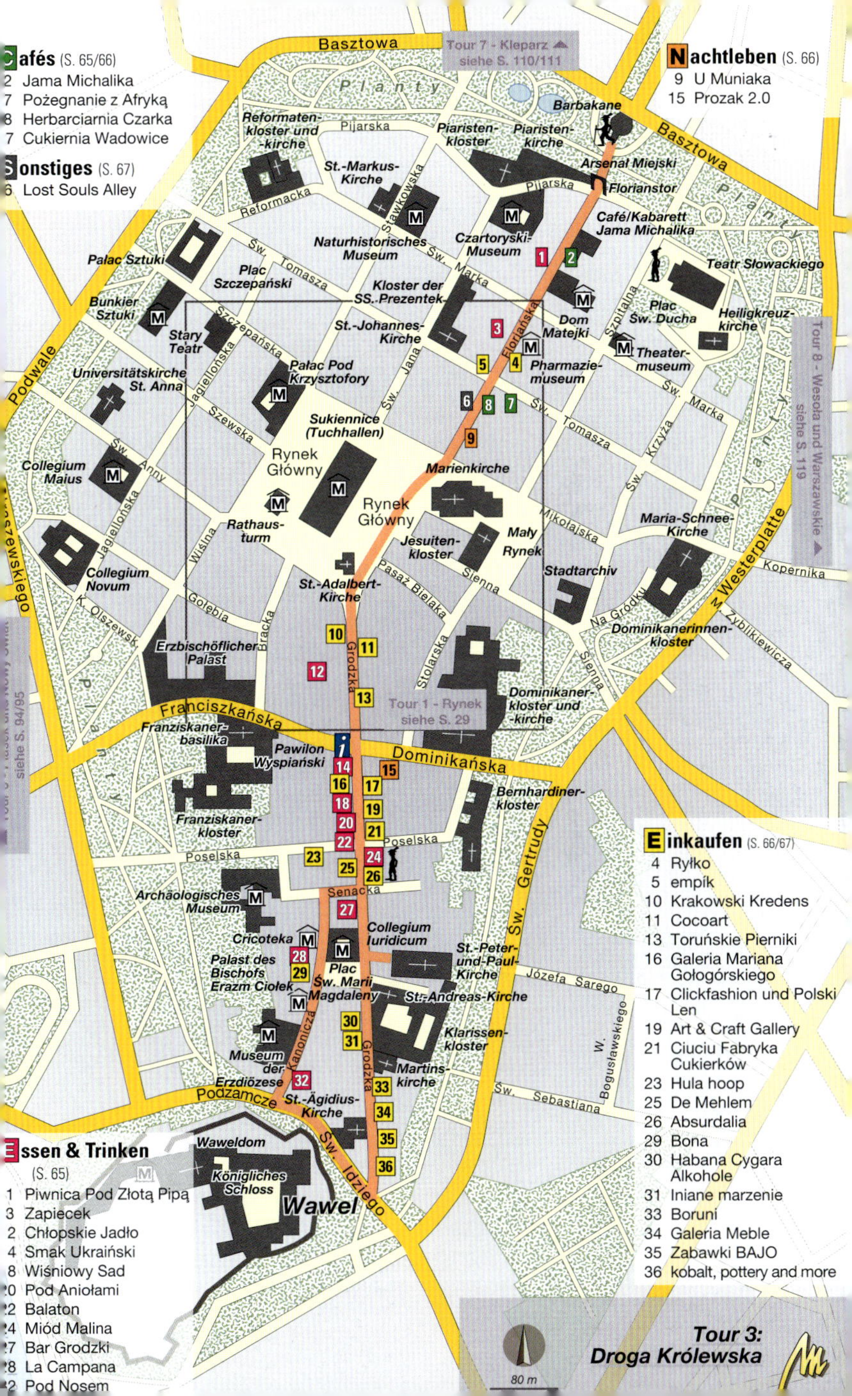
Cafés (S. 65/66)
2 Jama Michalika
7 Pożegnanie z Afryką
8 Herbaciarnia Czarka
7 Cukiernia Wadowice
Sonstiges (S. 67)
6 Lost Souls Alley
Nachtleben (S. 66)
9 U Muniaka
15 Prozak 2.0
Einkaufen (S. 66/67)
4 Ryłko
5 empík
10 Krakowski Kredens
11 Cocoart
13 Toruńskie Pierniki
16 Galeria Mariana Gołogórskiego
17 Clickfashion und Polski Len
19 Art & Craft Gallery
21 Ciuciu Fabryka Cukierków
23 Hula hoop
25 De Mehlem
26 Absurdalia
29 Bona
30 Habana Cygara Alkohole
31 Iniane marzenie
33 Boruni
34 Galeria Meble
35 Zabawki BAJO
36 kobalt, pottery and more
Essen & Trinken (S. 65)
1 Piwnica Pod Złotą Pipą
3 Zapiecek
2 Chłopskie Jadło
4 Smak Ukraiński
8 Wiśniowy Sad
0 Pod Aniołami
2 Balaton
4 Miód Malina
7 Bar Grodzki
8 La Campana
2 Pod Nosem
Tour 7 - Kleparz siehe S. 110/111
Tour 8 - Wesoła und Warszawskie siehe S. 119
Tour 1 - Rynek siehe S. 29
Tour 3: Droga Królewska
80 m
Basztowa
Planty
Barbakane
Arsenał Miejski
Florianstor
Piaristen-kloster
Piaristen-kirche
Reformaten-kloster und -kirche
Pijarska
St.-Markus-Kirche
Reformacka
Sławkowska
Naturhistorisches Museum
Czartoryski-Museum
Café/Kabarett Jama Michalika
Teatr Słowackiego
Pałac Sztuki
Plac Szczepański
Św. Tomasza
Kloster der SS. Prezentek
Św. Marka
Floriańska
Dom Matejki
Plac Św. Ducha
Heiligkreuz-kirche
Bunkier Sztuki
Stary Teatr
Szczepańska
St.-Johannes-Kirche
Szpitalna
Theater-museum
Pharmazie-museum
Universitätskirche St. Anna
Jagiellońska
Pałac Pod Krzysztofory
Św. Jana
Podwale
Szewska
Sukiennice (Tuchhallen)
Marienkirche
Rynek Główny
Collegium Maius
Św. Anny
Rathaus-turm
Jesuiten-kloster
Mały Rynek
Mikołajska
Maria-Schnee-Kirche
Westerplatte
Kopernika
Collegium Novum
Wiślna
St.-Adalbert-Kirche
Pasaż Bielaka
Sienna
Stadtarchiv
Gołębia
Na Grodku
Dominikanerinnen-kloster
Zyblikiewicza
Olszewski
Erzbischöflicher Palast
Bracka
Grodzka
Stolarska
Dominikaner-kloster und -kirche
Franciszkańska
Franziskaner-basilika
Pawilon Wyspiański
Dominikańska
Bernhardiner-kloster
Franziskaner-kloster
Poselska
Archäologisches Museum
Senacka
Collegium Iuridicum
Cricoteka
Palast des Bischofs Erazm Ciołek
Plac Św. Marii Magdaleny
St.-Peter-und-Paul-Kirche
Św. Gertrudy
Józefa Sarego
St.-Andreas-Kirche
Klarissen-kloster
Kanonicza
Museum der Erzdiözese
Martins-kirche
W. Bogusławskiego
Św. Sebastiana
Podzamcze
St.-Ägidius-Kirche
Waweldom
Königliches Schloss
Wawel
Św. Idziego

Jama Michalika

Café Jama Michalika

Dunkelheit scheint Intellektuelle geradezu anzuziehen. Wie 50 Jahre später die Existentialisten in den Kellern von Montmartre, traf sich bereits um die Wende zum 20. Jh. Krakaus künstlerische Elite in diesem Café. Wegen der fehlenden Fenster hatte es schnell den Spitznamen „Jama" (Höhle) weg. Der Ernst des elitären Künstlerkreises wurde dann von der 1905 gegründeten Gruppe Zielony Balonik (Grüner Ballon) auf die Schippe genommen. Während sich erstere noch als auserwählte Künstler sahen, distanzierten sich Tadeusz Boy-Żeleński und seine Truppe bei ihren Auftritten im Jama Michalika von dieser Selbstbeweihräucherung. Da ihre Kritik humorvoll verpackt war, nahm sie ihnen aber niemand übel.

Zudem hatte man den Vorteil, als erste Satirikergruppe Krakaus ganz ungezwungen und ohne Vorbilder die Fantasie spielen zu lassen. Zum Beispiel nahmen bei den Kabarettabenden die Puppen und Marionetten eine bedeutende Rolle ein, die noch heute im Eingangsbereich zu sehen sind. Die Zeiten des Zielony Balonik sind lange vorbei, doch Kabarettabende finden bis heute statt. Das Café ist für Touristen und traditionsbewusste Krakauer gleichermaßen ein Magnet.

Café + Kabarett = Legende

Tägl. 9–22, Fr/Sa bis 23 Uhr. Nov.–März Mi und Sa, April–Okt. Mi, Fr–So jeweils 19 Uhr Folkloreshow inkl. Essen 21 €. Ul. Floriańska 45, ✆ 12-4221561, www.jamamichalika.pl.

Dom Matejki

Matejko-Haus

In dem Geburtshaus von Jan Matejko (1838–1893), in das der Maler für seine letzten Lebensjahre zurückkehrte, ist heute ein Museum zu seinen Ehren eingerichtet, das einen intimen Einblick in das Leben des Künstlers gewährt. Neben den Privaträumen ist vor allem das Atelier interessant, in dem einige seiner Werke und Skizzen zu sehen sind. Das wohl wichtigste Projekt, dessen einzelne Arbeitsschritte hier nachvollzogen werden können, ist die polychrome Gestaltung der Marienkirche (u. a. die Wandmalereien und die gesamte Dekoration des Presbyteriums). Die Familie des Künstlers überließ dem Museum auch persönliche Stücke, die wegen der berufsbedingten Sammelleidenschaft Matejkos zahlreich vorhanden sind.

Di–Sa 10–18, So bis 16 Uhr. Eintritt 2 €, erm. 1 €, Kinder bis 16 J. und Studenten mit ISIC-Karte 0,25 €, So frei, Audioguide (auf Deutsch) 2 €, erm. 1 €, Führung (auf Deutsch) 33 €. Ul. Floriańska 41, ✆ 12-4335960, www.mnk.pl.

Muzeum Farmacji

Pharmaziemuseum

Das Museum verteilt sich über alle fünf Etagen des Hauses. Ausgestellt sind vor allem Objekte aus einer Zeit, als die Apotheker ihre Salben und Medikamente noch selbst rührten, mischten und destillierten: Waagen, verschiedenste Gefäße, Mörser und sonstiges Arbeitsgerät, alte Diplome, ein kompletter Verkaufsraum ... Ein Saal widmet sich dem Apotheker und Widerstandskämpfer im Krakauer Ghetto, Tadeusz Pankiewicz. Abgesehen von den Sammlungen ist auch das Gebäude an sich sehenswert. Im Stadtpalast aus dem 15. Jh. sind gotische Gewölbekeller, Portale und Holzdecken aus der Renaissance sowie ein Fresko aus dem 19. Jh. erhalten geblieben.

Di 12–18.30, Mi–So 10–14.30 Uhr. Eintritt 2 €, erm. 1,50 €. Ul. Floriańska 25, ✆ 12-4219279, www.muzeumfarmacji.pl.

Pawilon Wyspiański 2000

Wyspiański-Pavillon 2000

Von außen mag man es kaum glauben, dass es sich bei dem Gebäude nur um eine Touristinformation handelt – und es ist nicht zu viel versprochen, wenn man sie als weltweit schönste ihrer Art bezeichnet. In dem schmalen Pavillon wurden drei bemerkenswerte Buntglasfenster eingefasst, die Piotr Ostrowski nach Plänen des namengebenden Künstlers schuf. Verantwortlich für die Umsetzung des schon seit 1998 geplanten Projekts, das pünktlich zum 100. Todestag von Stanisław Wyspiański fertiggestellt worden war, waren Krakaus Stararchitekt Krzysztof Ingarden und als Mäzen der Oscarpreisträger Andrzej Wajda. Das moderne Gebäude fügt sich wie selbstverständlich in die Umgebung des ebenfalls neu gestalteten Allerheiligenplatzes ein. Vor allem bei Dunkelheit sind die beleuchteten Meisterwerke einen Besuch wert und ein schönes Fotomotiv. Ab und zu gibt es Foto- oder Gemäldeausstellungen im Kellergeschoss.

Juni–Sept. Mo–So 9–19, Okt.–Mai bis 17 Uhr. Eintritt frei. Pl. Wszystkich Świętych 2, ✆ 12-3542723.

Collegium Iuridicum

Collegium Iuridicum

In dem mittelalterlichen Gebäude residieren die kunstgeschichtliche und die namengebende juristische Fakultät der Universität. Letztere wurde schon Anfang des 15. Jh. gegründet, musste aber aus Platzgründen inzwischen zum Teil ausgelagert werden. Für Besucher gibt es gleich zwei Attraktionen: zum einen den sehenswerten mit Arkaden geschmückten Innenhof; zum anderen versteckt sich hier die außerordentliche Skulptur „Luci di Nara" (1991) von Igor Mitoraj (geb. 1944) – das kunstvoll

Buntglasfenster im Pawilon Wyspiański 2000

Droga Królewska → Karte S. 59

gefertigte Gesicht hinterlässt einen bleibenden Eindruck.

Innenhof tägl. 7–20 Uhr, in den Semesterferien geschlossen. Ul. Grodzka 53.

Kościół św. Piotra i Pawła

St.-Peter-und-Paul-Kirche

Krakaus erste Barockkirche lehnt sich an die Architektur des berühmten römischen Gotteshauses Il Gesù an und ist wie das Vorbild ebenfalls eine Jesuitenkirche. Bevor man sie betritt, fallen die Skulpturen der zwölf Apostel ins Auge: Die von Efeu bewachsenen Statuen aus weißem Marmor (→ S. 56) scheinen miteinander zu diskutieren. David Heel schuf von 1715 bis 1722 die zwischenzeitlich zerstörten Original-Apostel, weshalb heute nur ihre von Kazimierz Jęczmyk gestalteten Kopien zu sehen sind. 1595 wurde mit dem Bau der Kirche begonnen – auf Initiative von König Zygmunt III. Waza und seines jesuitischen Hofpredigers Piotr Skarga (1536–1612), dessen Grabmal in der Krypta zu sehen und dem das Denkmal gegenüber der Kirche gewidmet ist.

Die Kirche steht heute wegen statischer Mängel etwas schief. Nach den Fehlern des ersten Baumeisters Józef Britius (1538–1604) mussten seine Nachfolger das Fundament absenken, um den Bau nach ersten Verfallserscheinungen noch zu retten. Für das heutige, von 1605 bis 1619 verwirklichte Erscheinungsbild ist Giovanni Trevano (gest. 1644) verantwortlich. Trotz der Baufehler ist die Kirche eine beeindruckende Erscheinung. Vor allem im Kircheninnern überzeugen die Arbeiten Kacper Bażankas (1689–1726), sein Hochaltar und die ebenfalls von ihm geschaffene Orgelempore sind Prunkstücke barocker Kirchenkunst. Sehenswert sind auch die diversen Seitenkapellen. Eine weitere Besonderheit ist das Foucaultsche Pendel, das seit dem 500. Todestag von Kopernikus in der Kuppel der Jesuitenkirche zu sehen ist. Regelmäßig finden Orgelkonzerte sowie Konzerte eines Barockorchesters statt, die nicht zuletzt wegen der besonderen Akustik hörenswert sind. Die Termine erfährt man bei den Touristinfos oder durch vor der Kirche verteilte Handzettel.

April–Okt. Di–Sa 9–17, So 13.30–17 Uhr, Nov.–März Di–Sa 11–15, So 13.30–17 Uhr, Vorführung des foucaultschen Pendels Do 10, 11, 12 Uhr. Messe Mo–Sa 7, 18, So 8, 9.30, 11, 12.30, 18 Uhr. Freiwilliger Eintrittspreis für die Krypta 1 €, Konzerte 7–12,50 €. Ul. Grodzka 54, www.apostolowie.pl.

Die Türme der romanischen St.-Andreas-Kirche

Kościół św. Andrzeja

St.-Andreas-Kirche

Wegen seiner Lage neben der imposanten St.-Peter-und-Paul-Kirche wird das Gotteshaus oft übersehen. Von der ursprünglich romanischen Architektur (Baubeginn 1080) ist viel erhalten, da St. Andreas wegen seines festungsähnlichen Charakters den großen Tatarenangriff im Jahr 1241 nicht nur unbeschadet überstand, sondern damals sogar als Verteidigungsanlage diente. Das Innere der Klarissenkirche mit Arbeiten von Baltasar Fontana und Karol Dankwart ist dagegen eher barock geprägt. Bemerkenswert sind der Altar aus schwarzem Marmor, ein Gemälde der Seligen Salome und die Kanzel in Form eines Schiffes. Das angrenzende Klarissenkloster ist leider nicht zugänglich. Der Ruhe verströmende Innenhof tröstet nur etwas darüber hinweg, dass man die romanischen Fresken aus dem 12. Jh. und andere Kunstschätze nur in Ausnahmefällen zu sehen bekommt.

Tägl. 7.30–17 Uhr. Messe Mo–Sa 7, So 7 und 10 Uhr. Ul. Grodzka 56.

Kościół św. Idziego

St.-Ägidius-Kirche

Das Entstehungsjahr des Kirchleins ist umstritten, aktuell geht man vom späten 11. Jh. aus. Von der romanischen Architektur blieb allerdings nichts erhalten, es überwiegt die Gotik und im Innern die Renaissance. Spektakulär ist das Chorgestühl von 1629 aus Sandstein, Marmor und Alabaster, für das u. a. Fragmente eines Renaissance-Grabmals aus der Dominikanerkirche verwendet wurden. Von Mai bis September gibt es um 19 Uhr Konzerte eines Kammerorchesters (2016: Mo, Di, Do). Aktuelle Termine bei den Touristinfos oder durch vor der Kirche verteilte Handzettel.

Di, Do, Sa 12–16, So 8–16 Uhr. Messe So 9, 12 und 16 Uhr, um 10.30 Uhr in Englisch. Eintritt bei Konzerten 9–12 €. Ul. Grodzka 67.

Muzeum Archidiecezjalne

Museum der Erzdiözese

Größter Publikumsmagnet ist das Arbeitszimmer von Karol Wojtyła, der ab 1964 als Erzbischof in Krakau wirkte. Interessanterweise befand sich der Originalraum ursprünglich im benachbarten Dekanat, das aber nicht besichtigt werden kann. Also rekonstruierte man das Arbeitszimmer in den Räumlichkeiten, in denen sich der spätere Papst schon zuvor, von 1953 bis 1958, aufgehalten hatte. Ansonsten bietet das Museum wechselnde Ausstellungen sakraler Kunst, Leihgaben von den zahlreichen Kirchen und Klöstern der Stadt. Die Dauerausstellungen zeigen weniger spektakuläre Werke aus den Bereichen Malerei, Bildhauerei und Kunsthandwerk.

Di–Fr 10–16, Sa/So 10–15 Uhr. Eintritt 1 €, Di frei, Führung (engl./frz.) 15 €. Ul. Kanonicza 19–21, ✆ 12-4218963, www.muzeumkra.diecezja.pl.

Pałac Biskupa Erazma Ciołka

Palast des Bischofs Erazm Ciołek

Der zwischen 1999 und 2006 aufwendig restaurierte Palast ist eine der prachtvollsten früheren Residenzen des Metropolitankapitels. Mit seiner Bauzeit von 1503 bis 1505 ist er eines der frühesten Beispiele der polnischen Renaissance. Gebaut wurde das Haus für den Plocker Bischof Erazm Ciołek, der neben seiner geistlichen Funktion auch als königlicher Sekretär, geschickter Diplomat und Kunstmäzen in Erinnerung geblieben ist. Abgesehen von der prachtvollen Architektur locken zwei im Jahr 2007 eröffnete Ausstellungen, die alte polnische Kunst präsentieren. Die „Kunst des Alten Polens" umfasst den Zeitraum vom 12. bis 18. Jh. Wertvollster Teil der Sammlung sind die gotischen Gemälde und Skulpturen, aber auch Werke aus der Renaissance und dem Barock sind vertreten. Ein besonderes Augenmerk gilt dem Schaffen von Veit Stoß und der

Droga Królewska → Karte S. 59

hölzernen Skulptur der Schönen Madonna von Krużlowa aus dem Jahr 1410. Die zweite Dauerausstellung zeigt die „Orthodoxe Kunst der Alten Republik". Kaum bekannt ist die Tatsache, dass das heute fast vollkommen katholische Polen eine starke orthodoxe (übrigens auch protestantische, jüdische und im Osten sogar muslimische) Tradition aufweist. Die eindrucksvollen Ikonen aus den Karpaten, dem Balkan und dem heutigen Griechenland stammen vor allem aus der Zeit vor dem 17. Jh., aber auch den folgenden beiden Jahrhunderten. In ihrer Gesamtheit ist die Sammlung, die auch Werke orthodoxer Schnitzkunst zeigt, eine der weltweit bedeutendsten ihrer Art.

Di–Sa 10–18, So 10–16 Uhr. Eintritt für beide Galerien 2 €, erm. 1 €, Kinder bis 16 J. und Studenten mit ISIC-Karte 0,25 €, So frei. Führung 33 €, Audioguide (auf Deutsch) 2 €, erm. 1 €. Ul. Kanonicza 17, ✆ 12-4335920, www.mnk.pl.

Archiwum-Galeria Cricoteki

Cricoteka – Archiv und Galerie des Theaters Cricot

In diesem Gebäude fanden bis 1990 die Proben des Theaters Cricot 2 statt, gleichzeitig wurde es als Fundus für Requisiten genutzt. Heute ist hier ein Museum eingerichtet, das dem Schaffen Tadeusz Kantors (1915–1990) gewidmet ist. Der Theatermacher, Bühnenbildner und Allroundkünstler gilt bis heute als einer den einflussreichsten Regisseure seiner Generation – seine avantgardistischen Werke sind in Krakau immer noch in aller Munde. Die historischen Aufführungen können im Museum anhand der Skizzen, Kostüme, Fotos, Rezensionen und Requisiten nachvollzogen werden. Jedes Jahr stehen am 8. Dezember, Kantors Todestag, ihm zu Ehren drei Schauspieler vor dem Gebäude, die zentrale Hauptfiguren aus seinem Werk darstellen. Sie bewegen sich nicht und erinnern damit an das (nicht verwirklichte) Vorhaben des Regisseurs, eben diese Figuren als steinerne Statuen in die ulica Kanonicza zu stellen.

An zwei weiteren Orten im Zentrum sind ergänzende Ausstellungen zu sehen: Die Galeria Krzysztofory im Gebäude des Stadtmuseums zeigt Wechselausstellungen zum Leben und Schaffen Kantors, die Galeria-Pracownia Tadeusza Kantora in der ulica Sienna hingegen konzentriert sich auf sein Frühwerk bis 1975, vor seinem bahnbrechenden Spektakel „Die gestorbene Klasse".

Mo–Fr 10–14 Uhr. Eintritt frei. Ul. Kanonicza 5, ✆ 12-4228332, www.cricoteka.com.pl.

Sakrale Kunst im Palast des Bischofs Erazm Ciołek

Praktische Infos

→ Karte S. 59

Essen & Trinken

Restaurants

Chłopskie Jadło 12 Das mit Kerzen, historischen Objekten und Holzbänken dekorierte rustikale Innere lädt ein, authentische altpolnische Gerichte aus dem Tonteller zu genießen. Ob Brot, Pierogi, Fleisch oder die Suppen: Alle Speisen werden nach alten Rezepten zubereitet. Leider wurde der Service in den letzen Jahren stetig schlechter. Halbe polnische Ente mit Äpfeln für 14 €. So–Do 12–22, Fr/Sa bis 23 Uhr. Ul. Grodzka 9, ✆ 725-100559 (mobil), www.chlopskiejadlo.pl.

Piwnica Pod Złotą Pipą 1 Dem unsterblichen Helden Schwejk aus dem Buch des Tschechen Jaroslav Hašek gewidmet. Essen kann man zum Beispiel Entenbrust in Sherrysauce für 15 €, die sicher auch dem tapferen Soldaten geschmeckt hätte. Im Jahr 2016 trat oft die Old Metropolitan Band im Keller auf. Tägl. 12–24 Uhr. Ul. Floriańska 30, ✆ 12-4219466, www.pipa.com.pl.

Pod Nosem 32 Tolle Neueröffnung im Sommer 2014. Wunderschöne Außenfläche in der Kanonikergasse mit Wawel-Blick, innen speist es sich wie in königlichen Gemächern. Monatlich wechselnde regionale und saisonale Karte des Chefkochs Przemysław Bilski, der traditionelle polnische Rezepte modernisiert und verfeinert, u. a. per Vakuumgaren. 4-Gänge-Menü 25–50 €. Ul. Kanonicza 22, ✆ 12-3760014, www.kanonicza22.com.

Pod Aniołami 20 Der Klassiker „Unter den Engeln". Fleischfreunde kamen hier früher auf ihre Kosten: Wildschwein, Rind und Co. werden auf Buchenholz gegrillt und im Keller aus dem 14. Jh. serviert. Ein Leser war allerdings enttäuscht vom Service und den Portionen; uns ging es bei unserem definitiv letzten Besuch leider nicht anders. Schade! Hg. 10–17 €. Tägl. 13–23.30 Uhr. Ul. Grodzka 35, ✆ 12-4213999, www.podaniolami.pl.

La Campana 28 Mediterrane Küche in stimmungsvollem, gemütlichem Ambiente. Kein Wunder, dass sich Leserinnen wie Michelinkritiker schon kurz nach der Eröffnung richtig wohl fühlten. Marinierter Lachs auf Selleriepüree und einer Sauce aus schwarzen Johannisbeeren 10 €. Tägl. 12–23 Uhr. Ul. Kanonicza 7, ✆ 12-4302232, www.lacampana.pl.

Wiśniowy Sad 18 Original russische Küche mit Rezepten aus Odessa, dem Kaukasus oder auch Usbekistan. Den sibirischen Tee sollte man probieren, wenn es friert; das Bœuf Stroganoff für 9 € ebenso. Tägl. 12–23, Fr/Sa bis 24 Uhr. Do ab 19 Uhr Konzerte mit slawischer Musik. Ul. Grodzka 33, ✆ 12-4302111, www.kuchniarosyjska.com.

Miód Malina 24 Viele einfache, aber gute Ofengerichte, polnische Klassiker und leckere Desserts. Gemalte Himbeeren an den Wänden, urige Einrichtung und vorbildlicher Service. Auch wenn der erste Michelin-Stern mehrmals knapp verpasst wurde, schwankte die Qualität des Hauses in den letzten Jahren, wie ein Leser bestätigte.. Halbe Ente mit Äpfeln und Moosbeeren 13 €. Tägl. 12–23 Uhr. Ul. Grodzka 40, ✆ 12-4300411, www.miodmalina.pl.

Smak Ukraiński 14 Schmackhaftes aus Polens Nachbarland. Wem die polnische Küche nicht exotisch genug ist, bestellt hier z. B. Schweinefleisch-Rouladen mit Sauerkraut und Speck gefüllt für 5,50 €. Tägl. 12–22 Uhr. 2015 umgezogen: Ul. Grodzka 21, ✆ 12-4219294, www.ukrainska.pl.

Zapiecek 3 Zehn verschiedene warme *kanapki* zum Mitnehmen, leckere selbstgemachte Saucen auf den Baguettes für 2 €. Um zu dieser *bar kanapkowy* zu gelangen, muss man – nein, darf man – durch einen traumhaft schönen Innenhof gehen. Mo–Sa 10–20 Uhr. Ul. Floriańska 20, ✆ 12-4221345, www.zapiecek.krakow.pl.

MeinTipp **Bar Grodzki 27** Eine der Krakauer Kult-Milchbars, 2009 umfangreich renoviert. Es gibt die Klassiker der einfachen polnischen Küche wie Bohnensuppe. Hg. 2–6 €, Tagesmenü 4,50 €. Tägl. 9–19, So ab 10 Uhr. Ul. Grodzka 47, ✆ 12-4226807, www.grodzkibar.zaprasza.net.

Balaton 22 Ungarische Küche, die in Polen sicher authentischer zu finden ist als in Deutschland. Die bekannten Klassiker aus den Rezeptbüchern der Magyaren schmecken ungewohnt, aber besser als gewohnt. Gefüllte Paprika 5 €. Tägl. 12–22 Uhr. Ul. Grodzka 37, ✆ 12-4220469, www.balaton.krakow.pl.

Cafés

Pożegnanie z Afryką 7 Eine kleine Welt, die der Kaffeepflanze gewidmet ist. Über 50 Kaffeesorten und -kreationen zur Auswahl, die

Droga Królewska → Karte S. 59

liebevoll in speziellen Maschinen zubereitet werden. Ein Traum also für jeden Kaffeesüchtigen (*kawosz*), der hier auch Ketten aus Kaffeebohnen, Tassen und weiteres erwerben kann. Tägl. 10–21 Uhr, Geschäft Mo–Fr 10–19, Sa/So 10–17 Uhr. Ul. św. Tomasza 21, ✆ 12-6444745, www.pozegnanie.com.

Jama Michalika **2** Die Geschichte des Hauses ist spannender als seine Gegenwart (→ Sehenswertes). Tägl. 9–22, Fr/Sa bis 23 Uhr. Ul. Floriańska 45, ✆ 12-4221561, www.jamamichalika.pl.

meinTipp **Herbaciarnia Czarka** **8** Wirklich schönes Teehaus mit riesiger Auswahl, versteckt im Keller mit seinen rohen Wänden. Ideal für Paare. Mo-Sa 10-22, So 12-21 Uhr. Ul. Floriańska 13 (im Keller des Hinterhauses, beim Skateshop), www.czarka.pl.

Cukiernia Wadowice **17** In dieser Zuckerbäckerei gibt es die bienenstich-ähnlichen kremówki, die Johannes Paul II. so liebte, für 1,50 €, außerdem Torten und im Sommer leckeres Eis. Tägl. 9–21 Uhr. Ul. Grodzka 28, www.cukierniawadowice.pl.

Lokale für Tag und Nacht

U Muniaka **9** 1992 gegründet von dem 2016 verstorbenen Saxofonisten Janusz Muniak nach seiner Rückkehr in die Heimat. Abzuwarten bleibt, ob die einzigartige Kelleratmosphäre und die große Auswahl an Getränken und warmen Speisen sowie die Musik weiterhin so herausragend bleiben wie sie bislang waren. Tägl. 19–2 Uhr, Konzerte für 2,50–5 € tägl. ab 21.30 Uhr. Ul. Floriańska 3, ✆ 12-4231205, www.umuniaka.pl.

Prozak 2.0 **15** Wiedereröffnung eines Krakauer Technoclubs mit 3 Tanzflächen, die von erstklassigen DJs bespielt werden. Tägl. 22–9 Uhr. Pl. Dominikański 6.

> **Warnung!** Sowohl in der ul. Floriańska als auch in der ul. Grodzka versuchen Mädchen zu einem Besuch in einem der beiden „Stripclubs" zu überreden. Klingt harmlos? Leider ist dem nicht so, mehr zu diesem ernsten Problem auf S. 286.

Einkaufen

Delikatessen & Alkohol

meinTipp **Krakowski Kredens** **10** Was den Münchnern ihr Dallmayr, ist den Krakauern ihr Kredens – das beste Delikatessengeschäft der Stadt. Frische Waren wie Schinken, Wurst, Käse sind genauso beliebt wie Konfitüre, Honig, Senf, Süßes oder der 10 Jahre im Eichenfass gereifte Wódka Okowita. Ideal als Mitbringsel, für den schnellen Hunger gibt es einen Snackstand. Mo–Fr 10–19, Sa 11–19, So 11–17 Uhr. Ul. Grodzka 7, www.krakowskikredens.pl.

Toruńskie Pierniki **13** Lebkuchen aus Thorn, der Lebkuchenhauptstadt Polens. Zum Verschenken für alle, die vielleicht einen Hänsel oder eine Gretel kennen. Mo–Fr 10–19, Sa/So 10–18 Uhr. Ul. Grodzka 14, www.kopernik.com.pl.

meinTipp **Ciuciu Fabryka Cukierków** **21** Die weltweit kleinste Bonbon- und Lutschermanufaktur. Gearbeitet wird wie an Geräten aus dem 17. und 18. Jh., der Kunde darf sich eigene Muster wünschen. Tägl. 10–20 Uhr, von 11–18 Uhr zur vollen Stunde Vorführungen, Fr/Sa auch 19 Uhr. Ul. Grodzka 38, www.ciuciu.pl, www.ciuciukrakow.pl.

Habana Cygara Alkohole **30** Alle polnischen Wodkasorten, ideal als Mitbringsel oder Geschenk für sich selbst. Aber vergessen Sie nicht, dass man nur 10 l für den privaten Gebrauch problemlos durch den Zoll bringt … Tägl. 10–20 Uhr. Ul. Grodzka 59.

Bücher & Zeitschriften

Bona **29** Gemütliche Mischung aus Buchhandlung und Café. Tägl. 11–19 Uhr. Ul. Kanonicza 11, www.bonamedia.pl.

empík **5** Bücher, Stadtpläne, Zeitschriften, CDs und mehr in einer Filiale von Polens großer Buchladenkette. Auch Kartenvorverkauf. Tägl. 9–21 Uhr. Ul. Floriańska 14, www.empik.com.

Kunsthandwerk, Souvenirs & Spielzeug

Art & Craft Gallery **19** Trinkgefäße, Flaschen und Vasen – alles aus Glas, von einfach bis elegant. In den vergangenen Jahren vermehrt auch Keramik und Ton. Tägl. 9–22 Uhr. Ul. Grodzka 36.

Cocoart **11** Wirklich schönes Kunsthandwerk aus Keramik, Holz, außerdem allerlei nützliche Einrichtungsgegenstände und Lederwaren. Tägl. 10–20 Uhr. Ul. Grodzka 4, www.cocoart.pl.

meinTipp **Absurdalia** **26** Ungewöhnlich schöne und einfallsreiche Krakau-Souvenirs, handgemachte Spielzeuge und Plüschtiere. Tolle Retro-Postkarten und Taschen mit Motiven aus dem alten Krakau. Tägl. 11–19 Uhr. Ul. Grodzka 42, www.meryselery.blogspot.com.

kobalt, pottery and more 36 Porzellan, Keramik und Töpferwaren aus Polen mit den typischen Mustern und Verzierungen der verschiedenen Regionen. Tägl. 10–20 Uhr. Ul. Grodzka 62, www.kobalt.com.pl.

Zabawki BAJO 35 Holzspielzeug, das Eltern und Kinder gleichermaßen begeistert. Darunter der in Krakau einst sein Unwesen treibende böse Drache Smok Wawelski auf vier Rädern zum Ziehen. Mo–Fr 10–19, Sa/So 10–18 Uhr. Ul. Grodzka 60, www.bajo.com.pl.

Mode, Schuhe & Accessoires

Ryłko 4 Polnische Schuhmode zu bezahlbaren Preisen. Mo–Fr 10–20, Sa 10–19, So 10–18 Uhr. Ul. Floriańska 23, www.rylko.com.

Clickfashion 17 Funktionelle, bunte und bequeme Mode für Frauen in den Zwanzigern und Dreißigern. Mo–Sa 11–20, So 12–19 Uhr. Ul. Grodzka 32, www.clickfashion.pl.

Hula hoop 23 Legere Frauenmode (ein paar Sachen auch fürs starke Geschlecht) in einem Boutique-Café. Mo–Sa 10–18 Uhr. Ul. Poselska 9.

Polski Len 17 Farbenfrohe Kleider und Oberteile aus Leinen von leger bis elegant. Tägl. 11–18 Uhr. Ul. Grodzka 32/4 (im Hinterhof).

Iniane marzenie 31 Traumhafte Kleider, Schals und Frauenmode mit Materialien aus ökologischem Anbau, darunter Leinen, Wolle und Seide. Mo–Fr 11–19, Sa/So 11–17 Uhr. Ul. Grodzka 59, www.lniane marzenie.pl.

meinTipp **De Mehlem** 25 Edle und wunderschöne Taschen aus Krakau. Hergestellt werden sie in der ul. Kościuszki (→ Tour 11). Mo–Fr 11–19, Sa/So 11–16 Uhr. Ul. Grodzka 43, www.demehlem.com.

Boruni 33 Eine unglaubliche Welt aus Bernstein – Handwerkskunst auf höchstem Niveau mit den Schmucksteinen aus der Ostsee. Gruppen wird nach Voranmeldung auch ein deutschsprachiger Film über das Gold des Baltikums gezeigt. Tägl. 9–21 Uhr. Ul. Grodzka 60, ✆ 12-4231081, www.boruni.pl.

Ulica Floriańska, Ulica Grodzka, die Straßen warten mit vielen Geschäften auf Flaneure und Shoppinglustige. Im historischen Zentrum sind sie die klassischen Einkaufsstraßen.

Kunstgalerien

Galeria Mariana Gołogórskiego 16 Eine alternative Galerie, die hauptsächlich die außergewöhnlichen Werke des Inhabers Marian Gołogórski verkauft. Einmal malen, zeichnen oder modellieren, wie man es bei ihm zu sehen bekommt? Der sympathische Künstler bietet auch Kurse an. Mo–Fr 12–19, Sa 11–15 Uhr. Ul. Grodzka 29, www.gologorski.com.

Auf der ulica Grodzka wird flaniert und geshoppt

Galeria Meble 34 Kunstvolle, handbemalte Möbel, Keramik und Glaskunst. Man versucht, jeden noch so individuellen Wunsch zu realisieren. Außergewöhnlich! Mo–Sa 11–19, So 12–19 Uhr. Ul. Grodzka 60.

Sonstiges

Lost Souls Alley 6 Mehr als ein nur normales Fluchtspiel: In einem halb verfallenen Hinterhaus haben die Macher eine Albtraumgalerie voll halbrealem Horror entwickelt, bei der man den Weg aus 10 verschiedenen Räumen finden muss. Je nach Teilnehmern 4,50–7,50 €/Pers. Tägl. 12–20 Uhr. Ul. Floriańska 6 (1. Stock im Hinterhaus), www.lost soulsalley.com.

Um die Altstadt herum

Tour 4

Wo Soldaten einst Wache schoben, spazieren heute Familien und Touristen. Krakaus tropfenförmiger Grüngürtel zieht sich anstelle von Mauern und Wassergräben rund um die Altstadt und zählt zu den reizvollsten Attraktionen der Stadt.

Denkmäler, Anhaltspunkte für den Planty-Spaziergang, S. 73

Kunstbunker, zeitgenössische Kunst aus aller Welt, S. 74

St.-Anna-Kirche, Barockkirche der Krakauer Uni, S. 75

Franziskanerbasilika, Krakaus schönstes Buntglasfenster, S. 76

Słowacki-Theater, von innen wie außen beeindruckend, S. 77

Grüngürtel statt Stadtmauern

Planty

Als um das Jahr 1800 die verteidigungstechnisch überflüssig gewordenen Stadtmauern abgerissen wurden, entstand rund um die historische Altstadt eine freie Fläche, die wahrscheinlich wenig einladend ausgesehen hat. Die ehemaligen Wassergräben versumpften, und Krakaus Bürger ärgerten sich über Tagediebe und Betrunkene, die sich hier herumtrieben. Das Ende der Konzeptlosigkeit kam dann mit der einfachen, aber genialen Idee von Florian Straszewski: Der reiche Adlige setzte sich dafür ein, den Gürtel in einen Park zu verwandeln. Und wenn bei den Bauarbeiten ab 1832 wieder einmal das Geld knapp wurde, half er aus und legte so den Grundstein für die noch heute faszinierende Grünanlage. Brunnen, Wege, Teiche und Hügel wurden später immer wieder verändert. Vor allem nach dem Ende des Sozialismus wurde viel investiert, um den vernachlässigten Planty ihr Erscheinungsbild des 19. Jh. zurückzugeben; die Leuchten und Bänke ergänzen das Bild vom Sonntagsspaziergang in der guten alten Zeit. Zuerst ins Auge fallen natürlich die vielen gepflegten Blumenbeete. Charakteristisch für den Park und seinen Duft aber sind die vielen Linden; charakteristisch auch die zahlreichen Denkmäler für bedeutende Künstler oder fiktive Personen aus Dramen und Epen.

Die Spaziergänger rasten auf Bänken in der Nähe von Teichen oder Denkmälern, wenn sie den 4 km langen Rundweg nicht auf einmal zurücklegen wollen. Ein Rundgang über die Planty erleichtert aber auch den Zugang zu wichtigen Sehenswürdigkeiten der Stadt, darunter die Franziskanerbasilika oder die Universitätskirche St. Anna. Dabei erkennt man zugleich die Ausmaße des Stadtkerns und des Wawel-Hügels.

Im Norden der Planty sind einige Meter der ehemaligen Stadtmauer erhalten geblieben. Sie sind am Ende der ulica Floriańska zu sehen, wo sie in das Florianstor übergehen. An dieser Stelle steht mit der Barbakane ein mächtiges Verteidigungsbollwerk; aber auch über die ganze Planty verstreut sind noch Überreste früherer Wachtürme zu entdecken, deren Fundamente meist am steinernen quadratischen Grundriss zu erkennen sind.

Tour-Info **Startpunkt**: Planty zwischen Florianstor und Barbakane. | Alle Sehenswürdigkeiten der Tour sind von den **Haltestellen des Zentrums** schnell erreichbar. Deshalb sind hier keine Anfahrtsmöglichkeiten angegeben. | **Ende**: Słowacki-Theater. | **Dauer**: reine Gehzeit ca. 45 Min.–1½ Std.

Spaziergang

Unser Spaziergang führt gegen den Uhrzeigersinn einmal ganz um das Zentrum herum und bietet somit eine ideale Möglichkeit, die Altstadt in ihrer ganzen Größe zu erfahren. Noch interessanter aber sind die Planty-Anlagen an sich. Vor allem im Frühling lassen die blühenden Blumen vergessen, dass sich hier früher Stadtmauern und Wassergräben erstreckten.

Doch auch zahlreiche Sehenswürdigkeiten befinden sich rund um den Grüngürtel der Altstadt. Den Anfang macht im Norden das Florianstor (Brama Floriańska) mit den einzigen erhaltenen Teilen der ursprünglichen Mauern. Das Tor, an dem stets der eine oder andere Straßenmusikant zu hören ist, lässt man zur Linken hinter sich, ebenso die Barbakane (Barbakan) zur Rechten. An dem Bollwerk begibt man sich nach links auf einen der zwei Wege und sieht schon das erste Denkmal **Pomnik Jana Matejki**. Das zweite der vielen Denkmäler, **Pomnik Bohdana Zalewskiego**, steht hinter einer kleinen Brücke. Das nächste, **Pomnik Jadwigi i Jagiełły**, erinnert an das polnisch-litauische Königspaar Jadwiga und Jagiełło, in deren Regierungszeit Polen die größte Ausdehnung besaß und bis vor Moskau und ans Schwarze Meer reichte. Weiter geht es vorbei am **Pomnik Lilii Wenedy** und **Pomnik Artura Grottgera.**

Um in den **Kunstpalast (Pałac Sztuki)** zu gelangen, muss man die Planty kurz verlassen. In dem Museum gibt es ebenso wie im benachbarten **Kunstbunker (Bunkier Sztuki)** wechselnde Ausstellungen, wobei der Kunstpalast sich auf Gemälde und Plastiken aus dem 19. Jh. konzentriert, der Bunker auf zeitgenössische Kunst. Eines der sehenswertesten Gotteshäuser der Stadt ist die **St.-Anna-Kirche (Kościół św. Anny)**, die Universitätskirche, die in der gleichnamigen Straße liegt. Die Statue des wohl berühmtesten Studenten der Stadt, das **Pomnik Kopernika**, stimmt bereits auf die Lehrstätte des Astronomen ein, das nahe gelegene Collegium Maius. Wir lassen auch den neueren Universitätsbau, das **Collegium Novum**, hinter uns und werden wie so oft in Krakau mit der Geschichte des letzten Papstes konfrontiert: Im Innenhof des **Erzbischöflichen Palasts**

(Pałac Arcybiskupi) steht eine Statue zu seinen Ehren. Viel wichtiger aber ist Polens berühmtestes Fenster, an dem ein Foto von Johannes Paul II. hängt. Im dahinter liegenden Zimmer sollte der päpstliche Besucher eigentlich schlafen, doch die Leute riefen ihn ans Fenster, um mit ihm über Religion, Politik und vieles mehr zu reden. Daraufhin sprach er den berühmten Satz, nach dem es schon schwierig sei, in Rom Papst zu sein, in Krakau allerdings noch schwieriger. Zu seinem Andenken brennen Kerzen unter dem Fenster, an dem oft auch Menschen beten. Gegenüber dem Palast steht die **Franziskanerbasilika (Bazylika Franciszkanów)** mit ihren Meisterwerken.

Wieder in den Planty, sehen wir das **Pomnik Grażyny i Litawora** und betreten anschließend das **Archäologische Museum (Muzeum Archeologiczne)** und seinen einladenden Garten. Vorbei am **Pomnik Boya-Żeleńskiego** und den Eulen, eine der vielen Skulpturen, die Bronisław Chromy für die Stadt schuf, gelangen wir zur Päpstlichen Theologischen Akademie (Papieska Akademia Teologiczna), an der auch Karol Wojtyła studierte. Von dieser Stelle ist schon die imposante Anlage des Wawels zu sehen, an der wir links vorbeigehen; die Planty führten übrigens unterhalb seiner Mauern einst mit Weinreben und Obstbäumen bepflanzt bis zur Weichsel. Die heutige Verbindungs-Trasse führt an der romantischen ulica Kanonicza vorbei sowie an der belebteren ulica Grodzka. Hier lohnt ein kurzer Abstecher über die ulica Stradomska zur **Bernhardinerkirche (Kościół Bernardynów)**.

Wieder zurück auf dem Grüngürtel, haben wir weniger Sehenswürdigkeiten vor uns, die Tour gleicht nun eher einem gemütlichen Spaziergang entlang der Mauern. Dabei lässt man das auffällige neugotische Gebäude der Feuerwehr zur Rechten hinter sich und stößt so nach einer Weile auf das Pomnik Bałuckiego, ein Denkmal für einen Dramatiker, der sich nach schlechten Kritiken auf den Błonia-Wiesen erschoss – direkt daneben steht die **Heiligkreuzkirche (Kościół św. Krzyża)**. Etwas weiter, bei der Fußgängerunterführung zum Bahnhof, erinnert das **Pomnik Straszewskiego**, ein Obelisk, an den oben erwähnten Initiator der Planty. Unser Spaziergang endet am

Päpstliche Theologische Akademie

afés (S. 79)
Kawiarnia Łabędzie
Café Zakopianka
achtleben (S. 79)
Bunkier Café
Klimaty Południa
Basztowa
Tour 7 - Kleparz siehe S. 110/111
Planty
Barbakane
Pijarska
Piaristen-kloster
Piaristen-kirche
Reformaten-kloster und -kirche
St.-Markus-Kirche
Arsenał Miejski
Floriansor
Reformacka
Sławkowska
Café/Kabarett Jama Michalika
Pałac Sztuki
Naturhistorisches Museum
Czartoryski-Museum
Teatr Słowackiego
Plac Szczepański
Św. Tomasza
Św. Marka
Kloster der SS.-Prezentek
Dom Matejki
Plac Św. Ducha
Heiligkreuz-kirche
Bunkier Sztuki
Szczepańska
St.-Johannes-Kirche
Szpitalna
Stary Teatr
Pałac Pod Krzysztofory
Floriańska
Pharmazie-museum
Theater-museum
Tour 8 - Wesoła und Warszawskie siehe S. 119
Podwale
Universitätskirche St. Anna
Jagiellońska
Jana
Św. Marka
Szewska
Św. Tomasza
Sukiennice (Tuchhallen)
Rynek Główny
Marienkirche
Św. Krzyża
Collegium Maius
Św. Anny
Rynek Główny
Maria-Schnee-Kirche
Rathaus-turm
Mikołajska
Mały Rynek
Jesuiten-kloster
Stadtarchiv
Westerplatte
Kopernika
Collegium Novum
Wiślna
St.-Adalbert-Kirche
Sienna
Pasaż Bielaka
Gołębia
K. Olszewski
Na Gródku
Dominikanerinnen-kloster
M. Zyblikiewicza
Erzbischöflicher Palast
Bracka
Grodzka
Stolarska
Dominikaner-kloster und -kirche
Tour 1 - Rynek siehe S. 29
Franciszkańska
Franziskaner-basilika
Pawilon Wyspiański
Dominikańska
siehe S. 94/95
Bernhardiner-kloster
Franziskaner-kloster
Poselska
Archäologisches Museum
Senacka
Św. Gertrudy
Cricoteka
Collegium Iuridicum
St.-Peter-und-Paul-Kirche
Palast des Bischofs Erazm Ciołek
Plac Św. Marii Magdaleny
Józefa Sarego
St.-Andreas-Kirche
Klarissen-kloster
Museum der Erzdiözese
Kanonicza
Martins-kirche
Św. Sebastiana
W. Bogusławskiego
Podzamcze
St.-Ägidius-Kirche
Waweldom
Königliches Schloss
Wawel
Św. Idziego
Essen & Trinken (S. 78/79)
2 Miód i Wino
3 Przypiecek
4 U Babci Maliny
7 U Romana
10 Sakana Sushi
12 Pod Baranem
13 Pod Wawelem
Einkaufen (S. 79)
8 Księgarnia Franciszkańska
11 Artystyczna Pracownia Krawiecka J. Turbasa
80 m
Tour 4: Planty

Krakau im Kasten

„Sprecht ihn heilig!"

... so schallten die Sprechchöre, die Papst Benedikt XVI. auf seiner Polenreise 2006 besonders laut in Krakau zu hören bekam. Die lautstarke Forderung bezog sich natürlich auf seinen Freund und Vorgänger, den 2014 dann endlich heiliggesprochenen Johannes Paul II., der mit dieser Stadt aufs Engste verbunden war. Als Kind war Karol Wojtyła mit seinem Vater nach Krakau gezogen und hatte hier auch sein Studium der Polonistik begonnen. In dieser Zeit wohnte er u. a. südlich der Weichsel in der ulica Tyniecka 10. Seine Bekannten aus diesen Tagen erinnern sich an ihn als sportlichen jungen Mann. Nach dem Einmarsch der Nazis musste er zwangsweise in einem Steinbruch und von 1942 bis 1944 in einer Chemiefabrik arbeiten, die Nächte aber widmete er den verbotenen theologischen Studien. Zu dieser Zeit schrieb er auch religiöse Gedichte und schloss sich einem Untergrund-Theater an. Seine kirchliche Laufbahn begann nach seiner Priesterweihe 1946, dem Theologie-Lizenziat 1947 und dem Philosophie-Doktorat 1948 als Pfarrer der Florianskirche. Schon 1958 wurde er mit nur 38 Jahren zum Bischof ernannt und zog in die ulica Kanonicza 21. Aus Protest gegen den verweigerten Bau einer Kirche im Vorort Nowa Huta hielt Karol Wojtyła bei jedem Wetter Messen unter freiem Himmel ab. Seine unermüdliche Opposition gegen die Machthaber führte er auch als Kardinal und späterer Papst fort, indem er unter anderem die Gewerkschaft Solidarność unterstützte. Aus diesem Grund ist sein Beitrag für das Ende des realen Sozialismus im östlichen Europa unbestritten. Die ersten drei der neun Heimatreisen des Papstes kamen nationalen Aufständen gleich, seine letzten sechs Reisen endeten in triumphalen Empfängen. Und in seinem Krakau wurde der ohnehin äußerst beliebte Johannes Paul II. noch mehr verehrt als in anderen Teilen der Welt.

Słowacki-Theater (Teatr Słowackiego). In dem imposanten Gebäude werden vor allem große Dramen inszeniert, bei denen die besten Schauspieler des Landes auf der Bühne stehen. Von hier ist es kaum eine Minute zum Startpunkt unserer Tour. Zuvor aber kann man noch das Pomnik Robotników poległych betrachten, ein Mahnmal für die Opfer des Arbeiteraufstands von 1936, der blutig niedergeschlagen wurde.

Sehenswertes

Pomniki

Denkmäler

Aus Platzgründen beschreiben wir nur die wichtigsten oder schönsten Statuen im Detail. Das erste Denkmal auf dem Spaziergang steht an der Barbakane, stammt aus dem Jahr 2013 und zeigt den Künstler *Jan Matejko*. Das zweite (1886) ist dem Ukrainer *Bohdan Zalewski* gewidmet, einem Poeten der Romantik. Es ist Treffpunkt der Verliebten – angemessen romantisch steht es bei einem Teich mit kleiner Brücke. Das nächste Denkmal (ebenfalls 1886) zeigt das Königspaar *Jadwiga und Jagiełło*. Die Herrschaft der Polin und des Litauers war der Beginn des goldenen polnischen Zeitalters. Der kleine Ehrenhügel, auf dem sie stehen, symbolisiert ihre Bedeutung für das Land. Etwas versteckt ist die Statue (1885) von *Lilia Weneda*. Die fiktive Hauptperson aus einem Drama Słowackis versucht mit Hilfe einer Harfe die Schlangen zu besänftigen, die ihren Vater ermorden wollen. In der Nähe des Collegium Novum befindet sich die Figur von *Mikołaj Kopernik*, der von 1491 bis 1494 an der Universität Krakaus studierte. Seit ihrer Fertigstellung im Jahr 1900 stand sie bis 1953 im Innenhof des Collegium Maius, wurde dann aber an die heutige Stelle versetzt. Bei so vielen Denkmälern verwundert es nicht, dass eines dem größten Dichter Polens gewidmet ist: Aus einem Epos von *Adam Mickiewicz* stammen die Büsten der Helden

Rundweg der Statuen

Grażyna und *Litawor* (1884). Grażyna ist inzwischen ein üblicher Frauenname in Polen, Mickiewicz erfand ihn aber erst – er bedeutet „mutig“ auf Litauisch. Unter dem Wawel steht die Büste von *Tadeusz Boy-Żeleński* (1874–1941). Er war ein bedeutender Übersetzer für französische Literatur und einer der Autoren des Kabaretts Zielony Balonik; sein Denkmal wurde 1985 als letztes auf den Planty aufgestellt. Das 1874 errichtete erste Denkmal der Planty ist dem Initiator des Grünstreifens gewidmet: *Florian Straszewski* war ein reicher Adeliger, der die den Großteil der Arbeiten aus eigener Tasche bezahlte. Sein Obelisk steht in der Nähe des Bahnhofs.

Pałac Sztuki

Kunstpalast

Der Kunstpalast wurde 1901 im Jugendstil erbaut, sein Architekt Franciszek Mączyński (1874–1947) nahm sich dabei Wiener Bauten als Vorbild. Wie die Secession in der österreichischen Hauptstadt diente das Gebäude einem Verein zur Förderung der Kunst als Ausstellungsfläche. Das typische Dekor an der Fassade und die Geschichte des Vereins lassen den Kunstpalast bedeutender erscheinen, als er heute ist. Nur noch selten gibt es hier wirklich sehenswerte Ausstellungen. Kunstfreunde strömen daher eher zum gegenüberliegenden Kunstbunker, ins Nationalmuseum oder in die Sukiennice. In den letzten Jahren gab es jedoch hinsichtlich der Qualität einen erfreulichen Aufschwung, der hoffentlich nicht gleich wieder nachlässt.

Mo–Fr 8.15–18, Sa/So ab 10 Uhr. Eintritt 2,50 €, erm. 1 €. Plac Szczepański 4, ✆ 12-4226616, www.palac-sztuki.krakow.pl.

Bunkier Sztuki

Kunstbunker

Der Kunstbunker ist eine der wichtigsten Institutionen, die der modernen Kunst in Polen zur Verfügung stehen – Präsentiert werden nicht nur berühmte Künstler, sondern auch junge Talente aus aller Welt. Dreimal pro Woche gibt es zusätzlich zu den wechselnden Ausstellungen Diskussionen und Filmvorführungen. Die künstlerische Unabhängigkeit des Kunstbunkers garantiert erstklassige, manchmal schockierende Performances und Ausstellungen. Dem Gebäude von 1960 wird mit dem Beina-

Romantisierte polnisch-litauische Liebe des Königspaars Jadwiga und Jagiełło

men Bunker fast noch geschmeichelt, es handelt sich fraglos um die hässlichste Bausünde in der Innenstadt. Besser wird es vielleicht mit dem im Oktober 2016 beschlossenen Um- und Ausbau.

Tägl. außer Mo 11–19 Uhr, je nach Ausstellung bis 20 Uhr, bei Veranstaltungen auch abends. Eintritt 3 €, erm. 1,50 €, Di frei. Plac Szczepański 3a, ✆ 12-4221052, www.bunkier.art.pl.

Kościół św. Anny

St.-Anna-Kirche

Sobald man die Universitätskirche sieht, versteht man, warum sie als eines der schönsten Barockwerke ganz Polens gilt. Erbaut wurde sie von 1689 bis 1705 von Tylman van Gameren (1632–1706), einem niederländischen Architekten. Wie bei den anderen von ihm geschaffenen Palästen und Kirchen in Polen – van Gameren war polnischer Hofarchitekt – besticht der formvollendet harmonische Gesamteindruck des Gotteshauses. Das Hauptschiff ist mit dem Querschiff durch ein eindrucksvolles Tonnengewölbe und eine Kuppel verbunden. Der Hauptaltar und weitere Elemente der vor Prunk überschäumenden Innengestaltung sind Arbeiten des Italieners Baltasar Fontana (1658–1729). Auf der rechten Seite ist der monumentale Sarg des Heiligen Jan Kanty (Johannes von Krakau) zu sehen, des Schutzheiligen von Polen, der auch Patron der hiesigen Professoren, Studenten und Lehrer ist. Der Sarg wird von vier allegorischen Figuren gestützt, die die theologische, juristische, medizinische und philosophische Fakultät verkörpern. Die Büste ist ein Werk von Franciszek Wyspiański (1836–1901), dem Vater von Stanisław. Die Kirche ist nicht nur optisch einzigartig, sondern auch akustisch: Die Orgelkonzerte mit Originalinstrumenten aus der Zeit Bachs gehören zu den Höhepunkten des klassischen Krakauer Musiklebens.

Tägl. 9–12 und 16–19 Uhr. Messe Mo–Sa 7, 8, 13, 19.30 Uhr, So 7.30, 9, 10, 11, 12, 13, 19.30, 20.30, 21.30 Uhr. Ul. św. Anny 11, www.kolegiata-anna.pl.

Barocke Pracht in der St.-Anna-Kirche

Collegium Novum

Collegium Novum

Das neugotische Universitätsgebäude wurde von 1873 bis 1887 nach Plänen von Feliks Księżarski gebaut. Damals wurde es zur Erweiterung der bestehenden Räumlichkeiten dringend benötigt, heute dient es vor allem als Sitz des Rektorats und der Universitätsverwaltung (→ Foto S. 68). Im Inneren sind die breite Treppe und die Aula mit einer Kassettendecke und Professorenporträts aus mehreren Jahrhunderten erwähnenswert. In einem kleinen Geschäft kann man T-Shirts, Tassen und ähnliche Souvenirs mit der Aufschrift UJ (für Uniwersytet Jagielloński) erstehen.

Mo–Fr 10–18, Sa 10–13 Uhr. Ul. Gołębia 24, www.uj.edu.pl.

Pałac Arcybiskupi

Erzbischöflicher Palast

Zwar zählt der Palast zu den ältesten Gebäuden Krakaus, das heutige Erscheinungsbild nach mehreren Bränden geschuldeten Umbauten lässt dies allerdings nicht vermuten. Das prachtvolle Innere darf man als gewöhnlicher Tourist leider nicht besichtigen, aber schon der Innenhof mit seinen Arkaden gefällt. Dort steht auch das stets blumengeschmückte Denkmal zu Ehren von Johannes Paul II., der hier von 1963 bis 1978 sowie während seiner päpstlichen Krakau-Aufenthalte wohnte. Deshalb ist das Fenster, von dem aus er zu den Krakauern sprach, mit einem Foto von ihm geschmückt. Das ganze Jahr über versammeln sich unter dem Fenster Pilger und entzünden Kerzen – besonders viele sind es an seinem Todestag am 2. April. Zuletzt blickte übrigens Papst Franziskus während des Weltjugendtags 2016 aus dem Fenster.

„Gottvater – Werde!"

Innenhof mit Denkmal Mo–So 9 Uhr bis Sonnenuntergang. Ul. Franciszkańska 3.

Bazylika Franciszkanów

Franziskanerbasilika

Seit 1237 gibt es Franziskaner in Krakau. Damit ist es das älteste durchgängig besetzte Kloster Polens. Wer sich bei dem Gedanken ertappt, er könne die x-te Kirche in Krakau auslassen, sollte bedenken, dass die im 13. Jh. errichtete Basilika eine der sehenswertesten ist. Allein die Innengestaltung ist ein „Best of" der Fähigkeiten von Stanisław Wyspiański (1869–1907). Die Wände schmückte er mit gemalten polnischen Feldblumen, die Madonna ließ er auf einem Gemälde Volkstracht tragen, und seine Buntglasfenster zählen zu den Glanzlichtern eines Krakau-Besuchs. Das berühmteste und wohl auch beste mit dem Titel „Bóg Ojciec – Stań się!" („Gottvater – Werde!", 1897–1904) zeigt den Herrn bei der Erschaffung der Welt. Die anderen Fenster zeigen die vier Elemente und den Heiligen Franziskus. Gleich drei Kapellen finden in dem geräumigen Inneren Platz: Die Kapelle des Leiden Christi mit 14 von Józef Mehoffer (1869–1946) gemalten Kreuzwegstationen; die Kapelle der Schmerzensmutter mit einem Bildnis, auf dem sie mit einem Dolch im Herzen zu sehen ist; und schließlich die Kapelle der Seligen Salome mit ihren Reliquien. Auch die gotischen Kreuzgänge, die die Kirche mit dem Franziskanerkloster verbinden, sollte man nicht verpassen. Sie sind mit Gemälden und Medaillons geschmückt, auf denen die Krakauer Bischöfe und berühmte Ordensmitglieder verewigt wurden. Jedes Jahr zieht von hier aus die Karfreitagsprozession los. In schwarzen Gewändern und mit verhüllten Gesichtern gehen die Mönche dann durch die Kreuzgänge bis zum Hauptaltar. Im

Kloster wohnte von 1919 bis 1922 auch der in Auschwitz hingerichtete und später heiliggesprochene Franziskanerminorit Maximilian Kolbe.

Tägl. 10–16, So 13–15 Uhr. Messe Mo–Sa 6, 7, 8, 9, 16.30, 18, 19 Uhr, So 6.30, 8, 9.30, 11, 12, 15.30, 16.30, 19 Uhr. Deutschsprachiger Audioguide frei, Spende erwünscht. Plac Wszystkich Świętych 5, www.franciszkanska.pl.

Muzeum Archeologiczne

Archäologisches Museum

Polens ältestes archäologisches Museum wurde 1850 gegründet. In der Sammlung sind hauptsächlich Schenkungen vertreten, die chronologisch geordnet sind. Sehr interessant ist ein steinernes Standbild der heidnischen Gottheit Światowid aus dem 7. Jh. Eine Kopie des Kunstwerks steht vor dem Wawel. Zu sehen sind zudem ägyptische Mumien, alte Münzen, Keramik, Goldfunde aus einem Hunnengrab und andere Schätze der Menschheitsgeschichte. Seit 2009 wird in einem restaurierten Kellergeschoss eine weitere Dauerausstellung gezeigt; Themen sind alte Stadtansichten, die Vergangenheit des Museumsgebäudes als (Folter-)Gefängnis sowie archäologische Fundstücke. Die 50 Cent Eintritt für den Garten (bei Museumsbesuch inklusive) sollte man sich gönnen – eine kleine grüne Oase ohne den Lärm der nahen Stadt; geschützt von den Mauern kann man die kleinen, witzigen Skulpturen betrachten, die aus dem Rasen zu wachsen scheinen.

Sept.–Juni Mo, Mi, Fr 9–15, Di und Do 9–18, So 11–16 Uhr; Juli/Aug. Mo–Fr 10–17, So 10–15 Uhr, Sa stets geschlossen. Eintritt 2 €, erm. 1,50 €, So frei, Audioguide 1 €. Ausstellung im Kellergeschoss 1 €, erm. 0,50 €, So frei. Ul. Poselska 3, ✆ 12-4227100, www.ma.krakow.pl.

Kościół Bernardynów

Bernhardinerkirche

Ihre heutige barocke Pracht verdankt die Kirche dem Wiederaufbau zwischen 1659 und 1680. Damals entstand auch der marmorne Schrein des 2007 von Papst Benedikt XVI. heilig gesprochenen Simon von Lipnica. Sehenswert sind auch die den Hauptaltar umgebenden barocken Gemälde von Franciszek Lekszycki, das Glasfenster von Józef Mehoffer, das Lebensstationen des Heiligen Simon zeigt, sowie die Statue der Heiligen Anna von Veit Stoß.

Tägl. 10–18 Uhr. Messe Mo–Sa 6, 7, 8, 9, 18.30, So 7, 8, 9, 10, 11, 12, 16, 18.30 Uhr. Deutschsprachiger Audioguide frei, Spende erwünscht. Ul. Bernardyńska 2, www.bernardyni.com.pl.

Kościół św. Krzyża

Heiligkreuzkirche

Ein Paradebeispiel der Krakauer Gotik ist dieses Gotteshaus aus der ersten Hälfte des 14. Jh. Von außen schafft sie einen reizvollen Kontrast zum nahen Theater, von innen ist sie noch sehenswerter. Leider sind die Fresken und das von einer Säule getragene und mit Blumenmotiven geschmückte Blättergewölbe in der Regel nur während der Messen zu sehen.

Messe Mo–Sa 7.30, 18, So 9, 10.30, 12, 13.15, 18, 19.15 und 21 Uhr. Ul. św. Krzyża 23, www.krzyzkrakow.pl.

Teatr Słowackiego

Słowacki-Theater

Das nach dem Theaterschriftsteller Juliusz Słowacki benannte Theater wurde 1893 eröffnet. Selten wurden in Krakau alte Gebäude zugunsten von Neubauten abgerissen, an dieser Stelle ist es jedoch geschehen. Der Abriss eines Klosters und eines Krankenhauses stieß damals auf erbitterten Protest, Jan Matejko legte gar seine Ehrenbürgerschaft nieder. Als das neue Gebäude dann stand, waren die Kritiker wohl etwas stiller. Denn das dem Pariser Opernhaus nachempfundene Theater vereint harmonisch die verschiedensten Einflüsse. Die Fassade schmücken die allegorischen Figuren der Poesie, des Dramas, der Musik, Oper, Operette sowie der Freude und Trauer. Auch die aus Adam Mickiewicz' Nationalepos

Planty → Karte S. 71

Das Teatr Słowackiego an den Planty hat schon viele Uraufführungen gesehen

„Pan Tadeusz" stammenden Hauptfiguren sind dargestellt. Das prachtvolle Innere erinnert an ein verschwenderisches Rokokotheater. Bemerkenswert ist der Vorhang im sog. Akademischen Stil. Er zeigt den Genius des Theaters, der eine Gestalt segnet, die zugleich das Gute und das Böse verkörpert. Allein dieser Vorhang rechtfertigt einen Besuch des Theaters, selbst wenn man von den polnischen Dialogen nichts verstehen sollte. Ansonsten kann man die unten angegebene Nummer anrufen, die Besichtigung ist dann mit einem autorisierten Führer möglich.

Geöffnet eine Stunde vor Beginn einer Vorstellung und bei Proben. Besichtigung mit Führung (auf Englisch, 33 €) nach tel. Anmeldung. Plac św. Ducha 1, ✆ 12-4244525, www.slowacki.krakow.pl.

Praktische Infos

→ Karte S. 71

Essen & Trinken

Restaurants

Miód i Wino **2** Gerichte nach adeligen Rezepturen werden zwischen beinahe musealen Möbeln serviert. Dazu empfiehlt der Koch Rinderfilet vom Säbel für 2 Pers. (27 €) oder das Festmahl für 10 Pers. (165 €). April–Okt. tägl. 10–23 Uhr, Nov.–März ab 11 Uhr. Ul. Sławkowska 32, ✆ 12-4227495, www.miodiwino.pl.

MeinTipp **Pod Baranem** **12** Die Einrichtung pendelt zwischen Eleganz und Gemütlichkeit. Neben vielen Fleisch- und Wildgerichten auch vegetarische Küche und glutenfreie Menüs. Empfehlenswert! Hg. 6–19 €. Tägl. 12–22 Uhr. Ul. św. Gertrudy 21, ✆ 12-4294022, www.podbaranem.com.

Pod Wawelem **13** Anti-Diät-Küche mit Fleischgelagen und oktoberfestverdächtigen Bierkrügen an langen Tischen, mit deftigem Humor und uriger Akkordeonmusik. Großer Teller mit bestem Fleisch für die ganze Kompanie oder auch für zwei 16 €. Tägl. 6.30–10.30 (Frühstücksbuffet) und 12–24 Uhr, So nur bis 23 Uhr. Ul. św. Gertrudy 26–29, ✆ 12-4212336, www.podwawelem.eu.

Sakana Sushi **10** Neben Sushi auch weitere hochwertige Gerichte der japanischen Küche. Sashimi 19–30 €. Mo–Fr 12–23, Sa 12–24, So 13–22 Uhr. Ul. św. Gertrudy 7/3, ✆ 12-4293086, www.sakana.pl.

U Babci Maliny **4** *Bar mleczny* im folkloristischen Zakopane-Stil. Gemütliche Holzmöbel, deftige Bergküche. Im Erdgeschoss Selbstbedienung, im Keller elegantes und teureres Restaurant mit Flügel. Pierogi 3–4,50 €. Tägl. 11–22.30. Ul. Szpitalna 38, ✆ 12-4214818, www.kuchniaubabcimaliny.pl.

Przypiecek **3** Eher ein Imbiss mit Sitzgelegenheiten, doch die Pierogi-Kreationen zählen zu den besten in der Stadt. Auch andere günstige polnische Gerichte für 2,50–5 €. Tägl. 24 Std. Ul. Sławkowska 32, ✆ 12-4227495, www.miodiwino.pl.

U Romana **7** Das Essen ist nicht weiter der Rede wert, ist dies doch eine Mensa für Studenten der Musikakademie. Vielmehr lohnt sich der Aufstieg oder die Fahrt im kleinen Aufzug in den 6. Stock wegen des Panoramas von der Dachterrasse mit „Livemusik" aus den darunterliegenden Geschossen. Mo–Fr 9–18, Sa 9–16 Uhr, Juli bis Mitte Sept. geschlossen. Ul. św. Tomasza 43, ✆ 12-4232081, www.uromana.com.pl.

Cafés

Kawiarnia Łabędzie **1** Im Schwanencafé legen die Krakauer gern eine Ruhepause beim Spaziergang auf den Planty ein. Im Sommer tägl. 8–18, am Wochenende bis 20 Uhr. Ul. Pijarska (auf den Planty), www.noworolski.com.pl.

Café Zakopianka **6** Seit 1834 bewirtschaftetes Café, von dem aus die Adeligen ihre Ausflüge nach Zakopane starteten. Heute ein gemischtes Publikum in den nicht nur wegen des Kiosks französisch anmutenden Räumen. Gemütlicher Pavillon direkt auf den Planty. April–Okt. Mo–Fr 11–20, Sa/So 12–20 Uhr, Nov.–März Di–So 13–20 Uhr. Ul. św. Marka 34, ✆ 12-4214045, www.estrada.net.pl.

Lokale für Tag und Nacht

MeinTipp **Bunkier Café** **5** Café im Kunstbunker mit Rattanmöbeln. Das Zelt davor macht dem Museumsgebäude Konkurrenz in Sachen Hässlichkeit, doch die transparente Folie ermöglicht freien Blick auf die Planty. Die Innenräume mit den alten Fotos sind sehr schön eingerichtet, die Bedienungen haben immer viel zu tun. Voraussichtlich ab 2017 wird das Café in den Keller ziehen müssen. Tische vorm Kunstbunker wird es dann nur noch im Sommer geben. So–Mi 9–1, Do–Sa 9–2 Uhr. Plac Szczepański 3a, ✆ 12-4310585, www.bunkiercafe.pl.

Klimaty Południa **9** Weinschänke mit mediterraner Atmosphäre und Bistrogerichten. Tägl. 9–24 Uhr, Do–So um 20 Uhr Fado, Jazz und französische Gitarren- oder Akkordeonmusik. Frühstück 9–13 Uhr. Ul. św. Gertrudy 5, ✆ 12-4220357, www.klimatypoludnia.pl.

Einkaufen

Artystyczna Pracownia Krawiecka J. Turbasa **11** Der 2010 verstorbene Józef Turbasa kleidete Premierminister, Präsidenten, Könige, Nobelpreisträger und Oscargewinner ein und wurde als „Polens Botschafter der Eleganz" bezeichnet. Sein Sohn führt die Schneiderwerkstatt fort, in der sich Damen und Herren – genügend Zeit (6–12 Wochen) in Krakau vorausgesetzt – edle Anzüge (ab 1500 €), Kostüme (ab 750 €) und Mäntel (ab 875 €) auf den Leib schneidern lassen können. Mo–Fr 7–16 Uhr, Mitte Juli bis Mitte Aug. geschlossen. Ul. św. Gertrudy 15, ✆ 12-4215343, www.turbasa.pl.

Księgarnia Franciszkańska **8** Religiöse Bücher und Andenken. Vor allem für Katholiken interessant, für alle anderen auch schöne Postkarten von Krakaus Kirchen. Mo–Fr 10–18, Sa 9–15 Uhr. Ul. Franciszkańska 4.

Planty → Karte S. 71

Auf der Königsburg

Tour 5

Hoch über der Stadt erhebt sich stolz der Wawel, ein Hügel, von dem die Könige das Land regierten. Zwischen dem Zentrum und der Weichsel gelegen, findet man auf ihm Zeugnisse aus mehreren Jahrhunderten – und ganz nebenbei eine wunderschöne, fast vollständig erhaltene Burganlage.

- **Waweldom & Krypten**, prunkvolle Kathedrale & Königsgräber, S. 84
- **Königliches Schloss**, Renaissancebau voller Pracht, S. 87
- **Königliche Gemächer**, die sehenswerteste Ausstellung, S. 88
- **Dame mit dem Hermelin**, Leonardo da Vincis Meisterwerk, S. 88
- **Drachenhöhle**, feuerspeiende Skulptur vor Höhle, S. 90

Wawelhügel

Wawel

Seit weit mehr als 1000 Jahren ist der Wawel ein Zentrum weltlicher und geistlicher Macht. Der längste Ausläufer des von Karsthöhlen durchzogenen Krakau-Tschenstochauer Juras war der Ausgangspunkt für die Besiedlung der Region. Seit dem 7. Jh. lebten die Wislanen auf dem Hügel, der zum Zentrum ihres Siedlungsbereichs wurde. Zugleich war der Wawel eine Stätte für die Kulte, die erst mit der Christianisierung Polens ein Ende fanden. Es gibt Funde, die auf eine christliche Holzkirche im 9. Jh. hinweisen. Ab dem Jahr 1000 stand hier die erste Bischofskirche des jungen Bistums. Nur ein Jahrhundert später stießen die weltlichen Herrscher dazu, die sieben Jahrhunderte auf dem Wawel residierten und kunstvolle Bauwerke in Auftrag gaben. Trotz etlicher Angriffe, Zerstörungen und Brände ist eine intakte Burganlage erhalten geblieben, wenn auch nicht mehr mit dem Prunk, der wohl zur Blütezeit Polens unter den Jagiellonen herrschte, als angeblich selbst die Dachziegel aus Gold gewesen waren. Von 1795 bis 1905 dauerte die Zweckentfremdung als Kaserne durch Soldaten der österreichisch-ungarischen Monarchie. Nach ihrem Abzug wurde die Burg restauriert und in den 1930er-Jahren wieder als Residenz des Staatsoberhauptes genutzt. Stanisław Wyspiański und Władysław Ekielski hegten in dieser Zeit den Plan, den Wawel in eine polnische Akropolis mit Parlament, Nationalmuseum, Akademie und sogar Amphitheater umzugestalten. Aus dem Vorhaben wurde jedoch nichts. Das Wawelmuseum aber öffnete bereits 1930 erstmals seine Tore für Besucher. Nach der langen Zeit, in der Polen besetzt gewesen war, kam der Königsstätte mit ihrer langen und stolzen Geschichte eine wichtige Funktion als patriotisches Symbol zu. Dies wussten auch die nationalsozialistischen Besat-

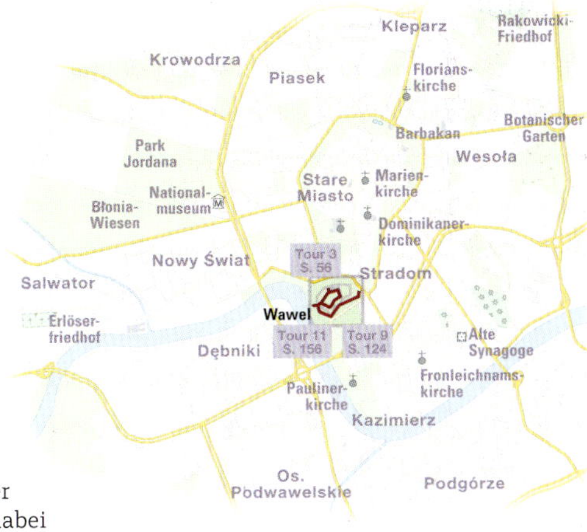

zer, die den Wawel 1939 demonstrativ zur ihrer Zentrale erklärten. Der hier residierende Generalgouverneur Hans Frank ließ gleich nach dem Einzug die Muskeln spielen und wichtige polnische Denkmäler und bedeutende Kunstwerke zerstören.

Vom Wawel und aus Krakau verschwanden die Nazis 1945 jedoch glücklicherweise wieder so schnell, wie sie gekommen waren. Die Zerstörungen der braunen Besatzer hielten sich dabei im Vergleich zur Hauptstadt Warschau in Grenzen. Die später restaurierte Burg und die Kathedrale fanden schnell den Weg auf die Weltkulturerbeliste der UNESCO. Auch die vielen Sagen und Geschichten, die sich um den Wawel ranken, kennt bis heute jedes polnische Kind. Etwas weniger bekannt ist die Geschichte, die an in Ägypten spielende Horrorfilme samt Pharaonen-Fluch erinnert. Demnach verstarben nach der Öffnung des Sarges von König Kazimierz Jagiellończyk die damit beauftragten Historiker und Konservatoren innerhalb weniger Jahre. Schuld an dem Unglück der 15 Wissenschaftler hatte allerdings kein königlicher Fluch, sondern ein Schimmelpilz mit dem harmlos klingenden Namen Aspergillus flavus.

Tipps für den Kartenkauf

Für den Besuch der Ausstellungen im Schloss gilt Reservierungspflicht. Teilweise muss man Karten mindestens einen Tag vorher beim Besucherzentrum bestellen (→ „Praktische Infos" S. 91). Die Führungen sind obligatorisch; auch für einen deutschsprachigen Führer sollte man sich rechtzeitig bei der Information melden. Ist man nur ein Wochenende in Krakau, empfehlen wir, schon von zu Hause aus zu reservieren. Ansonsten morgens früh vor Öffnung der Kassen erscheinen.

Wenn Sie bei Ihrem Besuch Menschen mit ihren Köpfen, Händen oder Körpern an die Wände gelehnt sehen, handelt es sich höchstwahrscheinlich nicht um erschöpfte Touristen. Nach einer unter Hinduisten verbreiteten Lehre warf Gott Shiva sieben magische Steine auf die Erde. Spätestens seit dem 19. Jh. bezeichnen Hindus den Wawel nun als einen dieser sieben Punkte auf der Welt, an dem sich das irdische und das kosmische Chakra kreuzen. Hindus, inzwischen aber auch Esoteriker und sensitive Menschen aus aller Welt wollen hier

Fast so viele Baustile wie Königskrönungen

diese Kraft zu spüren bekommen, wobei sie wissenschaftliche Messungen und das offizielle Anlehnverbot wenig interessieren. Wenn Sie nun in der Hoffnung, mehr über die kraftspendenden Quellen zu erfahren, Ihren Reiseführer fragen, werden Sie enttäuscht werden. Die katholischen Führer geben keine Auskunft darüber und erzählen stattdessen gern die Legende, nach der das Ende der Welt naht, wenn die über dem Eingang der Kathedrale hängenden Knochen herunterfallen …

Tour-Info **Öffnungszeiten für das gesamte Gelände**: Tägl. ab 6 Uhr, Mai–Aug. bis 20 Uhr, Mitte Okt. bis Febr. bis 17 Uhr; in den übrigen Monaten etwa bis Sonnenuntergang. An den wichtigsten katholischen Feiertagen bleibt die Anlage geschlossen. | **Anfahrt**: Tram 6, 8, 10, 13 und 18 bis Haltestelle Wawel.

Krakau im Kasten

Von durstigen Drachen und traurigen Prinzessinnen

An lokalen Gute-Nacht-Geschichten mangelt es nicht in Krakau. Die wohl bekannteste handelt von dem Drachen *(Smok)*, der die Stadt tyrannisiert und ihre Jungfrauen verschlingt. Dem ratlosen König Krak weiß erst ein Schusterjunge zu helfen, der einen so einfachen wie genialen Plan hat. Ein ausgestopftes Schaf füllt er mit Schwefel und wirft es dem Drachen zum Fraß hin. Smok frisst die leichte Beute und leidet sofort unter der Wechselwirkung der Füllung mit seinem feurigen Magen. In seiner Not stürzt er sich in die Weichsel und trinkt so lange, bis er platzt. Fast an jeder Ecke der Stadt findet man Hinweise auf diese Sage, die mit der glücklichen Vermählung des Schusterjungen mit der Prinzessin endet …

Weit tragischer ist da die Legende über eine verhinderte Zwangsehe. Wanda, die wunderschöne Prinzessin, weigert sich, an einen deutschen Adeligen verheiratet zu werden, und stürzt sich in die Fluten der Weichsel (der Titel lautet übersetzt wortwörtlich „Von Wanda, die den Deutschen nicht wollte“). Inzwischen dürften deutsche Männer bei polnischen Frauen etwas beliebter sein. Laut einer deutschen Statistik sind es unter allen Ausländerinnen die Polinnen, die am häufigsten mit einem Deutschen zum Traualtar schreiten.

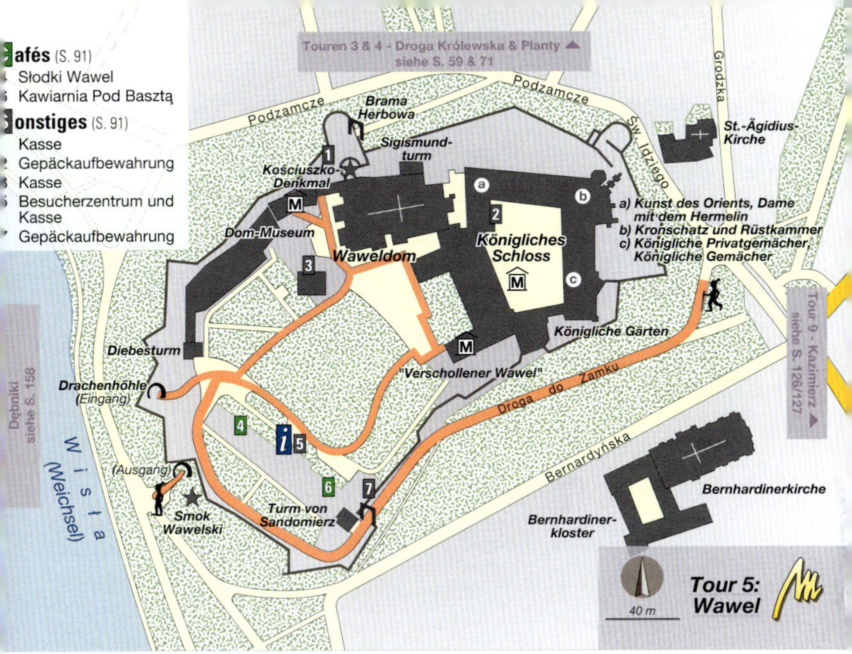

Spaziergang

Unser Spaziergang startet am Fuß des 50 m hohen Hügels neben der Skulptur einer viergesichtigen Gottheit, dem Światowid. Über die Droga do Zamku geht es zum **Turm von Sandomierz (Baszta Sandomierska)** und dann zur eigentlichen Burganlage. Die erste Kurve bietet zugleich einen schönen Blick auf die Weichsel zu Füßen der Königsburg. Am Diebesturm (Baszta Złodziejska) vorbei, in dem sich früher die Kasse befand (!), erreicht man den ersten Innenhof. Man sieht an dieser Stelle auch die starken Mauern, ein Vikariat und Gebäude, in denen Restauratoren und Wachleute leben. Auf der Grünfläche im Zentrum sind die Fundamente früherer Kirchen zu sehen. Bedeutender ist die erste Sehenswürdigkeit in entgegengesetzter Richtung, der **Waweldom (Katedra Wawelska)**. Der Eingangsbereich und das Innere der Kathedrale mit ihren vielen Kapellen und **Krypten (Krypty)** zählen zu den religiösen Sehenswürdigkeiten auf dem Wawel. Gleiches gilt auch für den **Sigismundturm (Wieża Zygmuntowska)**, den man sich nicht entgehen lassen sollte. Das **Dom-Museum (Muzeum Katedralne)**, vor dem eine wenig gelungene Statue an Johannes Paul II. erinnert, beendet diesen Teil des Spaziergangs.

Weltlicher wird es, wenn man das Wasa-Tor (Brama Wazów) durchschreitet. Hier steht das **Denkmal (Pomnik Kościuszki)** zu Ehren des polnischen Nationalhelden Tadeusz Kościuszko. An dieser Schräge befand sich auch der Haupteingang, an dem der Königsweg endete. Wieder zurück auf der eigentlichen Anlage, geht es am Dom vorbei und unter einem schmalen Durchgang zum zweiten Innenhof der Anlage.

Das **Königliche Schloss (Zamek Królewski)** mit seiner Renaissancefassade wartet mit vier Ausstellungen auf, eine interessanter als die andere: Zu besichtigen sind die **Königlichen Gemächer**

(Komnaty Królewskie), die **Königlichen Privatgemächer (Prywatne Apartamenty Królewskie)**, der **Kronschatz mit Rüstkammer (Skarbiec Koronny i Zbrojownia)** sowie die Ausstellung zur **Kunst des Orients (Sztuka Wschodu)**. Bis Anfang Mai 2017 wird auch Leonardo da Vincis **„Dame mit dem Hermelin" („Dama z gronostajem")** im Schloss zu bestaunen sein. Eine fünfte Dauerausstellung mit dem klangvollen Namen **„Verschollener Wawel" („Wawel Zaginiony")** ist wieder über den ersten Innenhof zu betreten. Von hier aus beginnt auch der Rundweg zu den **Königlichen Gärten (Ogrody Królewskie)**. Abschließend geht es zurück zu der Terrasse, an der wir beim Betreten der Burganlage bereits vorbeikamen. Abgesehen von dem Blick auf den Kopiec Kościuszki und den Las Wolski lohnt sich von hier aus der Besuch der **Drachenhöhle (Smocza Jama)**, die uns hinunter zum Boulevard an der Weichsel bringt. Hier kann man sich mit Souvenirs eindecken, während die Kinder um die feuerspeiende Drachenskulptur herumtollen.

Sehenswertes

Baszta Sandomierska

Turm von Sandomierz

In der zweiten Hälfte des 15. Jh. wurde zu Verteidigungszwecken die südliche Flanke mit diesem Rundbau verstärkt und später nach und nach zu einem von zwei Batterietürmen umgebaut. Genutzt wurde der Turm aber auch als Gefängnis für Adlige, die im Gegensatz zum in Verliesen schmorenden Pöbel zumindest die Aussicht genießen konnten. Dies kann man seit 2011 auch als Besucher, sobald man die 137 Treppenstufen hinter sich gelassen hat.

April/Sept. tägl. 10–17 Uhr, Mai–Juni tägl. 10–18 Uhr, Juli/Aug. tägl. 10–19 Uhr, Okt. Sa/So 10–17 Uhr (im Okt. nur bei gutem Wetter). Eintritt 1 €.

Katedra Wawelska

Waweldom

An der Stelle des Doms standen einst zwei andere Kirchen, von denen Teile in das heutige Gebäude integriert sind, an dem seit dem Jahr 1320 gebaut wurde. Im Waweldom wurden seitdem alle polnischen Könige gekrönt. Und fast so viele Baustile wie Königskrönungen lassen sich in der Kathedrale nachvollziehen. Von außen wirkt sie deshalb patchworkartig zusammengesetzt, aber nicht unattraktiv. Das marmorne Eingangsportal schmücken ein Mammut-, ein Wal- und ein Nashornknochen. Im Inneren bemerkt man sofort, dass dieser Dom wohl zu den bemerkenswertesten Gotteshäusern der Welt zählt. Allein mit den Dekorationen könnte man sich Tage beschäftigen. Die Kunstwerke wurden in fast einem Jahrtausend christlicher Kultur geschaffen, eine vollständige Liste der hier tätigen Künstler aus aller Welt wäre sehr lang. Die wichtigsten Arbeiten stammen von den Italienern Francesco Placidi, Bartolomeo Berrecci, Giovanni Trevano und

Santi Gucci, den Nürnbergern Veit Stoß, Melchior Baier und Peter Vischer sowie den Polen Józef Mehoffer, Włodzimierz Tetmajer und Anton Madeyski.

Gleich zu Beginn fällt der Blick auf den silbernen Sarg (1626–1629) des Heiligen Stanisław, der von Engeln gestützt in einer offenen Kapelle steht. Die anderen 19 Kapellen bilden eigenständige kleine Räume. Der Hochaltar, an dem die Krönungen stattfanden, glänzt vor goldener, barocker Pracht. Beim gotischen Kreuz der Königin Jadwiga an der hinteren linken Ecke befinden sich auch ihre Reliquien. Die Marienkapelle (Kaplica Mariacka, Mitte des 14. Jh.) am Ende des Hauptschiffs ist ein weiteres Meisterwerk, auf deren Ausstattung bei Führungen besonders hingewiesen wird. Ihm gegenüber stehen die spätbarocken Sarkophage der Königspaare Jan III. Sobieski und seiner Gemahlin sowie von Michał Korybut Wiśniowiecki und dessen Frau Eleonora. An der rechten Ecke ist die Kapelle und der Sarg des Königs Jan Olbracht zu sehen, zusammen mit dem kontrastreichen Marmorsarkophag des bedeutenden Monarchen Kazimierz Wielki aus dem Jahr 1370. Die bekannteste aller Kapellen ist Zygmunt gewidmet. Hier schuf der Baumeister und Bildhauer Bartolomeo Berrecci (1480–1537) mit Hilfe der damals größten italienischen Meister eine Pracht, die es in Sachen Kunstfertigkeit und kunsthistorischer Bedeutung mit den wichtigsten Werken der italienischen Renaissance aufnehmen kann. Der rote Marmorboden der Zygmunt-Kapelle, die goldene Dekoration und die Pflanzenmotive heben die Sarkophage der letzten beiden Jagiellonenkönige hervor. Gegenüber steht der Sarg (1900–1902) der Königin Jadwiga, der mit seinem weißen Marmor einen starken Kontrast bildet, stilistisch aber an die älteren Königsgräber anknüpft. Abschließend sei gesagt, dass selbst Menschen, die normalerweise nicht an sakraler Kunst interessiert sind, hier fasziniert und sprachlos sind. Auch Kinder werden sich nicht langweilen.

April–Okt. Mo–Sa 9–17, So 12.30–17 Uhr, Nov.–März jeweils nur bis 16 Uhr, geschlossen an wichtigen kath. Feiertagen. Messe: April–Okt. Mo–Sa 6.30, 7, 7.30, 17.30 Uhr (Nov.–März 16.30 Uhr), So 7, 8, 9, 10, 11.30, 17.30 Uhr (Nov.–März 16.30 Uhr). Eintritt frei, Audioguide (auf Deutsch) 2 €, erm. 1 €. www.katedra-wawelska.pl.

Stolz thront der Wawel über der Weichsel

Wawel → Karte S. 83

Krypty

Krypten

Ebenso bedeutend wie die Kapellen sind die Krypten. Direkt über das Kircheninnere zugänglich ist das Dichtergrab, in dem Adam Mickiewicz und Juliusz Słowacki, die beiden wichtigsten Romantiker Polens, ruhen. Der Überlieferung zufolge hassten sich die Konkurrenten, die nun in trauter Zweisamkeit beieinander liegen (müssen). In den anderen sieben Krypten wurden die Könige seit Zygmunt I. Stary bestattet. Bis auf die Wahlkönige fanden alle polnischen Monarchen auf dem Wawel ihre letzte Ruhestätte. Von besonderem Interesse ist die Krypta (erbaut 1090–1117) des Heiligen Leonard, in der der junge Karol Wojtyła 1946 seine erste Messe als Priester zelebrierte. Das mysteriöse, romanisch geprägte Innere hat ein außergewöhnliches, von acht Säulen gestütztes Kreuzgewölbe. Für heftige Kontroversen sorgte die Entscheidung, den 2010 bei dem Flugzeugabsturz von Smolensk gestorbenen polnischen Präsidenten Lech Kaczyński mit seiner Ehefrau Maria inmitten der Königsgräber zu bestatten.

April–Okt. Mo–Sa 9–17, So 12.30–17 Uhr, Nov.–März jeweils bis 16 Uhr, geschlossen an wichtigen kath. Feiertagen. Eintritt für Krypten, Sigismundturm und Museum 3 €, erm. 2 €; Kasse gegenüber der Kathedrale. www.katedra-wawelska.pl.

Wieża Zygmuntowska

Sigismundturm

Im Turm der Kathedrale hängt mit der Sigismundglocke (Dzwon Zygmunta) die größte ihrer Art in ganz Polen. Sie wiegt 12 Tonnen, allein der Klöppel bringt es auf 300 kg. Zwölf Glöckner bedarf es, um ihn mit Hilfe eines dicken Kamelhaartaus in Bewegung zu setzen. Dies geschieht nur zu den wichtigsten Anlässen, beispielsweise bei kirchlichen Hochfesten, bei Staatstrauer oder etwa zum Beginn des Pontifikats von Johannes Paul II und zu seiner Heiligsprechung. Bereits dreimal zerbrach die 50 km weit hörbare Glocke, zuletzt zu Weihnachten 2000. Die Legende sagt, wer sie mit der linken Hand berührt, wird Glück in der Liebe finden, wer die rechte nimmt, wird mit Reichtum belohnt. Wer aber so schlau sein sollte, es mit beiden Händen zu versuchen, wird enttäuscht – er geht leer aus. Sollte aber die Glocke einmal verstimmt erklingen, gilt dies als Ankündigung einer Katastrophe. Die anderen Glocken sind weniger bedeutend. Vorsicht: Der extrem enge und steile Aufgang zur Glocke kann sich als äußerst schwierig erweisen.

Geöffnet wie die Krypten, Eintritt inklusive.

Auch im Tode schön – Königin Jadwiga im Waweldom

Mysteriöse Knochen über dem Eingang der Kathedrale – hoffentlich bleiben sie noch lange hängen ...

Wawel → Karte S. 83

Muzeum Katedralne

Dom-Museum

Das von Karol Wojtyła während seiner Zeit als Erzbischof gegründete Museum zeigt Reliquien und andere bedeutende sakrale Objekte, darunter auch das Schwert, das bei der Beerdigung von Zygmunt August im Jahr 1572 zerbrach. Dieses Malheur hatte symbolischen Charakter, denn mit dem Tod des letzten Jagiellonenkönigs endete Polens Blütezeit. Weitere Exponate sind der ursprüngliche Klöppel der Zygmunt-Glocke und königliche Insignien.

Mo–Sa 9–17, Nov.–März bis 16 Uhr. Eintritt für Krypten, Sigismundturm und Museum 3 €, erm. 2 €; Kasse gegenüber der Kathedrale; Kasse nur für das Museum direkt am Eingang, Reservierung nicht nötig.

Pomnik Kościuszki

Kościuszko-Denkmal

Schon von Weitem ist die Reiterstatue sichtbar. General Kościuszko kämpfte im polnischen Aufstand von 1794 und im amerikanischen Unabhängigkeitskrieg für die Freiheit der beiden Länder. 1921 schuf Leonard Marconi zu seinen Ehren das Denkmal, das bereits 19 Jahre später wegen seiner patriotischen Bedeutung für die Polen von den Nazis zerstört wurde. Heute ist eine Rekonstruktion aus dem Jahr 1960 zu sehen.

Zamek Królewski

Königliches Schloss

Vom ersten, romanischen Schloss auf dem Hügel ist kaum etwas erhalten; die heutige Renaissancefassade zeugt vom großen Umbau im 16. Jh., dem ab 1595 barocke Umbauten im nördlichen Flügel folgten. Begonnen hatte die Arbeiten Eberhard Rosemberger, Bartolomeo Berrecci vollendete sie. Die gotischen Arkadengänge wurden nach der Restaurierung Anfang des 20. Jh. aber nicht in den Originalzustand mit purpurfarbenen Säulen und goldenen Kapitellen versetzt; dennoch zeigt die heutige Gestaltung eindrucksvoll die ästhetische Intention des Baumeisters Francesco Fiorentino. Man erkennt deutlich den Florentiner Einfluss, das Königliche Schloss gilt deshalb als schönstes weltliches Renaissancebauwerk nördlich der Alpen. Wie auch im Collegium Maius sind die mit Tiermäulern geschmückten Regenrinnen eine Krakauer Besonderheit. Die Innenräume bekommt man bei den unten beschriebenen Führungen zu Gesicht.

Innenhof: 7 Uhr bis eine halbe Stunde vor Sonnenuntergang geöffnet.

„Dama z gronostajem"

„Dame mit dem Hermelin"

Wie viel Aufregung, wie viele Umzüge, wie viel Ungewissheit muss sie noch ertragen? Bis Anfang Mai 2017 wird dieses Frauenporträt von Leonardo da Vinci auf dem Wawel zu sehen sein, danach im Nationalmuseum (→ Tour 6), und zwar bis zum Abschluss der Renovierungsarbeiten im Czartoryski-Museum (→ Tour 2). Wo auch immer, statten Sie ihr einen Besuch ab. Schöner als die Mona Lisa ist sie allemal.

Bis Anfang Mai 2017: Di–Fr 9.30–17, Sa/So 10–17 Uhr. Eintritt 2,50 €, erm. 2 €. Die Zahl der täglichen Eintrittskarten mit festgelegter Besuchszeit ist limitiert, Eintritt in Gruppen, Reservierung (am besten einen Tag zuvor) beim Besucherzentrum empfohlen (S. 91).

Komnaty Królewskie

Königliche Gemächer

Die größte Ausstellung im Schloss veranschaulicht, wie die Könige im 16. Jh. gelebt haben. Drei Gemächer sind den Besuchern zugänglich. Es sind dies die Wohnung des Schlossgouverneurs im Erdgeschoss und weitere Säle im 2. Stock.

Zwei sollen hier näher vorgestellt werden: Der **Gesandtensaal** (Sala Poselska) war zunächst ein Thronsaal, in dem der König seine Gäste empfing. Die größte Attraktion sind hier die in die Kassetten der Decke eingefügten hölzernen Köpfe von 1540. Von den ursprünglich 194 Büsten sind aber nur noch 30 erhalten. Bei einem Kopf ist der Mund zugebunden – der Legende nach hatte er von König Zygmunt August mehr Gerechtigkeit gefordert; der König hörte dies nicht gerne und stopfte dem Holzkopf das Maul. Wie so oft im Wawel sind auch hier Wandteppiche mit biblischen Motiven zu sehen.

Im **Turniersaal** (Sala Turniejowa) sind zahlreiche Fresken zu sehen, darunter

Im Schlosshof

auch Werke des Hofmalers Hans Dürer (1490–1538; ein jüngerer Bruder des berühmten Albrecht). Zu sehen sind u. a. Ritterturniere sowie eine allegorische Darstellung des menschlichen Lebens. Die kunstvollen Portale stammen entweder aus der Renaissance oder sie wurden in gotischer Form restauriert. Die Sammlung von italienischen Renaissancemöbeln und königlichen Porträts wurde durch eine großzügige Schenkung der Familie Lanckoroński mit mehr als hundert Porträts italienischer Meister ergänzt.

April–Okt. Di–Fr 9.30–17, Sa/So 10–17, Nov.–März Di–Sa 9.30–16, So ab 10 Uhr. Eintritt 4,50 €, erm. 3 €, im Winter 0,50 € günstiger und So frei (Karten müssen trotzdem an den Kassen abgeholt werden). Die Zahl der täglichen Eintrittskarten mit festgelegter Besuchszeit ist limitiert, Eintritt in Gruppen, Reservierung (am besten einen Tag zuvor) beim Besucherzentrum empfohlen (S. 91).

Prywatne Apartamenty Królewskie

Königliche Privatgemächer

Ebenfalls im nordöstlichen Flügel, und zwar im 1. Stock, befinden sich die Räumlichkeiten mit den privaten Räumen der Könige sowie den Zimmern für Bedienstete und Gäste. Die obligatorische Führung beginnt am Eingang des Wohngemachs, dessen Wände ungewöhnliche Bildteppiche mit Tierdarstellungen schmücken. Hier sieht man auch italienische Möbel und Holzdecken, Freskenfragmente und Portale aus der Zeit zwischen Gotik und Renaissance. Die Säle, die von den letzten Jagiellonen im 16. Jh. bewohnt wurden, zeigen heute eine Porzellansammlung sowie französische, niederländische und italienische Möbel, Uhren, Leuchter und Gemälde. Auch hier finden sich wieder die charakteristischen Teppiche und hinaus auch Goldschmiedekunst sowie polnisches und westeuropäisches Mobiliar. Das Gemach von Präsident Ignacy Mościcki, der 1929 als Staatsoberhaupt in der Nachfolge der Könige stand, ist ebenfalls unverändert zu sehen. Die letzten Säle im Nordflügel sind der Kolumnensaal und das Vestibül. Ersterer präsentiert Porträts von Königen und Bischöfen sowie Gobelins und Ledermöbel. Die wichtigsten Exponate der Vorhalle sind Erinnerungsstücke an den Nationalhelden General Kościuszko und ein verherrlichendes Gemälde für den „Türkenbezwinger" König Jan III. Sobieski.

April–Okt. Di–Fr 9.30–17, Sa/So 10–17, Nov.–März Di–Sa 9.30–16 Uhr. Eintritt 6 €, erm. 5 €, obligatorische Führung (jeweils 10 Pers. alle 10 Min.), im Winter 1 € günstiger. Die Zahl der täglichen Eintrittskarten ist limitiert. Reservierung (am besten einen Tag zuvor) beim Besucherzentrum empfohlen (S. 91).

Skarbiec Koronny i Zbrojownia

Kronschatz und Rüstkammer

Seit dem 15. Jh. werden in den gotischen Räumen im nordwestlichen Teil der Schlossanlage die Insignien und Kleinodien für die Krönungszeremonien der polnischen Könige aufbewahrt. Das bedeutendste Stück der Sammlung ist das aus dem 13. Jh. stammende sogenannte Schartenschwert (Szczerbiec), das bei der Krönung auf die Schultern des Königs gelegt wurde. Die Ausstellung zeigt zudem Schmuck und Erinnerungsstücke an die jeweiligen Könige und ihre Familien.

Neben der Schatzkammer befinden sich die Säle der Rüstkammer. Hier ist eine Ausstellung von polnischen, aber auch ausländischen Waffen vom 14. bis zum 18. Jh. zu bestaunen; dabei handelt es sich sowohl um echte Waffen wie auch um Zierwaffen. Ergänzt wird die Sammlung durch spätgotische und neuzeitliche Rüstungen sowie Ausrüstungsgegenstände der polnischen Infanterie und Husaren, darunter Rüstungspanzer, Schwerter, Rapiere, Degen, Dolche und Säbel. Von besonderem Interesse sind auch die polnischen und türkischen Pferdegeschirre und Sättel sowie die Henkerswaffen.

April–Okt. Mo 9.30–13, Di–Fr 9.30–17, Sa/So 10–17 Uhr; Nov.–März Di–Sa 9.30–16 Uhr. Eintritt 4,50 €, erm. 3 €, im Winter 0,50 € billiger,

Wawel → Karte S. 83

Mo frei (Karten müssen dennoch an der Kasse abgeholt werden). Die Zahl der täglichen Eintrittskarten mit festgelegter Besuchszeit ist limitiert, geführt wird in Gruppen. Reservierung (am besten einen Tag zuvor) beim Besucherzentrum empfohlen (S. 91).

Sztuka Wschodu

Kunst des Orients

Die orientalische Sammlung im Westflügel des Schlosses präsentiert Teppiche, Waffen und Porzellan, die nach den erfolgreichen Schlachten gegen die Türken und Perser erbeutet wurden. Fünf enorme türkische Fahnen aus goldverzierter Seide sind in speziellen Schaukästen unter der Decke zu bestaunen. Wenn man Glück hat, sind die Teppichzelte zu sehen, die der Sammlung Einzigartigkeit verleihen – eine Atmosphäre der Märchen aus 1001 Nacht. Allerdings können diese aus konservatorischen Gründen nicht dauerhaft ausgestellt werden.

April–Okt. Di–Fr 9.30–17, Sa/So 10–17 Uhr, Nov.–März Di–Sa Einlass 11 & 14 Uhr. Eintritt 2 €, erm. 1 €. Die Zahl der täglichen Eintrittskarten ist limitiert, geführt wird alle 10 Min. in Gruppen von maximal 20 Pers. Reservierung (am besten einen Tag zuvor) beim Besucherzentrum empfohlen (S. 91).

Ogrody Królewskie

Königliche Gärten

Die Königlichen Gärten können nur bei gutem Wetter und in Begleitung eines Führers besichtigt werden. Bereits 300 m² der Gartenanlage wurden restauriert, und obwohl die Arbeiten noch andauern, deutet sich an, dass hier ein weiteres Glanzlicht entstehen wird. Bis 2014 waren die Gärten allerdings fast ständig geschlossen, eine Änderung war bei Redaktionsschluss nicht abzusehen. Ursprünglich ließ Königsgattin Bona Sforza die Gärten in der ersten Hälfte des 16. Jh. anlegen, die aus ihrer italienischen Heimat auch viele (Nutz-)Pflanzen mitbrachte. Und der italienische Einfluss auf die polnischen Gemüsebezeichnungen ist bis heute hörbar: „Kalafior" heißt der Blumenkohl auf Polnisch, „pomidor" die Tomate.

Mai–Sept. tägl. 11–15 Uhr (nur bei gutem Wetter), verpflichtende Führung auf Englisch oder Polnisch. Eintritt 4,50 €, erm. 2,50 €.

„Wawel Zaginiony"

„Verschollener Wawel"

Die Ausstellung zeigt Stücke aus dem Mittelalter, die bei archäologischen Grabungen auf dem Gelände des Königshügels gefunden worden waren. Wo früher die königlichen Küchen standen, ist heute eine Sammlung von Schmuckstücken, Alltagsgegenständen, Münzen und Ähnlichem zu begutachten. Ebenfalls zur Ausstellung zählen die Ausgrabungsstätten im Innenhof. Auf dem gesamten Gelände standen über die Jahrhunderte diverse inzwischen verfallene Kirchen, deren Fundamente auch auf der Grünfläche zwischen der Kathedrale und den Mauern zu sehen sind. Zu den bedeutendsten zählt die Rotunde der Allerheiligsten Jungfrau Maria (Rotunda Najśw. Marii Panny), die im 10. Jh. gebaut wurde.

April–Okt. Mo 9.30–13, Di–Fr 9.30–17, Sa/So 10–17 Uhr, Nov.–März Di–Fr 9.30–16, Sa/So 10–16 Uhr. Eintritt 2,50 €, erm. 2 €, Mo frei (Sommer), So frei (Winter); Karten müssen trotzdem abgeholt werden. Die Zahl der täglichen Eintrittskarten mit festgelegter Besuchszeit ist limitiert.

Smocza Jama

Drachenhöhle

Schon im 12. Jh. erwähnte der Chronist Wincenty Kadłubek die Drachenhöhle, in der nach der Legende (→ Kasten S. 82) das Untier hauste, das die Stadt bedrohte. Tatsächlich befindet sich eine gewaltige Höhle mit langen Gängen im westlichen Teil des Hügels; heute ist allerdings nur ein Teil davon zugänglich. Der Eingang auf der Terrasse des Hügels führt nach einigen Treppen zu einem 81 m langen Tunnel im Kalksteinfels. Die dezente Beleuchtung der

Höhle gewährt einen Blick auf geheimnisvolle Felsspalten und Kammern, die bis zum 16. Jh. unter anderem als Kneipe benutzt worden waren. Heute ist der Rundgang, der an der Weichsel herausführt, vor allem ein Spaß für Kinder – sie begeistern sich für die vor der Höhle stehende Drachenskulptur von Bronisław Chromy, die regelmäßig echtes Feuer speit.

April und Sept./Okt. tägl. 10–17 Uhr, Mai/Juni bis 18 Uhr, Juli/Aug. bis 19 Uhr; Nov.–März geschlossen. Eintritt 1 €, Kinder bis 7 J. frei. Tickets am Automaten beim Eingang der Höhle auf dem Wawel oder bei den Kassen.

Praktische Infos

→ Karte S. 83

Information & Eintrittskarten

Besucherzentrum 5 Das Büro ist zuständig für die Besichtigung durch Reisegruppen und die Buchung der Führungen (gruppenweise sowie für Einzelpersonen). Die Preise für eine deutschsprachige Führung variieren stark (ab 19 €), je nach Gruppengröße und Zahl der Führungen. Im Besucherzentrum befinden sich eine der beiden Kassen, ein riesiges Souvenirgeschäft, Infostände und zwei Cafés. Besucherzentrum: Nov.–März tägl. 9–14.45 Uhr, April/Sept./Okt. bis 16.45 Uhr, Mai/Juni bis 17.45 Uhr, Juli/Aug. bis 18.45 Uhr, Sa/So ganzjährig erst ab 9.30 Uhr. Geschlossen an wichtigen kath. Feiertagen. ✆ 12-4221697, www.wawel.krakow.pl.

Audioguides in deutscher Sprache gibt es zu den Ausstellungen „Königliche Gemächer", „Kronschatz", „Kunst des Orients" und zu einem Spaziergang auf dem Wawel im Besucherzentrum zum stolzen Preis von 5 €, erm. 3 € zu leihen.

Freier Eintritt gilt immer im November zu ausgewählten Ausstellungen im Schloss.

Kassen für Ausstellungen im Schloss 1 befinden sich im Besucherzentrum und an der Brama Herbowa. Hier kann man reservierte Karten abholen und bezahlen. Auch bei freiem Eintritt müssen die Karten abgeholt werden, da die Zahl der Besucher aus Sicherheitsgründen limitiert ist. April/Sept.–Okt. Mo–Fr 9–16.45, Sa/So 9.30–16.45 Uhr, Mai–Aug. Mo–Fr 9–17.45, Sa/So 9.30–17.45 Uhr, Nov.–März Di–Sa 9.15–14.45, So 9.30–14.45 Uhr.

Kasse für Dom-Museum, Krypten und Sigismundturm 3 gegenüber der Kathedrale. Zur Hochsaison wird empfohlen, möglichst früh und/oder nicht am Wochenende zu kommen, weil es auch im Dom zu Wartezeiten kommen kann. Mo–Sa 9–16.30 (im Winter bis 15.30, So 12.30–16.30 Uhr.

Gepäckaufbewahrung 2/7 Größere Gepäckstücke müssen bei der Brama Bernardyńska auf der östlichen Seite abgegeben werden, Handgepäck, Rucksäcke und Taschen vor dem Besuch der Ausstellungen im Schloss in einem vom Innenhof zugänglichen Raum. Mo 9.30–15.30, Di–Fr 9–17, Sa/So 9.30–17 Uhr.

Cafés

Słodki Wawel 4 Kuchen, Eis, Kaffee und natürlich Schokolade aus dem Hause Wawel in fester und flüssiger Form. Tägl. 9–20 Uhr. Wzgórze Wawelskie 9, www.wawel.com.pl.

Kawiarnia Pod Basztą 6 Ein Café, das von seiner Lage lebt, abgesehen davon nichts Besonderes. Tägl. 9–17 Uhr, im Winter bis 16 Uhr, im Sommer bis 18 Uhr. Wzgórze Wawelskie 9, ✆ 12-4227528.

Warten, bis er Feuer speit

Wawel → Karte S. 83

Mitten im Krakauer Jugendstil

Tour 6

So schön die historische Altstadt sein mag, manch einer zieht zum Wohnen freiere Flächen vor. So versuchten im 19. Jh. einige Krakauer ihr Glück in Nowy Świat, in der „Neuen Welt", die gleich westlich der Stadtmauer begann. Die unbegrenzten Möglichkeiten dort drückten sich unter anderem im verspielten Jugendstil aus.

- **Krakauer Jugendstil**, Häuser mit Sagengestalten & Humor, S. 97
- **Buntglasmuseum**, Künstlern über die Schultern schauen, S. 98
- **Nationalmuseum**, polnische Kunst der Moderne, S. 99
- **Błonia-Wiesen & Jordan-Park**, Spazieren auf Krakauer Art, S. 100
- **Kulturzentrum Tytano**, Start-ups, Modedesigner, Kneipen ... , S. 101

Zwei Stadtteile westlich der Altstadt

Piasek und Nowy Świat

Gleich westlich der Altstadt liegt mit Nowy Świat die „neue Welt", in der sich im 19. Jh. die Krakauer Bürger niederließen, denen es in der Altstadt zu eng geworden war. Freilich sind die Flächen, die vor 100 Jahren noch genügend Platz ließen, inzwischen längst zugebaut. Doch die, die auf der Suche nach Lichtungen im Häuserwald sind, werden auf diesem Spaziergang trotzdem bestens bedient. Auch die Krakauer strömen im Sommer mit Kind und Kegel oder Picknickdecke und Fahrrad zu den Parkanlagen und Wiesen, die direkt hinter dem Stadtteil Piasek beginnen. Hier im Westen befinden sich nicht nur Cracovia und Wisła, die beiden wichtigsten Fußballvereine der Stadt, sondern auch zahlreiche universitäre Einrichtungen – eine angemessene Nachbarschaft für das Nationalmuseum mit seinen vielfältigen Exponaten insbesondere auch aus dem Bereich der mordenen polnischen Kunst, dem man ganz problemlos einen eigenen Rundgang widmen könnte.

In Piasek selbst ist man umgeben von Jugendstilgebäuden mit so hübschen Namen wie „Haus unter der Eule" oder „Haus unter dem Singenden Frosch". Sie erzählen vom vom Reichtum ihrer einstigen Besitzer – zugleich aber auch von der Verspieltheit ihrer Architekten, deren Stil im krassen Gegensatz steht zu den Bauwerken der historischen Altstadt. Wie gemacht also für die vielen Studenten, die man hier tagsüber auf den Straßen und in den Cafés rund um die ulica Krupnicza trifft. Diese Cafés, die sich mit originellen Restaurants und versteckten Geschäften abwechseln, sind ein weiterer Grund, die Grenze der einstigen Stadtmauern zu überschreiten.

Die zweite bedeutende kulturelle Institution neben dem Nationalmuseum ist die Philharmonie, die nicht nur wegen ihres renommierten Orchesters einen Besuch wert ist. Nach einem Konzert kann man durch die gedämpft beleuchtete ulica Piłsudskiego schlendern, die auch tagsüber zu den schönsten Straßen Krakaus zählt.

Tour-Info Der **Startpunkt** des Spaziergangs ist am Rynek Główny, Rathausturm. | **Ende**: ul. Straszewskiego | **Dauer**: reine Gehzeit ca. 1 Std.

Spaziergang

Der Spaziergang beginnt auf dem Rynek beim Rathausturm. Über die ulica Wiślna kreuzen wir die Planty und befinden uns schon vor der **Philharmonie (Filharmonia)**. Auf der ulica Straszewskiego gehen wir ein paar Schritte nach rechts, um in die ulica Piłsudskiego einzubiegen. Auf der linken Seite steht der **Hutten-Czapski-Palast (Pałac Hutten-Czapskich)**, den man ab Sommer 2013 endlich auch von innen besichtigen kann. Wenn man bis zur nächsten Kreuzung weitergeht, findet man sich in Gesellschaft der vielleicht individuellsten Jugendstilgebäude der Stadt. Es sind dies das **Haus unter dem Singenden Frosch (Dom Pod Śpiewającą Żabą)** und die **Sporthalle Sokół (Towarzystwo Gimnastyczne Sokół)**. Aber bei diesen beschränkt sich das Vergnügen auf das Betrachten der Fassaden. Die älteste Sporthalle Krakaus darf man zwar betreten, doch findet sich hier nichts von Interesse. Davor steht seit 2008 ein Denkmal zu Ehren des Feldherrn Józef Piłsudski. An der Ecke zur Allee steht das ungewöhnliche **Ekielski-Haus (Dom własny Ekielskiego)**, nach ein paar Schritten nach links in die Allee stößt man auf das **Haus unter der Eule (Dom Pod Sową)** – und gleich daneben auf das

Krakau im Kasten

Eine WG voller Literaten und späterer Nobelpreisträger

In der Zeit des Sozialismus gab es mit dem **Dom Literatów** in der ulica Krupnicza eine staatlich geförderte Künstlerkolonie, in der Schriftsteller aller Genres miteinander lebten und arbeiteten. Bis das Haus in den 80er-Jahren schließen musste, waren der Dramatiker, Karikaturist und Vertreter des Absurden Theaters **Sławomir Mrożek** (1930–2013) und spätere Nobelpreisträgerin **Wisława Szymborska** (1923–2012) die prominentesten Bewohner. Die große Dame der polnischen Poesie erhielt 1996 den Literaturnobelpreis für ihre prägnanten Gedichte zu existenziellen Problemen. Als Szymborska im Jahr 2012 starb, wurde sie ehrenvoll verabschiedet. 16 Jahre vor Szymborska erhielt **Czesław Miłosz** (1911–2004) seinen Literaturnobelpreis. Seine Geschichten und Gedichte wurden landesweit verehrt; sein Einfluss in der Bevölkerung ist etwa mit dem von Pablo Neruda in Chile vergleichbar. Entsprechend groß war die Trauer über seinen Tod im Jahr 2004.

Buntglasmuseum (Muzeum Witrażu). Zurück an der Kreuzung öffnet sich die Perspektive. Man schaut auf eine weite Rasenfläche, an deren linkem Ende das frühere Hotel Cracovia steht, in dem in den kommenden Jahren erste Ausstellungen des **Architektur- und Designmuseums (Muzeum Architektury i Designu)** zu sehen sein werden. Dem Hotel gegenüber steht ein Denkmal zu Ehren des Universalgenies Wyspiański (→ Kasten S. 232/233), auf dem Figuren aus seinen Dramen verewigt wurden. Bei den Krakauern gilt es zu Recht als misslungenstes Denkmal der Stadt. Von wesentlich größerem Interesse ist da schon das dahinter aufragende **Nationalmuseum (Muzeum Narodowe).** Der Bau selbst ist zwar wenig einladend, doch hinter seinen Mauern sind polnische Schätze zu entdecken, die nicht nur Kunstfreunde begeistern. Die Allee der Drei Poeten (Aleje Trzech Wieszczów), an der sich das Museum befindet, war in den 30er-Jahren von der Stadtregierung als Prachtstraße geplant. Davon zeugen noch immer die monumentalen Bauten, an denen man vorbeikommt. Die Industrieschule (Szkoła Przemysłowa) und die Bergbau-Akademie (Akademia Górniczo-Hutnicza) sind zwei Beispiele, ein drittes ist die **Jagiellonen-Bibliothek (Biblioteka Jagiellońska).** Im Gegensatz zu den beiden zuvor genannten Gebäuden wird man von diesem nicht erschlagen; vielmehr beweist es, dass Großbauten durchaus unaufdringlich sein können. Dahinter steht ein ebenso sehenswerter, zur Bibliothek gehörender Neubau, dessen Baustil an das Hauptgebäude angelehnt ist.

Nach so viel Kultur hat man etwas Erholung verdient. Über die ulica Ingardena gelangt man zu dem am Ende der Straße liegenden **Jordan-Park (Park Jordana).** Hier toben Kinder herum, für die Eltern sind die teils symmetrisch angelegten Wege mit ihren Büstengruppen ebenso interessant. Eine große Bedeutung für die Stadt haben die **Błonia-Wiesen (Błonia).** Auf ihnen finden regelmäßig Sportveranstaltungen und ähnliche Massenereignisse statt. Weltweit sind sie durch die Freiluftmessen des vorletzten Papstes bekannt geworden. Die ulica Oleandry mit ihren vielen Museen, Instituten und Studentenclubs führt wieder an der Rückseite der Jagiellonen-Bibliothek vorbei. Danach biegt man in die ulica Krupnicza ein, auf den ersten Blick keine besonders attraktive Straße; näher zum Zentrum hin finden sich jedoch viele Restaurants und Cafés. Dort steht auch das **Mehoffer-Haus (Dom Mehoffera)**, das

Werke des gleichnamigen Künstlers zeigt. Anschließend biegen wir in die ulica Dolnych Młynów ein und gehen geradeaus bis zur ehemaligen Zigarrenfabrik, dem heutigen Kulturzentrum **Tytano**. Danach begeben wir uns in die ulica Rajska und gelangen so zum rostroten Gebäude des **Kleinpolnischen Kunstgartens (Małopolski Ogród Sztuki)**. Wieder zurück auf der ulica Krupnicza, gehen wir ein paar Schritte nach links und schlendern dann durch die ulica Loretańska, eine kleine romantische Gasse. Nach der Kapuzinerkirche biegen wir nach rechts in die ulica Jabłonowskich ab und kommen so zum Museum **Europeum**. Abschließend kehren wir in die ulica Straszewskiego zurück, die uns dann an den Ausgangspunkt unserer Tour führt. Das Technikhaus (Dom Technika, Haus-Nr. 28) ist ein weiteres interessantes Beispiel des Krakauer Jugendstils.

Im Museum Europeum

Sehenswertes

Filharmonia

Philharmonie

Das von außen eher nüchterne Gebäude lebt vor allem vom Ruf des Orchesters und seiner Darbietungen. Bis 1909 mussten die Krakauer auf eine feste Besetzung warten, doch danach stieg das Niveau stetig. Wie bei vielen Orchestern von Weltrang verdankt es seine Prägung einem bestimmten Dirigenten. In Krakau war dies Krzysztof Penderecki (geb. 1933), der aufgrund seiner eigenen Kompositionen oft als „spätmoderner Klassiker" bezeichnet wird. Kein Wunder also, dass man in der Heimstätte des Orchesters wie auch bei den zahllosen Tourneen in die ganze Welt vor allem eindrucksvolle Interpretationen zeitgenössischer Musik zu Gehör bekommt. Das eher klassische Repertoire der Sinfonien und Konzerte aus dem 18. und 19. Jh. wird natürlich ebenso überzeugend dargeboten. Das Haus selbst stammt aus den späten 1920er-Jahren, Bauherr war das Katholische Kulturinstitut.

Geöffnet eine Stunde vor Konzertbeginn. Ul. Zwierzyniecka 1, ✆ 12-6198733, www.filharmonia.krakow.pl. Tram 1, 2, 6, 8, 13, 18, 69, Haltestelle Filharmonia.

Pałac Hutten-Czapskich

Hutten-Czapski-Palast

Gebaut wurde die mit Tierskulpturen verzierte elegante Stadtvilla im späten 19. Jh., schon 1894 kaufte sie der reiche litauische Kunstsammler Emeryk Hutten-Czapski. Dessen Interessen waren außergewöhnlich vielseitig und reichten von Münzen und Drucken über Porzellan und Glaskunst bis zu Gemälden und Rüstungen. Da der Platz in dem Haus nicht ausreichte, baute er für seine Sammlung eigens einen kleinen Pavillon. Heute befinden sich in der Villa die Verwaltung des Nationalmuseums sowie ein Depot mit den Schätzen, die die Familie dem Museum vermachte. Eine Auswahl der von Emeryk Hutten-Czapski gesammelten Münzen und Kunstwerke sowie Gemälde seines Enkels Józef Czapski, eines begnadeten Malers, sind der Öffentlichkeit zugänglich.

Di–Sa 10–18, So 10–16 Uhr. Eintritt 2 €, erm. 1 €, Kinder bis 16 J. und Studenten mit ISIC-Karte 0,25 €, So frei, Führung (auf Deutsch) 33 €. Ul. Piłsudskiego 12, www.mnk.pl. Tram 20, Bus 124, 152, Haltestelle Uniwersytet Jagielloński.

Dom Pod Śpiewającą Żabą

Haus unter dem Singenden Frosch

Der unverwechselbare Stil von Teodor Talowski (1857–1910) zieht sich durch das ganze Viertel, doch dieses 1889/1890 errichtete Haus ist sein berühmtestes Werk. Das mag an dem auf vielen Fotos verewigten Frosch liegen, aber auch an der Idee hinter der Skulptur. In dem Gebäude war nämlich eine Musikschule untergebracht, worauf die Notenlinien auf der Fassade anspielen. Ob die angehenden Musiker mit dem Sinnbild des quakenden Froschs zufrieden waren, oder ob sie es mit dem gleichen Schmunzeln wie die heutigen Touristen zur Kenntnis nahmen, ist nicht bekannt. Genauso außergewöhnlich sind die benachbarten Häuser in der ul. Retoryka. Unter der Nummer 7 findet man das 1887 fertiggestellte Wohnhaus „Festina Lente" (Eile mit Weile), in dem Talowski lebte. An der asymmetrisch gestalteten Fassade ist außer dem Namen des Hauses auch Talowskis auf Hippokrates zurückgehendes Lebensmotto „Ars longa vita brevis" (Die Kunst währt lang, das Leben kurz) verewigt. Ebenfalls aus der frühen Schaffenszeit des Architekten stammt das Wohnhaus „Pod Osłem" (Unter dem Esel) mit der Nummer 9, das wie die anderen beiden durch die eigenwillige Interpretation der Krakauer Renaissance auffällt.

Für Besucher nicht zugänglich. Ul. Retoryka 1/7/9. Tram 20, Bus 124, 152, Haltestelle Uniwersytet Jagielloński.

Towarzystwo Gimnastyczne Sokół

Sporthalle Sokół

Ein weiteres Gebäude, das Teodor Talowski zwar nicht plante, doch 1894 erweiterte und verschönte. Nicht zuletzt deshalb trägt es seine ganz spezielle Handschrift. Der Arzt Henryk Jordan (1842–1907) gründete hier den ersten Krakauer Verein, der sich der Gymnastik und dem Sport verschrieb – mit interessanter Ausrichtung: So wurden die Rumpfbeugen und Liegestützen mit theoretischen Erklärungen und patriotischen Ansprachen (!) ergänzt. Heute beschränkt man sich eher auf die sportlichen Elemente.

Noch immer finden hier Veranstaltungen statt, und regelmäßig trainieren hier Vereine.

Für Besucher nicht zugänglich. Ul. Piłsudskiego 27, www.sokol.pl. Tram 20, Bus 124, 164, 169, 179, Haltestelle Cracovia.

Dom własny Ekielskiego

Ekielski-Haus

Von 2008 bis 2010 restauriert, präsentiert sich die Villa wieder so faszinierend, wie sie der zweite große Krakauer Architekt der Jahrhundertwende 1899 schuf. Władysław Ekielski (1855–1927) wohnte selbst in diesem Eckhaus, das vor interessanten Einfällen nur so strotzt. Charakteristisch sind der runde Turm des Treppenhauses, das Spiel mit

Haus unter der Eule

Im Buntglasmuseum zeigen Meister die Arbeitsschritte

der Symmetrie und die Kombination verschiedener historischer Baustile.

Für Besucher nicht zugänglich. Ul. Piłsudskiego 40. Tram 20, Bus 124, 164, 169, 179, Haltestelle Cracovia.

Dom Pod Sową

Haus unter der Eule

Das 1907 vollendete Haus mit der Eule an der Fassade geht auf Roman Bandurski zurück, einen Schüler von Teodor Talowski. Deutlich zeigt sich der Einfluss seines Lehrers in der Verwendung von roten Ziegeln, der Vermischung verschiedener Stile, der Asymmetrie und dem Detailreichtum.

Al. Krasińskiego 21. Tram 20, Bus 124, 164, 169, 179, Haltestelle Cracovia.

Muzeum Witrażu

Buntglasmuseum

Das Haus, 1906/07 nach den Plänen von Ludwik Wojtyczko gebaut, beherbergt eine Buntglaswerkstatt mit einigen Ausstellungsstücken im Muzeum Witrażu (Buntglasmuseum). Allein in Krakau sind die hier entstandenen Meisterwerke an mehr als 200 Orten zu sehen. Im Jahr 2000 erweckte der Glaskünstler Piotr Ostrowski die traditionsreiche Werkstatt von Stanisław Gabriel Żeleński (der Bruder des Satirikers Tadeusz Boy-Żeleński) zu neuem Leben. Seit dem Jahr 2015 kann man nicht nur Ausstellungsstücke bewundern und im Café Glaskunst erwerben, sondern den Künstlern (auch aus der Ukraine und Italien eigens nach Krakau gekommen) während einer Führung bei der Arbeit über die Schultern schauen. Dabei erfährt man viel Interessantes und Unerwartetes über die einzelnen Arbeitsschritte der Projekte: über das Patinieren und Brennen bis hin zum fertigen Fenster. Wir finden: faszinierend!

Di–Sa 12–18 Uhr. Nur mit Führung, auf Englisch jeweils zur vollen Stunde, auf Deutsch nach Voranmeldung. Eintritt 8 €, erm. 6 €, Workshop 63 €/Pers. Al. Krasińskiego 23, ✆ 512-937979 (mobil), www.muzeumwitrazu.pl. Tram 20, Bus 124, 164, 169, 179, Haltestelle Cracovia.

Muzeum Architektury i Designu

Architektur- und Designmuseum

Das Hotel Cracovia nach Plänen des Architekten Witold Cęckiewicz war zu sozialistischen Zeiten ein Schmuckstück, verfiel aber nach und nach. Im Jahr 2011 gab es zwar den Eintrag ins Denkmalschutzregister, zugleich aber auch die Schließung des Hotelbetriebs. Ende 2016 erwarb das Nationalmuseum das längliche Gebäude. In den kommenden Jahren soll es nicht nur auf Vordermann gebracht, sondern auch auf seine zukünftige Rolle als Museum vorbereitet werden. Passenderweise wird es Ausstellungen zu Architektur und Design geben, zunächst noch als vereinzelte Wechselausstellungen, ab 2019 als Dauerausstellung.

Öffnungszeiten und Eintrittspreise abhängig von den Wechselausstellungen. Ul. Focha 1, ✆ 12-4335444, www.mnk.pl. Tram 20, Bus 124, 164, 169, 179, Haltestelle Cracovia.

Muzeum Narodowe

Nationalmuseum

Wartet die Fassade seit Jahren auf einen neuen Anstrich, findet man in den Museumsräumen doch genügend ästhetisch Ansprechendes. Abgesehen von den wechselnden Ausstellungen gibt es drei Abteilungen. Im Erdgeschoss sind Waffen und Uniformen zu sehen – nicht nur für militärgeschichtlich Interessierte zu empfehlen. Für die Allgemeinheit sehr viel interessanter dürfte aber das Kunsthandwerk im ersten Stock sein: Schmuck, Dekorationen oder alte Stickereien vermitteln ein Bild vom Leben der Krakauer vom Mittelalter bis in die heutige Zeit. Unbestrittenes Prunkstück allerdings ist der dritte Bereich im zweiten Stock, der als Fortsetzung der Ausstellungen in den Tuchhallen gilt. Während dort die Kunst des 19. Jh. präsentiert wird, findet man hier Werke aus dem letzten Jahrhundert. Die Absicht, eine möglichst große Bandbreite der modernen polnischen Kunst zu präsentieren, kann als sehr geglückt bezeichnet werden. Von den zahlreichen Gemälden, Plastiken, Zeichnungen und Grafiken ragen unter anderem die Werke Witkacys, Tetmajers, Malczewskis und Kantors sowie die Glasmalereien von Wyspiański und Mehoffer heraus. Vom 28.11.2017 bis zum 05.06.2018 wird es als Wechselausstellung eine Werkschau zu Wyspiański geben. Und ab Ende Mai 2017 wird im 1. Stock kostenlos Leonardo da Vincis „Dame mit dem Hermelin" zu sehen sein.

Di–Sa 10–18, So 10–16 Uhr, Mo geschlossen. Tageskarte für alle Dauer- und Wechselausstellungen 7 €, erm. 4,50 €. Eintritt nur für Dauerausstellungen 3 €, erm. 1,50 €, Kinder bis 16 J. und Studenten mit ISIC-Karte 0,25 €, So frei, Führung (auf Deutsch) 33 €, Audioguide 1 €. Al. 3 Maja 1, ✆ 12-4335500, www.mnk.pl. Tram 20, Bus 124, 164, 169, 179, Haltestelle Cracovia.

Biblioteka Jagiellońska

Jagiellonen-Bibliothek

Von den 42 über die Stadt verteilten Bibliotheken ist dies die größte: 4,5 Millionen Bücher sind hier zu finden. Für die Krakauer ist es eine öffentliche Bibliothek, für die Studenten und Professoren eine Universitätsbibliothek und für die Polen eine von drei Nationalbibliotheken. Den Besucher werden aber mehr die kostbaren Manuskripte und Bücher interessieren, die in den Spezialsammlungen ausgestellt werden. Ein Großteil dieser Schriften datiert aus dem Mittelalter und belegt die Bedeutung der Stadt als eines der wichtigsten geistigen Zentren Europas. Von besonderem Interesse sind die Handexemplare der ersten Bände des „Grimmschen Wörterbuchs" mit handschriftlichen Notizen der Brüder sowie die wertvolle Berlinka (nur für Forscher zugänglich). Diese Sammlung deutscher Originalschriften befindet sich seit Kriegsende in der Jagiellonen-Bibliothek. Über eine Rückgabe an Deutschland wird schon seit Jahrzehnten verhandelt. Sowohl das Hauptgebäude aus den 1930er-Jahren als auch

Piasek und Nowy Świat → Karte S. 94/95

der Nebenflügel, der 2002 fertiggestellt wurde, überzeugen durch ihre stimmige und eindrucksvolle Architektur, die sich auf das Wesentliche beschränkt.

Bücher (ab 1800) können im Lesesaal gegen Vorlage eines Ausweises studiert werden. Mo–Fr 8.15–20.50, Sa 9–16 Uhr; alte Drucke und Handschriften Mo–Fr 9–19 Uhr. Eintritt frei. Al. Mickiewicza 22, ✆ 12-6330903, www.bj.uj.edu.pl. Tram 20, Haltestelle Oleandry.

Park Jordana

Jordan-Park

Einst eine Weidefläche, die 1887 für eine Ausstellung zum Park umgestaltet wurde. Pavillons wurden gebaut, Alleen angelegt und Bäume gepflanzt. Ein Jahr später schlug der Arzt Henryk Jordan vor, die Ausstellungsfläche dauerhaft als Park zu nutzen. Schon damals war dem „Krakauer Turnvater Jahn" die Erholung der Bürger und deren körperliche Fitness ein Anliegen, und bis heute kommen die Krakauer hierher, um sich vom urbanen Stress zu erholen, spazieren zu gehen und zu joggen. Schwimmbäder und Turngeräte gibt es heute nicht mehr, dafür aber Hügel, Kinderspielplätze und Teiche zum Paddeln. Sehenswert sind neben den Blumenbeeten und der Anlage vor allem die 45 Büsten berühmter Polen, die über den Park verstreut stehen.

April–Okt. 6–22 Uhr, Nov.–März bis 20 Uhr. Zwischen ul. Reymonta und al. 3 Maja, www.parkjordana.org. Tram 20, Haltestelle Park Jordana.

Błonia

Błonia-Wiesen

Mit 50 Hektar gehören die Wiesen zu den großen innerstädtischen baumlosen Grünflächen Europas. Doch wie kam es, dass ein solches Areal unbebaut blieb? Ein reicher Adliger vermachte das sumpfige, von Bächlein durchzogene Land vor einer Pilgerreise ins Heilige Land dem Orden der Prämonstratenserinnen. Im Jahr 1366 wiederum tauschten die Nonnen die Błonia gegen ein kleines Haus in der ulica Floriańska. Die Schwestern hatten Pech, denn ihr ertauschtes Gebäude brannte nieder. Die Krakauer Bürger hingegen hatten Glück, weil König Kazimierz Wielki ihnen das Weiderecht zusicherte. Dieses Versprechen an die Krakauer wurde über Jahrhunderte hinweg von Königen

Krakaus größte „Kirche" – die Błonia-Wiesen

und später Politikern erneuert. Bereits im Mittelalter sollen auf dem Gelände Fußballspiele stattgefunden haben. Bis heute nutzen viele das Gelände zum Inlineskaten, Radeln oder Joggen. Auch die großen Vereine Wisła Kraków und Cracovia Kraków sind in unmittelbarer Nähe zu Hause. Bei ihren Spielen sollte man sich allerdings von den Błonia-Wiesen fernhalten – dann sind auch viele Hooligans unterwegs. Diese schworen zwar nach dem Tod des letzten Papstes von der Gewalt ab, doch war dies ein Schwur, den sie bald brachen. Johannes Paul II. ist überhaupt aufs Engste mit den Wiesen verbunden. Hier hielt er 1979, 1983 und 1987 Messen vor bis zu drei Millionen Menschen ab, die letztlich das Ende des Sozialismus einläuteten. Ihm zu Ehren wurde ein Stein aus den Bergen der Tatra hierhergebracht, zu dem nach seinem Tod beim Weißen Marsch eine Million Menschen strömten. „Du bist der Fels", lautet die Inschrift in Anlehnung an den kirchenstiftenden Auftrag, den Petrus von Jesus erhalten hatte (Mt 16,18).

Zwischen al. Focha, al. 3 Maja und ul. Piastowska. Tram 20, Bus 124, 164, 169, 179, Haltestelle Cracovia.

Dom Mehoffera

Mehoffer-Haus

Das Geburtshaus von Stanisław Wyspiański war wahrlich ein Hort der Kreativität. Denn auch Józef Mehoffer, der ab 1932 in dem Haus lebte, schuf hier ein Meisterwerk nach dem anderen, wie unter anderem die museumseigene Sammlung zeigt. Vor allem Bilder und Glasmalereien finden sich in den Räumen, die seit dem Tod des Künstlers nicht verändert worden sind. Das Haus war aber nicht nur Mehoffers Atelier, es war auch einer der wichtigsten Treffpunkte für den gesamten Künstlerkreis des Jungen Polen. Hinter dem Haus befindet sich noch der kleine Garten, der auf die polnischen Jugendstilisten vielleicht ebenso inspirierend wirkte.

Di–So 10–16 Uhr. Eintritt 2 €, erm. 1 €, Kinder bis 16 J. 0,25 €, So frei; Führung (auf Deutsch) 33 €. Ul. Krupnicza 26, ✆ 12-4335889, www.mnk.pl. Tram 2, 4, 14, 18, 24, 64, 69, Haltestelle Teatr Bagatela.

Tytano

Kulturzentrum Tytano

Das Kulturzentrum bezeichnet sich selbst als „städtisches Ökosystem voller Ideen". In die ehemalige Zigarrenfabrik und die langen leerstehenden Hallen zogen Start-ups, Modedesigner, Blogger, alternative Theater, vielversprechende Maler, Coworking-Büros, aber auch Restaurants, Kneipen und Boutiquen, deren Räumlichkeiten alle noch die industrielle Vergangenheit verraten. Keine Frage, das Tytano ist einer der interessantesten Orte, die in Krakau in den vergangenen Jahren entstanden sind. Aber machen wir uns nichts vor: Auch in Krakau gelten die Gesetze des Marktes und der Gentrifizierung. Ein Gelände wird von Künstlern und jungen Menschen nach und nach aufgewertet, bis irgendwann die Investoren kommen. Bleibt zu hoffen, dass der zwangsläufige Umbau in

Piasek und Nowy Świat → Karte S. 94/95

Luxuslofts u. Ä. in diesem Fall lange auf sich warten lässt.

Ul. Dolnych Młynów 10, www.tytano.org. Tram 2, 4, 14, 18, 24, 64, 69, Haltestelle Teatr Bagatela.

Małopolski Ogród Sztuki

Kleinpolnischer Kunstgarten

Das Ende 2012 eröffnete zeitgenössische Kunstzentrum mit dem Kürzel MOS ist aus zwei Gründen sehenswert. Zum einen ist es ein architektonisch sehr gelungener Bau, dessen rostrote Farbe und von sog. żyletki (Rasierklingen) verdeckte Glasfassade an den ebenfalls von Krzysztof Ingarden konzipierten Pawilon Wyspiański 2000 erinnert (→ Tour 3). Zum anderen handelt es sich um eine Krakauer Variante des Centre Pompidou, die Zielgruppe beschränkt sich also nicht auf snobistische Eliten, sondern umfasst alle Bevölkerungsschichten. Zu sehen sind „multimedial aufbereitete Synthesen" aus diversen Kunstbereichen wie Musik, Theater, Performance Art, Tanz und Bildender Kunst, aber auch „normale" Ausstellungen, Filmvorführungen und Konzerte.

Eingang zum Kunstgarten

Öffnungszeiten und Preise abhängig von den jeweiligen Veranstaltungen. Ul. Rajska 12, ✆ 12-4244525, www.mos.art.pl. Tram 2, 4, 14, 18, 24, 64, 69, Haltestelle Teatr Bagatela.

Europeum

Europeum

Krakaus altes Speicherhaus wurde von Grund auf restauriert und auf seine neue Aufgabe vorbereitet. Statt wie im 17. Jh. zur Kornaufbewahrung dient das beinahe quadratische Gebäude seit Ende 2013 als Ausstellungsfläche für Gemälde, weltliche und sakrale Kunst sowie Grafiken und Kunsthandwerk aus dem 14. bis zum 20. Jh. Besonderes Interesse auf sich ziehen die Werke flämischer, holländischer, italienischer, spanischer und deutscher Meister, darunter Lotto, Berlini, Strozzi oder Pieter Brueghel der Jüngere.

Di–Sa 10–18, So 10–16 Uhr. Eintritt 2 €, erm. 1 €, Kinder bis 16 J. 0,25 €, So frei, Führung (auf Deutsch) 33 €. Pl. Sikorskiego 6, ✆ 12-4335760, www.mnk.pl. Tram 2, 4, 14, 18, 24, 64, 69, Haltestelle Teatr Bagatela.

Sehenswertes abseits des Spaziergangs

Dom Pod Pająkiem

Haus unter der Spinne

1889 schuf Architekt Teodor Talowski dieses seltsame Haus, bei dem er Gotik, flämische Renaissance und Manierismus miteinander kombinierte. Viele Details wie die abstehenden Ziegel, Türmchen und Märchengestalten bestimmen die Ziegelfassade. Talowski vermittelte erfolgreich den Eindruck, dass das Eckhaus mehrmals umgebaut worden war und eine Restaurierung benötigte! Den Namen hat das Gebäude von der auf einem Giebel befindlichen gusseisernen Spinne, die ihr Netz in einem Loch gespannt zu haben scheint. Als Symbol der Kreativität wollte der Meister sie verstanden wissen.

Für Besucher nicht zugänglich. Ul. Karmelicka 35. Tram 4, 8, 13, 14, 24, 64, Haltestelle Batorego.

Muzeum Historii Fotografii

Museum der Geschichte der Fotografie

Schwerpunkt des Museums sind die Anfänge der Fotografie. Zu sehen sind Landschaftsfotos, Aufnahmen historischer Ereignisse und natürlich Bilder des alten Krakaus. Der größte Schatz sind die Autochromaufnahmen des polnischen Farbfilmpioniers Tadeusz Rząca aus den Jahren 1908 bis 1912. Abgesehen davon sind auch alte Kameras und Foto-Equipment zu bestaunen. Regelmäßige Wechselausstellungen präsentieren hingegen die Werke der zeitgenössischen Fotografen.

Mi–Fr 11–18, Sa/So 10–15.30 Uhr. Eintritt 2 €, erm. 1 €, So frei. Ul. Józefitów 16, ✆ 12-6345932, www.mhf.krakow.pl. Tram 4, 8, 13, 14, 24, 64, Haltestelle plac Inwalidów.

Ulica Pomorska

Pomorska-Straße

Im ehemaligen Gestapo-Gefängnis wurde eine vollständig neue Ausstellung ausgearbeitet, die seit 2011 zu besichtigen ist. Der Titel „Krakauer gegen den Terror 1939–1945–1956" deutet schon an, dass es um die Verbrechen der nationalsozialistischen, aber auch der stalinistischen Besatzer geht. Fotos, Dokumente, Erinnerungsstücke, Folterwerkzeuge und ein Verhörzimmer verdeutlichen die totalitären Methoden. Eintritt erst ab 14 J. empfohlen.

April–Okt. Di–So 10–17.30 Uhr, Nov.–März Di/Mi und Fr 9–16, Do 12–19, Sa/So 10–17 Uhr. Eintritt 2 €, erm. 1 €, Di frei, Kombiticket „Trasa Pamięci" 6 €, erm. 5 €. Ul. Pomorska 2, ✆ 12-6331414, www.mhk.pl. Tram 4, 8, 13, 14, 24, 64, Haltestelle plac Inwalidów.

Talowskis Wohnhaus mit seinem Lebensmotto: „Die Kunst währt lang, das Leben kurz"

Piasek und Nowy Świat → Karte S. 94/95

Muzeum Młodej Polski

Museum des Jungen Polen

Im ehemaligen Heim des Malers Włodzimierz Przerwa-Tetmajer heiratete seine aus einer Bauernfamilie stammende Schwägerin Jadwiga den bürgerlichen Poeten Lucjan Rydel. Wohl zur bekanntesten Hochzeit Polens wurde die Vermählung durch die Verarbeitung der Ereignisse in Stanisław Wyspiańskis Drama *Wesele*, das die Überwindung des Klassenunterschieds als romantisches Zurück-zu-den-Wurzeln betont. Heute beherbergt das Gebäude ein der Bewegung des Jungen Polen gewidmetes Museum mit interessanten Bildern, Mobiliar und Kleidung der damaligen Zeit.

Di/Fr 9–15, Mi/Sa 10–14, Do 14–18 Uhr. Eintritt 2 €, erm. 1,50 €. Ul. Tetmajera 28, ✆ 12-6370750, www.rydlowka.com. Tram 4, 8, 24, 64, Haltestelle Bronowice Małe. (An der Endhaltestelle aussteigen, in Fahrtrichtung nach rechts in die ul. Zielony Most gehen, dann den Tunnel durchqueren und nach links in die ul. Tetmajera.)

Praktische Infos

→ Karte S. 94/95

Essen & Trinken

Restaurants

MeinTipp **Pod Norenami** **17** Chefkoch Paweł Albrzykowski lernte bei mehr als 20 verschiedenen chinesischen Meistern, zur gleichen Zeit schrieb und übersetzte er unzählige Bücher zu chinesischer, japanischer und koreanischer Küche. In seinem Krakauer Restaurant kredenzt er nun fernöstliche Gerichte, bei denen er konsequent Fleisch durch vegane oder vegetarische Zutaten ersetzt. Thai-Curry 7 €, Hg. 6–8 €. Mo–Mi 10–22, Do–So 10–23 Uhr. Ul. Krupnicza 6, ✆ 661-219289 (mobil), www.podnorenami.pl.

Greenway **21** Vegetarische Gerichte aus aller Welt wie Moussaka, Enchiladas und indische Köfte. Hg. 3–4,50 €. Mo–Fr 9–21, Sa/So 10–20.30 Uhr. Ul. Krupnicza 22, www.greenway.pl.

Zielona Kuchnia **1** Der Name „Grüne Küche" bezieht sich sowohl auf die Zutaten, die aus kontrolliert biologischem Anbau aus der Region stammen, als auch auf den Garten im Innenhof, in dem man speisen kann. Wechselnde Hg. 7–17 €, Lunchmenü für 4,50 €. Di–Sa 13–22, So 13–20, Mo 16–22 Uhr. Ul. Grabowskiego 8/9, ✆ 12-6345522, www.zielonakuchnia.eu.

Mamma Mia **15** Pizza aus dem Steinofen und auch sonst authentisches italienisches Lebensgefühl. Hg. 4–11 €. Tägl. 12–23 Uhr. Ul. Karmelicka 14, ✆ 12-4300492, www.mammamia.net.pl.

Karma **18** Empfehlenswerte Bar mit vielen vegetarischen Gerichten auf der Tageskarte. Die Zutaten stammen aus kontrolliert biologischem Anbau. Schöne Einrichtung aus rohem Stein, Metall, Beton und langen Bänken. Einzige Minusse sind die manchmal langen Wartezeiten und dass oft schon eine Stunde vor dem Schließen fast nichts mehr zur Auswahl steht. Mo–Fr 9–19, Sa/So 10–19 Uhr. Ul. Krupnicza 12.

Veganic **5** Nomen est omen: feine vegetarische und vegane Küche, allerdings recht kleine Portionen. Die Mischung aus Pflanzenmotiven, Obst- und Gemüsekisten sowie industriellem Stil sind fürs Auge interessant. Tägl. 10–23 Uhr. Ul. Dolnych Młynów 10 (im ersten Gebäude), www.veganic.com.pl.

Smakołyki **22** Milchbarähnliche Küche und Einrichtung. Sehr beliebt bei den Studis der umliegenden Fakultäten, die sich auf den langen und mit vielen Kissen bedeckten Bänken lümmeln. Hg. 2–4 €. Mo–Sa 8–22, So 9–22 Uhr. Ul. Straszewskiego 28, ✆ 12-4303099, www.smakolyki.eu.

Cafés & Bistros

Dynia **20** Geräumiges Bistro mit ungewöhnlichem Garten. Vor allem das Frühstück und die Mittagsgerichte sind bei dem vorrangig studentischen Publikum beliebt. Mo–Fr 8–23, Sa/So erst ab 9 Uhr. Ul. Krupnicza 20, ✆ 12-4300838, www.dynia.krakow.pl.

Czarodziej **9** Nur für diejenigen, die wissen möchten, wie ein polnisches Café in Zeiten des Sozialismus ausgesehen hat. Zwar gibt es inzwischen auch italienischen Kaffee, doch am typischsten sind die liebevoll zubereiteten Kuchen, Torten und Fruchtcocktails. Tägl. 9–19.30 Uhr. Ul. Karmelicka 15, www.czarodziej.krakow.pl.

MehoCafé 19 Kleines Kaffeehaus, das von seiner Lage im Dom Mehoffera und natürlich vom wunderschönen Gärtchen profitiert. Vor allem Touristen und ältere Gäste. Im Jahr 2016 eine Rundumerneuerung und seitdem auch jüngeres Publikum. Tägl. 9–22 Uhr. Ul. Krupnicza 26, www.mehocafe.pl.

Bifor 11 „Scheiß auf die Diät" steht oft auf der Tafel. Und das muss man auch, denn eine Portion besteht aus fünf übereinander gestapelten und in Sahne und Schokolade ertränkten amerikanischen Pfannkuchen. So–Do 11–22, Fr/Sa 11–1 Uhr. Ul. Dolnych Młynów 10, www.mrpancake.pl.

Filmowa 27 Das Café im Kinozentrum hat eine offene Glasfassade, von der es sich auf die Allee schauen lässt, und einen schönen, als Dschungel bezeichneten Sommergarten. Schon bald nach der Eröffnung ein Treffpunkt für viele Krakauer „Kinomaniaks". Tägl. 10–22 Uhr. Al. Krasińskiego 34, ✆ 12-4330033, www.filmowacafe.pl.

Lokale für Tag und Nacht

MeinTipp **Café Szafé** 28 Romantisches Café mit hervorragender heißer Schokolade und einzigartigem Flair. Filmmusik, Jazz und Chansons, Songs von Björk bis Radiohead oder auch Weltmusik laufen im Hintergrund. Der Besitzer Łukasz Dębski ist Autor und Märchenerzähler – und wie in einer Kinderfantasie mutet auch sein Café an: Man kann in bemalten Schränken sitzen und sich dort sogar einschließen. Der Rauchersaal ist weniger spektakulär. Oft Ausstellungen von Fotos oder Holzkunst und Konzerte. Im 2014 verfilmten Alkoholikerdrama „Zum starken Engel" spielt das Lokal eine Hauptrolle. Mo–Fr 9–24, Sa/So 10–24 Uhr, bei Partys länger. Ul. Felicjanek 10, www.cafeszafe.com.

Strefa 6 Irgendetwas zwischen Kneipe, Club, Weinbar, Bistro. Egal: Hauptsache gut. Mo–Do 9–1, Fr 9–5, Sa 10–5, So 10–1 Uhr. Ul. Dolnych Młynów 10/2c (in der vorletzten Halle und im Sommer davor).

Stary Port 23 Eine dunkle Hafenspelunke – nur der Hafen fehlt. Fischernetze an den Wänden, ShantyMusik (manchmal auch live) und angetrunkene Freizeitmatrosen. Oft Blues-, Songwriter- oder Jazzkonzerte. So–Mi 12–1, Do–Sa 12–3 Uhr. Ul. Straszewskiego 27, ✆ 12-4300962, www.staryport.com.pl.

Samo Ż 14 Kulturzentrum mit Sommerkino, alternativen Diskussionen und Vorträgen,

Im romantischen Café Szafé

Streetart, (ambitionierten) Konzerten und DJ-Sets. Unregelmäßig geöffnet. Ul. Dolnych Młynów 10 (draußen).

ZetPeTe 10 Livekonzerte, vor allem aber einer von Krakaus besten Clubs. Von polnischer Folklore über Reggae und Jazz bis hin zu hartem Techno. So–Do 17–1, Fr/Sa 17–7 Uhr. Ul. Dolnych Młynów 10 (in der vorletzten Halle und im Sommer davor), www.zetpete.pl.

Mash Room 3 Unserer Meinung nach Krakaus beste Cocktails (gezapft, aber man schmeckt es nicht), auch Bier und Wein. Getrunken wird in einem ehemaligen Verwaltungsgebäude der Zigarrenfabrik. Mo–Do 16–1, Fr/Sa 16–5 Uhr. Ul. Dolnych Młynów 10.

Weźże Krafta 8 War 2016 einer der hippsten Orte in Krakau. Wechselnde 25 Sorten Craftbeer vom Fass und weitere 50 aus der Flasche. Die Biere kommen aus Polen und ganz Europa, für eine möglichst umfassende

Bierprobe kann man auch kleine Gläser bestellen. Mo–Do 14–1, Fr 14–2, Sa 12–2, So 12–24 Uhr. Ul. Dolnych Młynów 10/3, www.wezze-krafta.ontap.pl.

Kornet **25** In dem Club schräg gegenüber dem Nationalmuseum erklingen seit mehr als 20 Jahren Jazz und Blues – eine unglaubliche Atmosphäre. Tägl. 16–24 Uhr, Konzerte meist Mi–So. Ul. Krasińskiego 19, ✆ 12-2656541, www.kornetklub.pl.

Żaczek **24** Club in einem Studentenwohnheim, auf der Bühne standen schon alle populären polnischen Bands. In den Semesterferien geschlossen, ansonsten Konzerte und Spektakel ohne Grenzen. Bei Studis auch unter dem Namen „Kropka" („Punkt") bekannt. Tägl. 13–24 Uhr. Al. 3 Maja 5, ✆ 12-6221167, www.klubzaczek.pl.

Einkaufen

meinTipp **Massolit Books** **26** Krakaus bester Buchladen für englischsprachige Literatur. Viele Übersetzungen von polnischer Literatur, auch Bücher über jüdische Kultur und Wissenschaftliches – und ein gemütliches Café mit freundlichem Service. Tägl. 10–20, Fr/Sa bis 21 Uhr. Ul. Felicjanek 4, www.massolit.com.

Naturalny Sklepik **16** Ein reizender Laden, der natürliche Lebensmittel, Gewürze und Kosmetika führt, z. B. für das duftende Honigschaumbad in der Hotelbadewanne. Hier findet man Gutes für sich selbst und auch das eine oder andere Mitbringsel. Auch Snacks zum Essen. Mo–Fr 9–19, Sa 9–15 Uhr. Ul. Krupnicza 9 (wer schon mal da war: 2016 gab es einen Umzug auf die andere Straßenseite).

Forum Designu **4** Lampen, Möbel und Einrichtungsgegenstände polnischer Designer. Mo–Sa 11–19, So 11–17 Uhr. Ul. Dolnych Młynów 10 (1. Stock im letzten Gebäude), www.forumdesignu.pl.

meinTipp **METQA Perception Box** **12** Die besten der jungen polnischen Modedesigner an einem Ort, viel für Frauen, ein bisschen auch für Männer und Kinder. Mo–Do 14–20, Fr/Sa 15–21, So 13–19 Uhr. Ul. Dolnych Młynów 10 (1. Stock im ersten Gebäude links), www.metqa.pl.

meinTipp **Forum Mody** **4** Junge polnische Modedesigner und Marken. Mo–Sa 11–19, So 11–17 Uhr. Ul. Dolnych Młynów 10 (1. Stock im letzten Gebäude).

Feema **2** Schlichte, semi-elegante und bezahlbare Frauenmode. Mo–Fr 10–18.30, Sa 10–15 Uhr. Ul. Karmelicka 23, www.feema.pl.

Millu **13** Boutique mit femininer Mode für junge Frauen, aber auch einige schöne neutrale Stücke. Mo–Fr 11–19, Sa 11–15 Uhr. Ul. Karmelicka 18.

Sandwich **7** Boutique mit Frauenmode aus Holland. Mo–Fr 11–18, Sa 11–15 Uhr. Ul. Karmelicka 17, www.sandwich.eu.

15A Butik **7** Winzige Modeboutique für junge und junggebliebene Frauen. Mo–Fr 10–19, Sa 11–16 Uhr. Ul. Karmelicka 15a, www.15a.com.pl.

Ulica Karmelicka, lange Straße mit vielen Fachgeschäften.

Sonstiges

Deadly Walk **12** Fluchtspiel voller Horror, lose an den Ort angelehnt: im Kellergeschoss der ehemaligen Zigarrenfabrik. 4,50–7,50 €/Pers., je nach Gesamtzahl. Tägl. 13–21 Uhr. Ul. Dolnych Młynów 10 (Keller im ersten Gebäude links), www.deadlywalk.com.

In der Boutique METQA Perception Box

Olga Boznańskas
„Mädchen mit Chrysanthemen"
im Nationalmuseum

Zwischen Plätzen und Märkten

Tour 7

Das Herz der einst selbstständigen Stadt ist der Rynek Kleparski. Diesen Marktplatz säumen heute monumentale Bauten, die Kunstakademie, Jugendstil-Häuser, die Technische Universität und Verlagshäuser.

Florianskirche, in der Barockkirche begann die „Karriere" von Karol Wojtyła , S. 110

Matejko-Platz, am Rand Großbauten wie die Kunstakademie, S. 112

Grunwald-Denkmal, politisch & historisch wichtiger Ort, S. 112

Markt von Kleparz, zum Bummeln und Einkaufen, S. 113

Stadtteil nördlich der Altstadt

Kleparz

Dass Kleparz vom 14. bis ins späte 15. Jh. Florencja (Florenz) hieß, ist kein Zufall. Stolz stand die damals neben Kazimierz wichtigste Nachbarstadt vor den Toren des großen Krakau. Stadtrechte erhielt der Markt- und Handelsflecken Kleparz schon im Jahr 1366. Von den damals errichteten Kirchen und anderen Gebäuden ist aber nur wenig erhalten. Der fehlende Schutz durch Stadtmauern führte immer wieder zu Zerstörungen, weshalb die heutige Architektur eher von den Baustilen des 19. Jh. geprägt ist – da war Kleparz bereits in Krakau eingemeindet worden.

In der Folge entstanden hier der Bahnhof und andere Gebäude, für die in der Altstadt der Platz fehlte. Die Nationalbank, Verwaltungshäuser und die Kunstakademie nehmen entsprechend viel Raum um den mit einem patriotischen Denkmal geschmückten Matejko-Platz ein. Auch in den letzten Jahren setzte sich die Tradition der Großprojekte in Kleparz fort. Der Bahnhofsvorplatz wurde umgestaltet und zugleich mit einem der größten Einkaufskomplexe Europas versehen. Inmitten dieser Großbauten steht dann doch noch eine kleine Kirche, in der einst ein Mann predigte, der es viele Jahre später zu Weltruhm bringen sollte: Karol Wojtyła, besser bekannt unter seinem späteren Amtsnamen Papst Johannes Paul II.

Im ganzen Viertel sieht man Studenten auf dem Weg zur Universität oder beim Plaudern mit Freunden. Mit der 2010 rundum sanierten, einst nach Schlesien führenden Handelsstraße ulica Długa findet man aber auch eine der bis heute wichtigsten Einkaufsstraßen, in der es so gut wie alles zu kaufen gibt. Berühmt sind die vielen Geschäfte, die Hochzeitskleidung im Angebot haben.

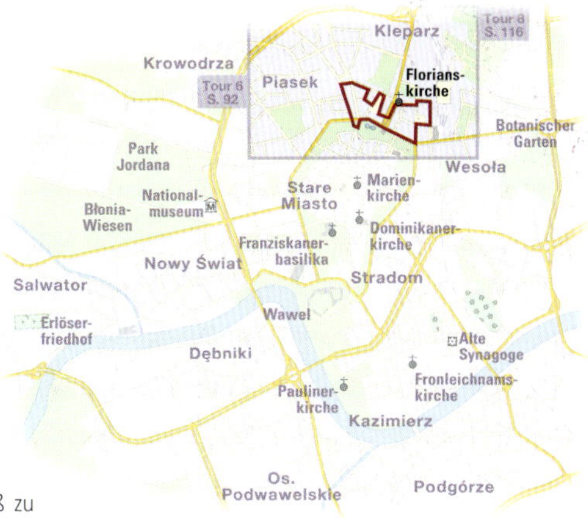

Wer also, überwältigt durch das romantische Krakau, kurzfristig eine Hochzeit plant, ist in Kleparz am richtigen Ort.

Tour-Info Der Spaziergang gehört zu den kürzeren, und er führt direkt zum Startpunkt zurück. Wegen der Nähe zum Zentrum kommt man dabei ganz ohne Verkehrsmittel aus. Wer von außerhalb kommt, nimmt Tram 2, 4, 14, 18, 24, 64, Haltestelle Stary Kleparz, oder Tram 3, 69, Haltestelle Dworzec Główny Zachód/Galeria. Alle Sehenswürdigkeiten sind von hier aus in ca. 5 Min. zu Fuß zu erreichen. | **Startpunkt & Ende**: Barbakane | **Reine Gehzeit**: ca. 30–45 Min.

Spaziergang

Unser Spaziergang startet an der Barbakane, von der man eine gute Sicht auf den plac Matejki mit seinem imposanten Denkmal hat. Wer sich sattgesehen hat, verlässt die Szenerie zunächst an der Planty entlang nach Osten, vorbei am Staatstheater. Nach links geht es in die ulica Pawia, die am Bahnhof und an der riesigen Galeria Krakowska vorbeiführt. Noch ein paar Schritte in diese Richtung, und man befindet sich auf dem 2007 neu gestalteten **Jan Nowak-Jeziorański-Platz (plac Jana Nowaka-Jeziorańskiego)**, den man vielleicht schon nach der Ankunft mit der Bahn kennengelernt hat. Ebenfalls neu gestaltet wurde die ulica Kurniki, die wieder zurück auf den zentralen Platz von Kleparz führt. Vorher kommt man noch an der **Florianskirche (Kościół św. Floriana)** vorbei. In dieser Kirche war der junge Karol Wojtyła in den 50er-Jahren Priester. Der **Matejko-Platz (plac Matejki)** ist umgeben von monumentalen Gebäuden, deren architektonische Nähe zu den Wiener Ringstraßenbauten des ausgehenden 19. Jh. auffällt. Die Mitte des Platzes wird vom **Grunwald-Denkmal (Pomnik Grunwaldzki)** dominiert, das eine siegreiche Schlachtszene zeigt. Über die ulica Paderewskiego geht es zum **Markt von Kleparz (Rynek Kleparski)**. Auf diesem Marktplatz kann man sich mit frischen

Blick auf den plac Matejki

Lebensmitteln, Kleidung und Blumen versorgen oder einfach nur durch das farbenfrohe Schauspiel bummeln. Über die ulica Krzywa gelangt man dann auf die Lange Straße (ulica Długa), eine lang gezogene Einkaufsstraße, auf der sich all das findet, was man auf dem Markt vielleicht vermisst hat. An der Ecke zur ulica Pędzichów steht das Türkische Haus (Dom Turecki), das mit seinen drei Minaretten aus dem Stadtbild heraussticht. Ein reicher Krakauer Bürger ließ es in den 1880er-Jahren für seine türkische Frau herrichten. Nach dem Shoppen und Stöbern verlässt man die Straße und findet an der Ecke zur ulica Basztowa das **Haus unter dem Globus (Dom Pod Globusem)** – ein ungewöhnlicher Jugendstilbau, der auch innen besichtigt werden kann. Anschließend ist es sinnvoll, die Straßenseite zu wechseln, um den namengebenden Globus auf der Turmspitze richtig sehen zu können. Zum Abschluss der Tour geht es wieder zum Ausgangspunkt an der Barbakane zurück.

Sehenswertes

Plac Jana Nowaka-Jeziorańskiego

Jan-Nowak-Jeziorański-Platz

Der Bahnhofsplatz ist das Herz des von den Stadtplanern „Neues Krakau" getauften Viertels rund um den Hauptbahnhof. Geblieben ist das von 1844 bis 1847 im Neorenaissance-Stil erbaute Bahnhofsgebäude sowie das ebenso alte Postgebäude. Zusammen mit der neu erbauten Galeria Krakowska und dem Andel's Hotel bilden sie ein reizvolles und kontrastreiches Ensemble an den Rändern des Platzes. Von den beiden modernen Neubauten kann vor allem die Galeria Krakowska überzeugen, die 2008 mit dem European Shopping Center Award ausgezeichnet wurde; ein Grund dafür dürfte auch die Glasfassade gewesen sein, die abends in wechselnden Farben stimmungsvoll leuchtet.

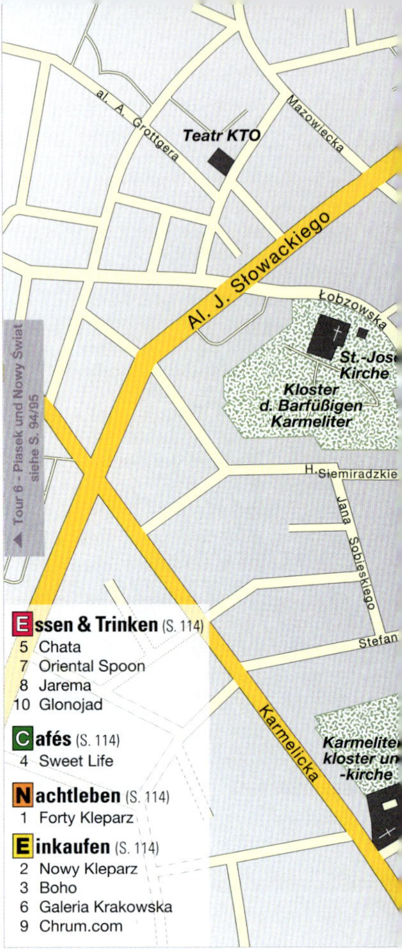

Kościół św. Floriana

Florianskirche

Im späten 12. Jh. wurden die Reliquien des Heiligen Florian aus Italien nach Krakau verbracht. Die Pferde sollen sich jedoch geweigert haben, die heilige Fracht bis in die Stadt hineinzuziehen, und wenige Meter vor den Stadttoren stehengeblieben sein. Dies wurde als Zeichen des Himmels gedeutet, weshalb die Kirche von 1185 bis 1216 an der heutigen Stelle errichtet und damit zum Ausgangspunkt der schon in der

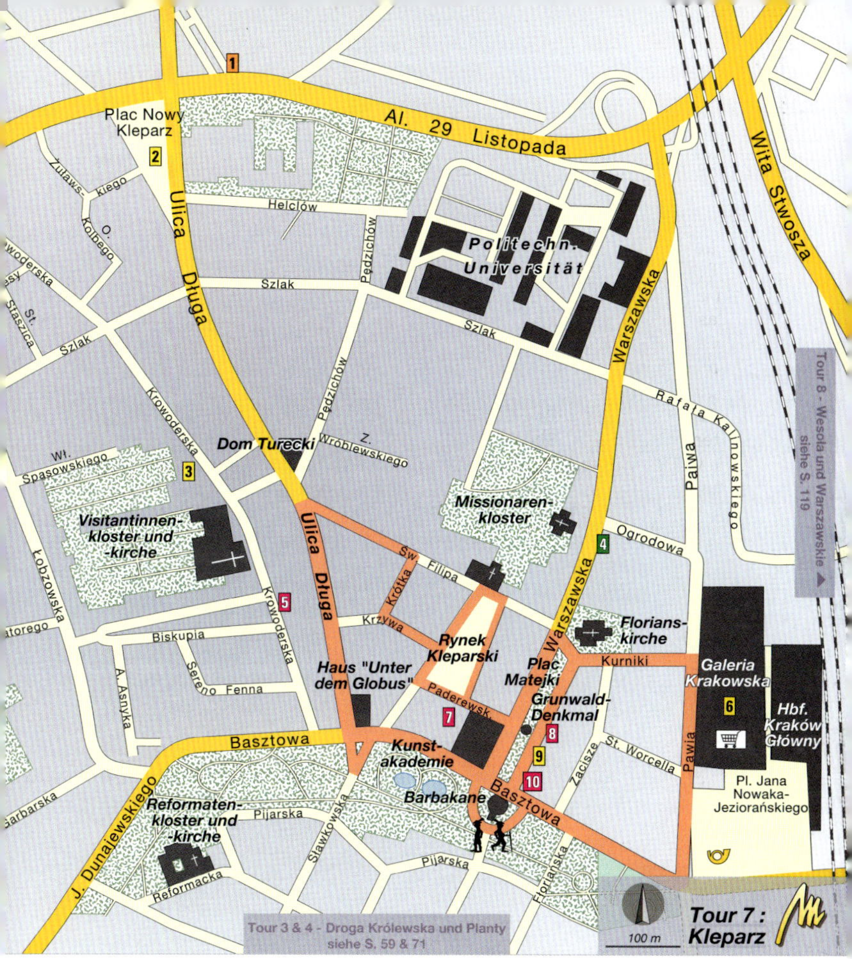

Altstadt befindlichen ulica Floriańska wurde. Von hier aus wurden auch die Särge der toten Herrscher auf dem Königsweg in den Wawel getragen. Nach zahllosen Zerstörungen durch Kriege und Brände wurde die Kirche im 15. Jh. umgebaut, bis ein weiterer Brand sie im Jahr 1655 erneut zerstörte. In diesem Fall konnte auch St. Florian nicht mehr helfen, der bekanntlich der Schutzpatron der Feuerwehren ist – vielleicht weil seine Reliquien mittlerweile in den Wawel gebracht worden waren. Im späten 17. Jh. entstanden das Innere im Rokoko-Stil und der barocke Altar, in dessen Zentrum die Figur des Heiligen Florian zu sehen ist. Sehenswert ist auch die von Franciszek Mączyński im frühen 19. Jh. gestaltete Fassade. Zwischen 1949 und 1958 arbeitete Karol Wojtyła hier zunächst als Kaplan und später dann als Gemeindepfarrer. An seinem damaligen Pfarrhaus erinnert eine Gedenktafel an den prominenten Gottesdiener.

Tagsüber geöffnet. Messe Mo–Sa 6, 6.30, 7, 7.30, 8, 9, 18.30 Uhr, So 6.30, 8, 9.30, 11, 12.15, 15.15, 18.30, 20 Uhr. Ul. Warszawska 1b, www.swflorian.net.

Plac Matejki

Matejko-Platz

Der langgezogene, 2009 umgestaltete Platz zieht schon von den Planty den Blick auf sich. Stünde nicht die wuchtige Barbakane im Weg, kämen wahrscheinlich wesentlich mehr Touristen hierher. So aber kann man die Bauten und Wohnhäuser an seinem Rand recht ungestört betrachten. In der Mitte steht das große Denkmal, am Ende des Platzes die Florianskirche und auf der westlichen Seite die Akademie der Schönen Künste und das Gebäude der Eisenbahnverwaltung. Die 2008 aufwendig restaurierte Kunstakademie an der Ecke zur ulica Basztowa wurde nach den Plänen von Jan Matejko 1879 errichtet. Seit seinem Bestehen studierten in dem Neorenaissance-Bau zahllose bedeutende Künstler, darunter etwa Witkacy oder Bronisław Chromy. Gegenüber steht der neoklassizistische Palast der Polnischen Nationalbank (1920–1923), deren schon von den Planty aus zu sehenden Skulpturen an der Fassade bemerkenswert sind. Das Gebäude der Eisenbahnverwaltung von 1888 schließlich zeigt neobarocke Anleihen und scheint aufgrund seiner verschwenderischen Größe auch sonst dieser Epoche verbunden. Alle Bauwerke sind von innen entweder nicht zugänglich oder Besucher sind unerwünscht, da die Angestellten nicht gestört werden möchten. Seien Sie aber beruhigt, es entgeht Ihnen nicht viel.

Pomnik Grunwaldzki

Grunwald-Denkmal

Das Denkmal in der Mitte des Matejko-Platzes wurde zum 500. Jahrestag der Schlacht von Grunwald (dt. Tannenberg), die gegen den Deutschen Orden ausgetragen wurde, im Jahr 1910 errichtet. Damit sollten nicht nur die siegreichen Kämpfer des späten Mittelalters geehrt werden, viel mehr ging es dem politischen Auftraggeber Ignacy Paderewski (1860–1941) darum, den polnischen Patriotismus zu stärken – schließlich gab es 1910 noch immer keinen polnischen Staat. Paderewski, der frühere Konzertpianist und spätere

Das alte Hauptbahnhofsgebäude

Besiegter Ordensritter auf dem plac Matejki

Kleparz → Karte S. 110/111

polnische Ministerpräsident, nutzte für die angestrebte Souveränität vor allem seine im Exil geknüpften Kontakte in den USA. Auf dem Denkmal thront über den anderen Figuren König Władysław Jagiełło zu Pferde. Die Skulptur am Fuße zeigt den toten Ulrich von Jungingen, der als Großmeister die unterlegenen Ordensritter anführte. Auf der einen Seite jubeln polnische Soldaten dem siegreichen König von Polen und Großfürsten von Litauen zu, auf der anderen Seite jubeln die litauischen Kämpfer. Näher zur historischen Altstadt hin steht das Grabmal des Unbekannten Soldaten.

Rynek Kleparski

Markt von Kleparz

Einen Besuch wert zumindest für all die, die sich in ihrer Zeit in Krakau selbst versorgen: An den Ständen auf dem Platz gibt es die frischesten und besten Lebensmittel, und das günstiger als in den Supermärkten. Auch kurz vor der Heimfahrt kann man hier noch einmal zuschlagen, da sich das Angebot nicht auf die üblichen Gemüse- und Obstsorten beschränkt, sondern auch viele typische Zutaten der polnischen Küche zu haben sind, beispielsweise frische Steinpilze, wenn man zur richtigen Zeit im Herbst die Stadt besucht. Wer also die Gerichte zu Hause nachkochen möchte, die er in Krakau kennengelernt hat, sollte auf einen Besuch des Rynek Kleparski nicht verzichten. Doch auch ein gewöhnlicher Bummel hat seinen Reiz, da die farbenfrohen Auslagen nicht nur dem Auge etwas bieten, sondern auch der Nase (→ Foto S. 115). Am Sonntag haben nur vereinzelte Stände und Büdchen geöffnet.

Mo–Fr 6–20, Sa 6–16, So 8–15 Uhr; einige Stände öffnen oder schließen früher bzw. später. www.starykleparz.com.

Dom Pod Globusem

Haus Unter dem Globus

In dem Gebäude residierte einst die hiesige Industrie- und Handelskammer, woran bis heute die verspielten Verzierungen erinnern: Auf der Turmspitze des Daches ist ein Globus aufgespießt, die Fassade schmückt eine

Schiffsskulptur. Im Treppenhaus illustrieren Buntglasfenster die Veränderung des Handels im Lauf der Jahrhunderte. Heute hat sich in dem von außen so international wirkenden Haus ein polnischer Verlag niedergelassen. Leider nur selten besichtigen kann man den sehenswerten Konferenzsaal im ersten Stock mit Wandmalereien von Józef Mehoffer.

Tagsüber geöffnet, Besichtigung des Sala Konferencyjna (Konferenzsaal) mit viel Glück nach Voranmeldung unter ✆ 12-6192740, ansonsten bei Lesungen. Wydawnictwo Literackie, ul. Długa 1, www.wydawnictwoliterackie.pl.

Praktische Infos

→ Karte S. 110/111

Essen & Trinken

Restaurants

MeinTipp **Jarema** **8** Hat schon mehrere Preise gewonnen – zu Recht. Während wir hier schon häufig vorzüglich gegessen haben, lobten gleich fünf Leser dieses Restaurant! Die eigentlich ostpolnische Küche integriert geschickt baltische und ukrainische Einflüsse; Resultat ist zum Beispiel der Rehrückenbraten an Steinpilzen. Mittlerweile gibt es auch viele vegetarische Gerichte, dazu eine ungezwungene Atmosphäre mit Geigen- und Klaviermusik und nicht zuletzt dank der Trachten der Kellnerinnen und der Einrichtung eine Reise in die gute alte Zeit. Kleine Hg. ab 5 €, größere 7,50–18 €. Tägl. 12–22 Uhr. Plac Matejki 5, ✆ 12-4293669, www.jarema.pl.

MeinTipp **Chata** **5** Eine typische Karczma im Stil der Tatra-Goralen. Urig ist die hölzerne Einrichtung mit offenem Grill. Polnisches Schaschlik für 4,50 €, „Polnischer Backtrog" mit vielen Fleischgerichten für hungrige 2–3 Pers. 37 €. Tägl. 13–22.30, Fr/Sa bis 23 Uhr. Ul. Krowoderska 21/2, ✆ 888-101100 (mobil), www.polska kuchnia.com.pl.

Glonojad **10** Auf Deutsch Algenfresser – nicht verwunderlich also, dass es sich um eine vegetarische Bar handelt, die stets voll ist. Hg. 2,50–4 €, 0,4 l frisch gepresster Saft 3 €. Tägl. 9–22 Uhr. Pl. Matejki 2, ✆ 12-3461677, www.glonojad.com. ■

Oriental Spoon **7** Authentisches koreanisches Lokal, in dem vor allem die große Portion Bibimbap (Reis mit Gemüse, Bohnen und Fleisch oder Tofu) für 5 € herrlich schmeckt. Mo–Fr 11–20, Sa 12–20, So 12–18 Uhr. Ul. Paderewskiego 4.

Cafés

Sweet Life **4** Sympathisches Café mit guter Kaffee-Auswahl, der als Espresso, vor allem aber klassisch aufgebrüht schmeckt. Dazu gibt es selbstgemachten Kuchen und Kekse (auch glutenfrei). Mo–Fr 7.30–21, Sa 9–21 Uhr. Ul. Warszawska 7, www.thesweetlife.pl.

Lokale für Tag und Nacht

Forty Kleparz **1** 2010 eröffneter Club in einer alten Festung. Konzerte in gehobener Atmosphäre, aber auch DJ-Sets für Tanzfreudige. Unregelmäßige Öffnungszeiten, meistens an Tagen zum Wochenende hin, 20–4 Uhr. Ul. Kamienna 2–4 (Eingang beim Parkplatz), www.fortykleparz.pl.

Einkaufen

Boho **3** Showroom der Krakauer Modedesignerin Małgosia Bochenek mit bunter und tragbarer Frauenmode, oft mit floralen Motiven versehen. Mo–Fr 12–15 Uhr. Ul. Krowoderska 22, www.boho.lu.

Chrum.com **9** T-Shirts mit Krakau-Motiven oder polnischen Wortspielen und Anspielungen auf Politik, Popkultur und den Alltag in Polen. Teils international verständlich. Mo–Fr 11–19, Sa 12–18 Uhr. Pl. Matejki 3, www.chrum.com.

Rynek Kleparski, Lebensmittel, aber auch Blumen und vereinzelt Bekleidung (→ „Sehenswertes").

Nowy Kleparz **2** Mehr Kleiderstände als auf dem Rynek Kleparski, dafür weniger schön gelegen. Tägl. 6–18 Uhr. www.kleparz.krakow.pl.

Galeria Krakowska **6** Shopping-Mall mit zahllosen Läden und Cafés direkt am Bahnhof. Vor allem westliche Ketten, teils edle Geschäfte. Mo–Sa 9–22, So 10–21 Uhr. Ul. Pawia 5, www.galeria-krakowska.pl.

Ulica Długa, Einkaufsstraße mit vielen Bekleidungs-, Schuh- und Lebensmittelgeschäften.

Auf dem Markt von Kleparz

Zum Rakowicki-Friedhof

Tour 8

So nah an Bahnhof und Innenstadt und doch so still liegt der wie Kleparz erst spät eingemeindete Vorort Wesoła. Die fehlenden Touristen wissen nicht, was ihnen entgeht. Etwas Ruhe und Leichtigkeit vielleicht ...

- **Haus der Ärztegesellschaft**, sehenswertes Buntglasfenster, S. 120
- **Herz-Jesu-Basilika**, prunkvolle & schlichte Gegensätze, S. 120
- **Botanischer Garten**, schöne Anlage mit langer Geschichte, S. 120
- **Oper**, gewagter Neubau auf einer ehemaligen Reitschule, S. 121
- **Rakowicki-Friedhof**, Ruhestätte mit schönen Grabsteinen, S. 122

Zwei Stadtteile westlich der Altstadt

Wesoła und Warszawskie

Wer dem Trubel der Innenstadt den Rücken kehren möchte, sollte zum Beispiel die ulica Kopernika besuchen, sicher eine der romantischsten Straßen Krakaus. Oder den Botanischen Garten, der wie gemacht scheint für Verliebte. Oder aber den Cmentarz Rakowicki, der oft als Père Lachaise Krakaus bezeichnet wird. Die grünen Impressionen werden nur von den Bausünden am Rande gestört, wo der angrenzende Stadtteil Grzegórzki beginnt. Doch rund um das Rondo Mogilskie werden in den kommenden Jahren weitere Großprojekte für spannende Veränderungen sorgen. Ansonsten handelt es sich aber um einen fast ländlichen Teil der Stadt, der zu augiebigen Spaziergängen einlädt und so ganz nebenbei eine der schönsten Kirchen für die Besucher bereithält. Krakau ist vielseitig, Wesoła ist die leichte Alternative nach dem bedeutungsschweren Zentrum. Hier kann man auch mal die historischen Ereignisse und Hintergründe vergessen und wird nicht erschlagen von der Dichte der Sehenswürdigkeiten. Der Name des Stadtteils, der übersetzt „fröhlich" bedeutet, ist da mehr als nur ein Hinweis. Kein Wunder, dass hier viele Krankenhäuser stehen, denn in dieser Umgebung erholen sich die Kranken wohl doppelt so schnell wie anderswo.

Tour-Info Der **Startpunkt** für diesen Spaziergang ist am Rynek Główny. | **Ende**: al. 29 Listopada, Cmentarz Rakowicki, Rückfahrt in die Innenstadt z. B. mit den Buslinien 105 oder 129. | **Reine Gehzeit**: ca. 30 Min.–1¼ Std.

Spaziergang

Unser Spaziergang startet auf dem Rynek, von dem wir in Richtung Osten in die ulica Mikołajska einbiegen. Als Erstes überqueren wir geradeaus die aleja Westerplatte und befinden uns schon in der oben erwähnten ulica Kopernika.

Auf der rechten Seite steht eine der ältesten Kirchen Krakaus, die **St.-Nikolaus-Kirche (Kościół św. Mikołaja)** aus dem 12 Jh. Kurz vor der Eisenbahnunterführung lädt noch das **Haus der Ärztegesellschaft (Dom Towarzystwa Lekarskiego)** ein, in dem vor allem das von Stanisław Wyspiański stammende Buntglasfenster sehenswert ist. Sobald wir den Tunnel hinter uns gelassen haben, beginnt der alleeähnliche Teil der Straße mit den vielen Bäumen. Schon bald darauf stoßen wir auf die **Herz-Jesu-Basilika (Bazylika Najśw. Serca Pana Jezusa)**, die von außen wie von innen zu Recht als eine der schönsten Kirchen in der Stadt gilt. Anschließend geht es weiter, vorbei an weiteren kleinen Kirchen und den vielen Hospitälern bis zum wunderschönen **Botanischen Garten (Ogród Botaniczny)**. Innerhalb dieser Gartenanlage befindet sich auch das alte Astronomische Observatorium (Obserwatorium Astronomiczne), das allerdings jüngeren Datums ist als der Namengeber der Straße – Kopernikus wird zu seiner Krakauer Studentenzeit von anderen Orten aus die Sterne betrachtet haben. Entlang der Unterführung unter dem neu gestalteten Rondo Mogilskie gelangen wir zur **Oper (Opera)**. Anschließend gehen wir die ulica Topolowa bis zur ulica Rakowicka, die zum gleichnamigen Friedhof führt.

Zuvor lockt allerdings noch der sog. Schießgarten (Ogród Strzelecki) mit dem Museum Celestat zu einem Abstecher, bei dem wir auch an der 2001 errichteten Statue von Johannes Paul II. vorbeikommen. Wieder zurück, überqueren wir die Hauptstraße ul. Wita Stwosza durch den Tunnel und biegen auf der anderen Seite die erste Möglichkeit nach der Kirche links ein. Nach 500 m erreichen wir das **Museum der Heimatarmee (Muzeum Armii Krajowej)**. Die ulica Rakowicka zieht sich anschließend lange hin und führt unter anderem an der Wirtschaftsuniversität (Uniwersytet Ekonomiczny) entlang. Das eindrucksvolle Gebäude steht inmitten eines gepflegten Parks. Für die Besichtigung des **Rakowicki-Friedhofs (Cmentarz Rakowicki)** sollte man sich etwas Zeit nehmen. Die Gräber reicher und berühmter Polen sind mit künstlerisch

Auf dem Rakowicki-Friedhof

interessanten Grabsteinen geschmückt, die ebenso sehenswert sind wie die Parkanlage des Friedhofs. Wer ihn einmal ganz durchquert, kommt an der aleja 29 Listopada heraus, von wo aus mehrere Busse ab der Haltestelle Cmentarz Rakowicki Zachód zurück in die Stadt fahren, z. B. Buslinie 105 oder 129.

Krakau im Kasten

Von einem fast hundert Meter hohen Skelett

Anfang der 80er-Jahre verhängte der damalige polnische Ministerpräsident Jaruzelski das Kriegsrecht, die ohnehin schwer angeschlagene Wirtschaft erlahmte vollends. So auch im Osten Krakaus am Rondo Mogilskie, wo eine moderne Hochhaussiedlung geplant war, die schon vor den ersten Arbeiten vollmundig als „polnisches Manhattan" angekündigt wurde. Begonnen wurde allerdings allein mit dem Bau eines einzigen Hauses, dessen Gerippe einsam in den Himmel über der Stadt ragte. Aus den 80ern stammt auch sein Name „Szkieletor", nach Skeletor, dem bösen Gegenspieler von He-Man (die „Masters of the Universe" der Spielzeugfirma Mattel lassen grüßen). Passenderweise vermittelt das Ding den Charme einer Kriegsruine, die den Blick von den Türmen von Rathaus und Marienkirche in Richtung Osten verdirbt. Wie lange das oft als Plakatwand genutzte Gebäude noch unfertig zu sehen sein wird, ist offen. Ein Investor hat das Gelände gekauft und die Genehmigung für einen Ausbau auf 102,5 m Höhe erhalten. Die nüchterne Planung sieht ein Hotel, Geschäfte und Wohnbereiche vor. Ende März 2016 gab es dann erste Arbeiten am „Unity Tower" – der neue Name wird sich aber sicher nicht durchsetzen. Aktuelles unter www.unitycentre.pl.

Sehenswertes

Kościół św. Mikołaja

St.-Nikolaus-Kirche

Das ursprünglich Anfang des 12. Jh. im romanisch-gotischen Stil erbaute Gotteshaus ist eine der ältesten Kirchen der Stadt, wurde aber nach Zerstörungen durch die Schweden 1655 barock umgebaut. Den mittelalterlichen Altar aus dem frühen 15. Jh. bekommt man leider nur während der Messen zu Gesicht. Die Gedenksäule, die um 1350 für die Lepratoten errichtet wurde, steht in dem jederzeit zugänglichen Hof. Für dieses „Laterne der Toten" genannte Denkmal wurden Trümmer eines mittelalterlichen Krankenhauses verwendet. Bis 1871 stand es im früheren Siechenhaus in Kleparz.

Geöffnet nur während der Messen: Mo–Sa 6.30, 7.15, 18 Uhr, So 6.30, 8, 9.30, 11.30, 13, 15, 19 Uhr. Ul. Kopernika 9. Tram 1, 3, 24, 52, 69, Haltestelle Poczta Główna.

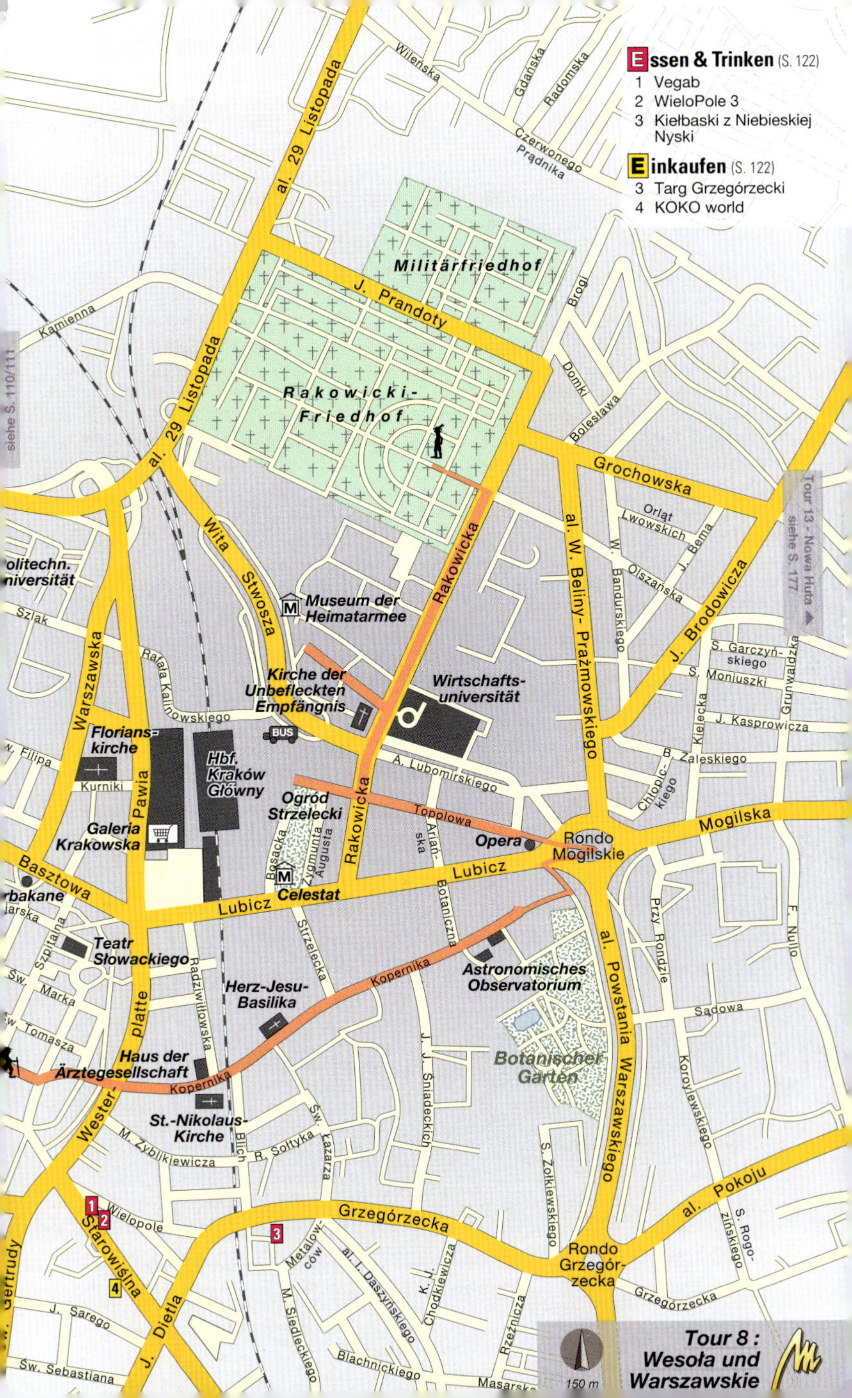
Essen & Trinken (S. 122)
1 Vegab
2 WieloPole 3
3 Kiełbaski z Niebieskiej Nyski
Einkaufen (S. 122)
3 Targ Grzegórzecki
4 KOKO world
Tour 8 : Wesoła und Warszawskie
150 m
siehe S. 110/111
Tour 13 - Nowa Huta siehe S. 177
Militärfriedhof
Rakowicki-Friedhof
Museum der Heimatarmee
Kirche der Unbefleckten Empfängnis
Wirtschafts-universität
Florians-kirche
Hbf. Kraków Główny
Galeria Krakowska
Ogród Strzelecki
Opera
Rondo Mogilskie
Celestat
Teatr Słowackiego
Herz-Jesu-Basilika
Astronomisches Observatorium
Botanischer Garten
Haus der Ärztegesellschaft
St.-Nikolaus-Kirche
Rondo Grzegórzecka
Politechn. Universität
al. 29 Listopada
J. Prandoty
Wileńska
Gdańska
Radomska
Czerwonego Prądnika
Kamienna
Brogi
Domki
Bolesława
Grochowska
Orląt Lwowskich
J. Bema
Olszańska
W. Bandurskiego
al. W. Beliny-Prażmowskiego
J. Brodowicza
S. Garczyńskiego
S. Moniuszki
Grunwaldzka
J. Kasprowicza
Kielecka
B. Zaleskiego
Chłopickiego
Rakowicka
Wita Stwosza
Szlak
Warszawska
Rafała Kalinowskiego
BUS
Filipa
Kurniki
Pawia
A. Lubomirskiego
Topolowa
Ariańska
Bosacka
Zygmunta Augusta
Lubicz
Mogilska
Basztowa
Botaniczna
Przy Rondzie
F. Nullo
al. Powstania Warszawskiego
Szpitalna
Św. Marka
Św. Tomasza
Radziwiłłowska
Strzelecka
Kopernika
Westerplatte
J. J. Śniadeckich
Sadowa
Koroylewskiego
S. Żółkiewskiego
M. Zyblikiewicza
R. Sołtyka
Św. Łazarza
Blich
Wielopole
Starowiślna
Grzegórzecka
al. Pokoju
S. Rogozińskiego
Metalowców
al. I. Daszyńskiego
K. J. Chodkiewicza
Rzeźnicza
J. Dietla
Gertrudy
J. Sarego
Św. Sebastiana
M. Siedleckiego
Blachnickiego
Masarska

Dom Towarzystwa Lekarskiego

Haus der Ärztegesellschaft

Das Haus an sich ist kaum der Rede wert, doch das schlichte Äußere betont das im Treppenaufgang eingelassene Buntglasfenster mit dem Titel „Apollo – System słoneczny Kopernika" (Apoll – Kopernikanisches Sonnensystem) aus dem Jahr 1904 umso mehr. Das kürzlich restaurierte Meisterwerk von Stanisław Wyspiański zeigt Motive aus der griechischen Mythenwelt sowie Anspielungen auf Kopernikus und das Sonnensystem. Seit in dem Haus Abteilungen der Universität untergebracht sind, wurden die Besuchszeiten ausgeweitet. Die ebenfalls sehenswerten Säle können allerdings nur am Tag des offenen Denkmals Mitte Mai besichtigt werden.

Mo–Sa 8–19 Uhr, Juli Mo–Fr 12–15.30 Uhr, Aug. geschlossen. Eintritt frei. Ul. Radziwiłłowska 4, ✆ 12-4211061. Tram 1, 3, 24, 52, 69, Haltestelle Poczta Główna.

Bazylika Najśw. Serca Pana Jezusa

Herz-Jesu-Basilika

Schon auf den ersten Blick erkennt man die Schönheit dieses Gesamtkunstwerks, das zwischen 1909 und 1912 entstand – sein Architekt Franciszek Mączyński hat sich damit selbst übertroffen. Mączyński gilt übrigens als derjenige, der den Jugendstil nach Polen brachte, wie man an seinem zweiten bedeutenden Werk in Krakau feststellen kann – dem Kunstpalast. Jedoch zeichnet die Jesuitenbasilika die Kombination verschiedener historischer Stile aus, schlichtere Teile wechseln sich mit prunkvollem Dekor ab. Im Eingangsbereich fallen die Fresken an der Decke und die Mosaiken ins Auge. Die Buntglasfenster werfen ein bemerkenswertes gedämpftes Licht auf das Kircheninnere. Die ausgetüftelte Gestaltung der Wände lenkt zwar den Blick auf den in der Apsis platzierten Altar (1915–1920), trotzdem scheint jeder Winkel der Kirche ein weiteres Meisterwerk versteckt zu halten.

Tägl. 9.30–12 und 14.30–19.30 Uhr. Messe Mo–Sa 6, 7, 8, 9, 15.30, 18 Uhr, So 6, 7.30, 9, 11, 12.30, 15.30, 18 Uhr. Ul. Kopernika 26, www.bazylikaserca.pl. Tram 2, 4, 10, 14, 20, 52, 64, Haltestelle Lubicz.

Ogród Botaniczny

Botanischer Garten

Das bereits 1783 als Teil eines Schlossgartens angelegte Gelände verdankt seine Existenz wie so viele Sehenswürdigkeiten Krakaus der Fürstenfamilie Czartoryski. Fünf Jahre später wurden

Apsis in der Herz-Jesu-Basilika

Ausdrucksvolles Grabmal auf dem Rakowicki-Friedhof

die ersten Gewächshäuser errichtet, zeitgleich mit dem Observatorium (beim Eingangsbereich). Seitdem wurden Pflanzen aus der ganzen Welt herbeigeschafft, darunter auch viele südamerikanische Exoten. Alleine 300 verschiedene Arten von Orchideen warten auf die Besucher, die in diesem geheimnisvollen Park immer wieder etwas Neues entdecken können. Die wohl größte Attraktion des Gartens ist eine 400 Jahre alte Eiche.

Garten: Mitte April bis Ende Sept. tägl. 9–19, Ende Sept. bis Ende Okt. 9–17 Uhr. **Gewächshäuser**: Sa–Do 10–18, Sept./Okt. bis 16 Uhr. **Botanisches Museum**: Do/Fr 10–14, So 11–15 Uhr. Eintritt Garten & Gewächshäuser 2 €, erm. 1 €, inkl. Museum. Ul. Kopernika 27, ✆ 12-4212620, www.ogrod.uj.edu.pl. Tram 4, 10, 14, 20, 50, 52, 64, Haltestelle Rondo Mogilskie.

Opera

Oper

Krakaus Operntradition reicht zwar bis ins Jahr 1628 zurück, doch erst seit 1954 gibt es ein festes Ensemble. Und dieses musste bis 2008/2009 auf ein eigenes Haus warten und bis dahin in verschiedenen Theatern und bei Open-Air-Veranstaltungen auftreten. Für den Neubau verpflichtet wurde der Krakauer Stararchitekt Romuald Loegler, der ein gewagtes, von außen etwas gewöhnungsbedürftiges Gebäude geschaffen hat. Platz finden bis zu 760 Besucher, die das Treiben auf der 300 m² großen Bühne ebenso bestaunen werden wie die geschickte Integration des denkmalgeschützten Reitschulgebäudes in das Opernhaus.

Karten 4 bis 50 €. Ul. Lubicz 48, ✆ 12-2966260, www.opera.krakow.pl. Tram 4, 10, 14, 20, 50, 52, 64, Haltestelle Rondo Mogilskie.

Muzeum Armii Krajowej

Museum der Heimatarmee

Die AK, ins Deutsche meist mit Heimatarmee übersetzt, war eine militärisch organisierte Untergrundbewegung gegen die deutschen Besatzer im Zweiten Weltkrieg. Für das Museum wurde der denkmalgeschützte Backsteinbau hergerichtet, in dem in einer Dauerausstellung und Wechselausstellungen verschiedenste Objekte präsentiert werden. Für historisch Interessierte lohnt sich ein Besuch.

Di–So 11–18 Uhr. Eintritt 3 €, erm. 2 €, So frei. Ul. Wita Stwosza 12, ✆ 12-4100770, www.muzeum-ak.pl. Tram 50, Haltestelle Dworzec Główny Tunel, oder Tram 2, Haltestelle Uniwersytet Ekonomiczny.

Wesoła und Warszawskie → Karte S. 119

Cmentarz Rakowicki

Rakowicki-Friedhof

Unglaubliche 420.000 Menschen liegen hier begraben. Kein Wunder, dass der Friedhof oft als Chronik der Stadt bezeichnet wird. Allein 10.000 als Denkmäler gestaltete Grabsteine lassen sich auf einem Areal finden, die flächenmäßig etwa der historischen Altstadt entspricht. Entlang der Hauptachse finden sich Gräber so berühmter Künstler wie Jan Matejko oder der Schauspiel-Ikone Helena Modrzejewska, die zwar 1909 in Los Angeles bestattet wurde, deren sterbliche Reste aber aufgrund ihres Testaments später nach Krakau überführt wurden. Sehenswert sind auch die in jüngster Zeit angelegten quadratischen Ruhestätten, z. B. die der Kabarettlegende Piotr Skrzynecki (1930–1997). All diese Grabsteine haben einen individuellen Bezug. So liegt etwa Tadeusz Kantor (1915–1990) unter einem von seinem Theaterstück „Umarła Klasa" („Die gestorbene Klasse") inspirierten Grabmal. Auch zum Grab des beliebten Liedermachers Marek Grechuta (1945–2006) pilgern noch immer viele Menschen. Letzten Endes fühlt man sich nicht wie so oft auf Friedhöfen bedrückt, sondern ist vielmehr von der Harmonie der Kunstwerke und der Parkgestaltung bewegt.

April–Sept. tägl. 7–20, Okt.–März bis 18 Uhr. Ul. Rakowicka, www.zck-krakow.pl. Tram 2, Bus 124, 184, 424, Haltestelle Cmentarz Rakowicki.

Praktische Infos

→ Karte S. 119

Essen & Trinken

WieloPole 3 **2** Vegetarische, vegane und glutenfreie Gerichte, Rohkost, Zutaten von vertrauenswürdigen Bauern aus der Region und eine vitaminschonende Zubereitung bei niedrigen Temperaturen. Aber nicht nur gesund, sondern auch sehr lecker. Hg. 3–4 €. So–Do 12–21, Fr/Sa 12–22 Uhr. Ul. Wielopole 3.

Vegab **1** Vegetarier oder Veganer sein, aber Fast Food lieben? Kein Problem, hier gibt es fleischfreien Kebab und Lasagne. Gewählt wurde das Vegab übrigens zu einem der besten Lokale für Vegetarier weltweit. Ach ja: schönes Logo! Mo–Do 11–21, Fr/Sa 11–23, So 11–20 Uhr. Ul. Starowiślna 6.

Kultgrillwürste aus dem Kleintransporter

MeinTipp **Kiełbaski z Niebieskiej Nyski** **3** Die Grillwürste für Nachtschwärmer (2 €) sind in Krakau Kult. Leserinnen stimmten zu: „Tipp für alle, die eine authentische Wurst in ungezwungener Atmosphäre essen möchten." So wie es übrigens auch die Jungs von Maroon 5 und Apocalyptica oder Mariah Carey nach Konzerten in Krakau gemacht haben. Mo–Sa 20–3 Uhr. Ul. Grzegórzecka, bei der Hala Targowa.

Einkaufen

KOKO world **4** Fair gehandelte Ethnomode einer Krakauer Designerin, die in Zusammenarbeit mit Afrikanern, Südamerikanern, Europäern und Asiaten entstehen. Mo–Fr 10–19, Sa 11–18 Uhr. Ul. Starowiślna 19, www.kokoworld.pl.

Targ Grzegórzecki **3** Großer Lebensmittelmarkt, Sonntag früh ab 6 Uhr auch lohnenswerter Flohmarkt mit Antiquitäten und Büchern. Aufpassen sollte man aber auf die Geldbörse, mitunter taumeln unsympathische Zeitgenossen über das Marktgelände! Tägl. 6–22 Uhr, die meisten Stände schließen aber gegen 17 Uhr. Rondo Grzegórzeckie.

Gewächshaus im Botanischen Garten

m Leben auf der Spur

Tour 9

Einst war Kazimierz eine Insel, die durch einen Seitenarm der Weichsel von Krakau getrennt war. Bis zum Zweiten Weltkrieg befand sich hier das jüdische Viertel. Obwohl die immer wieder angestellten Vergleiche zu Montmartre oder Prenzlauer Berg nachvollziehbar sind, hat der Stadtteil doch eine ganz eigene Atmosphäre.

- **Remuh-Synagoge**, historisch bedeutende Synagoge & Friedhof, S. 129
- **Alte Synagoge**, Museum zur jüdischen Geschichte Krakaus, S. 130
- **Tempelsynagoge**, prunkvolle Synagoge der liberalen Juden, S. 132
- **Neuer Platz**, Herz von Kazimierz mit vielen tollen Kneipen, S. 132
- **Paulinerkirche**, spätbarocke Basilika mit Krypta, S. 135

Jüdisches Viertel

Kazimierz

Der polnische König Kazimierz Wielki gründete auf den Überresten des alten Dorfes Bawół 1335 eine Stadt, die er auf seinen Namen taufte. Laut Legende geschah dies als Geschenk an seine jüdische Geliebte Estera. Ihr Kazimierz sollte ein Gegenpol zum mächtig und teilweise judenfeindlich gewordenen Krakauer Bürgertum werden. Der damalige zentrale Platz mit dem Rathaus war dem Rynek Krakaus ebenbürtig, auch wenn von der einstigen Pracht heute nicht mehr viel zu erkennen ist. Nach dem Tod des Königs vertrieb sein Nachfolger Jan Olbracht 1495 die Juden unter dem Vorwand der Brandstiftung aus Krakau. Was für die Vertriebenen und auch für Krakau zunächst schlechte Folgen hatte, erwies sich für Kazimierz als Glücksfall, denn hier fanden die Juden eine neue Heimat und schufen unter günstigen Bedingungen eines ihrer bedeutendsten Zentren in Europa. Erst um 1800 wurde Kazimierz eingemeindet.

Bis 1939 hatten Katholiken und Juden mehr als vier Jahrhunderte lang friedlich zusammengelebt. Dieses auch wirtschaftlich blühende Zusammenleben wurde dann nach der Besetzung Polens von den Nationalsozialisten vernichtet. Zwei Jahre nach dem Einmarsch in die Stadt wurden die Juden 1941 aus Kazimierz in den viel zu kleinen Krakauer Stadtteil Podgórze südlich der Weichsel deportiert. Dort mussten sie zunächst die alltäglichen Grausamkeiten des Ghettos ertragen, bevor mehr als 60.000 von ihnen ermordet wurden. Steven Spielbergs Film „Schindlers Liste" von 1993 zeigt das Schicksal der Krakauer Juden – er wurde unter anderem in den Straßen und Hinterhöfen von Kazimierz gedreht.

Nach dem Krieg war das Elend für die 4000 Überlebenden und die neuen Bewohner aber nicht beendet. Armut war weit verbreitet, und das zerstörte Viertel verkam. Vom einstigen Glanz und

Stolz war nichts mehr übriggeblieben. Noch heute sieht man abgeblätterte Fassaden leerstehender Häuser, die eine tragische Melancholie ausstrahlen und deshalb auf vielen Fotos festgehalten sind. Erst mit dem Neuzuzug von Juden aus anderen Teilen Polens sowie den USA und Israel ab den 90er-Jahren besserten sich die Verhältnisse. Offiziell sind zwar nur 300 von ihnen gemeldet, tatsächlich aber leben wieder mehrere Tausend in Kazimierz und Krakau. Dennoch befürchtet die Krakauer Öffentlichkeit, dass hier kein jüdisches Kazimierz entstehen wird, sondern nur eine Art Freilichtmuseum. Allerdings wurden schon in den frühen 70ern Kulturvereine gegründet, und seit 1997 nimmt auch wieder ein Rabbi seine Aufgaben wahr. Parallel zu den institutionellen Veränderungen blühte das Nachtleben auf, zahlreiche Geschäfte und Restaurants mit raffinierter Küche wurden neu eröffnet. Man bräuchte durchaus mehrere Tage, um allein Kazimierz richtig kennenzulernen. Mit jeder Stunde, die man hier verbringt, bietet der anfangs überschaubare Stadtteil immer neue Entdeckungen. Denn Kazimierz ist wie Klezmer: voller Vielfalt, melancholisch bis todtraurig und doch voller Hoffnung.

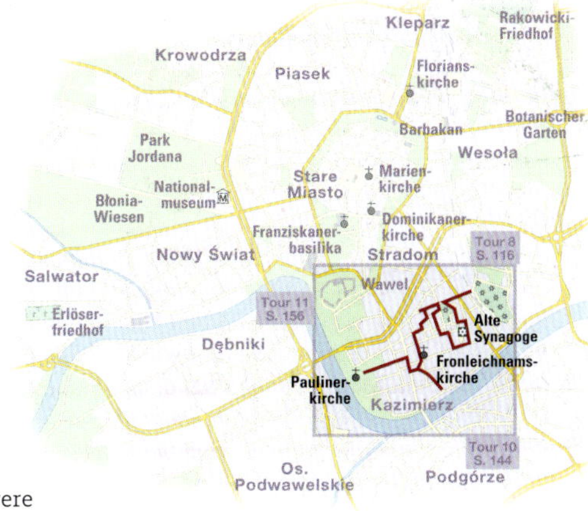

Tour-Info Der Spaziergang beginnt in der ul. Miodowa am Nowy Cmentarz Żydowski. | **Ende**: ul. Skałeczna, Kościół Paulinów na Skałce | **Reine Gehzeit**: ca. 45–90 Min.

Spaziergang

Der Ausgangspunkt für die Erkundung von Kazimierz ist der **Neue Jüdische Friedhof (Nowy Cmentarz Żydowski)**, auf dem eine Mauer aus Grabsteinresten von den Zerstörungen der Nationalsozialisten erzählt. Die Steine wurden erst nach dem Krieg wieder zurückgebracht, nachdem sie zuvor als Straßenpflaster missbraucht worden waren. Nach der Besichtigung des Friedhofs führt der Spaziergang weiter über die ulica Miodowa nach links in die zunächst enge ulica Szeroka am **Szeroka Nr. 1** vorbei – die Schaufenster dieses Restaurants, die in der Art früherer Geschäfte gestaltet sind, lassen erahnen, wie es in Kazimierz einmal ausgesehen haben muss. Zweistöckige, teils gedrungene Häuser und das charakteristische Kopfsteinpflaster, das bei Regen blau leuchtet, bieten die Kulisse für die Entdeckungstour durch das Viertel. Das nächste Ziel ist die **Remuh-Synagoge (Bożnica Remuh)** mit dem gleichnamigen Friedhof. Auch auf diesem steht ein aus zerstörten Grabsteinen bestehender Wall, der auch Klagemauer (Ściana Płaczu) genannt wird. Schräg gegenüber wartet die weniger bedeutende **Popper-Synagoge (Synagoga Poppera)** mit einem reizvollen Innenhof auf.

Entlang der platzähnlichen Breiten Straße (ulica Szeroka) begegnet man dann der lebendigen jüdischen Kultur, vor allem abends beim Besuch eines Klezmer-Konzerts. Internationales Aufhorchen erregte in letzter Zeit die Zusammenarbeit des Geigenvirtuosen und Neu-Krakauers Nigel Kennedy mit der hier ansässigen Band Kroke. Auf dem atmosphärischen Kopfsteinpflaster des Platzes findet auch alljährlich

Ende Juni das Abschlusskonzert des Jüdischen Kulturfestivals (Festiwal Kultury Żydowskiej) statt. Juden und Nicht-Juden kommen dafür aus der ganzen Welt zusammen, um in Workshops und bei Festen mehr über die jüdische Kultur zu erfahren. Auch für den Rest des Jahres bleibt zu hoffen, dass die Straße nicht mehr länger als Parkplatz zweckentfremdet, sondern wie früher als Marktplatz wiederbelebt wird. Am Ende befindet sich die **Alte Synagoge (Synagoga Stara)**, in der sich vor der Nazizeit das religiöse und soziale Leben konzentrierte; heute ist hier das Museum über die Geschichte der Krakauer Juden untergebracht. Nach links gelangt man in die ulica Dajwór und damit zum 2004 eröffneten **Museum Galizien (Galicja Muzeum)**, das die Geschichte der galizischen Juden präsentiert. Ein paar Schritte weiter befindet sich das besonders für Kinder interessante **Städtische Ingenieursmuseum (Muzeum Inżynierii Miejskiej)**, in dessen Umgebung derzeit viel renoviert wird.

Weiter geht es über die ulica Wąska in die Josefstraße (ulica Józefa), in der zahlreiche Geschäfte und Galerien zum Stöbern und Einkaufen einladen.

Besonders Liebhaber von Antiquitäten und Kunst sollten sich hier Zeit nehmen. Einen Besuch wert ist auch die **Hohe Synagoge (Synagoga Wysoka)**. Je weiter man ins Herz von Kazimierz vorstößt, desto verwinkelter wird es. Hier lohnt sicher auch der eine oder andere Abstecher abseits der Route. Über die ulica Kupa gelangen wir zuerst zur **Izaak-Synagoge (Synagoga Izaaka)**, anschließend zum nächsten jüdischen Gotteshaus, der **Kupa-Synagoge (Synagoga Kupa)**. Danach führt die ulica Jakuba zur ulica Miodowa, in die wir links einbiegen und so auf die schöne **Tempelsynagoge (Synagoga Tempel)** stoßen.

Zurück geht es auf der ulica Estery geradewegs auf das Herz von Kazimierz zu, den **Neuen Platz (Plac Nowy)**, auf dem vor allem nachts das Leben tobt – Studenten und Künstler sind hier aber auch

früher anzutreffen. Samstags gibt es einen Flohmarkt mit sehenswerten Antiquitäten, an den anderen Tagen werden Lebensmittel oder Kleider verkauft. Hier ist es sinnvoll, einen längeren Aufenthalt mit Abendessen einzuplanen, um anschließend eine oder mehrere der vielen Bars und Cafés zu besuchen.

Nach dem Jüdischen Kulturzentrum und dem Biergarten (im Winter geschlossen) lohnt es, ein paar Schritte nach links zu gehen. An einer Wand findet man Fotos von Filmszenen, die an dieser Stelle gedreht wurden. Am

bekanntesten ist die berühmte Treppe aus Schindlers Liste, die man hier wiedererkennen kann. Die Gassen Bożego Ciała (Corpus Dei – Fronleichnam) und Rabina Meiselsa (für Rabbi Meisel) bilden ein Kreuz und stehen für das über Jahrhunderte selbstverständliche Nebeneinander von christlichem und jüdischem Leben.

Auf der ulica Bożego Ciała schlendert man in Richtung **Fronleichnamskirche (Kosćiół Bożego Ciała)** und erreicht so den eher christlich geprägten Teil von Kazimierz. In diesem Gotteshaus sind der goldene Altar und das zwischen den Seitenwänden befestigte Kreuz sehenswert. Überquert man den Plac Wolnica in Richtung des Rathauses von Kazimierz (Ratusz Kazimierski), gelangt man zum darin befindlichen **Volkskundlichen Museum (Muzeum Etnograficzne)** mit Ausstellungen von polnischen Trachten, Volkskunst und traditionellen Musikinstrumenten. Ein kurzer Abstecher über die ulica Mostowa führt zur **Fußgängerbrücke des Paters Bernatek (Kładka Ojca Bernatka)**, die seit 2010 Kazimierz mit

Podgórze verbindet. Wieder zurück auf dem plac Wolnica, überquert man die ulica Krakowska in Richtung der **Katharinenkirche (Kościół św. Katarzyny)**, vor der ein hölzerner Glockenturm steht. Mit dem Besuch der vor allem von außen eindrucksvollen **Paulinerkirche Auf dem Felsen (Kościół Paulinów Na Skałce)** endet diese Tour. Bei schönem Wetter bietet sich anschließend ein Spaziergang entlang der Weichsel zum Wawel an.

Sehenswertes

Cmentarz Żydowski Nowy

Neuer Jüdischer Friedhof

In dieser im Jahr 1800 angelegten Begräbnisstätte liegt auch der große Maler Maurycy Gottlieb begraben. In Krakau heißt es, dies sei der traurigste Friedhof in der Stadt. Fast niemand kommt, um an den Gräbern der Lieben eine Kerze zu entzünden oder einen Stein zu hinterlassen, weil die Angehörigen meist selbst Opfer des Holocausts wurden. Auch wenn man hier fast nur unter Touristen ist, ist es wichtig, dass man als Mann nach jüdischem Brauch eine Kopfbedeckung trägt. Eine Kippa kann am Eingang ausgeliehen werden.

Im Sommer So–Fr 8–18, im Herbst/Frühling bis 17, im Winter bis 16 Uhr. Ul. Miodowa 55. Tram 3, 19, 24, 69, Haltestelle Miodowa.

Dawno temu na Kazimierzu

Szeroka Nr. 1

Das Restaurant befindet sich im alten Zentrum von Kazimierz. Eine Näherei, der Laden eines Schumachers und ein Lager wurden zu einem Lokal zusammengefügt, die dazugehörigen Schaufenster blieben dabei erhalten. Wer hier eintritt, fühlt sich ins 19. Jh. zurückversetzt – passend dazu das Motto des Restaurants: „dawno temu na Kazimierzu" („Es war einmal in Kazimierz"). Zur Klezmermusik schmeckt die Küche, zum Beispiel das Sabbat-Tscholent für 7 €. Abgesehen davon lässt es sich hier ungezwungener speisen als in den anderen, eher vornehmen jüdischen Restaurants. Trotzdem soll das Lokal hier auch stellvertretend

Auf dem Neuen Jüdischen Friedhof

Die platzähnliche ulica Szeroka ist eins der beiden Zentren von Kazimierz

Kazimierz → Karte S. 126/127

stehen für das Klezmer-Hois oder Ariel (→ „Praktische Infos" ab S. 136). Ein Abendessen mit jüdischer, teils auch koscherer Küche sollte man sich in Krakau nicht entgehen lassen.

Tägl. 10–24 Uhr. Ul. Szeroka 1. ✆ 12-4212117, www.dawnotemu.nakazimierzu.pl. Tram 3, 19, 24, 69, Haltestelle Miodowa.

Bożnica Remuh

Remuh-Synagoge

In ihrer mehr als 400-jährigen Geschichte wurde sie mehrmals umgebaut, seit der letzten Instandsetzung hat sie keine Fenster mehr. Links vom Eingang sieht man das *ner tamid* (ewiges Licht) zum Gedenken an den Rabbi Remuh. Die Remuh-Synagoge ist die einzige Synagoge, die die Krakauer Juden noch als Gotteshaus benutzen. Der Alte Jüdische Friedhof wurde erst in den 50er-Jahren wiederentdeckt. Aus den von den Nazis zerstörten Grabsteinen errichtete man eine Mauer, die auch zweite Klagemauer genannt wird. Juden aus aller Welt kommen hierher, um ihrer toten Glaubensbrüder zu gedenken. Der ausgestellte Sarg des Rabbis Isserles soll mit einem Fluch belegt sein, der selbst die Nazis von einem Raub abgehalten hat. Das Eintrittsgeld wird für Renovierungsarbeiten genutzt. Eine Kippa kann ausgeliehen werden.

Mai–Okt. So–Fr 9–18 Uhr, Okt.–April nur bis 16 Uhr, Sa jeweils geschlossen. Eintritt 2,50 €, erm. 1 €. Ul. Szeroka 40, ✆ 12-4295735, www.krakow.jewish.org.pl. Tram 3, 19, 24, 69, Haltestelle Miodowa.

Synagoga Poppera

Popper-Synagoge

Leicht zu übersehen ist diese im Hinterhof versteckte Synagoge. Vom einstigen Prunk der Möbel, gestiftet vom reichen Kaufmann Wolf Popper, blieb nach den Zerstörungen durch die Nazis nichts übrig. Heute werden die Innenräume von einem Jugend-Kulturzentrum genutzt, abends gibt es manchmal Klezmerkonzerte.

Unregelmäßig geöffnet. Eintritt frei, Spenden für die Jugendarbeit sind willkommen. Ul. Szeroka 16. Tram 3, 19, 24, 69, Haltestelle Miodowa.

Tora in der Alten Synagoge

Synagoga Stara

Alte Synagoge

Dieser alte Tempel ist eines der schönsten jüdischen Bauwerke in ganz Polen. Erbaut wurde er von den Juden, die vor dem Prager Pogrom von 1389 geflohen waren. Für den Umbau im Stil der Renaissance zeichnete der Florentiner Baumeister Matteo Gucci (ca. 1500–1550) verantwortlich. Die hier 1794 von Tadeusz Kościuszko gehaltene Rede ist für das traditionell gute Verhältnis von katholischen und jüdischen Polen bezeichnend: Der General lud darin die Juden ein, beim Befreiungskampf mitzuwirken, was sie auch taten. Während der deutschen Besatzung wurde die Synagoge in eine „Treuhandstelle" zur Verwaltung des polnischen und jüdischen Besitzes umfunktioniert. Dabei offenbarte sich der bigotte Umgang mit der jüdischen Kultur: So wurden die Kerzenständer auf Wunsch des Generalgouverneurs Hans Frank zur Dekoration seines neuen Amtssitzes in den Wawel geschafft. Heute ist in der ehemaligen Synagoge das Muzeum Judaistyczne (Jüdisches Museum) untergebracht. Verschiedene Ausstellungen zeigen das frühere Leben und dokumentieren das Martyrium der Bevölkerung während der Besatzungszeit, in Wechselausstellungen wird das Leben der aktuellen jüdischen Gemeinde vorgestellt.

April–Okt. Mo 10–14, Di–So 9–17 Uhr, Nov.–März Mo 10–14, Di–Do und Sa/So 9–16, Fr 10–17 Uhr. Eintritt 2,50 €, erm. 2 €, Mo frei, Audioguide (auf Deutsch) 2,50 €. Ul. Szeroka 24, ✆ 12-4220962, www.mhk.pl. Tram 3, 19, 24, 69, Haltestelle św. Wawrzyńca.

Muzeum Galicja

Museum Galizien

Das Museum will der jüdischen Opfer des Nationalsozialismus gedenken und zugleich ihre reiche Kultur im ehemaligen Galizien präsentieren. Diesem Anspruch wird man in Wechselausstellungen, Diskussionen und Konzerten gerecht. Die eindrucksvolle und detaillierte Dauerausstellung „Spuren der Erinnerung" zeigt Bilder des 2007 verstorbenen Fotografen Chris Schwarz, der 12 Jahre lang zusammen mit einem Professor für jüdische Geschichte und Sachverständigen der UNESCO durch das polnische Galizien reiste, um die jüdischen Spuren zu dokumentieren. Wer sich weiter über die Geschichte der polnischen Juden informieren möchte, kann in Polens größtem jüdischem Buchladen stöbern.

Tägl. 10–18 Uhr. Eintritt 4 €, erm. 2,50/3 €. Ul. Dajwór 18, ✆ 12-4216842, www.galiciajewishmuseum.org. Tram 3, 19, 24, 69, Haltestelle św. Wawrzyńca.

Muzeum Inżynierii Miejskiej

Städtisches Ingenieursmuseum

Passend zu seinen Themen residiert das Museum im alten Straßenbahndepot der Stadt. Zwei Dauerausstellungen zeigen Oldtimer auf zwei und vier Rädern, alte Trams sowie die Techniken der Krakauer Druckereien. Für Kinder gedacht und für die Eltern kaum weniger interessant sind die greifbaren und leicht verständlichen Spiele, die Technik, Ingenieurskunst und Physik besser verstehen lassen. Seit 2010 wurden weitere alte Tramhallen restauriert mit Raum für ein Kulturzentrum und Wechselausstellungen.

Di–So 10–16 Uhr, Juni–Sept. Di/Do/So bis 18 Uhr. Eintritt 2,50 €, erm. 2 €, Di frei, Kombiticket mit Garten der Erfahrungen 4 €, erm. 2,50 €. Ul. św. Wawrzyńca 15, ✆ 12-4211242, www.mimk.com.pl. Tram 3, 19, 24, 69, Haltestelle św. Wawrzyńca.

Synagoga Wysoka

Hohe Synagoge

Nach aufwendigen Restaurierungsarbeiten ist die Synagoge seit 2005 wieder für die Öffentlichkeit zugänglich und wird seitdem vor allem für Ausstellungen genutzt. Zwischen 1556 und 1563 als drittes jüdisches Gotteshaus gebaut, zeigt sie deutliche Ähnlichkeit zur Prager Hohen Synagoge. Von der einstigen Pracht ist wenig erhalten geblieben, sehenswert sind die Wandpolychromien. Der Name der Synagoge rührt daher, dass sich ihr Gebetsraum im ersten Stock befindet. Die Eintrittskarten erhält man in der Buchhandlung im Erdgeschoss.

April–Okt. tägl. 9.30–20 Uhr, Nov.–März 10–18 Uhr. Eintritt 2,50 €, erm. 1,50 €. Ul. Józefa 38. Tram 3, 19, 24, 69, Haltestelle św. Wawrzyńca.

Synagoga Izaaka

Izaak-Synagoge

In einer der schönsten Synagogen in Kazimierz sind nach der Restaurierung die Fresken gut sichtbar. Mit dem Bau in der ersten Hälfte des 17. Jh. ist eine Legende verbunden. Der arme Kaufmann Izaak träumte, dass unter einer gemauerten Brücke in Prag ein Schatz auf ihn warte. Dort angekommen, traf er auf einen Soldaten, der ihn auslachte und ihm seinen eigenen Traum erzählte, wonach ein Schatz bei einem gewissen Izaak unter dem Ofen versteckt sei. Zurück in Kazimierz, fand Izaak tatsächlich den Schatz und errichtete damit u. a. die Synagoge. Diese war nach Fertigstellung dermaßen prachtvoll, dass eine weitere Legende entstand, die besagte, dass eine Räuberbande aus Krakau von den Schätzen angelockt würde. Daraufhin beriet sich Izaak mit dem Rabbi Jom Tow Heller und ließ alle Tore nach Kazimierz schließen, ausgenommen das auf dem Weg, der über den Remuh-Friedhof führte. Dort warteten 26 in weiße Gewänder gekleidete Juden auf die Diebe und erschreckten sie so, dass sie niemals wiederkehrten. Heute kann man die Synagoge ganz ohne Angst besichtigen; zu sehen gibt es auch Wechselausstellungen, Filmvorführungen über Kazimierz und die Geschichte der Juden sowie Klezmer-Konzerte. Eine Kippa kann ausgeliehen werden.

April–Okt. So–Fr 8.30–20 Uhr, Nov.–März nur bis 18 Uhr, Fr jeweils nur bis 14 Uhr. Eintritt 2 €, erm. 1 €. Ul. Kupa 18, ✆ 12-4305577, www.chabadkrakow.pl. Tram 3, 19, 24, 69, Haltestelle Miodowa.

Kazimierz → Karte S. 126/127

Während der Synagogennacht in der Kupa-Synagoge

Synagoga Kupa

Kupa-Synagoge

Ein ähnlich prunkvolles Inneres wie die benachbarte Tempelsynagoge weist dieses jüdische Gotteshaus auf, obwohl es beim Bau im 17. Jh. ursprünglich für die Armen gedacht war. Doch in den folgenden Jahrhunderten wurde die Synagoge nach und nach prunkvoller ausgestaltet, wovon auch die zwischen 2000 und 2002 renovierten farbenfrohen Wandmalereien zeugen. Eine Kippa kann ausgeliehen werden.

So–Fr 10–19 Uhr, im Winter bis 17 Uhr. Eintritt 1 €. Ul. Miodowa 27 (auch Zugang von ul. Kupa aus). Tram 3, 19, 24, 69, Haltestelle Miodowa.

Synagoga Tempel

Tempelsynagoge

In der jüdischen Gemeinde ging längst nicht alles so harmonisch zu, wie man meinen könnte. Die progressiven Juden der Tempelsynagoge wurden gar des Öfteren von den chassidischen Orthodoxen bespuckt, weil sie kein Jiddisch sprachen und sich zu sehr der polnischen Gesellschaft anpassten. Das Gotteshaus wurde von 1860 bis 1862 im Stil der maurischen Neorenaissance erbaut. Die Innenräume sind sehr prunkvoll gestaltet und von Mosaikfenstern geschmückt. Am Rand des Gebetssaals sind die separaten Galerien für die Frauen untergebracht. Heute gibt es hier keine Gottesdienste mehr, stattdessen in der Tradition der eher weltlichen Ausrichtung der Synagoge Konzerte und Treffen mit Künstlern. Das Eintrittsgeld wird für Renovierungsarbeiten genutzt. Eine Kippa kann ausgeliehen werden.

So–Fr 10–18 Uhr, Okt.–April nur bis 16 Uhr. Eintritt 2,50 €, erm. 1 €. Ul. Miodowa 24. Tram 3, 19, 24, 69, Haltestelle Miodowa.

Plac Nowy

Neuer Platz

Aus dem heutigen Tschechien vertriebene Juden gründeten hier um 1500 den sog. Libuszhof, um den herum Gassen und ebenerdige Gebäude gebaut wurden. Der Platz in seiner heutigen

Form entstand in der ersten Hälfte des 19. Jh. Das zwölfeckige „Rondell" in der Mitte wurde als Markthalle und koscherer Schlachthof für Geflügel genutzt. Heute werden aus den Fensterchen heraus *zapiekanki*, überbackene Pilzbaguettes, und andere Snacks verkauft. Rund um den Platz eröffneten seit den 1990ern nach und nach Kneipen und Cafés, in denen Antiquitäten, alte Möbel, Fotos und schummriges Licht das typische Flair des Kazimierzer Nachtlebens verbreiteten. Vorreiter waren das Alchemia, das Singer und das Mleczarnia (→ „Praktische Infos" ab S. 139).

Tägl. 6–20 Uhr Markt, Mo–Sa 9–16 Uhr Antiquitätenmarkt, So 9–15 Uhr Altkleidermarkt. Pl. Nowy. Tram 3, 19, 24, 69, Haltestelle Miodowa.

Kościół Bożego Ciała

Fronleichnamskirche

Der mächtige gotische Bau (1340–1405) steht an einer der Ecken des Hauptplatzes von Kazimierz. Mit ihren dicken Mauern war die Kirche vor den Gefahren der Zeit gut geschützt. In den kleinen Zellen im südlichen Eingangsbereich wurden früher Straftäter am Sonntag zur Schau gestellt. Bemerkenswert sind das zwischen den Seitenschiffen hängende Kreuz, der goldene Altar, die Krakauer Orgel mit den meisten Pfeifen sowie die barocken Kapellen und die spätbarocke Empore in Form eines Schiffes.

Tägl. 9–12/13.30–19 Uhr. Messe Mo–Sa 6.30, 8, 12, 19 Uhr, So 6.30, 8, 9.30, 11, 12.15, 16, 19 Uhr. Ul. Bożego Ciała 26, www.bozecialo.net. Tram 6, 8, 10, 13, Haltestelle Plac Wolnica.

Kładka Ojca Bernatka

Fußgängerbrücke des Paters Bernatek

Benannt ist die 2010 gebaute Fußgänger- und Radlerbrücke nach einem Mönch, der im späten 19. Jh. das Krankenhaus der Barmherzigen Brüder gründete. Bei den Krakauern hat sie allerdings andere Namen: „Brücke der Liebe" beispielsweise (weil verliebte Pärchen am Geländer Vorhängeschlösser mit ihren Vornamen oder Initialen anbringen) oder auch „Partybrücke", denn der Steg verbindet Kazimierz mit seinen vielen Kneipen mit Podgórze,

Kazimierz → Karte S. 126/127

In der Tempelsynagoge

wo in den letzten Jahren die ersten Lokale eröffnet haben. 2012 kam dann die scherzhafte Bezeichnung „Spinnenbrücke" hinzu: Die nachts beleuchtete Brücke lockt nämlich Schwärme von Insekten an – ein regelrechtes Schlaraffenland für die Achtbeiner, die hier entsprechend prall und proper werden. An der zur Brücke führenden Straße haben sich in den letzten Jahren mehr und mehr Cafés, Restaurants, Geschäfte und Kneipen niedergelassen.

Weichselufer, zwischen ul. Mostowa & ul. Brodzińskiego. Tram 6, 8, 10, 13, Haltestelle Plac Wolnica.

Muzeum Etnograficzne

Volkskundliches Museum

Die Dauerausstellung im ehemaligen Rathaus von Kazimierz zeigt Modelle frühmittelalterlicher Holzhütten, alten Schmuck und historische Kleidung. Besonders reizvoll sind die Sammlungen mit Musikinstrumenten und Spielzeug aus Krakau. Ein Spaziergang um das Gebäude führt zu einem Relief, das den Empfang der Juden im Jahr 1096 in Krakau zeigt. In einem weiteren Gebäude ein paar Meter in Richtung Weichsel sind immer wieder interessante Wechselausstellungen zu sehen.

Di–So 10–19 Uhr. Eintritt für Dauerausstellung 3 €, erm. 2 €, So frei; Wechselausstellungen 1,50 €. Plac Wolnica 1/ul. Krakowska 46, ✆ 12-4306023, www.etnomuzeum.eu. Tram 6, 8, 10, 13, Haltestelle Plac Wolnica.

Kościół św. Katarzyny

Katharinenkirche

Mit dem Bau der Kirche des Augustinerklosters wurde 1342 begonnen, gotische Elemente lassen sich hier ebenso finden wie barocke. Leider ist die Kirche trotz fortwährender Restaurierungsarbeiten seit den 70er-Jahren weniger gut erhalten als andere in Krakau. Sehenswert sind der gotische Kreuzgang mit Fresken, der Altar und das Chorgestühl mit Golddekor und die riesigen Gemälde. Vor der Kirche steht ein hölzerner Glockenturm aus dem 15. Jh.

Mo–Fr 10–16, Sa 11–14, So 13.30–16 Uhr. Messe Mo–Sa 7, 8 (nicht Juli/Aug.), 18 Uhr, So 9, 11, 12.15, 18 Uhr. Ul. Augustiańska 7, www.parafia-kazimierz.augustianie.pl. Tram 6, 8, 10, 13, Haltestelle Plac Wolnica.

Volkskundliches Museum im alten Rathaus

Kościół Paulinów Na Skałce

Paulinerkirche Auf dem Felsen

Die Kirche steht auf einem kleinen Hügel, weshalb sie oft einfach „Skałka“ (Felsen) genannt wird. Die ursprüngliche romanische Michaelskirche aus dem 10. Jh. wurde später durch eine gotische Basilika ersetzt, die dann von 1733 bis 1751 in der heute erhaltenen spätbarocken Form umgebaut wurde. In der auch der Friedhof der großen Polen genannten Krypta (1876–1880) ruhen unter anderem der 2004 verstorbene Poet und Literaturnobelpreisträger Czesław Miłosz und Stanisław Wyspiański. Dem Wasser aus einem kleinen eingezäunten Wasserbecken vor der Kirche werden Heilkräfte nachgesagt, da es von den Körperteilen des Bischofs Stanisław berührt worden sein soll; der später heilig gesprochene Schutzpatron der Kirche war von König Bolesław II. 1079 bei einer Messe grausam ermordet worden, hatte er es doch gewagt, den König wegen Ehebruchs zu exkommunizieren. Jedes Jahr am 8. Mai wird an die Tat mit einer Prozession erinnert. (Übrigens raten wir vom Trinken des Wassers ab, da bei einem unserer Besuche tote Tauben im Becken schwammen …) Im Garten befindet sich der Ołtarz Trzech Tysiącleci (Altar der Drei Jahrtausende) mit Statuen von Krakauer Heiligen, u. a. Johannes Paul II. Eindrucksvoll meinen die einen, hässlich die anderen.

Spuren aus mehr als 600 Jahren Geschichte (in der ulica Józefa)

Pforte tägl. 6.30–20 Uhr, Kirche tägl. 9–12/14–19 Uhr. Messe Mo–Sa 7, 8, 16, 19 Uhr, So 7, 8, 9, 10.30, 12.30, 17.30, 20 Uhr. Krypta April–Okt. tägl. 9–17 Uhr, im Rest des Jahres auf Anfrage an der Klosterpforte. Eintritt 0,50 €. Ul. Skałeczna 15, www.skalka.paulini.pl. Tram 6, 8, 10, 13, Haltestelle Plac Wolnica.

Kazimierz → Karte S. 126/127

Krakau im Kasten

Touristen in der alten Heimat

Kazimierz ist an einem Scheideweg angekommen. Zum einen leben nur noch wenige Überlebende des Holocausts in dem Stadtteil. Zum anderen kommen Jahr für Jahr Zehntausende von Juden aus aller Welt. Sie besuchen die Heimat ihrer Vorfahren, deren Gräber und nehmen teil am vielleicht bedeutendsten Festival in Krakau, dem der Jüdischen Kultur. Für eine Woche im Jahr hat es den Anschein, als ob das Kazimierz von einst wieder aufblühen könnte. Jüdisches Leben mit Feiern, Workshops, jungen und fröhlichen Menschen und natürlich vollen Synagogen. Das lässt jedes Jahr erneut Hoffnung aufkeimen, auch an Tagen, an denen israelische Schulklassen durch das Viertel laufen, oder wenn ein bedeutender Rabbi für ein paar Monate nach Krakau kommt: die Hoffnung, dass sich mehr dazu entscheiden, hier zu bleiben und nicht nur als Tourist in die Heimat zu kommen. Anlass zur Hoffnung besteht: Polen ist das einzige Land der EU mit einer wachsenden jüdischen Gemeinde, 2016 eröffnete schon das dritte Geschäft mit koscheren Lebensmitteln.

…che Infos

→ Karte S. 126/127

…Stadtteil Kazimierz finden Sie im … www.kazimierz.com.

Essen & Trinken

Restaurants

MeinTipp **Szeroka Nr. 1** → „Sehenswertes" S. 128. Tägl. 10–24 Uhr. Ul. Szeroka 1. ✆ 12-4212117, www.dawnotemu.nakazimierzu.pl.

Kuchnia i Wino **38** Mediterrane Küche mit Spezialisierung auf Meeresfrüchte. Im Sommer kann man sich einen der vielen Weine im Garten schmecken lassen, im Winter die Hauptgerichte (6–22 €) am Kamin genießen. Stammgästen werden auch außergewöhnliche Zubereitungswünsche erfüllt. Tägl. 12.30–22, Fr/Sa bis 23 Uhr. Ul. Józefa 13, ✆ 12-4306710, www.kuchniaiwino.eu.

Ariel **14** Die traditionelle, aber nicht koschere jüdische Küche repräsentiert am besten dieses Gericht: mit Hühnchenleber gefüllte Gänsekeule mit Klößen (10 €). Für die Klezmerkonzerte (hier spielten schon Kroke oder Jascha Lieberman!) sollte man möglichst früh reservieren. Im Galeriecafé werden Bücher, Holzskulpturen und Klezmeralben verkauft. Tägl. 10–24, Konzerte um 20 Uhr (6 €). Ul. Szeroka 18, ✆ 12-4217920, www.ariel-krakow.pl.

Ein Mural (Fassadengraffiti) mit jüdischen Motiven

Momo **16** Veganes Restaurant, das seine Küche auch als politisches Statement versteht. Keine chemischen Zusätze, keine Mikrowellen-Gerichte, stattdessen frische Zutaten und eine liebevolle Zubereitung. Die Rezepte und Ideen hat der Besitzer während Reisen nach Indien und Tibet gesammelt. Man sollte eher zur Mittagsessenszeit kommen, weil sonst die besten Gerichte schon ausverkauft sind. Hg. 4–5 €. Tägl. 11–20 Uhr. Ul. Dietla 49.

Barka Alrina **69** Wunderschönes Restaurantschiff mit sehr guter Küche. Wechselnde Wochengerichte wie Muscheln für 6,50 €. Seit 2012 befindet sich auf dem Schiff auch das niederländische Konsulat. Mo–Fr 12–22, Sa/So 12–24 Uhr. Bulwar Kurlandzki (beim Most Piłsudskiego), ✆ 668-820454 (mobil), www.barkakrakow.pl.

MeinTipp **Marchewka z groszkiem** **61** Auf Deutsch „Möhren mit Erbsen" – die Suppe mit diesen beiden Zutaten (1,50 €) ist auch einer der Renner beim Stammpublikum, das die entspannte Atmosphäre, Kinderfreundlichkeit, die ukrainischen Biersorten und die günstige und fantasievolle Speisekarte schätzt. Wir sind hier Stammgäste. Tägl. 9–22 Uhr. Ul. Mostowa 2, ✆ 12-4300795, www.marchewkazgroszkiem.pl.

Kolanko No. 6 **34** Wer leckere Suppen mag, ist hier richtig. Auch die Palatschinken, süß oder salzig, schmecken. Pfannkuchen 5 €, 8–12 Uhr Frühstücksbuffet für 5,50 €. Tägl. 8–23, Fr/Sa bis 1 Uhr. Ul. Józefa 17, ✆ 12-2920320, www.kolanko.net.

Klezmer-Hois **4** Im Haus, in dem heute ein Hotel mit Restaurant und Konzertsaal untergebracht sind, befand sich früher die Mikwe, das rituelle Bad für die Juden. Heute kann man hier traditionelle jüdische Gerichte wie *Gefilte Fisch* (5 €) genießen. Bekannte Krakauer Künstler gehen hier ein und aus, so auch der Klezmermusiker Leopold Kozłowski, der leider nur noch selten zu einem der täglichen Konzerte (ab 20 Uhr) aufspielt. Reservierung unbedingt zu empfehlen. Tägl. 9–23 Uhr. Ul. Szeroka 6, ☏ 12-4111245, www.klezmer.pl.

Pimiento 28 Die aus Argentinien importierten Steaks für 13–29 € sind mit die besten in der Stadt. Tägl. 12–23 Uhr. Ul. Józefa 26, ☏ 12-4212502, www.pimiento.pl.

Nolio 55 Nach Polen strömen krisenbedingt immer mehr junge Italiener. Die Krakauer freut's, dass darunter auch so tolle Pizzaioli aus Neapel sind wie bei dieser Pizzeria. Di–Do 16–22, Fr 16–23, Sa 13–23, So 13–22 Uhr. Ul. Krakowska 27, ☏ 12-3462449, www.nolio.pl.

Bottiglieria 1881 60 Winzige Weinstube mit richtig guter Küche mit wechselnden Gerichten – im Okt. 2016 etwa Perlhuhn mit Bohnen, Speck und rotem Pfeffer für 15,50 €. Während die Gerichte noch relativ günstig sind, muss man für den Wein aber recht viel zahlen. Leider sehr kinderfeindlich. Di–Sa 12–23, So 12–20 Uhr. Ul. Bocheńska 5, ☏ 660-661756 (mobil), www.1881.com.pl.

Studio Qulinarne 54 Fine dining mit edlen Portionen in Richtung Fusionsküche. Der Chefkoch Paulo Airaudo hat in Genf seinen ersten Michelinstern erkocht und will diesen Erfolg in Krakau wiederholen (derzeit: 2 rote Bestecke). Die Weinkarte mit 150 Sorten wurde schon vom Wine Spectator mit dem „Award of Excellence" ausgezeichnet. 5-Gänge-Menü 50 €. Mo–Sa 18–21.30 Uhr. Ul. Gazowa 4, ☏ 12-4306914, www.studioqulinarne.pl.

Café Młynek 56 Viele vegetarische Gerichte wie Toast mit Camembert, Birnen und Moosbeeren (4 €) oder Humus (4,50 €). Dichtkunst, Sonntagvormittag Frühstückskonzerte sowie regelmäßig Gemäldeausstellungen. Tägl. 9–22, Fr/Sa bis 24 Uhr. Plac Wolnica 7, ☏ 12-4306202, www.cafemlynek.com.

Rubinstein 9 Zeitgleich mit einem netten Leser entdeckten wir dieses Restaurant. Zu Recht stolz sind die Besitzer auf die gelungene Restaurierung des Geburtshauses der Kosmetikunternehmerin Helena Rubinstein. Im Gegensatz zum Hotel ist das Restaurant auch für weniger dicke Brieftaschen geeignet. Feine Vorspeisen und Hauptgerichte wie Ente in Johannisbeersauce auf Spinat mit Kartoffelpüree (17 €). Tägl. 12–22, Fr/Sa bis 23 Uhr (7–10.30 Uhr Frühstück). Ul. Szeroka 12, ☏ 12-3840000, www.rubinstein.pl.

Augusta 68 2012 eröffnetes Restaurantschiff. Im Unterdeck warten feine Speisen wie Kabeljau auf Kräuter-Gremolata mit Pilzrisotto und gebackener Tomate (9 €). Auf dem Oberdeck erstreckt sich die Orangerie mit Kaffee, Kuchen, Desserts und Cocktails. Mo–Fr 12–22, Sa/So 11–1 Uhr. Bulwar Kurlandzki, www.restauracjaaugusta.pl.

Bombaj Tandoori 9 Indisches Restaurant, nicht ganz authentisch, aber gut. Tandoori Chicken 7 €, viele vegetarische Gerichte um die 6 €. So–Do 12–23, Fr/Sa bis 24 Uhr. Ul. Szeroka 7/8, ☏ 12-4223797, www.restauracjabombaj.pl.

Hamsa 5 Eine „Hummus & Happiness Israeli Restobar". Fröhlicher Name, gutes Essen mit Rezepten aus Israel und dem Libanon. Tägl. 10–24 Uhr. Ul. Szeroka 2, ☏ 515-150145 (mobil), www.hamsa.pl.

Smaki Gruzji 31 In den letzten Jahren sind immer mehr Georgier nach Polen eingewandert. So auch die Besitzer dieses authentischen Restaurants. Chaczapuri 4-7 €, auch Fischgerichte. Tägl. 12–21, Sa/So bis 22 Uhr. Ul. Dietla 33, www.smaki-gruzji.pl.

Chinkalnia 66 Zweites georgisches Restaurant in Kazimierz, als Spezialität werden die Teigtaschen Chinkali serviert. Tägl. 12–22, Fr/Sa bis 23 Uhr. Ul. Podgórska 14, www.hinkalnya.com.ua.

Bar Szynk 3 Sehr günstiges Restaurant, das zu typisch polnischer Küche das Bier von kleinen, unabhängigen polnischen Brauereien serviert. Nach dem Umzug ins Nachbarhaus ist auch endlich mehr Platz. Tägl. 12–22 Uhr. Ul. Podbrzezie 2, www.szynk.pl.

Mein Tipp **Sami Am Am 46** Krakaus besten Kebab, aber auch leckere vegetarische Gerichte von Hummus bis Falafel gibt es bei diesem Syrer. Leider bekommt man die Gerichte auf Plastiktellern, schmecken tut es trotzdem. Tägl. 12–21, Fr/Sa bis 22 Uhr, im Winter Mo/Di geschlossen. Ul. św. Wawrzyńca 27.

Pierożki u Vincenta 21 Zwar ausschließlich Pierogi im Angebot, dafür mit 20 bis 30 Sorten aber weit mehr als die traditionellen drei Zubereitungsarten. „Lecker" urteilten Leserinnen, die sonst keine Pierogifans sind. Auch in Sachen Preis ideal für den Snack zwischendurch oder zum Mitnehmen. Tägl. 11–21 Uhr. Ul. Bożego Ciała 12.

Bagelmama 23 Selbst viele Polen wissen nicht, dass Bagels von jüdischen Bäckern im 16. Jh. in Krakau erfunden wurden. Diese Snackbar hat sich in der Nähe der um 1900 berühmten Bäckerei „Pan Beigel" niedergelassen. Die Bagels (2,50–5 €) eignen sich gut zum

Kazimierz → Karte S. 126/127

Mitnehmen, die Bagels-Tapasplatte für 2 Pers. sollte man vor Ort genießen. Bei den French Open im Frühling verkauft der Besitzer seine Bagels übrigens an John McEnroe und das NBC-Tennis-Übertragungsteam, seine Bar bleibt daher in diesen beiden Wochen geschlossen. Tägl. 9–17 Uhr. Ul. Dajwór 10, ✆ 12-3461646, www.bagelmama.com.

Polakowski **2** Ein Selbstbedienungsrestaurant mit über 100-jähriger Geschichte und typischer polnischer Küche. Renner sind die Riesenschnitzel für 2,50 € und lecker Barszcz für 1,50 €. Tägl. 9–22 Uhr. Ul. Miodowa 39, ✆ 12-4212117, www.polakowski.com.pl.

Hummus Amamamusi **43** Krakaus vielleicht bestes Hummus, auch zum Mitnehmen. Portion zum Sattwerden für 6 €. Mo–Fr 9–20, Sa 12–20 Uhr. Ul. Meiselsa 4, www.hummus-amamamusi.pl.

Streetfood

Grill na Kazimierzu **20** Kultiger Grill unter freiem Himmel, bei Nachtschwärmern sehr beliebt. Grillwurst 2 €, Schaschlik 4 €, für Vegetarier gibt es Schafskäse vom Rost mit Moosbeeren für 2 €. April–Nov. tägl. 14–2, Fr/Sa bis 3 Uhr. Pl. Nowy, www.hahagrill.pl.

Szalom Falafel **18** Super leckere Falafel und weitere Klassiker der israelischen und jüdischen Küche zum Mitnehmen. Alles koscher. So–Do 10–22, Fr 10–14, Sa 18–22 Uhr. Ul. Jakuba 21.

meinTipp **Gruba Buła** **17** Krakaus mit Abstand beste Hamburger, Gäste aus den USA meinten sogar: der Welt. Beim sympathischen und witzigen Inhaber können Sie auch auf Klingonisch bestellen. Manchmal lange Wartezeit, aber es lohnt sich. Di–So 13.13–21 Uhr. Na Przejściu.

Plac Izaaka **22** Auf dem Platz stehen *foodtrucki* (Imbisswagen), 2016 waren die *Ice Rolls* (thailändische Eisrollen), *Trdelník* (süßes slowakisches Stockgebäck) und der leider unregelmäßig geöffnete *Vege To Tu* (Veganes und Vegetarisches, aber so was von lecker) am besten. Grobe Öffnungszeiten: Tägl. 11.30–24 Uhr. Pl. Izaaka.

meinTipp **Skwer Judah** **50** Der beliebteste Parkplatz in Kazimierz für die *foodtrucki*: unter dem Mural (Wandgraffiti) des israelischen Street-Artisten Pil Peled. Am beliebtesten sind *Andrus* (Krakauer Maczanka – unbedingt probieren!) und *Frytki Belgijskie* (Pommes mit leckeren Saucen). So–Do 12–23, Fr/Sa 12–1 Uhr. Ul. św Wawrzyńca 16.

Mini Bar Endzior **20** Krakaus beste Zapiekanki für 1,50–3,50 €. Nachtschwärmer, ja sogar Gourmets schwören auf die Adresse. Zu finden ist die Bar im Pavillon auf dem Plac Nowy, dort, wo die Schlange am längsten ist. Auch empfehlenswert: die Bar NaMaxa nebenan. Mo–Sa 10–2, Fr/Sa oft auch bis 4 Uhr. Pl. Nowy 4b/12.

Cafés

Warsztat Café **25** Instrumente hängen von der Decke oder schräg von den Wänden. Die Livemusik ist weitaus weniger schräg, man hört hier feinen Jazz, Klezmer und Blues. Das *piwo* gibt es zu musikerfreundlichen Preisen, die Bistrogerichte sind günstig. So–Do 9–1, Fr/Sa 9–2 Uhr. Ul. Izaaka 3, ✆ 12-4301451, www.restauracjawarsztat.pl.

Les Couleurs **15** Für die Freunde französischer Lebensart. Kleine helle Lampen auf den Tischen und das beliebte Frühstück ab 7 Uhr ziehen vor allem Studenten zum Lernen und Klönen an. Wer sein Französisch verbessern will, kann in den Journalen blättern, die Plakate entziffern oder sich an einem ganzen Roman versuchen. Tägl. 7–1, Sa/So ab 8 Uhr. Ul. Estery 10, ✆ 12-4294270.

meinTipp **Cheder Café** **26** Kinderfreundliches Café, dessen eigene Bibliothek viele spannende Bücher zu jüdischen Themen bereithält. Auch Filmvorführungen, Konzerte und Ausstellungen. Unbedingt probieren sollte man den israelischen Kaffee oder Tee. Tägl. 10–22 Uhr. Ul. Józefa 36, www.cheder.pl.

Mostowa Artcafé **63** Galerie und Café der Stiftung „Bulwary Sztuki" (Boulevards der Künste) unter Leitung von Marian Gołogórski (→ Tour 3). Zu sehen gab es schon kurz nach der Eröffnung 2011 tolle Ausstellungen junger Künstler. Und der Kaffee ist wirklich gut. So–Do 12–22, Fr/Sa 12–24 Uhr. Ul. Mostowa 8.

Café Kładka **65** Ein weiteres Café auf dem Weg zum „Steg" nach Podgórze. Besonders gut gefallen uns die sympathischen Monster, die in Form von Eulen oder riesigen Pantoffeltieren an die Wand gemalt sind. So–Do 9–24, Fr/Sa bis 2 Uhr. Ul. Mostowa 12.

Eisdielen

meinTipp **Lody – Pracownia Cukiernicza Stanisław Sarga** **19** Wenn die Krakauer vom besten Eis der Galaxis reden, ist das weder Übertreibung noch Lokalpatriotismus. Nicht nur an heißen Sommertagen muss man allerdings bis zu eine Stunde Vorfreude, sprich Anstehen, in Kauf nehmen. Im Winter werden hier Berliner u. ä. verkauft. Tägl. 9–19 Uhr, am Wochenende auch länger, bis kein Eis mehr da ist. Ul. Starowiślna 83.

Good Lood **58** Das zweitbeste Eis in Kazimierz, die Schlange ist allerdings fast genauso lang wie oben. Tägl. 11–22 Uhr. Pl. Wolnica 11, www.goodlood.com.

Lokale für Tag und Nacht

MeinTipp **Mleczarnia** **27** Ein Lokal voller alter Bilder, Plakate, Truhen und Radios in rustikalem Stil. Im Sommer kann man im Garten im Schatten eines Kastanienbaums sein Bier oder den leckeren Nusskuchen für 2 € genießen. Für dieses Meisterwerk von einer Kneipe können wohl nur Poeten die richtigen Worte finden! Tägl. 10–24, Fr/Sa bis 4 Uhr, Sommerbiergarten So–Do 9–24 Uhr. Ul. Meiselsa 20, ✆ 12-4218532, www.mle.pl.

MeinTipp **Alchemia** **13** In der magischen Stadt Krakau zauberte sicherlich der eine oder andere Alchemist; magisch ist auch diese Kneipe, in der man trotz der vier Räume und dem Keller für Theateraufführungen und hervorragende Jazzkonzerte nur selten einen Platz findet. Hier schlägt das Herz des alten Kazimierz, das hoffentlich niemals kaputtsaniert werden wird. Ins Raucherzimmer gelangt man durch einen alten Schrank. Tägl. 9–2, Fr/Sa bis 4 Uhr. Ul. Estery 5, ✆ 12-4212200, www.alchemia.com.pl.

Propaganda **10** Der Ort für alle, die den Kommunismus vermissen oder ihn, nicht ohne Ironie, feiern wollen. An den Wänden hängen Propaganda-Objekte aus aller Welt, darunter russische Uniformen und ein abgesägter Trabbi. Slawischer Ska und Rock unterstreichen das beliebte Retro-Ambiente musikalisch für das bunte Publikum. Achtung: Raucherlokal! Tägl. 16–2, Fr/Sa bis 5 Uhr. Ul. Miodowa 20, www.pubpropaganda.pl.

MeinTipp **Eszeweria** **48** Ideal für Pärchen, denen die Schwarz-Weiß-Fotos, der Sommergarten, die romantische Einrichtung und der freundliche Service gefallen werden. Tägl. 12–2, Fr/Sa bis 3 oder 5 Uhr. Ul. Józefa 9.

ArtCafé Barakah **52** Alternatives Künstlercafé mit vielen Konzerten, Theateraufführungen und Ausstellungen. Tägl. 17–2 Uhr. Ul. Paulińska 28, www.teatrbarakah.com.

La Habana **6** Wie der Name verrät, kubanisch eingerichtet. Man schlürft Cuba Libre und andere Cocktails, liest Hemingway und hört Salsa. Tägl. 10–24, Fr/Sa bis 2 Uhr. Ul. Miodowa 22.

Eine der vielen Kazimierzer Galerien

MeinTipp **Singer** **30** Während der Ausgangssperre in den 1980ern ein geheimer Treff, heute längst kein Geheimtipp mehr. Klezmer, Jazz und Filmmusik erklingen, während an den Singer-Nähmaschinentischen der Wódka schmeckt – sofern man einen Sitzplatz findet. An manchen Tagen wird auf den Tischen und in der Bar zu Tango, Salsa oder ähnlicher Musik getanzt. Tägl. 9–3, Fr/Sa bis 6 Uhr, im Sommer tägl. bis 5 Uhr. Ul. Izaaka 1.

Piękny Pies **24** Wilder Kultclub, der schon zum dritten Mal umziehen musste. Bei Studenten sind die Alternative- und Undergroundklänge sehr beliebt. Das Rauchverbot wird hier gerne missachtet. Tägl. 16–3, Fr/Sa bis 5 Uhr. Ul. Bożego Ciała 9.

Im Singer wird auf den Nähmaschinentischen auch schon mal getanzt

Absynt 7 Gewidmet der grünen Fee, die so gut zu Kazimierz passt. Es gibt den Absinth pur, aber auch in Cocktails. Mit Grammofonen, Samowars und Kerzenständern für die Umgebung typisch eingerichtet. Die Musikauswahl trübt den Eindruck aber oft ein wenig. Mi–So 12–1, Do–Sa bis 2 Uhr. Ul. Miodowa 26, www.absynt-krakow.pl.

Ursa Maior 58 Viele selbstgebraute Biersorten, zum Beispiel das Sommerbier „Rummel in Kazimierz". Beliebt das Tasting Set mit 6 Sorten für 5,50 €. Mo–Do 13–24, Fr/Sa 13–2, So 12–23 Uhr. Pl. Wolnica 10, www.ursamaior.pl.

Po Drodze 63 Der Name der Kneipe („Auf dem Weg") bezieht sich auf die Lage in der Nähe der Fußgängerbrücke, die Kazimierz und Podgórze seit 2010 verbindet. Innen gibt es einen schönen Tresen, bei gutem Wetter noch beliebter sind die Tische vor der Tür. Mo–Do 12–23, Fr/Sa 10–2, So 10–23 Uhr. Ul. Mostowa 8.

Stara Zajezdnia 53 Mikrobrauerei mit Krakaus längster Theke. Im ehemaligen Tramdepot der Stadt schön untergebracht. Gerade für große Gruppen oder zum Public Viewing ein geeigneter Ort. Mo–Do 14–24, Fr/Sa bis 1, Sa/So ab 12 Uhr. Ul. św. Wawrzyńca 12, www.starazajezdniakrakow.pl.

MeinTipp **Muzeum Flipperów 11** Den Abend in einem ungewöhnlichen Museum verbringen, Bier trinken und dabei unbegrenzt flippern – klingt gut? Für 10 € Eintritt wird der Traum großer Jungs wahr. Di–So 12–23 Uhr. Ul. Stradomska 15 (Keller im Hinterhof), www.krakowpinballmuseum.com.

LaF 56 LGBT-Kellerclub, besonders von Lesben frequentiert. Aber auch Homos und Heteros. Fr/Sa 22–4 Uhr. Pl. Wolnica 7 (durch den Flur vom Café Młynek).

Cocon 64 „Gaylife is Highlife" lautet das Motto des Clubs. Tatsächlich wird das Haus fast immer gerockt, und zwar nicht nur von Schwulen und Lesben, sondern auch von gar nicht so wenigen Heteros. Im Gebäude haben auch drei unabhängige Theater ihre Bühnen. Eintritt 1–2,50 €. Do–Sa 22–3, Fr/Sa bis 6 Uhr. Ul. Gazowa 21, ✆ 12-6322296, www.klub-cocon.pl.

Einkaufen

Feinkost

Piekarnia Mojego Taty 35 Krakaus bestes Brot kommt mit einer rührseligen Geschichte. Ein Vater wollte eine Bäckerei eröffnen, doch das blieb ihm verwehrt. Der Sohn holte es nun nach und gab ihr deshalb den Namen „Bäckerei meines Vaters". Übrigens wird nach alten Rezepten und mit reinen Zutaten gebacken, unser Favorit ist das Kartoffelbrot. Tägl.

6–2 Uhr morgens (So erst ab 16 Uhr), also auch für hungrige Nachtschwärmer geeignet. Ul. Meiselsa 6, www.piekarniamojegotaty.pl.

Cukiernia Starowicz **37** Der Zuckerbäcker, ein Familienbetrieb, zählt zu Krakaus besten Konditoren. Die Kreation „Dzwon Zygmunta" (Sigismundglocke) wurde sogar zu einem der neuen Wahrzeichen Krakaus gewählt. Di–So 9–18 Uhr. Ul. św. Wawrzyńca 32, www.cukierniastarowicz.pl.

Produkty Benedyktyńskie **57** Alkohol, Süßes, Tee, Pilze, Konfitüren, Honig, Brot, Kosmetika ... Alles nach Benediktinerrezepten. Mo–Fr 9–18, Sa 9–14 Uhr. Ul. Krakowska 29, www.produktybenedyktynskie.com.pl.

Judaika

meinTipp **Bücherei der Hohen Synagoge** **26** Der freundliche Empfang und die kompetente Hilfe erleichtern die Auswahl zwischen Bildbänden, Büchern über die jüdische Kultur und den Holocaust (auch in deutschen Übersetzungen) sowie Klezmer-CDs. Tägl. 9.30–20 Uhr, im Winter 10–19 Uhr. Ul. Józefa 38, www.austeria.eu.

Jarden **1** Hier wird man auf der Suche nach (lokaler) Klezmermusik ebenso fündig wie nach jüdischen Sachbüchern und Literatur in verschiedenen Sprachen. Empfehlenswert sind auch die vom Jarden organisierten Führungen durch Kazimierz oder nach Auschwitz-Birkenau. Mo–Fr 9–18, Sa/So 10–18 Uhr. Ul. Miodowa 41, ✆ 12-4291374, www.jarden.pl.

Möbel und Design

Marka **49** Außergewöhnliche Möbel und Leuchten, aber auch kleinere Sachen zum Verschönern der Wohnung, die auch ins Handgepäck passen. Alles von polnischen Designern. Mo–Fr 12–18, Sa bis 17, So bis 16 Uhr. Ul. Józefa 5, www.marka-conceptstore.pl.

Mode

meinTipp **IdeaFix** **59** Nur polnische Designer, und zwar junge, unabhängige und äußerst talentierte. Kleidung, Schuhe und Einrichtungsgegenstände fürs Heim. Mo–Fr 11–19, Sa/So 12–18 Uhr. Ul. Bocheńska 7, www.ideafix.pl.

The Hive **59** Zwar auch Frauenmode, nennenswert ist aber die große Auswahl für Männer, die mehr Wert legen auf Coolness als auf Eleganz. Mo–Fr 12–19, Sa 12–18 Uhr. Ul. Bocheńska 7, www.thehiveclothing.eu.

Przymierzalnia **33** Der Name „Umkleidekabine" spielt darauf an, dass es hier Mode aus zweiter Hand gibt – schöne Stücke für Frauen. Mo–Sa 11–19, So 11–17 Uhr. Ul. Józefa 20.

Anna Kara **12** Traumhafte Hochzeitskleider aus Krakau, die jede Braut noch schöner machen. Wer genügend Zeit vor der Hochzeit hat, um zwei- oder dreimal vorbeizukommen,

Kazimierz → Karte S. 126/127

In der Bücherei der Hohen Synagoge

sollte dies machen! Mo–Fr 11–19, Sa 10–14 Uhr. Ul. Dietla 46, www.annakara.pl.

Mapaya 51 Handgemachte Ethnomode von kleinen, lokalen Manufakturen aus der ganzen Welt. Mo–Sa 11–18, So 12–17 Uhr. Ul. Józefa 3, www.mapaya.pl.

Fairma 42 Vegane Schuhe aus fair gehandelten und ökologischen Materialien von polnischen Designern. Mo–Sa 10.30–19.30. Ul. Dajwór 20.

MeinTipp **Szaleo** 44 Riesenauswahl an Schals, Handschuhen und Mützen. Mo–Fr 10–20, Sa 10–15 Uhr. Ul. Krakowska 9, www.szaleo.pl.

Mały Styl 32 Kindermode für Mädchen und Jungs mit Stil. Mo–Fr 11–18, Sa/So 11–17 Uhr. Ul. Józefa 22, www.malystyl.pl.

MeinTipp **Vintage Classics** 47 Retro-Klassiker und Vintage-Mode, Schmuck und Accessoires aus mehreren Jahrzehnten. Und eine sympathische Besitzerin. Mo–Sa 11–19, So 11–17 Uhr. Ul. Józefa 11.

Ulica Józefa, Straße mit vielen kleinen Geschäften und Galerien.

Schmuck

MeinTipp **Blazko Kindery** 40 Dieser Juwelier bietet geschmackvollen und jugendlichen Schmuck zu erschwinglichen Preisen. Die eigenen Kreationen in Schwarz, Weiß und Silber oder Bunt sehen auf jedem Kleidungsstück gut aus. Mo–Fr 11–19, Sa 11–15 Uhr. Ul. Józefa 11, www.blazko.pl.

galeria ora 39 Zweite Filiale einer tollen Schmuckgalerie (→ Tour 2). Mo–Fr 11–18, Sa/So 11–15 Uhr. Ul. Józefa 6, www.galeria-ora.com.

Galerien, Antiquitäten, Kunsthandwerk

Galeria Szalom 36 Judaika, aber auch modernere jüdische Kunst aus Polen und Israel. Di–Fr 12–17, Sa/So 12–15 Uhr. Ul. Józefa 16.

Galerie d'Art Naif 45 Diese kleine Galerie bietet Werke von bekannten und unbekannten Künstlern an, die sich abseits der traditionellen Kunstvorstellung bewegen. Mo–Fr 11–17, Sa/So 11–15 Uhr. Ul. Józefa 11, www.artnaive.sky.pl.

Art Cherubino 62 Wer seinen Schutzengel sucht, wird hier fündig. Verschiedene Engelfiguren von Glas bis Flechtware für verschiedene Geschmäcker von Kunst bis Kitsch. Auch Veranstalter des Engelfestivals im Oktober. Mo–Fr 10–18, Sa 10–14 Uhr. Ul. Bonifraterska 1.

Archetyp 15 Galerie mit Volkskunst, vor allem bemalte Holzfiguren. Tägl. 8–22 Uhr. Ul. Estery 10, www.archetyp.art.pl.

Souvenirs Gifts 41 Bernsteinketten, Glaskunst, Holzarbeiten und vieles mehr, das sich vom gewohnten Einerlei üblicher Souvenirläden abzuheben weiß. Ul. Józefa 11.

MeinTipp **Galeria LueLue** 3 Verträumte Bilder und Fotos des alten Krakau, am interessantesten sicher in der Form von Taschen, Kalendern und Postkarten. Tägl. 11–19 Uhr. Ul. Miodowa 22, www.luelue.pl.

Plac Nowy, Mo–Sa 9–16 Uhr Flohmarkt mit Antiquitäten, jüdischem Krimskrams und auch Kleidung. Das beste Angebot gibt es sonntags 9–15 Uhr auf dem Vintage-Markt.

Ausflugsfahrten

Barka Basia 67 5-stündige Ausflugsfahrten nach Tyniec (12,50 €/Pers.) oder etwa 1-stündige Fahrten von Kazimierz bis Wawel bzw. Salwator und zurück (5 € bzw. 6 €/Pers.). Bulwar Kurlandzki, ✆ 501-797606 (mobil), www.fala24.pl.

Kulturzentren

Centrum Kultury Żydowskiej 29 Der Organisator des Jüdischen Festivals in Kazimierz und vieler weiterer sehenswerter Veranstaltungen. Kein Fiedler auf dem Dach, dafür ein Café mit schönem Blick auf die Dächer von Kazimierz. Tägl. 10–18 (Café bis 20 Uhr), Sa/So bis 14 Uhr. Ul. Rabina Meiselsa 17, ✆ 12-4306452, www.judaica.pl, www.jewishfestival.pl.

Jewish Community Centre 8 „Having a great time" ist das Motto der Krakauer Juden. Ihr durch eine großzügige Spende und das Engagement von Prinz Charles unterstütztes Gemeinschaftszentrum ermöglicht neben freundlichen Begegnungen mit der wachsenden jüdischen Gemeinde auch Auskünfte und bei frühzeitiger Buchung Vermittlung von Stadtführern. Ul. Miodowa 24, ✆ 12-3705770, www.jcckrakow.org.

Nürnberger Haus 55 Die enge Städtepartnerschaft zwischen Krakau und Nürnberg zeigt sich auch in dieser Institution mit interessantem Angebot. Ul. Skałeczna 2 (Eckhaus), ✆ 12-4306127, www.dom-norymberski.com, www.krakauer-haus.de.

Im Mleczarnia

Im ehemaligen Ghetto

Tour 10

Ein Stadtteil mit wechselvoller Geschichte: Zunächst ein Arbeiterviertel, wurden die Bewohner umgesiedelt, um hier die jüdische Bevölkerung Krakaus während des Zweiten Weltkriegs hinter Ghettomauern einzusperren. Heute entwickelt sich Podgórze zu einem Trendviertel mit IT-Startups und Lokalen.

Platz der Helden des Ghettos, Mahnmal für die Opfer, S. 149

Schindler-Fabrik, Museum zur Geschichte unter den Nazis, S. 150

Museum für Zeitgenössische Kunst, Tolles & Kontroverses, S. 150

Zentrum für Glas & Keramik, Vorführungen zur Herstellung, S. 151

Tadeusz-Kantor-Museum, dem Avantgarde-Genie gewidmet, S. 152

Stadtteil südlich der Weichsel

Podgórze

„Und wisst Ihr, was jede Stadt polnisch macht? Die Juden. Wenn es schon an ihnen fehlen würde, begäben wir uns in ein vollkommen fremdes Land, und weil wir doch ihre Anwesenheit gewöhnt sind, fühlten wir uns, als ob es in uns an etwas mangelt." Diese Zeilen aus der „Latarnia czarnoksięska" (Die magische Laterne) des großen polnischen Chronisten Józef Ignacy Kraszewski wurden ein Jahrhundert vor dem Holocaust verfasst. Kraszewski konnte nicht wissen, mit welcher Präzision er den Zustand Polens nach dem Zweiten Weltkrieg vorhersagte. Nirgendwo sonst in Krakau wird das so deutlich wie in Podgórze, obwohl in diesem Stadtteil südlich der Weichsel ursprünglich fast keine Juden gelebt hatten.

Seit 1939 war den Krakauer Juden überall in der Stadt verboten, ihre Religion auszuüben, der Zugang zum Zentrum war ihnen ganz versperrt. 1941 wurden dann mehr als 16.000 auf Befehl des Generalgouverneurs Hans Frank aus Kazimierz und anderen Stadtteilen in das Ghetto von Podgórze deportiert. Noch heute können Anwohner berichten, wie in einem zwei Wochen dauernden Exodus die Juden nach Podgórze gezwungen und dessen katholische Einwohner gleichzeitig nach Kazimierz vertrieben wurden. Auf der Brücke über die Weichsel begegneten sich die Blicke derer, die ihre Häuser und eine sichere Zukunft verloren hatten. Für die Juden be-deutete dies aber erst den Anfang einer zweijährigen Schreckenszeit innerhalb von Mauern, die zum Teil schon mit den Grabsteinen aus den verwüsteten Friedhöfen errichtet worden waren. Der anfangs viel zu knapp bemessene Raum des Ghettos hätte schon 1942 nach wahllosen Erschießungen und den Transporten in das spätere Konzentrationslager Płaszów ausgereicht. Doch mehr als zwei Quadratmeter Wohnraum wurden einer Person nicht zugestanden, und die SS begann, das Ghetto immer enger mit Stacheldraht einzuzäunen. Die Aufteilung des Geländes in Ghetto A für die arbeitsfähigen Bewohner und Ghetto B für Alte, Kinder und Kranke im Dezember 1942 war die Vorbereitung für das Ende ein Jahr später. Am 14. März 1943 wurden innerhalb weniger Stunden mehr als 1000 Menschen erschossen. Die wenigen Überlebenden wurden entweder ins nur einen Kilometer entfernte Konzentrationslager Płaszów oder nach Auschwitz verschleppt, wo ihnen kein besseres Schicksal bevorstand. Allein in Płaszów starben 20.000 der ehemals 70.000 Krakauer Juden.

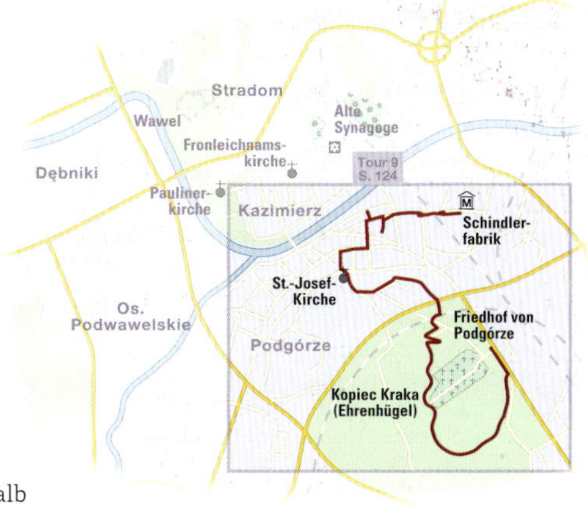

Heute kann man die hier stattgefundenen Verbrechen höchstens noch erahnen. Auch die Mauerreste und Gedenkstätten vermitteln nicht annähernd ein realistisches Bild der Geschehnisse. Wer aber die Bilder der Filme „Schindlers Liste" oder „Der Pianist" im Gedächtnis hat, kann sich hier vieles vergegenwärtigen. Wesentlich klarer noch als Steven Spielbergs Beitrag verdeutlicht der Film von Roman Polański die Situation. Der Regisseur hatte selbst das Krakauer Ghetto überlebt und seine eigenen Erinnerungen in der Geschichte über den Pianisten Władysław Szpilman im Warschauer Ghetto verarbeitet.

Dem heutigen Podgórze wird man natürlich nicht gerecht, würde man es

Auf dem Platz der Helden des Ghettos

auf diesen Teil seiner Geschichte beschränken. Da viele Studenten der günstigen Mieten wegen in den Stadtteil zogen, keimt beispielsweise das Nachtleben langsam auf. Wie im nahen Kazimierz reihen sich nun restaurierte Häuser an noch verfallene und kreieren so einen eigenartigen Charme zwischen Vergangenheit und Zukunft. Letztere wird auch den guten Restaurants gehören, denen es bereits gelingt, die Krakauer gelegentlich aus dem Zentrum in das noch recht beschauliche Podgórze zu locken. Der inzwischen vollendete Umbau der Schindlerfabrik, das 2011 neu eröffnete Museum für Zeitgenössische Kunst sowie das 2014 eröffnete Kantormuseum sind weitere Gründe für einen Abstecher in das Quartier südlich der Weichsel. Viele Neubauten und revitalisierte Fabrikgebäude im einstigen Industriegebiet Zabłocie rund um die Schindlerfabrik locken auch Start-ups, IT-Firmen und junge Familien dorthin. Unbedingt zu erwähnen ist auch die überaus interessante Arbeit des Kulturhauses, deren alljährlicher Höhepunkt das heidnische Ritterfestival Rękawka ist.

Tour-Info Der Startpunkt des Spaziergangs ist am Plac Bohaterów Getta. | **Ende**: ul. Wielicka, von hier aus fahren Straßenbahnen zurück ins Zentrum. | **Reine Gehzeit**: ca. 1¼–2¼ Std.

Spaziergang

Noch in der Straßenbahn fährt man über die den schlesischen Aufständen zwischen 1919 und 1921 gewidmete Brücke (Most Powstańców Śląskich). Die Haltestelle liegt am **Platz der Helden des Ghettos (Plac Bohaterów Getta)**, an die eine Installation von 70 Stühlen erinnert. Dieser Platz war als „Umschlagplatz" Teil des Ghettos. Für die nächste Sehenswürdigkeit nehmen wir die Unterführung (die Polizei kassiert gerne und oft diejenigen ab, die die Straße überqueren!) und biegen in die ulica Kącik bis zur ehemaligen Schokoladenfabrik Wawel ein. Zur Rechten sehen sie an einem Hochhaus ein schönes Mural (Wandgraffiti) mit Buchrücken. Geradeaus gehen wir

Krakau im Kasten

Zwei „Gerechte unter den Völkern"

Tadeusz Pankiewicz, der polnische Besitzer der Apotheke Pod Orłem, lebte als einziger Nicht-Jude im Ghetto. Zweieinhalb Jahre lang war sein Haus die zentrale Anlaufstelle, in der über die Probleme und die Kriegsentwicklung gesprochen wurde. Vor allem aber gewährte Pankiewicz Zuflucht vor Verschleppungen, färbte vor einer geplanten Flucht Haare blond und verhalf den Ghettobewohnern zu einem jugendlicheren Aussehen, alles überlebenswichtige Taten. Wie Oskar Schindler wurde er von Israel mit der Auszeichnung „Gerechter unter den Völkern" geehrt, denn beide setzten dem Unrecht mutig ihre Zivilcourage entgegen. Pankiewicz verzichtete dabei sicher auf mehr Annehmlichkeiten, während Oskar Schindler immer noch der Makel eines angeblichen Kriegsgewinnlers anhängt. Die Verwandlung Schindlers vom Saulus zum Paulus wird aber von den Anwohnern vollständig bestätigt. Im Gegensatz zu vielen, die nach dem Krieg in der jungen Bundesrepublik Karriere machten, fand sich hier inmitten von unmenschlichen Nationalsozialisten ein Deutscher, der auch das Ansehen seiner Landsleute ein Stück weit rettete. Mehr als 1200 Juden sicherte er das Überleben und behandelte die Polen außerhalb des Ghettos mit Respekt und Achtung.

durch den 2016 modernisierten Tunnel und lassen die Bahnlinie hinter uns, bis uns die ulica Lipowa zur **Schindler-Fabrik (Fabryka Schindlera)** führt, die vor allem aufgrund des Films weltbekannt geworden ist. Auf dem Fabrikgelände wartet seit 2011 zudem das **Museum für Zeitgenössische Kunst (Muzeum Sztuki Wspólczesnej)** auf Besucher. Die dritte Sehenswürdigkeit an diesem Ort ist das **Zentrum für Glas und Keramik (Centrum Szkła i Ceramiki)** auf der anderen Straßenseite, mit dem die industrielle Vergangenheit in die Gegenwart gerettet werden konnte. Anschließend kehren wir zum Plac Bohaterów Getta zurück, biegen aber kurz vor der Fußgängerunterführung nach links in die ul. Lwowska und gelangen so zum **Rest der Ghettomauer (Fragment Muru Getta)**. Zurück auf dem Platz, gehen wir auf diesem links in Richtung der **Apotheke (Apteka) Pod Orłem**, dem vielleicht wichtigsten Ort der Hoffnung im Ghetto. An dieser Stelle beginnt jedes Jahr am 11. März um 12 Uhr der Gedenkmarsch (Marsz Pamięci) für die Opfer des Nationalsozialismus. Nach diesen bedrückenden Begegnungen geht es über die ulica Piwna bis zum 2014 fertiggestellten **Tadeusz-Kantor-Museum (Muzeum**

Tadeusza Kantora). Von dort erreichen wir auf der ul. Krakusa die Hauptstraße, die ul. Limanowskiego, in die wir rechts bis zum **Marktplatz von Podgórze (Rynek Podgórski)** gehen, der von der massiven neugotischen Kirche überragt wird. Hinter dieser Kirche, im Zentrum des Stadtteils, steht in der ulica Rękawka 3 ein eigentlich recht gewöhnliches Haus:

Hier wohnte der berühmte Regisseur Roman Polański, einer der wenigen Gefangenen des Ghettos, denen die Flucht gelungen war. Danach erklimmen wir die ulica Parkowa. Rechts beginnt der Bednarski-Park (Park Bednarskiego), ein halbwildes Naturschutzgebiet (mit Spielplatz), in dem mehr als 100 verschiedene Baumarten wachsen. Gegenüber dem Parkeingang steht die Willa Mira, ein Schlösschen mit interessanten Holzverzierungen am Dach und dem Türmchen. Auch die benachbarte Willa Julia ist außergewöhnlich. Für den weiteren Spaziergang aber gehen wir nach links über den pl. Lasoty in die ulica Stwarza, bis wir auf eine große Wiese stoßen. Dort steht das Kirchlein St. Benedikt (Kościółek św. Benedykta); nur zweimal im Jahr ist die Kirche geöffnet, zum einen am Tag des Heiligen Benedikt am 11. Juli, zum anderen am Osterdienstag während der Rękawka-Kirmes. Unweit der Kirche befindet sich die **Festung St. Benedikt (Fort św. Benedykta)**, über deren künftige Nutzung seit Jahren gestritten wird. Dem Straßenlärm entgegen, überqueren wir die Fußgängerbrücke, von der wir die beste Sicht auf das **Silva-Rerum-Graffiti** haben. Wer das voraussichtlich ab Ende 2017 geöffnete **Museum von Podgórze (Muzeum Podgórza)** sehen will, geht stattdessen nach unten und läuft hier, die Mauer zur Rechten, bis zur Kreuzung und dort über die Straße. Vom Graffiti aus ist auch schon der **Krak-Hügel (Kopiec Krakusa)** zu sehen. Um zu ihm zu gelangen, müssen wir zunächst den teils steilen Weg bewältigen. Oben angekommen, sehen wir nicht nur einen großen Teil Krakaus, sondern auch das **Ehemalige Konzentrationslager Płaszów (Były Obóz Koncentracyjny Płaszów)**, in dem auch der Steinbruch Liban (Kamieniołom Liban) liegt; dieser Steinbruch war ein Arbeitslager ausschließlich für katholische Polen. Bis auf die Mühlen (Młyny) und das Förderband (Taśmociąg) ist aus dieser Zeit nichts übriggeblieben. Dennoch nutzte Spielberg den Ort als Filmkulisse. Die jüdischen Gefangenen mussten im späteren Konzentrationslager Baracken und Straßen bauen sowie andere Zwangsarbeit leisten. Beim Fortsetzen des Weges ist Vorsicht angesagt: Der Pfad zwischen dem Steinbruch und dem Friedhof von Podgórze (Cmentarz Podgórski) ist sehr schmal und an einer Seite abschüssig, zumindest wurde 2008 der Sicherheitszaun repariert; seither ist aber auch der Durchgang offiziell nicht erlaubt, auch wenn der Zaun bei jedem unserer Besuche eingerissen war. Wer das Gelände des ehemaligen Konzentrationslagers begehen möchte, muss also eventuell einen kleinen Umweg in Kauf nehmen. Dazu geht man entlang des Friedhofszauns zur al. Pod Kopcem, zur

Panorama von Podgórze von der Kładka Ojca Bernatka aus gesehen

Hauptstraße ul. Wielicka, die erste Möglichkeit rechts in die ul. Jerozolimska und dann dem Schild nach. Abgesehen davon gibt es keine Markierungen, die den Spaziergang erleichtern würden. Auf einem Hügel über der großen Wiese steht ein riesiges Denkmal für die Opfer des Faschismus. Daneben findet man noch ein kleineres für die ungarischen Juden, die kurz vor Kriegsende das Schicksal ihrer polnischen und deutschen Glaubensbrüder teilen mussten – das KZ Płaszów war ihre letzte Station vor ihrer Ermordung in Auschwitz. Danach verlassen wir das Gelände in Richtung der ulica Jerozolimska, die zur ulica Wielicka führt. Von hier aus fahren die Straßenbahnen zurück ins Zentrum.

Sehenswertes

Plac Bohaterów Getta

Platz der Helden des Ghettos

Hier befanden sich der zentrale Eingang des Ghettos und der sogenannte Umschlagplatz, von dem aus die SS Juden in die Konzentrationslager verschleppte. Entlang der Straße ist eine durch Kopfsteinpflaster markierte Linie zu sehen, die die damalige Grenze des Ghettos zeigt. Eine Gedenktafel informiert auf Hebräisch und Polnisch über die Geschichte seiner Bewohner. Von Bedeutung sind die Apotheke Pod Orłem und die 2005 vollendete Installation aus 33 großen und 37 kleineren Stühlen. Die größeren bronzenen Stühle sind in geometrischer Ordnung aufgereiht und repräsentieren die Möbelstücke, die nach der Liquidation des Ghettos 1943 einsam auf dem Platz standen, während ihre Besitzer schon ins KZ Płaszów verschleppt worden waren. Nach Einbruch der Dunkelheit werden die Stühle beleuchtet, was die seltsam ästhetische und zugleich bedrückende Atmosphäre des Platzes

Podgórze → Karte S. 147

noch verstärkt. Auf die kleineren Stühle an der Haltestelle kann man sich setzen, sie sind sogar dazu gedacht, auch wenn sie in das Gesamtwerk integriert sind.

Tram 3, 19, 24, 69, Haltestelle Plac Bohaterów Getta.

Fabryka Schindlera

Schindler-Fabrik

Nach langwieriger Anlaufzeit wurde das Gebäude der Emaille-Fabrik von Oskar Schindler, das viele Jahre nur inoffiziell besucht werden konnte, in ein modernes, multimediales Museum umgewandelt. Steven Spielberg benutzte für seine berühmte Verfilmung von „Schindlers Liste" vor allem das Treppenhaus des Gebäudes, das seit dem Krieg kaum verändert worden war. Das Museum im Verwaltungsteil, in dem sich Schindlers Büro befand, setzt neue Maßstäbe für historische Ausstellungen. Seit 2010 dient es als Gedenkort für die Schindler-Juden und ihren Retter, aber auch als Museum über die NS-Besatzungszeit in Krakau zwischen 1939 und 1945. Auf drei Etagen in 28 Sälen wird die Schreckensherrschaft eindrücklich dokumentiert. Interaktive Elemente ermöglichen es, in den damaligen Alltag einzutauchen. So kann man in Schubladen Infomaterial entdecken oder an Bildschirmen Hintergrundwissen erwerben. Vor allem in der Hauptsaison ist Kartenvorbestellung über die Homepage (s. u.) oder frühzeitiges Erscheinen unbedingt zu empfehlen!

Nov.–März Mo 10–14, Di–So 10–18 Uhr; April–Okt. Mo 10–16 (1. Mo im Monat bis 14 Uhr), Di–So 9–20 Uhr. Letzter Einlass 90 Min. vor Schließung. Eintritt 5 €, erm. 4 €, Mo frei, Audioguide 2,50 € (leider nur engl./polnisch), Kombiticket „Erinnerungsroute" (Schindlerfabrik, Ulica Pomorska & Apteka „Pod Orłem") 6 €, erm. 5 €. Vorherige Buchung auch am Mo über die Internetseite empfohlen! Ul. Lipowa 4, ✆ 12-2571017, www.mhk.pl. Tram 3, 19, 24, 69, Haltestelle Plac Bohaterów Getta, Tram 9, 20, 50, Haltestelle Zabłocie.

Muzeum Sztuki Współczesnej

Museum für Zeitgenössische Kunst

Die ehemaligen Fabrikhallen und Baracken, in denen die später geretteten Juden arbeiteten, sind heute Orte der Begegnung und der Kunst. Der um-

Reste des Arbeitslagers, wie es auch im Film „Schindlers Liste" zu sehen ist

Die Schindlerfabrik wurde in ein multimediales Museum über die Kriegsjahre umgewandelt

fangreiche Umbau des Museums, für das die italienischen Architekten Claudio Nardi und Leonardo Proli den Zuschlag erhalten hatten, ist auch architektonisch interessant. Publikumsmagnet aber sind die zeitgenössischen Kunstwerke, die schon seit Jahren fleißig gesammelt wurden und für die nun zusammen mit den Leihobjekten auf mehr als 4000 m² Ausstellungsfläche genügend Platz ist.

Die Doppelnutzung der Schindlerfabrik hatte ursprünglich zu heißen Diskussionen über eine angemessene und politisch korrekte Würdigung geführt; interessanterweise hatten aber weder jüdische Vereine in Krakau noch Organisationen von Schindlerjuden und deren Nachfahren Bedenken gegen eine museale und unpolitische Nutzung. Ganz anders sieht es bei einigen der Ausstellungsobjekte aus, die fast alle Besucher und auch wir als pietätlos empfinden. Ein Schriftzug wie „Kunst macht frei“ (in Anlehnung an die Toraufschrift des Konzentrationslagers Auschwitz) in unmittelbarer Nachbarschaft des NS-Mordens muss nicht sein. Das sehen auch Medien und NGOs so, die bisher erfolglos protestiert haben. Schade ist dies auch, da so die oft tollen Wechselausstellungen und wesentlich interessantere Exponate von Gemälden über Skulpturen und Readymades bis hin zu Multimedialem in der Dauerausstellung weniger Beachtung finden.

Di–So 11–19 Uhr. Eintritt 2,50 €, erm. 1 €, Di frei. Führung (auf Deutsch) 20 €. Ul. Lipowa 4, ☏ 12-2634000, www.mocak.com.pl. Tram 3, 19, 24, 69, Haltestelle Plac Bohaterów Getta, Tram 9, 20, 50, Haltestelle Zabłocie.

Centrum Szkła i Ceramiki

Zentrum für Glas und Keramik

Die Ausstellung widmet sich der industriellen Vergangenheit des Ortes, einer ehemaligen Glasfabrik. Beleuchtet wird die Glasherstellung ab dem 19. Jh. anhand von Geräten und Touch Screens. Zu sehen und kaufen ist auch traumhaft schöne Keramik- und Glaskunst. Am interessantesten sind unserer Meinung nach aber die Vorführungen, bei denen man die einzelnen Herstellungsprozesse wie Erhitzen und Formen miterlebt. Die Präsentationen sind so selbsterklärend, dass man auch

Podgórze → Karte S. 147

in eine Vorführung in polnischer Sprache gehen kann.

Ausstellung: Mo–Fr 10–18, Sa 10–14 Uhr. Vorführung: Mo–Fr 10–16.30, Sa 10–13.30 Uhr (auf Englisch per Voranmeldung). Eintritt für Ausstellung und Show 3,50 €, erm. 3 €. Ul. Lipowa 3, ✆ 12-4236790, www.lipowa3.pl. Tram 3, 19, 24, 69, Haltestelle Plac Bohaterów Getta, Tram 9, 20, 50, Haltestelle Zabłocie.

Vorführung im Zentrum für Glas und Keramik

Fragment Muru Getta

Rest der Ghettomauer

Nur an zwei Stellen sind Reste der Mauer erhalten geblieben, die ursprünglich das gesamte Ghetto begrenzte. Viel zu sehen gibt es nicht, aber viel zu spüren und vorzustellen. Die Inschrift auf der Gedenktafel lautet übersetzt: „Hier lebten sie, litten und starben durch die Hände von Hitlers Schergen. Von hier aus führte ihr letzter Weg in die Vernichtungslager. Mauerrest des jüdischen Ghettos 1941–1943."

Ul. Lwowska 27. Tram 3, 19, 24, 69, Haltestelle Plac Bohaterów Getta.

Apteka Pod Orłem

Apotheke Unter dem Adler

In diesem Gebäude wirkte Tadeusz Pankiewicz in der Zeit des Krakauer Ghettos (→ Kasten S. 146). Zwei Jahre lang hielt er seine Apotheke „Unter dem Adler" ununterbrochen geöffnet, und sie diente dabei mehr als nur der medizinischen Versorgung. Der polnische Apotheker half, wo und wie er nur konnte. Im *Muzeum Pamięci* (Gedenkmuseum) werden kurze Dokumentarfilme mit Originalaufnahmen aus dem Ghetto vorgeführt, Fotos und Dokumente erinnern an die Ereignisse. Wesentlich deprimierender ist die 2014 vergrößerte Ausstellung der Erinnerungsstücke und Privatsachen, die Krakauer Juden dem mutigen Apotheker in der Hoffnung auf eine Wiederkehr anvertraut hatten.

April–Okt. Mo 10–14, Di–So 9–17 Uhr; Nov.–März Mo 10–14, Di–Sa 9–16 Uhr, 2. Di im Monat zu. Eintritt 2,50 €, erm. 2 €, Mo frei, Audioguide (auf Deutsch) 2,50 €, Kombiticket „Erinnerungsroute" (Schindlerfabrik, Ulica Pomorska & Apteka „Pod Orłem") 6 €, erm. 5 €. Zutritt ab 13 Jahren. Plac Bohaterów Getta 18, ✆ 12-6565625, www.mhk.pl. Tram 3, 19, 24, 69, Haltestelle Plac Bohaterów Getta.

Muzeum Tadeusza Kantora

Tadeusz-Kantor-Museum

Im um 1900 im historistischen Stil erbauten Kraftwerk von Podgórze wurde 2014 ein Museum zu Ehren des großen Krakauer Theaterregisseurs und Künstlers eröffnet. Dem Entwurf der Architekten Agnieszka Szultk, Piotr Nawara und Stanisław Deńko gemäß wurde über das Industriedenkmal eine futuristisch anmutende, weinrote Brückenkonstruktion gestülpt. Im Museum wird in sieben Ausstellungsetappen das Theaterschaffen von Kantor beleuchtet, zusätzlich gibt es quer über das Museum verstreute Beispiele für die Ideen des vielseitigen Künstlers und seinen Einfluss auf die heutige Avantgarde. Überaus interessant ist die multimediale und audiovisuelle Umsetzung, Tablets können ausgeliehen werden.

Di–So 11–19 Uhr. Eintritt 2,50 €, erm. 1 €, Di frei. Ul. Nadwiślańska 2, www.cricoteka.pl. Tram 3, 19, 24, 69, Haltestelle Plac Bohaterów Getta.

Rynek Podgórski

Marktplatz von Podgórze

An dieser Stelle stand ein Tor zum Ghetto, der dreieckige Marktplatz ist heute jedoch ein schön gestalteter, 2016 renovierter Treffpunkt für die Anwohner. Über dem Platz steht die zwischen 1905 und 1909 errichtete Kościół św. Józefa (St.-Josef-Kirche), eine neugotische, dreischiffige Basilika. Einer ihrer Türme ist dem höheren Turm der Marienkirche nachempfunden. Im Innern ist besonders der Altar sehenswert, vor allem aber beeindruckt die Fassade.

Messe: Mo–Sa 7, 8, 18.30 Uhr, So 7.30, 9, 10.30, 12, 18.30, 20 Uhr. Ul. Zamoyskiego 2, www.jozef.diecezja.pl. Tram 6, 8, 10, 13, 19, 23, Haltestelle Korona.

Fort św. Benedykta

Festung St. Benedikt

Die Festung (erbaut 1853–1861) hat mit Feliks Księżarski denselben Architekten wie das Collegium Novum. Im Ersten Weltkrieg nutzte die Habsburger Armee ihre militärisch günstige Lage, um von hier aus gegen die Truppen des Zaren zu kämpfen. Über die künftige Nutzung wird noch gestritten. Die einen wollen die Festung vollkommen unter Denkmalschutz stellen, andere wollen sie für Konzerte und Ausstellungen nutzen.

Tram 3, 6, 11, 13, 23, 24, 69, Haltestelle Powstańców Wielkopolskich.

Silva Rerum

Graffiti „Wald der Dinge"

Anlässlich des 750-jährigen Gründungsjubiläums von Krakau im Jahr 2007 wurde die Geschichte der Stadt von den Anfängen bis zur Gegenwart in einem Graffiti dargestellt. Beteiligt waren Künstler, Graffiti-Artisten, aber auch Historiker als beratende Experten. Mit einer Länge von 100 Metern gilt das Wandgemälde als längstes zusammenhängendes Graffiti der Welt. Den offiziellen Namen „Silva Rerum" (Wald der Dinge) erhielt das Graffiti in Anlehnung an die polnische Tradition, beim Bau eines Hauses eine Kiste mit wichtigen Zeitdokumenten einzumauern. Eine interessante Möglichkeit, die wechselvolle Geschichte Krakaus mit Persönlichkeiten wie Papst Johannes Paul II. kennenzulernen. Eine Leserin empfahl, zur besseren Detailsicht ein Fernglas mitzunehmen.

Al. Powstańców Śląskich. Tram 3, 6, 11, 13, 23, 24, 69, Haltestelle Powstańców Wielkopolskich.

Kopiec Krakusa

Krak-Hügel

Der Hügel wurde schon im 7. Jh. angelegt. Angeblich liegt hier das Grab des Königs Krak, des Gründers der Stadt Krakau. In der Mitte des halbkugelförmigen Hügels wurden tatsächlich Reste einer Eiche gefunden, die als heiliger Baum galt. Die Erdaufschüttung ist

Der Krak-Hügel

Podgórze → Karte S. 147

übrigens auch als „Rękawka" („Ärmel") bekannt – ein Name, den auch das alljährliche Ritterfestival trägt – laut Legende wurde nach dem Tod von König Krak die Erde von den Krakauern in den Ärmeln zum Hügel getragen.

Tram 3, 6, 11, 13, 23, 24, 69, Haltestelle Cmentarz Podgórski.

Były Obóz Koncentracyjny Płaszów

Ehem. Konzentrationslager Płaszów

Dem 80 Hektar großen Gelände gaben die Nazis zunächst den Namen „Barackenbau". Im benachbarten Steinbruch mussten ab 1942 alle polnischen Gefangenen für die von den Nazis enteignete Firma Liban und Ehrenpreis arbeiten, während die Juden das Lager und die Straßen bauen sowie die Steine transportieren mussten. Oskar Schindler rettete von hier 1100 dieser Arbeiter und beschäftigte sie in seiner Firma unter wesentlich besseren Bedingungen. Insgesamt durchliefen 150.000 Menschen das Lager, von denen viele schon bald an Hunger, Krankheiten und Erschöpfung starben. Die meisten Insassen wurden 1942 nach Auschwitz deportiert, doch auch in dem seit Januar 1944 offiziell bestehenden Konzentrationslager Płaszów waren Gaskammern geplant.

Da diese aber nicht fertiggestellt werden konnten und das Lager schon im September 1944 aufgelöst wurde, starben die jüdischen und nichtjüdischen Polen, Slowaken und Ungarn durch Massenerschießungen. Heute sind an den Stellen der Massengräber, in denen sie zu Tausenden verscharrt wurden, nur noch Mahnmale, überwachsene Fundamente und Trümmerteile sichtbar. Dagegen ist die Villa des als „Schlächter von Płaszów" gefürchteten Kommandanten Amon Göth erhalten geblieben. Der Terror des SS-Offiziers wurde einem großen Publikum durch Spielbergs Verfilmung bekannt. Eine Umwandlung des brachliegenden Geländes in ein Museum wurde jahrelang diskutiert und soll ab 2017 nach und nach umgesetzt werden.

Frei zugänglich, ein Besuch unter 13 Jahren wird offiziell nicht empfohlen. Tram 3, 6, 11, 13, 23, 24, 69, Haltestelle Cmentarz Podgórski.

Sehenswertes abseits des Spaziergangs

Muzeum Podgórza

Museum von Podgórze

Endlich wird die einst unabhängige Stadt ihr eigenes Museum bekommen, ausschlaggebend waren lokale Bürgerinitiativen. Mittels Multimedia wird man dann in die spannende Geschichte des galizischen, königlichen und industriellen Podgórze eintauchen können. Die Eröffnung ist fürs letzte Quartal 2017 geplant.

Öffnungszeiten und Eintrittspreise standen bei Redaktionsschluss noch nicht fest. Ul. Limanowskiego 51, ✆ 12-4224219, www.mhk.pl. Tram 3, 6, 11, 13, 23, 24, 69, Haltestelle Powstańców Wielkopolskich.

Praktische Infos

→ Karte S. 147

Infos über den Stadtteil Podgórze finden Sie im Internet unter www.podgorze.pl.

Essen & Trinken

Restaurants

meinTipp **Ogniem i Mieczem** **12** Eine typische Karczma, in der altpolnische Gerichte serviert werden. Der Name „Mit Feuer und Schwert" ist der Titel eines Romans des Nationaldichters Henryk Sienkiewicz, die Inneneinrichtung sowie die Kleider der Kellnerinnen orientieren sich ebenfalls an diesem Buch. Sehr beliebter Treffpunkt für urige Gelage, aber auch für deftiges Frühstück. Ein „halber Meter Fleisch" aus der

Rippe in Honig und Wein kostet 12,50 €. Mo–Sa 12–24, So bis 21.30 Uhr. Plac Serkowskiego 7, ✆ 12-6562328, www.ogniemimieczem.pl.

makaroniarnia 6 Süßes und romantisch gelegenes Pasta-Bistro. Außer Nudeln auch Pizza und weitere italienische Klassiker für 4 bis 8 €. Leider, leider mitunter eine Küche, die die Bestellungen durcheinanderwirft und ein Service, der schon mal dem Partner das Hauptgericht bringt, während man selbst die Vorspeise noch nicht bekommen hat. Mo–Do 10–22, Fr/Sa 10–23, So 11–22 Uhr. Ul. Brodzińskiego 3, ✆ 12-4300147, www.makaroniarnia.com.

meinTipp **ZaKładka 7** Lassen wir die Titel sprechen: In der Küche steht Rafał Targosz, der Bronzemedaillengewinner der Kochweltmeisterschaft 2002. Für seine Kreationen hat er zudem bereits zweimal den polnischen kulinarischen Meistertitel und 2010 erstmals die Anerkennung der Michelinkritiker gewonnen. Dabei halten sich die Preise in seinem 2013 eröffneten Bistro in Grenzen: Im Herbst 2016 stand auf der regelmäßig wechselnden Karte z. B. Kabeljau-Filet mit Garnitur Grenobler Art für 11 €. Mo 17–23, Di–Do 12–23, Fr/Sa 12–24, So 12–22 Uhr. Ul. Józefińska 2, ✆ 12-4427442, www.zakladkabistro.pl.

meinTipp **Industrial 2** Aus der ehemaligen Kantine des elektrotechnischen Kombinats Telpod zauberte Inhaberin und Innenarchitektin Kasia Grüning eine Restaurantgalerie mit offener Küche, von der Decke hängenden Gemälden und Erinnerungen an die industrielle Vergangenheit. Statt Arbeiter abzuspeisen, werden frische und saisonale Zutaten in leckere Gerichte der internationalen Küche verwandelt. Hg. 6–19,50 €. Ul. Lipowa 4a, ✆ 12-2638626, www.restoindustrial.pl.

Studio Twój Kucharz 1 Offene Küche, industrielle Einrichtung, jede Woche neue raffinierte Gerichte, die am freien Tag erdacht und ausprobiert werden. Hg. 4–10 €. So von 10 bis 12 Uhr Frühstück. Di–Sa 12–22, So 10–22 Uhr. Ul. Ślusarska 3, ✆ 12-3530104, www.twojkucharz.pl.

Zayka 9 Krakaus bester Inder, da authentisch. Hg. 3,50–8 €, Di–Fr Lunch für 4–5 €. Di–So 13–21 Uhr. Limanowskiego 46, ✆ 508-786855 (mobil), www.zayka.pl.

Sezony 10 Regionale, saisonale und gesunde Gerichte, die Gewinne fließen sozialen Projekten zu. Tägl. wechselnde Suppe, dazu ein vegetarisches Hauptgericht oder eines mit Fleisch für 4 €. Mo–Sa 10–20 Uhr. Ul. Limanowskiego 16, www.sezony.com.pl.

meinTipp **Jadłodajnia Wczoraj i Dziś 3** Wiedereröffnung der beliebten Milchbar an neuem Ort. Anna Kwaśniewska kocht Klassiker der einfachen und guten polnischen Küche zu fairen Preisen. Sehr angenehme Atmosphäre. Mo–Fr 10–18, Sa 12–17 Uhr. Pl. Bohaterów Getta 10, ✆ 12-6562075, www.jadlodajnia.com.

Cafés

Café Rękawka 8 Kleines, sehr angenehmes Café, in dem sich Anwohner, Studenten und Radler treffen. Große Kaffeeauswahl (Bohnen auch zum Kaufen), leckeres Frühstück, doch leider ist die Besitzerin etwas eigen. Der Apfelkuchen ist aber ein Muss. Tägl. 9–22, Sa/So ab 10 Uhr. Ul. Brodzińskiego 4b, ✆ 12-2962002.

Cawa 4 Großes Weinsortiment, schön gelegen in der Nähe der Weichsel. Frühstück bis 12 Uhr (3–4 €). Mo–Do 8.30–22, Fr 8.30–1, Sa 9.30–1, So 9.30–21 Uhr. Ul. Nadwiślanska 1, ✆ 12-6567456, www.cawacafe.pl.

Lokale für Tag und Nacht

Drukarnia 4 – ein Trendsetter, denn aus dem immer exklusiveren Kazimierz zog die Drukarnia ins noch alternativere Podgórze auf der anderen Weichselseite. Im Erdgeschoss findet man einen Raum in modernem Design sowie einen im alten Kazimierz-Stil voller Antiquitäten. In den Kellerräumen wird am Wochenende lang und wild getanzt. So–Do 9–1, Fr/Sa 9–3 Uhr. Ul. Nadwiślanska 1, ✆ 12-6566560, www.drukarniaclub.pl.

Galerien

Galeria Na Placu 5 Kleine Galerie mit Kunsthandwerk und Andenken. Viele Tonfigürchen, Keramik- und Glasobjekte, zudem der hilfreiche Podgórzeführer. Mo–Fr 10–17, Sa 10–15 Uhr. Pl. Bohaterów Getta, ✆ 691-664445 (mobil).

Galeria Starmach 11 Eine der renommiertesten Galerien in Krakau, in der schon fast alle polnischen Künstler Ausstellungen hatten. Der Schwerpunkt liegt auf Fotokunst. Allein das Gebäude, die 1879–1881 errichtete ehemalige Zucker-Synagoge (benannt nach der Stifterfamilie), ist einen Besuch wert. Mo–Fr 11–18 Uhr (während der Öffnungszeiten trotzdem klingeln!). Ul. Węgierska 5, ✆ 12-6564915, www.starmach.com.pl.

Podgórze → Karte S. 147

Von der Weichsel zum Ehrenhügel

Tour 11

Entlang der Weichsel gibt es einige Schätze zu entdecken, aus denen der Kopiec Kościuszki, der Ehrenhügel, herausragt. Hier hat man einen freien Blick über die Stadt und ihre Umgebung, aber auch Einblick in die polnische Geschichte.

- **Internationales Kongresszentrum**, architektonischer Kontrast zum Wawel, S. 159
- **Manggha**, Zentrum für Japanische Kunst in modernem Bau, S. 159
- **Erlöserfriedhof**, kunstvolle Gräber, S. 162
- **Kościuszko-Hügel**, Panoramablick über die ganze Stadt, S. 163

Zwei Stadtteile an der Weichsel

Zwierzyniec und Dębniki

Mit mehreren verschiedenen Stadtteilen bietet diese Tour sehr viel Abwechslung. Eine Hauptrolle spielt dabei die Weichsel. Einem S gleich zieht sich der Fluss durch ganz Polen und musste über die Jahrhunderte überall gezähmt werden. In Krakau wurden viele der heutigen Stadtteile wie Kazimierz, Kleparz und sogar der Wawel von Nebenarmen umflossen, und die ganze Stadt war vom jährlichen Hochwasser bedroht. Inzwischen fließt die Weichsel die größte Zeit des Jahres gemächlich dahin. Ganz anders im Frühsommer 2010, als der Fluss Krakau fast vollständig zu überfluten drohte; letzten Endes liefen aber nur viele Keller voll und ein Deich brach.

Gegenüber dem Wawel-Hügel liegt nach Westen der Stadtteil Dębniki. Gäbe es nicht das Zentrum für Japanische Kunst und das Kongresszentrum, würde wahrscheinlich kaum ein Tourist hierherkommen. Am gegenüberliegenden Flussufer thront in Richtung Norden mit Zwierzyniec kontrastreich eine der reichsten und teuersten Wohngegenden Krakaus. In den Villen und Palästen über der Weichsel residieren Familiendynastien und Neureiche.

In der von viel Grün umgebenen Salwator-Siedlung daneben befinden sich hingegen viele alte Kirchen, darunter der Legende nach sogar die erste christliche Kirche Polens überhaupt. Den Platz für den Ehrenhügel Kopiec Kościuszki wählte man also mit Bedacht in dieser für Ausflüge wie geschaffenen Umgebung.

Tour-Info Der Spaziergang beginnt in der ul. Smocza, unter dem Wawelhügel. | **Ende**: Kopiec Kościuszki oder Most Grunwaldzki. Buslinie 101 fährt bis zur Grunwaldbrücke, in deren Nähe der Startpunkt liegt. | **Reine Gehzeit**: ca. 1–2¼ Std.

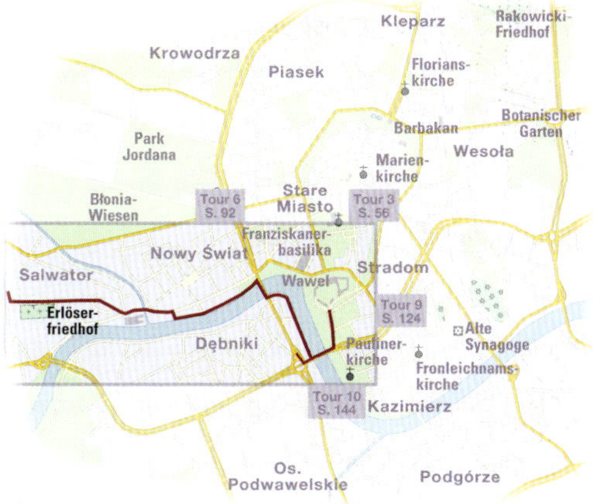

Spaziergang

Dieser Spaziergang ist der längste und anstrengendste von allen. Gerade der Aufstieg zum Kościuszko-Hügel kann bei heißen Temperaturen zur Sportveranstaltung werden. Wer sich nicht fit genug fühlt, kann den Spaziergang mit einer Busfahrt zum Hügel beginnen, um von dort aus nach unten zu laufen.

Ansonsten startet die Tour unter dem Wawel. Entlang dem Ufer passiert man zuerst eventuell schon das viel umstrittene Denkmal der Heimatarmee und dann die kleine Statue mit dem Hund (→ Kasten S. 160). Über die Grunwaldbrücke (Most Grunwaldzki) geht es auf die andere Seite der Weichsel. Von der Brücke aus hat man die beste Sicht auf das **Hotel Forum**, einst ein Luxushotel, heute als Werbewand zweckentfremdet. Eine ganz andere Zukunft verspricht das **Internationale Kongress-Zentrum (Międzynarodowe Centrum Kongresowe ICE)** etwas weiter westlich am Rondo Grunwaldzkie. Am südlichen Ufer angekommen, gelangt man nach rechts umgehend zum **Zentrum für Japanische Kunst Manggha (Centrum Sztuki i Techniki Japońskiej Manggha)**, dem wichtigsten modernen Gebäude in Krakau. Nach den japanischen Eindrücken wieder an der Weichsel, verlässt man den Vorort Dębniki über die Eichenbrücke (Most Dębnicki) nach Nordwesten, wobei wir vor der Brücke die Uferpromenade nach links oben verlassen. Auf der anderen Seite angekommen, wählt man die Unterführung und dann den Weg entlang der Uferpromenade nach links, an der sich im Sommer Sonnenhungrige

Kościuszko-Hügel: aufgeschüttet mit Erde aus aller Welt

ausstrecken. Sobald sie zu Ende ist, geht man auf der zu Villen und Palästen führenden Hauptstraße ulica Kościuszki ein paar Schritte weiter und steht nach einer kleinen Brücke vor dem **Prämonstratenserinnenkloster (Klasztor Norbertanek)**. Gleich daneben führt die ulica św. Bronisławy hoch zu den nächsten beiden Sehenswürdigkeiten:zum einen die **Margareten-Kapelle (Kaplica św. Małgorzaty)**, eine typische kleinpolnische Holzkirche; zum anderen kann man die älteste christliche Kirche Polens sehen, die romanische **Erlöserkirche (Kościół Najśw. Salwatora)**. Von nun an befindet man sich in eher ländlicher Umgebung. Immer geradeaus auf einer von Bäumen gesäumten Allee liegt auf der linken Seite der **Erlöserfriedhof (Cmentarz Salwatorski)**, von dem man eine gute Sicht auf das südliche Krakau hat. Zurück auf der Aleja Waszyngtona gelangt man zum Ziel des Spaziergangs, dem **Kościuszko-Hügel (Kopiec Kościuszki)**. Nach Besichtigung des Ehrenhügels und der Festung fährt uns die Buslinie 101 bis zur Grunwaldbrücke, in deren Nähe der Startpunkt liegt.

Sehenswertes

Hotel Forum

Hotel Forum

Seit 2002 wegen angeblicher Baumängel geschlossenes Gebäude des Architekten Janusz Ingarden. Das 1989 nach zwölfjähriger Bauzeit eröffnete Forum galt als eines der modernsten und luxuriösesten Hotels in Polen; u. a. logierte hier das Filmteam von Schindlers Liste. Heute wird der architektonisch interessante Bau als Polens längstes Billboard vermarktet – tatsächlich ist meist ein riesiges Werbeplakat zu sehen, das über die 110 m breite Fensterfront gespannt ist. Über die Zukunft des Gebäudes wird noch gestritten. Die Vorschläge reichen von Abriss über einen Neubau von luxuriösen Appartementhäusern bis zu Restaurierung. 2013 wurde das Erdgeschoss des ehemaligen

Hotels dann zu einem beliebten Kulturzentrum umfunktioniert.

Bulwar Wołyński, Tram 12, 18, 22, 52, Haltestelle Centrum Kongresowe ICE, Bus 164, 173, 179, Haltestelle Ludwinów.

Międzynarodowe Centrum Kongresowe ICE

Internationales Kongress-Zentrum

Seit der Eröffnung 2014 bildet das Kongress- und Veranstaltungszentrum einen zeitgenössischen Kontrast zum Wawel. Das Projekt der Architekten Krzysztof Ingarden und Jacek Ewý aus Krakau sowie Arata Isozaki und Hiroshi Aoki aus Tokyo ist ein weiteres architektonisches Glanzlicht, schon vor der Fertigstellung hagelte es viele Architekturpreise. Außer für Kongresse und Messeveranstaltungen wird das Zentrum auch für Konzerte und ähnliche Veranstaltungen genutzt.

Rondo Grunwaldzkie, www.icekrakow.pl. Tram 12, 18, 22, 52, Bus 124, 164, 194, Haltestelle Centrum Kongresowe ICE.

Centrum Sztuki i Techniki Japońskiej

Zentrum für Japanische Kunst Manggha

Das Museumsgebäude zählte lange zu den modernsten der Stadt. Die auffällige Form einer Welle soll den Kontakt zwischen den Kulturen versinnbildlichen. Darum ging es auch dem Kunstsammler und Mäzen Feliks „Manggha" Jasieński. Bis zu seinem Tod 1929 häufte er, der sich in allen europäischen Metropolen zu Hause fühlte, die unglaubliche Menge von 15.000 Kunstwerken an. Der Exzentriker vermachte sie alle dem Krakauer Nationalmuseum, darunter auch eine Fülle japanischer Kreationen, denen er seinen Spitznamen Manggha verdankte. Nach seiner sehr modernen Ansicht sollte das Studium dieser exotischen Kunst dazu dienen, die eigene Kultur besser zu erkennen und zu verstehen. Diese Haltung vertrat auch der Filmregisseur Andrzej Wajda, der alles ihm Mögliche tat, um den Bau dieses Museums zu unterstützen. Die Besucher verdanken

Die ehemalige Rezeption im Hotel Forum dient heute als Bar

Zwierzyniec und Dębniki → Karte S. 158

Krakau im Kasten

Von der Liebe eines Hundes ...

Die Geschichte dieser Statue treibt nicht nur Hundeliebhabern Tränen in die Augen: An einem Tag im Oktober 1990 tauchte ein kleiner gefleckter Mischlingshund namens Dżok an einer der verkehrsreichsten Kreuzungen Krakaus auf. Dort wartete er auf sein Herrchen, das nach einem Herzinfarkt auf dem Weg ins Krankenhaus noch im Rettungswagen verstorben war. Der Hund konnte dies natürlich nicht wissen, und sein Warten an derselben Stelle hielt er ein ganzes Jahr lang durch. Weder konnte ihn schlechtes Wetter

vertreiben, noch ließ er sich von einem der vielen Menschen nach Hause mitnehmen, die ihm täglich Essen und Wasser an die Kreuzung brachten. Erst nach mehr als zwölf Monaten vertraute er sich seiner treuesten Beschützerin an, einer gewissen Maria Miller. Beide lebten dann sechs Jahre zusammen. Als er beim Tod seines Frauchens zum zweiten Mal seinen menschlichen Gefährten verlor, warf sich der Hund vor einen Zug und starb.

Diese Geschichte bewegte die Bürger von Krakau: Dżok erschien auf zwei Zeitschriftentiteln, und die ganze Stadt – Menschen auf der Straße, Firmen und Polens Prominente – war damit beschäftigt, Geld zur Finanzierung eines Denkmals zu sammeln, mit dem der Künstler Bronisław Chromy beauftragt wurde. Dżok wurde somit zum Symbol von Treue und Loyalität, zum Sinnbild der unzerstörbaren Beziehung, die seit Jahrtausenden zwischen Mensch und Hund besteht. Ein Schäferhund enthüllte im Frühling 2001 die an der Weichsel zwischen Wawel und Most Grunwaldzki (Grunwald-Brücke) stehende Skulptur, indem er im Rahmen einer feierlichen Zeremonie das verhüllende Tuch wegzog. Im Jahr 2016 gab es lange Proteste gegen den Bau des für 2017 vorgesehenen, enormen Denkmals der Heimatarmee, da Dżok deswegen um ein paar Meter verschoben werden musste.

diesem Einsatz einen Einblick in die japanische Porzellankunst, die Aquarellmalerei und die Kunstschreinerei. Doch auch reich verzierte Rüstungen und Waffen sind zu sehen, und in wechselnden Ausstellungen werden zeitgenössische Malerei und Fotografie präsentiert.

Di–So 10–18 Uhr. Eintritt 5 €, erm. 4 €, Kinder bis 16 J. 0,25 €, Di frei. Führung (auf Deutsch) 25 €. Ul. Konopnickiej 26, ✆ 12-2672703, www.manggha.pl. Tram 12, 18, 22, 52, Bus 112, 124, 164, 424, Haltestelle Centrum Kongresowe ICE.

Klasztor Norbertanek

Prämonstratenserinnenkloster

Die ursprünglich romanische Kirche aus dem 12. Jh. wurde von 1596 bis 1626 barock umgebaut. Sie selbst ist nur während der Messen zugänglich (es lohnt sich!), der Klosterkomplex wird bis heute von den Nonnen bewohnt und bleibt für Besucher geschlossen. Der barocke Altar in seiner formvollendeten Schönheit zieht die Blicke auf sich. Vor ihm war lange Zeit die Schädelreliquie der Seligen Bronisława auf einem bronzenen Sarg zu sehen. Inzwischen hat man sie aber in die Schatzkammer gesteckt, zur Enttäuschung der Pilger, die seit Jahrhunderten hierher kommen. Einen interessanten Blick auf das Gelände hat man übrigens vom gegenüberliegenden Weichselufer. Den Innenhof kann man an allen Tagen besichtigen.

Messe Mo–Sa 6.30, 7.15, 8, 18 Uhr, So 6.30, 7.30, 9, 10.30, 12, 13.15, 19 Uhr. Ul. Kościuszki 88, www.norbertanki.w.krakow.pl. Tram 1, 2, 6, Haltestelle Salwator.

Kaplica św. Małgorzaty

Margaretenkapelle

Die etwas versteckt liegende Kapelle wurde im 16. Jh. für die Opfer der Pest errichtet. In Krakau ist sie eines von vier Beispielen für die hochentwickelte Baukunst der kleinpolnischen Holzkirchen. Doch der Hauptnachteil des Baustoffs wurde leider allzu oft deutlich. Nach unzähligen Bränden wurde die Kapelle jedoch unverdrossen immer wieder neu errichtet. Von Mai bis Oktober werden hier am ersten und dritten Sonntag des Monats Messen gelesen, für die der beschränkte Platz eigentlich nie ausreicht. Seit 2007 steht eine Johannes-Paul II.-Statue im Garten vor der Kapelle.

Mitte Mai bis Mitte Okt. Do–Sa 9–18, So 12–17 Uhr. Messe: Juli/Aug. am 1. und 3. Sonntag im Monat 11.15 Uhr. Ul. św. Bronisławy 8. Tram 1, 2, 6, Haltestelle Salwator.

Kościół Najśw. Salwatora

Erlöserkirche

Der Legende nach ist sie die erste christliche Kirche Polens. Fürst Mieszko I. ließ sie demnach schon im 10. Jh. erbauen und stiftete zu diesem Anlass ein Kruzifix. Tatsächlich ist die Erlöserkirche das wohl am besten erhaltene romanische Bauwerk der Stadt, weil es, weit ab vom Zentrum gelegen, von den Tataren nicht zerstört wurde. Die drei barocken Altäre fallen ebenso ins Auge wie die wunderschönen Fresken und die Kanzel im Stil der Renaissance. Eine weitere, steinerne Kanzel (1605) in Form eines Kelches befindet sich im Mauerwerk des Presbyteriums. Beinahe jeder fragt sich, was es mit dem Jesus

Zwierzyniec und Dębniki → Karte S. 158

Blick auf Kościuszko-Hügel, Prämonstratenserinnenkloster und Weichsel

Krakau im Kasten

Ein Philosoph und Futurologe

Der Autor Stanisław Lem (1921–2006), einer der ganz Großen des Science-Fiction-Genres, hat eine Vielzahl von oft die menschlichen Grundfragen betreffenden Meisterwerken hinterlassen, darunter das mehrfach verfilmte „Solaris". Der schon in jungen Jahren als intelligentestes Kind Polens gefeierte Schriftsteller setzte Maßstäbe wie vor ihm wohl nur Jules Verne. Wie diesem gelangen ihm prophetische Beschreibungen kommender Technologien wie der Gentechnik, der Nanotechnologie und des Internets. Bleibt zu hoffen, dass er nicht auch mit seinen letzten pessimistischen Vorhersagen Recht behält: Lem ging davon aus, dass wir kurz vor einem atomaren Krieg stehen und die fortschreitende Umweltzerstörung ein Aussterben der Menschheit noch in diesem Jahrhundert zur Folge hat.

mit goldenen Schuhen auf einem Gemälde (1605) von Kasper Kurcz auf sich hat. Dieses Bild in der Kirche illustriert eine berühmte Legende, wonach auf einen Geiger, der unter einem Kruzifix in dieser Kirche musizierte, der goldene Schuh der Christusfigur fiel. Da er das göttliche Geschenk behielt, wurde er als Dieb angeklagt. Er erhielt jedoch eine zweite Chance und musste ohne Pause vier Tage und vier Nächte unter demselben Kreuz seine Violine erklingen lassen. Erneut spielte er gut – so gut, dass der zweite goldene Schuh hinunterfiel. Der Musiker wurde freigesprochen und durfte die Schuhe behalten. Die stimmungsvolle Außenbeleuchtung nach Anbruch der Dunkelheit tröstet über die Tatsache hinweg, dass die Kirche nur selten geöffnet ist.

Spaziergang zum Hügel

Messe Sept.–Juni So 11.15 Uhr, Juli/Aug. 2., 4. und 5. Sonntag im Monat. Ul. św. Bronisławy, www.parafiasalwator.pl. Tram 1, 2, 6, Haltestelle Salwator.

Cmentarz Salwatorski

Erlöserfriedhof

Der kleine Friedhof (→ Foto S. 165) liegt in einer grünen Umgebung und bietet einen reizvollen Ausblick, bei klarem Wetter kann man sogar bis zur Tatra sehen. In der Mitte des Gottesackers steht eine neugotische Kapelle, die von Gräbern für die verstorbenen Anwohner des wohlhabenden Viertels umgeben ist; ihr Wohlstand manifestiert sich in der Vielzahl reich verzierter Grabsteine. Unter anderem stößt man hier auf die Gräber der Schriftsteller Stanisław Lem und Jan Sztaudinger sowie des Schauspielers Wiesław Dymny und des Regisseurs Andrzej Wajda.

Nov.–Febr. 8–17, März–Okt. bis 20 Uhr. Al. Waszyngtona, www.zck-krakow.pl. Tram 1, 2, 6, Haltestelle Salwator.

Kopiec Kościuszki

Kościuszko-Hügel

Drei Jahre brauchten die Arbeiter und zahllosen freiwilligen Helfer, um von 1820 bis 1823 den kegelförmigen Hügel zu Ehren des polnischen Nationalhelden Tadeusz Kościuszko (1746–1817) aufzuschütten. Das symbolische Grabmal des Generals weist allein durch die imposante Höhe von 34 Metern auf seine Bedeutung für das nach nationaler Einheit strebende Polen des beginnenden 19. Jh. hin. Das Baumaterial wurde vermischt mit Erde von den Schlachtfeldern, auf denen der Freiheitskämpfer für das Recht auf Selbstbestimmung gekämpft hatte, sowie mit der Asche gefallener Soldaten.

Rund um den Hügel wurde von den Österreichern 1856 eine massive Festung zur besseren Verteidigung der Stadt errichtet. Gegen die Unwetter des Sommers 1997 waren die Wehrmauern aber machtlos. Der Hügel wurde stark beschädigt, die Instandsetzung mit verbesserten Drainagen kostete 3,8 Mio. Euro. In der Burg befinden sich heute ein Museum, der beliebte Radiosender RMF FM, ein Hotel und zwei Cafés sowie eine der Seligen Bronisława gewidmete Kapelle. Oben auf dem Hügel hat man eine Sicht über die gesamte Stadt, bis nach Nowa Huta, den Stadtwald Las Wolski und Tyniec sowie an klaren Tagen bis zur weit entfernten Tatra. Anstelle der Ausstellungen und des Wachsfigurenkabinetts ist für die nähere Zukunft ein Museum geplant.

Ganzjährig von 9 Uhr bis Sonnenuntergang, Mai–Sept. Fr–So von Sonnenaufgang bis 23 Uhr. Eintritt 3 €, erm. 2,50 €, Eintritt frei am 4.2., 24.3. und 15.10. Wachsfigurenkabinett 9 Uhr bis Sonnenuntergang, Ausstellungen 9.30–18.30, im Winter bis 15.30 Uhr, im Frühling/Herbst schrittweise länger bzw. kürzer geöffnet; inkl. Eintritt. Al. Waszyngtona 1, ✆ 12-4251116, www.kopieckosciuszki.l. Bus 101 ab Centrum Kongresowe ICE, 100 ab Salwator, Haltestelle jeweils Kopiec Kościuszki.

Zwierzyniec und Dębniki → Karte S. 158

Sehenswertes abseits des Spaziergangs

Dom Zwierzyniecki

Haus von Zwierzyniec

In Westeuropa ist kaum bekannt, dass Lenin seine Exilzeit vor der Oktoberrevolution auch in Krakau verbrachte. Sein hiesiger Rückzugsort wurde in der Sozialistischen Volksrepublik Polen zum „Leninhaus" umgestaltet. Seit dem Ende des Sozialismus wird das Gebäude für Ausstellungen Krakauer Künstler genutzt, inzwischen konzentriert es sich auf künstlerische und historische Themen des Vororts und zeigt Objekte einer typischen Krakauer Arbeiterwohnung zu Beginn des 20. Jh.

Nov.–März Mi/Fr–So 9–16, Do 10–17 Uhr, April–Okt. Mi–So 9.30–17 Uhr. Eintritt 1,50 €, erm. 1 €, Mi frei. Ul. Królowej Jadwigi 41, ✆ 12-4273038, www.mhk.pl. Tram 1, 2, 6, Haltestelle Salwator.

Praktische Infos

→ Karte S. 158

Essen & Trinken

Restaurants

Restauracja Armeńska **2** 2016 eröffnetes, authentisches armenisches Kellerrestaurant mit vielen Bildern aus der Heimat an der Wand und vielen armenischen Gästen. Fleischlastige Hauptgerichte 4,50–14 €. Tägl. 11–23 Uhr. Al. Krasińskiego 8, ✆ 796-701701 (mobil), www.restauracjaarmenska.pl.

Smil'y **6** Ein Treffpunkt der Grillfans, die hier ihre Schaschlikspieße, Würstchen und Steaks selbst wenden können. Die unkomplizierte Atmosphäre dieses Gartenlokals zieht im Sommer, wen wundert's, viele an. Tägl. 10–24 Uhr. Ul. Kościuszki 16, ✆ 12-4270482.

mein Tipp **Pizza Garden** **9** Hier backt ein polnischer Pizzaiolo, der sein Handwerk in Brooklyn gelernt hat, und doch schmeckt es so gut wie in

Süditalien. Kein Wunder, dass die spartanisch eingerichtete und recht kleine Pizzeria schon bald nach der Eröffnung immer voll war. Margherita 32 cm für 4,50 €, 45 cm für 5 €, plus je nach Belag 0,50–2 €. Leider keine Reservierung mehr möglich, so kann es sein, dass man warten muss. Mo–Fr 16–22, Sa/So 13–22 Uhr. Ul. Konopnickiej 11/1, ☏ 12-2667309, www.pizzagarden.pl.

Golonkarnia **7** Könnte man mit Eisbeinerei oder Haxerei übersetzen. Und so gibt es Schweinebeine in verschiedensten Varianten, etwa thailändisch, bayerisch oder mit Kraut für je 10 €. Gruppen können den 4-Pers.-Trog für 62,50 € oder das Ferkel vom Grill für 75 € bestellen. Tägl. 12–22 Uhr. Ul. Kościuszki 42, ☏ 721-212219 (mobil), www.golonkarnia.pl.

Aquarius **4** Krakaus ältestes Restaurantschiff bietet viele Veranstaltungen, darunter auch solche für die Kleinen. Lachs vom Grill 9 €. Ganzjährig tägl. 10–23 Uhr, Mi, Fr, Sa abends Live-Tanzmusik. Bulwar Czerwieński, ☏ 12-4272003, www.aquariuskrakow.pl.

Przystanek Pierogarnia **12** Leckere hausgemachte Pierogi für 2 €. Mo–Fr 10–19, Sa 10–17 Uhr. Rynek Dębnicki 3, www.przystanek-pierogarnia.pl.

zupitto **10** Polen ist ein Suppenland, hier gibt es schmackhafte Beweise, aber auch Eintöpfe, Salate und Frühstück. Mo 9–18, Di–Fr 8–18, Sa 9–15 Uhr. Ul. Madalińskiego 11/1, www.zupitto.pl.

Cafés

Konfederacka 4 **15** Noch vollkommen touri-freies Café im bisher unentdeckten Vorort Dębniki. Sehr schön eingerichtet in einer ehemaligen Bäckerei. Tägl. 10–22 Uhr. Ul. Konfederacka 4.

Café Manggha **14** Sushi und japanische Desserts im Museum. Die Terrasse bietet eine schöne Sicht auf den Wawel. Empfehlenswert sind die vielen japanischen Teesorten für eine traditionelle Zeremonie, das Sushi für 2,50–9 € leider weniger. Di–So 10–17.30 Uhr. Ul. Konopnickiej 26, ☏ 12-2672703.

Kawiarnia Bastion **5** Größtes Plus ist das Panorama, das Frühstück ist aber auch nicht schlecht. Tägl. 9 Uhr bis Sonnenuntergang. Al. Waszyngtona 1.

Restauracja Pod Kopcem **1** Fleisch- und Grillgerichte im Restaurant sowie oben auf der Terrasse, die eine tolle Sicht gewährt. Mo–Fr 9–19, Sa/So 11–20 Uhr (Restaurant), tägl. 11 Uhr bis Sonnenuntergang, Sa/So ab 10 Uhr (Aussichtsterrasse). Al. Waszyngtona 1, www.restauracjapodkopcem.pl.

Lokale für Tag und Nacht

MeinTipp **Forum Przestrzenie** **16** Krakaus Hipsterplatz Nr. 1 rund ums und im ehemaligen Hotel Forum. Strandatmosphäre, Ökofrühstück, Filmabende, Theaterworkshops für Kinder, Gegenkultur, Konzerte ... Tägl. 10–2 Uhr. Ul. Marii Konopnickiej 28, www.forumprzestrzenie.com.

Pub Victoria **3** Café und Pub auf einem Schiff an der Weichsel. So–Do 11–23, Fr/Sa bis 24 Uhr, im Winter ist meist früher Schluss. Wer Lust auf mehr bekommt, kann mit den Schiffen Piotruś Pan und Sobieski von hier aus Weichselfahrten unternehmen. Bulwar Czerwieński, www.ster.net.pl.

Einkaufen

Sklepik Japoński **14** In dem Geschäft des Museums gibt es nicht nur Kataloge und Kunstbände zu kaufen, sondern auch japanisches Geschirr, japanische Kunst, Fächer und sogar Kimonos. Di–So 10–18 Uhr. Ul. Konopnickiej 26, ☏ 12-2672703, www.mangghashop.pl.

Pracownia De Mehlem **11** Manufaktur für edle Taschen. Mehr dazu → Tour 3. Mo–Fr 7.30–15 Uhr. Ul. Kościuszki 82, ☏ 12-4272195, www.demehlem.com.

Schiffsausflüge

Żegluga Krakowska **13** Schifffahrten auf dem Schaufelraddampfer Legenda, der Nimfa, auf dem Katamaran oder auf Gondeln ab dem Bulwar Czerwieńskiego bei der Grunwaldzki-Brücke. Mai–Sept. Mo–Sa 10–20 Uhr 1-Std.-Rundfahrt ca. alle 60 Min., Preis 6 €, erm. 5 €. 4-Std.-Fahrt nach Tyniec inkl. Klosterbesichtigung nach Vorbestellung. Preis 15 €, erm. 12,50 €. ☏ 604-299000 (mobil), www.statekkrakow.com, Online-Buchung über www.e-statek.pl.

Piotruś Pan & Sobieski **3** Sonntags um 12 Uhr Schifffahrt nach Tyniec (15 €, erm. 10 €, Anmeldung sinnvoll) oder Mai–Sept. tägl. 10–18 Uhr zwischen Bielany und Kazimierz für 6 €, erm. 5 €. Buchung und Information ☏ 601-560250 (mobil), www.ster.net.pl.

Tramwaj wodny **8** 30-Min.-Rundfahrten für 5 €, erm. 4 € auf der Weichsel von Mai bis Sept. von 9 Uhr bis Sonnenuntergang; Fahrten mit der „Wassertram" nach Kazimierz und Tyniec können ab 12 Pers. gebucht werden. ☏ 606-225555 (mobil), www.rejspowisle.pl.

Auf dem Erlöserfriedhof

Zwischen Bäumen und Tieren

Tour 12

Ein Ausflug ins Grüne und zum kinderfreundlichen Zoo bringt Abwechslung vom Treiben der Innenstadt. Doch Krakau wäre nicht Krakau, wären Kunst und Religion nicht auch im Las Wolski, dem Stadtwald, präsent.

Stadtwald

Las Wolski

Krakaus Stadtwald hat einen zum Teil parkähnlichen Charakter. Jedoch findet man auch der Natur überlassene Baumreihen, zwischen denen Füchse, Rehe, Dachse und Hasen leben. Auch eine der beliebtesten Freizeitbeschäftigungen der Polen, das „Zu-den-Pilzen-gehen", hätte hier Erfolg, wäre es nicht verboten. Auf und neben den insgesamt 35 km langen Wegen spazierte schon Lenin in seiner Krakauer Zeit gern – ob auch zum Pilzesammeln, ist nicht überliefert. Heutzutage findet man auf den hügeligen Wegen im Park seltener Revolutionäre, jedoch viele Fahrradfahrer. Bei Familien ist der Las Wolski nicht zuletzt wegen des Zoos sehr beliebt, der sich großflächig in der Mitte der Anlage erstreckt. Benannt ist der Wald nach einem äußerst mysteriösen Marschall. Mikołaj Wolski (1553–1630) beschäftigte sich ausgiebig mit Alchemie und schwarzer Magie. Als er jedoch alt geworden war, hielt er seine Mühen für vergebens. Er änderte sein Leben von Grund auf und wollte auch nicht, dass sein Name in dem von ihm gestifteten Kamaldulenserkloster zu lesen sei. Man sagt, seine Seele sei trotzdem nicht zur Ruhe gekommen: Noch immer soll sie nachts als Gespenst im weißen Gewand der Mönche durch den Wald spuken. Hüten Sie sich also nach Einbruch der Dunkelheit – nicht nur wegen der Geister, sondern auch wegen ganz grobstofflicher Gefahren.

Tour-Info Der **Startpunkt** dieses Spaziergangs ist der Park Decjusza. | **Ende**: ul. Księcia Józefa | **Dauer**: reine Gehzeit ca. 1–2 Std.

Spaziergang

Eine Warnung zu Beginn: Auch wenn es reizvoll wäre, die gepflasterten Wege zu verlassen, lassen Sie es lieber. Die Hinweisfarben auf den Wegen stimmen nicht überall mit den auf den Karten der Touristinformation vermerkten

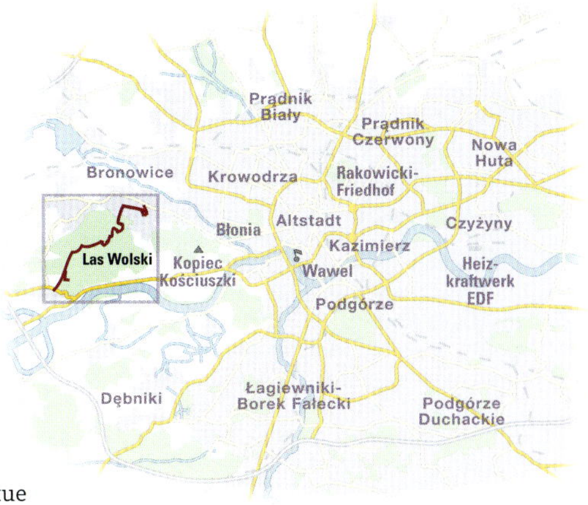

Wegbeschreibungen überein, man verläuft sich schneller, als man denkt. Unser Spaziergang startet am Park Decjusza, in dem die **Bronisław-Chromy-Galerie (Galeria Bronisława Chromego)** liegt. Umgeben von seinen Tier- und Menschenskulpturen steht die eigentliche Werkstatt des Künstlers, in der man auch kleine Figürchen und Tierchen aus der Hand des Meisters erstehen kann. Weiter geht es an der Chopinstatue vorbei zur **Villa Decius (Willa Decjusza)**, einem Renaissancebau, in dem heute ein Restaurant und Konferenzsäle untergebracht sind. An dem Landhaus vorbei gehen wir die aleja Kasztanowa im Villenviertel entlang, bis die aleja Panieńskie Skały nach links biegt. Bevor der Wald selbst beginnt, kann man hier noch den *Skansen* besichtigen. In diesem Freilichtmuseum wurden verschiedene Holzgebäude aus dem Ort Komorowice aufgebaut, darunter eine Kirche aus dem 16. Jh. Sobald

Krakau im Kasten

Die Natur unter seinen Händen

Bronisław Chromy (geb. 1925) wuchs in den Bergen der Beskiden inmitten unberührter Natur auf. Und bis zum heutigen Tag zieht der seit Ende des Zweiten Weltkriegs in Krakau lebende Bildhauer seine Inspiration aus den Erinnerungen an die Granitsteine, an die Flora und Fauna seiner Heimat. Deren perfekte Rundungen finden sich in seinen Skulpturen wieder, die inzwischen das Bild Krakaus mitprägen: So ist der Drache unter dem Wawel ebenso sein Werk wie die Eule am Ende der Planty oder der Hund Dżok an der Weichsel (→Kasten Tour 11). Trotz oder wegen ihrer Nähe zur Natur sind seine Skulpturen völlig frei von Kitsch, stattdessen von einer einfachen und beruhigenden Harmonie. Auch gelingt es ihm immer wieder, seinen Werken eine Dynamik zu verleihen, die im krassen Gegensatz zur Statik vieler Statuen steht. Doch der Weg bis zum gefeierten Bildhauer und Professor an der Akademie der Bildenden Künste war steinig. Um an der Akademie studieren zu können, musste er in kürzester Zeit sein Abitur nachholen, obwohl er wegen der Kriegswirren zuvor nur sieben Jahre zur Schule gegangen war.

wir anschließend eine kleine Brücke überquert haben, verlassen wir für zwei Minuten den gepflasterten Weg, indem wir im rechten Winkel nach links in den Wald gehen. Dabei folgen wir immer dem schwarz-weiß markierten Wanderweg auf einem ausgetretenen Pfad den kleinen Hügel links hinauf und biegen oben sofort rechts ab, bis wir bei einer Lichtung auf einen grünen Zaun treffen. Diesen gehen wir entlang und danach über den Parkplatz. Nachdem wir wieder festeren Boden unter den Füßen haben, können wir uns dazu entscheiden, auf selbigem zu bleiben oder den schöneren Pfad zu wählen, der sich nah an der Straße entlangschlängelt und sie einmal kreuzt. In diesem Fall folgen wir einfach konsequent den schwarz-weißen Zeichen und gelangen so etwas schneller als auf der Straße zum **Zoologischen Garten (Ogród Zoologiczny)**. Der Tierpark allein bietet schon Raum genug für einen ausgiebigen Spaziergang. Nach dem Besuch verlassen wir den Zoo nach links und halten uns immer am Zaun, bis wir die aleja Wędrowników erreicht haben. Auf dieser bleiben wir und haben die längste Etappe vor uns, die aber meist abfallend ist. An einer Lichtung angekommen, geht es den linken, steilen der beiden Wege hoch, der uns zum **Kamaldulenserkloster (Klasztor Kamedułów)** führt, das außer an Feiertagen leider nur für Männer zugänglich ist. Nach diesem eindrucksvollen Abschluss geht es den Weg zurück und die erste Möglichkeit nach links. Von dort aus gelangen wir zur ulica Księcia Józefa, der Hauptstraße, von der die Busse zurück ins Zentrum fahren.

Skulpturen von Bronisław Chromy reihen sich rund um seine Galerie

Sehenswertes

Galeria Bronisława Chromego

Bronisław-Chromy-Galerie

Die Galerie ist von einem Garten umgeben, in dem die Skulpturen des Bildhauers Bronisław Chromy stehen. Einem Gesamtkunstwerk gleich verbinden sich die Pflanzen und Bäume mit den naturähnlichen Formen der Tier- und Menschenfiguren. Fast meint man, man wäre in einem Märchengarten. Sehenswert ist auch das den Künstlern der Piwnica pod Baranami gewidmete

Monument. Das Refugium schuf sich der vielbeschäftigte und vielgefragte Künstler selbst, um einigen seiner Werke eine passende Umgebung zu bieten. Der Besucher kommt dabei in den Genuss einer kostenlosen Kunsterfahrung.

April–Okt. Di–So 11–18 Uhr, außen durchgehend geöffnet. Eintritt frei. Ul. Krańcowa 4, www.bronislawchromy.pl. Bus 102, 152, 452, 902, Haltestelle Park Decjusza.

Willa Decjusza

Villa Decius

Eines der schönsten Bauwerke der polnischen Renaissance. In dem Stadtteil Wola Justowska wohnen die reichsten Polen in fast ebenso beeindruckenden Landhäusern. Geplant wurde die Villa Decius (erbaut 1530–1535) vom Italiener Bartolomeo Berrecci (1480–1537), der damals schon die Zygmunt-Kapelle auf dem Wawel gebaut hatte. Mitte des 19. Jh. lud die Fürstin Marcelina Czartoryska hier zu Krakaus bedeutendstem kulturellen Salon ein. Nach dem Tod der Chopin-Schülerin und besonders nach dem Ende des Zweiten Weltkriegs verfiel das Gebäude zunehmend, wurde

Chromys Tierfiguren

Las Wolski → Karte S. 169

Krakau im Kasten

Deutsche Schriftsteller in der Villa Decius

Ein gar nicht so kleiner Kreis der jungen deutschen Schriftsteller-Elite konnte mit einem Stipendium der Villa Decius oder auf eigene Rechnung längere Krakau-Aufenthalte realisieren. Die Handlung einiger Romane, Essays oder Kurzgeschichten wurde dabei kurzerhand in die Stadt mit ihrer „fiebrigen Schönheit" (**Juli Zeh**) verlegt. Weitere dieser deutschen Autoren sind etwa **Artur Becker**, **Lucy Fricke**, **Andrea Joeckle**, **Tanja Dückers** oder die Performance-Poetin **Xóchil A. Schütz**.

als Schule und später als Nothospital verwendet. In den 90er-Jahren wurde es schließlich auf Initiative von Karl Dedecius restauriert. Dieser wichtigste deutsche Übersetzer von polnischer Literatur wollte damit einen weiteren Brückenschlag für das gegenseitige Verständnis der Völker schaffen – mit Erfolg: Die Villa Decius steht heute nicht nur für einen sehenswerten Palast, sondern auch für eine internationale Institution von Wissenschaftlern, Übersetzern und Künstlern, wie etwa Andrzej Wajda oder Jerzy Fedorowicz. Zugänglich ist die Villa nur bei den häufig stattfindenden Veranstaltungen oder nach Voranmeldung, aber auch von außen ist sie sehenswert. In diesem kleinen Haus Europa befindet sich auch ein Restaurant und Café.

Al. Kasztanowa 1, Voranmeldung für Gruppen unter ✆ 12-4253638 (Katarzyna Trojanowska), www.villa.org.pl. Bus 102, 152, 452, 902, Haltestelle Park Decjusza.

Ogród Zoologiczny

Zoologischer Garten

Mehr als 250 Tierarten tummeln sich seit seiner Eröffnung im Jahr 1929 in großzügigen Freigehegen, darunter viele exotische Tiere wie Flamingos, Löwen, Kängurus oder Giraffen. Doch

Krakaus Zoo ist schön im Stadtwald gelegen

die besondere Stärke des Zoos, der 100 m höher als das Stadtzentrum liegt, ist seine parkähnliche Atmosphäre und die Nähe zu den Tieren. Die Zebras könnte man fast schon streicheln. Die gesamte Anlage ist sehr gepflegt und vor allem kinderfreundlich: Für die Kleinen gibt es einen Mini-Zoo. Nicht nur bei ihnen hatte 2008 der „Krakauer Knut" namens Mietek großen Erfolg. Das Kängurujunge wurde nach dem Tod der Mutter vom Tierpfleger Jakub Pyrek in einem Behelfsbeutel großgezogen, ist aber inzwischen verstorben. Ein ebenso großes Medienecho hatte das Krakauer „Zoo-Orakel" bei der EM 2012, wobei die Elefantendame Citta die meisten Sieger vorhersagte. Im Jahr 2016 wurden Humboldt-Pinguine als neue Bewohner begrüßt. Wer des Laufens müde ist, kann sich von hier aus von einer Minibahn durch den ganzen Wald fahren lassen. Cafés und Imbiss sind vorhanden. .

Im Sommer tägl. 9–18.30, Frühling/Herbst 9–17, im Winter 9–15 Uhr, Besuch je 1 Std. länger möglich. Eintritt 4,50 €, erm. 2,50 €; im Winter 4/2 €. Karten und interaktive Infos unter www.zoo-krakow.pl. Al. Żubrowa. Bus 134 vom Hotel Cracovia an den Błonia-Wiesen, Haltestelle Zoo. Mit dem Auto Zufahrtsgebühr 4 €.

Klasztor Kamedułów

Kamaldulenserkloster

Das Kloster liegt über dem Srebrna Góra, dem Silberberg. Der Name rührt daher, dass Mikołaj Wolski, der Klosterstifter nach dem auch der Stadtwald benannt wurde, das Areal mit Silber bezahlt haben soll. Von den hier ansässigen Kamaldulensern, einem sehr strengen Orden, gibt es weltweit nur neun Klöster mit 120 Mönchen. Diese leben als Eremiten mit seltenen Zusammenkünften, da sie nur an fünf Tagen des Jahres miteinander reden dürfen. Das Chaos des modernen Lebens tauschten sie gegen vollkommene Stille, einen streng geregelten Tagesablauf von 3.30 bis 20 Uhr sowie ein enthaltsames Leben. Besonders beeindrucken die Kapellen, aber auch das

Eingangsportal des Kamaldulenserklosters

auf das Wesentliche beschränkte Hauptschiff. Schon der lange weiße Mauergang zum Klostertor spiegelt das Asketische des Ordens wider, der in krassem Widerspruch zu den verschwenderisch gestalteten Kapellen zu stehen scheint. Frauen haben leider nur an zwölf Tagen des Jahres Zugang.

Türöffnung tägl. 8–11 und 15–16 Uhr zu jeder halben Stunde. Eintritt für ca. 15 Min.; 11.30–15 Uhr geschlossen, Zutritt für Frauen nur an Ostern (So/Mo), 3. Mai, Pfingsten (So/Mo), 1. So nach dem 19. Juni, 2. und 4. So im Juli, 1. So im Aug., 15. Aug., 8. Sept., 25. Dez. Messe an diesen Tagen um 11.30 Uhr. Al. Konarowa 1, www.kameduli.info. Buslinien 109, 209, 229, 239, 269, 605. Sollten Sie von der Stadt aus kommen, müssen Sie vorm Ausstieg (Bielany Klasztor) rechtzeitig den Stop-Knopf drücken.

Praktische Infos

→ Karte S. 169

Essen & Trinken

Restaurants

Villa Decius 5 Wie zu erwarten, ein edles Restaurant. Die Speisen, der Service und die Einrichtung sind schwer zu überbieten, die Preise sind dabei relativ günstig: Filettierte Dorade mit Couscous auf Spinatbett und Safransauce für 17 €. Tägl. 13–22 Uhr. Ul. 28 Lipca 17a, ✆ 12-4253390, www.vd-restauracja.pl.

Gospoda na Woli 1 Das Restaurant war einst nur eine bessere Kantine. Begünstigt durch die Lage wurde es aber schnell zu einem Geheimtipp, da auch die Küche und die Einrichtung mit der Zeit besser wurden. Polnische Hausmannskost und großer Garten.

Bigos für 4 €. Tägl. 11–21 Uhr. Ul. Królowej Jadwigi 223, ✆ 12-4252267.

U Ziyada 6 Sehr abgelegenes Restaurant und Café. Die Gäste werden entschädigt durch die Aussicht auf die Weichsel und den Las Wolski sowie durch die interessanten kurdischen und polnischen Kreationen des Kochs. Inmitten einer im Jahr 2010 renovierten Schlossanlage. Tägl. 12–20 Uhr, Café tägl. 10–22 Uhr. Ul. Jodłowa 13 (Przegorzały), ✆ 12-4297105, www.uziyada.krakow.pl.

27 Porcji 4 Frische und lokale Slowfood-Küche mit modernen Interpretationen der polnischen Küche: super! Hg. 6–10 €. Di–Sa 12–22, So 12–20 Uhr. Al. Kasztanowa 1, ✆ 502-439997 (mobil), www.27porcji.pl.

Srebrna Góra 7 Eines der ältesten privat geführten Restaurants in Krakau. Die Fisch- und Pilzgerichte wurden in den letzten Jahren immer besser. Abgesehen von der lauten Straße schöne Lage zwischen dem Silberberg und der Weichsel. Chateaubriand 11,50 €, im Sommer Grillplatte für 2 Pers. 20 €. Tägl. 9–23 Uhr. Ul. Księcia Józefa 120, ✆ 12-4297123, www.srebrnagora.net.

Cafés

meinTipp **Café Art, Galeria Bronisława Chromego** 3 Ein Café in der Galerie, die eher einer Werkstatt gleicht. Mit Blick auf die Kunstwerke und die kunstvoll gestalteten Tische munden Kaffee, Kuchen und die vegetarischen Gerichte dennoch. In der Galeria Bronisława Chromego selbst können größere Skulpturen und kleinere Figürchen bestaunt bzw. erworben werden. Die Preise für die handgearbeiteten Unikate aus Stein und Metall liegen zwischen 90 und bis über 500 €, Tische und Stühle kosten bis zu 2100 €. Bei dem Ruf des Künstlers durchaus ein Schnäppchen. April–Okt. Di–So 11–18 Uhr. Ul. Krańcowa 4, www.bronislawchromy.pl.

Einkaufen

Bacówka 2 Lebensmittelgeschäft mit Delikatessen und regionalen Produkten aus den Bergen südlich von Krakau. Herausragend sind die Schinkenspezialitäten und der Käse. Nicht zuletzt für den Picknick-Einkauf vor dem Ausflug in den Wald ideal. Mo–Fr 8–20, Sa 8–15 Uhr. Ul. Królowej Jadwigi 248, www.bacowkatowary.pl.

Die Willa Decjusza ist eines der schönsten Bauwerke der polnischen Renaissance

Relikte des Sozialismus

Tour 13

Die Arbeitervorstadt Nowa Huta war im offiziellen Sprachgebrauch ein Geschenk des russischen Volkes an Polen, tatsächlich aber eher eine Bestrafung für das bürgerliche Krakau. Ähnliche Widersprüche durchziehen die gesamte Geschichte von Nowa Huta bis heute.

- **Plac Centralny**, Herz der sozialistischen Trabantenstadt, S. 178
- **Zdzisław-Beksiński-Galerie**, faszinierende Gemälde, S. 179
- **Museum der Volksrepublik Polen**, Geschichte & Bunker, S. 180
- **Arche des Herrn**, schlichte Kirche mit stolzer Geschichte, S. 181
- **Museum der Polnischen Luftfahrt**, einzigartige Sammlung, S. 184

Planstadt im Osten Krakaus

Nowa Huta

Die Arbeiten am neuen Stadtteil Nowa Huta begannen im Sommer 1949. Wie in den anderen Ländern im östlichen Mitteleuropa ging auch in Krakau dem Sozialismus eine wechselhafte Zeit voraus. In den ersten Nachkriegsjahren kam es immer wieder zum Widerstand gegen die russische Besatzung, sowohl auf der Straße als auch bei Wahlen. In diesem Zusammenhang war Nowa Huta (dt. Neue Hütte) nicht nur als eine reine Industriestadt gedacht, die den Stahlhunger einer forcierten Industrialisierung stillen sollte. Vielmehr sollte der Bau eine Umerziehung und Neuorientierung bewirken: Den bourgeoisen und intellektuellen Einwohnern Krakaus sollten proletarische Arbeiter vorangestellt werden. Soweit die Idee. Schon kurz nach dem Bau 1950 nahm das nach Lenin benannte Stahlwerk gigantische Ausmaße an, seine Grundfläche ist auch heute noch ebenso groß wie die des gesamten Stadtgebiets von Krakau. Im Rekordjahr 1977 fertigten hier 38.000 Arbeiter fast sieben Millionen Tonnen Stahl. Obwohl die 1990 nach dem Ingenieur und Erfinder Tadeusz Sendzimir umbenannte Hütte mit ihren futuristischen und künstlichen Bauten voller miteinander verflochtener Rohre und Gleisanlagen durchaus einen Besuch wert wäre, ist dies leider nicht mehr möglich. Doch schon der Haupteingang ist imposant und verdeutlicht die Ausmaße der Werkshallen um das im Volksmund „Dogenpalast" oder „Vatikan" genannte Verwaltungszentrum.

Pläne für eine Bebauung von Nowa Huta gab es schon vor Beginn des Krieges. Grundlage bei der tatsächlichen Umsetzung waren die Architekturkonzepte des amerikanischen New Deals. Wie man es aus US-Metropolen kennt, zeichnet sich dieser Stil durch einen hohen Grad an Symmetrie und eine Eigenständigkeit der Wohnblöcke aus.

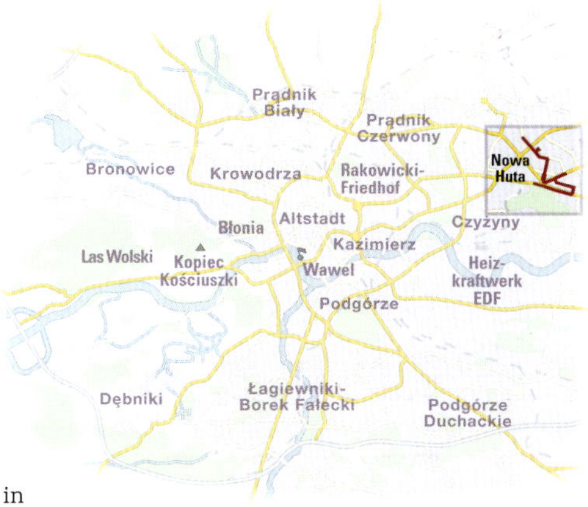

Dahinter stand auch die Absicht, den angesiedelten Arbeitern zu einem zufriedenen Leben in einer glücklichen Nachbarschaft zu verhelfen. Dazu beitragen sollten breite Straßen, gut ausgestattete Wohnungen und die Ausstattung der Wohnblocks mit Geschäften. Die stilistische Umsetzung war bis Mitte der 50er-Jahre vom Sozialistischen Realismus geprägt, der eindrucksvoll auf barocke Formen zurückgreift. Anders als in Russland wurde in Krakau auch an die in der Altstadt gewohnte Renaissance angeknüpft. Besonders deutlich zu sehen ist das rund um den Plac Centralny. Spätere Wohnhäuser des schnell wachsenden Ortes wurden wegen Zeitmangel aber als Plattenbauten errichtet.

Wie erwähnt, standen die mit dem Musterort verbundenen Absichten im krassen Widerspruch zur tatsächlichen Entwicklung von Nowa Huta. Mit der These, Religion sei „Opium fürs Volk", prägte Karl Marx die religionsfeindliche Einstellung der sozialistischen Eliten. Ironischerweise aber waren es in Nowa Huta wie in ganz Polen gerade die umworbenen Arbeiter, die nicht auf die Ausübung ihrer Religion verzichten wollten. So waren in den ersten Jahren gemäß der herrschenden Doktrin keine Kirchen gebaut worden. Die Einwohner forderten dies jedoch immer vehementer und setzten sich nach teilweise blutigen Auseinandersetzungen und langen Jahren durch. Bereits 1956 war eine erste Kirche genehmigt worden. Diese Entscheidung wurde jedoch bald wieder rückgängig gemacht, was zu schweren Unruhen führte – bis 1977 musste

Sozialistischer Realismus in Reinkultur

Krakau im Kasten

Goodbye Lenin!

Der Personenkult im Ostblock machte auch vor Nowa Huta nicht halt. In der als Prachtstraße und Boulevard vorgesehenen Rosenallee (aleja Róż) wurde 1973 ein Lenin-Denkmal enthüllt, das nach einem Wettbewerb vom Krakauer Künstler Marian Konieczny realisiert wurde. Ob er die Unruhen der späten Siebzigerjahre voraussah? Seine sieben Tonnen schwere Huldigung an das berühmte russische Staatsoberhaupt war jedenfalls dermaßen widerstandsfähig, dass es sechs Jahre nach seiner Errichtung einer Explosion standhielt. Die Bombe eines Unbekannten konnte allein die Achillesferse Lenins beschädigen.Die beispielsweise bei Hochzeiten vorgeschriebenen Besuche am Denkmal waren also auch nach dem Attentat noch möglich. Doch bis Lenin auch offiziell zur unerwünschten Person wurde, sollte es noch dauern. In den Wendejahren wurde das Denkmal zunächst in die südliche Peripherie abgeschoben, bevor es der schwedische Millionär Big Bengt Erlandsson 1992 für immerhin 100.000 schwedische Kronen erwarb. Der exzentrische Sammler ließ Lenin nun in einem südlich von Stockholm gelegenen Freizeitpark, dem High Chaparral, ausstellen, wo er bis heute zu besichtigen ist – mit Zigarette im Mund und Ring am Ohrläppchen …

man schließlich warten. Ein Jahr vor Beginn seines Pontifikats setzte Johannes Paul II. mit der Unterstützung der katholischen Gemeinde in seiner Bischofsstadt noch einmal ein Zeichen.

Doch auch die Arbeitsbedingungen selbst führten zu Protesten. Neben Danzig, wo Lech Wałęsa in der Werft die Solidarność-Bewegung anführte, war Nowa Huta eines der wichtigsten Zentren des Widerstands. Zusammen mit der katholischen Kirche kämpfte die Gewerkschaft lange Jahre für ein besseres Polen. Vor allem Anfang der 80er-Jahre kam es zu Ausschreitungen – mit ein Grund für die Regierung unter General Jaruzelski, den Kriegszustand zu verhängen.

Was aber bleibt von dieser bewegten Zeit? Überreste alter Schwerindustrie, einstmals moderne Wohnungen sowie das Vorurteil, Krakaus hässliches Anhängsel zu sein. Interessant ist ein Besuch aber nicht nur bei historischem oder architektonischem Interesse. Die Hütte, heute im Besitz des indischen Stahlmagnaten Mittal, arbeitet noch immer, alternative Künstler finden in Nowa Huta billige Ateliers und imposante Impressionen, Hip-Hop-Künstler zelebrieren eine Ghetto-Atmosphäre. Seit dem 60-jährigen Gründungsjubiläum 2009 tüftelt man an ehrgeizigen Entwicklungsplänen, eine Aufnahme in die UNESCO-Weltkulturerbeliste ist beantragt und recht sicher. Doch schon heute können Touristen diese lebende Legende kennenlernen, die bei all dem Überfluss an historischen Bauwerken und klassischer Schönheit, die Krakau sonst bietet, ein regelrecht puristisches Flair verbreitet.

Tour-Info Der **Startpunkt** dieses Spaziergangs ist am Plac Centralny. | **Ende**: Plac Targowy, ul. Bieńczycka | **Dauer**: reine Gehzeit ca. 1¼–2¼ Std.

Spaziergang

Der **Plac Centralny (Hauptplatz)** von Nowa Huta ist der Mittelpunkt des Vororts. Hier lohnt es sich, die monumentale Architektur mit etwas Distanz zu betrachten, denn man wird von den Dimensionen fast erschlagen. Dazu überquert man die Straße in Richtung des **Solidarność-Denkmals (Pomnik Solidar-**

ności). Von hier aus hat man zugleich einen freien Blick auf die großflächigen Wiesen an der südlichen Grenze von Nowa Huta, wo in den 50er-Jahren ein Park mit See geplant war.

Heute ist es ein Reservat für 370 Pflanzen- und fast 70 Vogelarten, von denen ein Großteil vom Aussterben bedroht ist. Der Blick in die entgegengesetzte Richtung zeigt heute eher Resignation, gepaart mit verhaltener Aufbruchstimmung. Die meisten der einst so stolzen Bauten des Sozialistischen Realismus sind heute von einem trostlosen Grau bestimmt. Mit der Geschichte vertraut, meint man fast, die Straßenkämpfe der 80er-Jahre sehen zu können. Trostlos, erschreckend und verstörend sind auch die Gemälde in der **Zdzisław-Beksiński-Galerie (Galeria Zdzisława Beksińskiego)**, die im Kulturzentrum von Nowa Huta NCK untergebracht ist. Weiter geht es auf der breiten aleja Jana Pawła II. 300 m vom Plac Centralny entfernt stößt man zur Rechten auf das **Museum der Volksrepublik Polen (Muzeum PRL-u)**. Nach weiteren 600 m verlässt man die lärmende Straße, um links in die ulica Daniłowskiego einzubiegen. Am Ende der Straße steht gegenüber der Post das älteste **Wohnhaus mit Nummer 14 (Blok przy Ulicy Mierzwy 14)**. Versucht wurde hier, schnelle Bauzeit, Preis und das „Glück im kommunistischen Geist" miteinander zu vereinbaren. Heute ist es schwer vorstellbar, dass letztere Intention nicht sarkastisch gemeint war. Ein paar Schritte zurück befindet sich die Osiedle Hutnicze, in der zum ersten Mal in Polen Fertigbauteile aus Beton eingesetzt wurden. Dieser Beginn der Plattenbausünde war zugleich das Ende eines ernstzunehmenden architektonischen Stils – der Sozialistische Realismus wurde ab diesem Zeitpunkt auf Rentabilität beschränkt. Zur gleichen

Zeit wurde übrigens die Produktion der Stahlhütte fast verdreifacht. Für diese enorme Leistung mussten neue Arbeiter angesiedelt werden, die die Herausforderung des schnellen Wohnungsbaus noch dringlicher machten. Über die ulica Mierzwy kommt man zur aleja Solidarności, in die man rechts einbiegt. An der Ecke zur ulica Struga steht die **Kirche der Muttergottes von Tschenstochau (Kościół Matki Boskiej Częstochowskiej)**, ein zeitgenössischer Glasbau. Anschließend läuft man auf der aleja Solidarności zurück zum Plac Nowy und biegt die nächste rechts in die aleja Róż ein, die einst den Boulevard verkörperte. Am lang gezogenen Platz und am Park vorbei gelangt man zum 2005 eröffneten **Muzeum Dzieje Nowej Huty (Nowa-Huta-Geschichtsmuseum)**. Danach geht es noch ein Stück weiter und dann links in die ulica Żeromskiego bis zur Straße der Kreuzesverteidiger (ulica Obrońców Krzyża). An diesem Straßeneck gab es 1960 blutige Unruhen, weil die ursprünglich zugesagte Kirche doch nicht gebaut wurde. Die kleine Kirche wurde zur Erinnerung an diesen Aufstand im Jahr 2001 errichtet.

Das **Teatr Ludowy (Volkstheater)** erinnert an ein Gebäude aus einem Wim-Wenders-Film. Rechts davon in der Osiedle Górali begegnet man überraschend dem **Czołg**, einem russischen Panzer mit einer eigenen Geschichte. Zurück auf der ulica Obrońców Krzyża folgt man dem Weg nach rechts. Auf der anderen Seite der Kreuzung befindet sich ein typischer polnischer Markt mit sehr niedrigen Preisen. Vielleicht lassen sich auch alte Leninbilder oder die eine oder andere russische Uniform aufstöbern. Weiter geradeaus sieht man das **Denkmal für Bogdan Włosik (Pomnik Bogdana Włosika)**, das den Opfern des Kriegszustands in den 80er-Jahren gewidmet ist; benannt ist es aber nach einem 20-Jährigen, der in dieser Zeit erschossen wurde. Krönendes Ziel der Tour ist die **Arche des Herrn (Kościół Arka Pana)**, zweifellos eine der eindrucksvollsten modernen Kirchen Europas. Um wieder zurück ins Krakauer Zentrum zu gelangen, nimmt man die Tram in der ulica Bieńczycka.

Sehenswertes

Plac Centralny

Hauptplatz

Bemerkenswert ist die Symmetrie des Platzes, von dem fünf große Alleen abgehen. Die Achse bildet die Rosenallee (aleja Róż), die zu Beginn der Arbeiten voller Optimismus als Prachtstraße geplant war. Sogar die namengebenden Rosen sollen einmal gepflanzt worden sein. An diesem Platz wurde der Sozialistische Realismus noch in seiner schmeichelhafteren Form verwirklicht. Verantwortlich für die Paläste sind unter anderem das Architektenehepaar Janusz und Marta Ingarden sowie Bolesław Skrzybalski. Nach der offiziellen Doktrin sollten sie nicht nur Architekten der Häuser sein, sondern zugleich – man glaubt es heute kaum – „Architekten der Seelen" der hier lebenden Menschen. Wie in Erwartung eines Angriffs aus dem Westen wurden die Wohnblöcke als Festungen errichtet, mit vielen Durchgängen und Schutzvorrichtungen. Die waren tatsächlich von Nutzen, allerdings für die unermüdlichen Kämpfer gegen den Sozialismus, die sich hier vor dem staatlichen Sicherheitsdienst versteckten. Jede „Osiedle" (Wohnblock, eigentlich Siedlung) sollte zudem autark sein. Aus diesem Grund fand man in jedem die notwendigen Geschäfte, Schulen, Friseure, Kindergärten und alles Lebensnotwendige. Diese Unabhängigkeit diente aber nicht nur der Versorgung, sondern auch dem rigiden Kontrollsystem, das letzten Endes dennoch keine Aufstände verhindern konnte.

Tram 4, 10, 22, 62, Haltestelle Plac Centralny.

Pomnik Solidarności

Solidarność-Denkmal

Den vielen Widerständlern der Gewerkschaft gewidmet, die sich gegen das System auflehnten. Allein durch bloße Zahlen wird die verfehlte Politik der Sozialisten bei ihrer eigentlichen Zielgruppe deutlich: Von den 36.000 Arbeitern in Nowa Huta waren 34.000 in der Solidarność organisiert, oft streikten bis zu 100 % der Arbeiter – und das mit Erfolg. Als die Kollegen in Danzig keine Chance hatten, ihren Protest wirksam fortzusetzen, kamen von hier, unterstützt von Karol Wojtyła, die entscheidenden Anstöße, die 1989 zum „Runden Tisch" führten, dem Anfang vom Ende des Sozialismus bis hin zur deutschen Wiedervereinigung und der Neustrukturierung Europas.

Al. Jana Pawła II. Tram 4, 10, 22, 62, Haltestelle Plac Centralny.

Galeria Zdzisława Beksińskiego

Zdzisław-Beksiński-Galerie

Die Ausstellung ist nichts für schwache Nerven oder Kinder. Selten verstören Gemälde so sehr wie die des Künstlers Zdzisław Beksiński, der oft als dystopischer Surrealist bezeichnet wurde. Was das bedeutet? Düstere und mystische Atmosphären, teils abstoßende Farben, sadistische und masochistische Anspielungen, gekrümmte Körper voller Pein, allgegenwärtiger Tod und Leiden … Wer gerne Horrorfilme schaut, kann sich hier seine Extraportion Gänsehaut abholen. Allerdings lässt sich auf den Gemälden bei längerer Betrachtung weit mehr entdecken, nämlich die Werke eines ehrlichen und kompromisslosen Künstlers. Kein Wunder also, dass Beksiński allen kommerziellen und politischen Angeboten widerstand. Leider sind keine Fotos erlaubt.

Tägl. 11–19 Uhr. Eintritt 2,50 €, erm. 2 €. Al. Jana Pawła II 232, ✆ 12-6440266, www.nck.krakow.pl. Tram 4, 10, 22, 62, Haltestelle Plac Centralny.

In der Zdzisław-Beksiński-Galerie

Bunkeranlagen im Museum der Volksrepublik Polen

Muzeum PRL-u

Museum der Volksrepublik Polen

Im ehemaligen Kino Światowid werden die Geschichte und das Leben im sozialistischen Polen dokumentiert, zunächst noch in Wechselausstellungen. Ab 2019 soll dann die Filiale des Historischen Museums der Stadt Krakau in einer Dauerausstellung über Leben, Totalitarismus und die Geschichte des polnischen Sozialismus informieren. Viel Aufsehen erregte 2016 die Öffnung der Bunkeranlagen, in die man mit dem normalen Ticket gelangt. Hier wird die historische Bedrohung durch einen atomaren Erstschlag im Kalten Krieg geradezu spürbar.

Di–So 10–17 Uhr, Nov.–April geschlossen. Eintritt 2 €, Di frei. Os. Centrum E 1, ✆ 12-4467821, www.mprl.pl. Tram 4, 10, 22, 62, Haltestelle Plac Centralny.

Blok przy ulicy Mierzwy 14

Wohnhaus in der ulica Mierzwy 14

Der erste von vielen in den 50er und 60er-Jahren gebauten Wohnblocks. Man sieht, dass man sich zu Beginn noch mehr Mühe gab, die hehren Ziele zu verwirklichen. Die später errichteten Häuser waren hingegen geprägt durch die Vorgaben einer möglichst kurzen Bauzeit und einer billigen Bauweise. Die Gedenktafel erinnert: „An diesem Ort wurde das große Werk namens Nowa Huta begonnen, das Symbol der sozialistischen Veränderung der Polnischen Volksrepublik von 1949 bis 1969“. Keine Erfolgsgeschichte, wie sich später herausstellte.

Ul. Mierzwy 14, os. Wandy. Tram 10, 16, Haltestelle Klasztorna.

Kościół Matki Boskiej Częstochowskiej

Kirche der Muttergottes von Tschenstochau

Die Kirche wurde von 1988 bis 1994 an einem Platz gebaut, der ursprünglich einen ganz und gar nicht christlichen Zweck hatte: Hier wurden Militärparaden abgehalten. Besonders imposant ist das große Glasdach über dem Kirchenschiff. Während des Kriegszustandes trafen sich hier heimlich die Anhänger von Solidarność. Sehenswert sind die Mosaikwände und die aus gespendeten Bernsteinketten gefertigten christlichen Symbole. Hier zeigt sich deutlich, dass echter Glaube keines Prunks bedarf. Und wenn man die Geschichte und das Verlangen der Einwohner Nowa Hutas nach einer Kirche kennt, erscheint diese Einfachheit viel eindrucksvoller als so mancher goldene Altar und manche marmorne Krypta im Zentrum Krakaus.

Tägl. 6.30–18 Uhr. Messe Mo–Sa 6.30, 8, 18 Uhr, Fr sowie Nov.–März tägl. 15 Uhr, So 6.30, 8, 9.30, 11, 12.30, 17, 19, 20.30 Uhr. Ul. Struga, os. Szklane Domy 7, www.szklanedomy.cystersi.pl. Tram 4, 22, Haltestelle Struga.

Muzeum Dzieje Nowej Huty

Nowa-Huta-Geschichtsmuseum

Das kleine Museum verfügt nur über einen Raum für die Dauerausstellung, in der historische Relikte aus dem Stadtteil zu sehen sind, darunter Plakate, Briefe und Fotos. Viel interessanter sind die gelegentlichen Wechselausstellungen und auch die interaktive Präsentation am Computer, bei der man auf wesentlich mehr Infos und aufschlussreichere Fotos stößt.

April–Okt. Di–So 9.30–17 Uhr, Nov.–März Di und Do–Sa 9–16, Mi 10–17 Uhr, jeden 2. So im Monat 9–16 Uhr, Mo jeweils geschlossen. Eintritt 1,50 €, erm. 1 €, Mi frei. Os. Słoneczne 16, ✆ 12-4259775, www.mhk.pl. Tram 4, 22, Haltestelle Struga.

Teatr Ludowy

Volkstheater

Das Theater ist in ganz Polen für seine herausragenden Produktionen bekannt. Für nichtpolnische Besucher ist vor allem das Gebäude von Interesse, das 1955 von Jan Dąbrowski und Janusz Ingarden errichtet wurde. Der sozrealistische Stil, die an ein Gefängnis erinnernden Türmchen und die Neonschrift lassen es wie ein seltsames Überbleibsel aus einer anderen Zeit erscheinen.

Kasse Mo–Sa 12–18 Uhr, So 2 Std. vor Vorstellung. Os. Teatralne 34, ✆ 12-6802112, www.ludowy.pl. Tram 1, 5, Haltestelle Teatr Ludowy.

Czołg

Panzer

Der russische Panzer ist ein Geschenk der UdSSR an das Museum des bewaffneten Widerstands, vor dem er steht. In den letzten Kriegswochen 1945 war er in Berlin gegen die deutschen Truppen im Einsatz. Er wird gut in Schuss gehalten und ist bei Kindern wie Touristen als Spielgerät und Fotomotiv beliebt.

Os. Górali 23. Tram 1, 5, Haltestelle Teatr Ludowy.

Pomnik Bogdana Włosika

Denkmal für Bogdan Włosik

Bogdan Włosik wurde nur 20 Jahre alt und arbeitete wie so viele seiner Altersgenossen im Stahlwerk. Bekannt wurde er als eines der Opfer des staatlichen Sicherheitsdienstes. Seine Beerdigung 1982 wurde mit 20.000 Teilnehmern zur größten Demonstration während des Kriegszustandes. Włosiks Grab war damals von einem zweieinhalb Meter hohen Blumenmeer bedeckt. Gewidmet ist das Denkmal allen Opfern des Widerstands, denn Bogdan Włosik war nicht der einzige junge Mann, der früh sein Leben durch eine Kugel verlor.

Ul. Obrońców Krzyża. Tram 1, 5, Haltestelle Teatr Ludowy.

Kościół Arka Pana

Kirche Arche des Herrn

Die Geschichte dieses Gotteshauses wäre für eine Verfilmung geeignet. Lange Zeit gab es in Nowa Huta keine Kirche, die sozialistischen Pläne sahen auch keine vor. Auf Drängen der Bewohner wurde dann 1956 doch dem Bau zugestimmt, dies jedoch bald wieder zurückgenommen. Die offizielle Begründung berief sich auf Munitionsfunde aus dem Zweiten Weltkrieg an dieser Stelle. Die von den angeblich 5000 Minen und Geschossen ausgehende Gefahr

Nowa Huta → Karte S. 177

Außerhalb und in der Kirche „Arche des Herrn"

und das Verbot hielten die gläubigen Katholiken jedoch nicht davon ab, ab 1967 selbst Stein auf Stein zu schichten. Im Laufe der Zeit wurden es unglaubliche zwei Millionen kleine Steine, aus denen die Fassade gestaltet wurde. Auch der Mörtel wurde nicht von Maschinen, sondern nur von Hand gemischt. Der spätere Papst Johannes Paul II. hielt auf dem Gelände noch zu seiner Zeit als Erzbischof von Krakau regelmäßig Messen unter freiem Himmel ab. 1977 konnte er dann die Kirche weihen.

Allein ihre Gestalt war mehr als nur Bezug auf die alttestamentarische Geschichte, sondern ein politisches Statement. Die Form einer Arche zeigte den Menschen, dass sie wie Noah nicht die Hoffnung verlieren sollten, sei die Situation auch noch so aussichtslos. Dieser starke Glaube manifestierte sich in der Kirche, deren Geschichte in der katholischen Weltgemeinde erzählt wurde und das Gotteshaus zu einem der bekanntesten Europas machte. Und aus der ganzen Welt kamen Geschenke: Papst Paul VI. schickte einen Stein aus Petrus' Grab für die Grundsteinlegung, aus den Niederlanden kamen sieben Glocken, und der Wiener Kardinal König spendierte verchromtes Blech für den Mast in Form eines Kreuzes. Nicht zu vergessen die Besatzung der „Apollo 11": Sie brachte einen Rutilkristall vom Mond mit, der sich jetzt im Tabernakel befindet. Auch die restliche Ausstattung ist ungewöhnlich. Die Madonnenstatue wurde aus Bombenteilen und Minenüberbleibseln gefertigt, die aus den Wunden polnischer Soldaten des Zweiten Weltkriegs herausoperiert worden waren. Der Jesus von Bronisław Chromy scheint von den Nägeln wegfliegen zu wollen und demonstriert auch so die Aufbruchstimmung gegen die „Nägel des Kommunismus".

Tägl. 6–18 Uhr. Messe Mo–Sa 6, 6.30, 7, 7.30, 8, 11, 18 Uhr, So 6.30, 8, 9.30, 11, 12.30, 14, 16, 17.30, 19 Uhr. Ul. Obrońców Krzyża 1, www.arkapana.pl. Tram 1, 5, Haltestelle Teatr Ludowy.

Sehenswertes abseits des Spaziergangs

Die beiden einstigen Dörfer Mogiła und Krzesławice zeigen, in welch ländliche Umgebung der Koloss Nowa Huta gesetzt wurde.

Opactwo Cystersów, Kościół św. Bartłomieja

Zisterzienserabtei, St.-Bartholomäus-Kirche

Eine der Hauptsehenswürdigkeiten im 1222 gegründeten Kloster von Mogiła ist der mit Fresken verzierte Kreuzgang; aber auch der Klostergarten und die von Johannes Paul II. zur Basilika erhobene Heiligkreuzkirche sind sehenswert. 1447 wurde das Gotteshaus gotisch umgebaut, seit 1780 hat es eine barocke Fassade.

Im Inneren begeistern die Reste der 1506 gemalten Fresken ebenso wie die von Jan Bukowski rund 400 Jahre später ergänzten, von Grün, Blau und Gold dominierten Polychromien.

Die dreischiffige Holzkirche schräg gegenüber zählt mit Baujahr 1466 zu den ältesten in Polen. Beeindruckend sind das geschnitzte, reich verzierte gotische Portal mit Blumendekor, die Heiligenmalereien im Rokoko-Stil und der illusionistische, an die Wand gemalte Altar.

Basilika: Tägl. 6–18 Uhr. Messe Mo–Sa 6, 7, 7.30, 8.30, 18 Uhr, So 6.30, 8, 9.30, 11, 12.30, 14, 16.30, 18 Uhr. **Klostergarten**: Mai–Okt. So 15–16 Uhr, 14.–21. Sept. tägl. 8–18 Uhr. **Holzkirche**: Mitte Mai bis Sept. Do–Sa 9–18 (Pause 13–13.30 Uhr), So 12–17 Uhr. Messe So 11.30, Sept.–Juni auch 10.15 Uhr. Ul. Klasztorna 11, ✆ 12-6442331, www.mogila.cystersi.pl. Tram 10, 16, Haltestelle Klasztorna, Bus 123, 193, Haltestelle Klasztor Cystersów.

Dworek Jana Matejki, Kościół św. Jana Chrzciciela

Jan-Matejko-Gutshaus, Kirche St. Johannes des Täufers

Im Gutshaus wohnte u. a. der Krakauer Künstler Jan Matejko, der hier seit 1876 seine Sommer verbrachte, in denen viele bekannte Werke entstanden. Zu besichtigen sind heute antike Möbel, Aquarelle und Reproduktionen von Matejkos Werken. Die daneben stehende Holzkirche aus der ersten Hälfte des 17. Jh. wurde erst 1982 von Jawornik nach Krzesławice versetzt. Die farbigen Figurmalereien an Decke und Wänden zeigen u. a. den Alltag der Menschen im 17. Jh. Der größte Schatz des Kirchleins aber ist der spätgotische Altar aus dem frühen 16. Jh.

Wer mit der Tram kommt, zu Fuß in Fahrtrichtung weitergehen und nach dem See links in die ulica Wańkowicza einbiegen.

Park tägl. 10 Uhr bis Sonnenuntergang, Gutshaus Di–Sa ab 10 Uhr bis Sonnenuntergang, ✆ 511-514355 (mobil), www.palac-sztuki.krakow.pl. Eintritt 2 €, erm. 1 €. Holzkirche: Messe Di, Do und Sa 7 Uhr, 1. Fr im Monat 7, So 9.30 und 14 Uhr. Besichtigung vor und nach Messen oder nach Absprache unter ✆ 12-6421558. Ul. Wańkowicza 23/25, Tram 4, 22, Haltestelle Struga.

Nowa Huta → Karte S. 177

Abstecher nach Czyżyny

Der zwischen Krakau und Nowa Huta gelegene Stadtteil Czyżyny dient vor allem als Wohnviertel, das nur wegen zweier Sehenswürdigkeiten interessant ist: der Stanisław-Lem-Park an der südlichen Zufahrtsstraße nach Nowa Huta sowie das Luftfahrtmuseum an der nördlichen Zufahrt.

Ogród Doświadczeń

Garten der Erfahrungen

Der auch nach dem Krakauer Philosophen und Science-Fiction-Autoren Stanisław Lem benannte Park widmet sich dem aktiven Erfahren und Begreifen naturwissenschaftlicher Phänomene. Als Teil der Stadtteilbelebung unter dem Motto „Nowa Huta (Neue Hütte) – neue Chance" wurde 2008 die vom bekannten Architektenbüro Ingarden & Ewy geplante Welt der Physik und Chemie symbolisch den Kindern übergeben. An akustischen, optischen, astronomischen und chemischen Objekten können sie sich seitdem richtig austoben, zudem gibt es Erfahrungsfelder, die den Gleichgewichts- und Tastsinn herausfordern. Die Versuchsanleitungen der Objekte sind auf Polnisch und Englisch beschrieben, Erklärungen der Eltern sind also eventuell nötig – einige der vielen Mitarbeiter können aber auch Deutsch. Den Park erreicht man von der Haltestelle M 1 aus, indem man von der Stadt kommend auf die andere Straßenseite geht, in Gegenrichtung zum Einkaufszentrum.

Naturwissenschaftliche Phänomene entdecken

April–Aug. Mo–Fr 8.30–19, Sa/So 10–19 Uhr; Juni/Juli Mo–Fr 8.30–19, Sa/So 10–20 Uhr; Sept. Mo–Fr 8.30–17, Sa/So 10–19 Uhr; Okt. Mo–Fr 8.30–15, Sa/So 10–17 Uhr. Eintritt 2,50 €, erm. 2 €, bis 7 J. frei. Kombiticket mit Ingenieursmuseum 4 €, erm. 2,50 €. Al. Pokoju 68, ✆ 12-3461285, www.ogroddoswiadczen.pl. Tram 1, 14, 22, Haltestelle M 1 Al. Pokoju.

Muzeum Lotnictwa Polskiego

Museum der Polnischen Luftfahrt

Ein Paradies für Luftfahrtbegeisterte! Einige der Flugzeuge und Motoren findet man nur noch hier, weshalb Fans aus der ganzen Welt nach Krakau reisen, nur um die seltenen Stücke zu betrachten und zu fotografieren. Die Sammlung auf einem ehemaligen Flughafengelände umfasst mehr als 200 Flugzeuge, von den Anfängen der Luftfahrt bis heute. Bis 2013 wurden die alten Hangars restauriert, um die Exponate zeitgemäß zu präsentieren; das erste neue Gebäude, gestaltet nach Plänen des Berliner Architekten Justus Pysall, wurde bereits 2010 eröffnet. Seit 2016 endlich mit eigener Haltestelle, aus der Stadt kommend muss man die Hauptstraße überqueren und geradeaus weitergehen.

Di–So 9–17 Uhr, Mo geschlossen. Eintritt 4 €, erm. 2 €, mit EURO26 1 €, Di frei, Führung (auf Deutsch) 16 €. Al. Jana Pawła II 39, ✆ 12-6409960, www.muzeumlotnictwa.pl. Tram 4, 5, 9, 10, 52, 64, Haltestelle Muzeum Lotnictwa.

Praktische Infos

→ Karte S. 177

Essen & Trinken

Restaurants

Stylowa 5 In dieses Restaurant führen die alternativen Nowa-Huta-Guides ihre Gäste, um ihnen den hier immer noch quicklebendigen Realsozialismus vorzuführen. Unserer Meinung nach ist es einfach ein liebevolles, nicht perfektes Lokal mit vielen Stilbrüchen: elegant gekleidete, meist mürrische Kellner, Spielautomaten, am Wochenende aber leider kein „Dancing" mehr. Fleischplatte 7,50 €. Mo–Sa 10–23 Uhr. Al. Róż, os. Centrum C3, ✆ 12-6442619.

Bar mleczny 7 Die Klassiker der günstigen polnischen Küche in perfektem Nowa-Huta-Ambiente: einfach, ungekünstelt und ungezwungen. Mo–Fr 7–20, Sa/So 8–15 Uhr. Al. Róż, os. Centrum C 1.

Max Grill **9** Würstchen, Nackensteak oder Hähnchenschenkel vom Grill, als Beilage gibt es Schafskäse, Fritten oder saure Gurken. Manche Krakauer fahren dafür extra eine Stunde hin und eine zurück – mehr braucht man wohl nicht zu sagen! So–Do 13–24, Fr/Sa 13–1 Uhr. Al. Jana Pawła II 232 (Holzhütte beim Parkplatz vorm Kulturzentrum), www.maxgrill.pl.

Cafés & Eis

Mein Tipp **C-2 Południe Café** **1** Kuchen und Snacks, Tee und Kaffee sind gut, am interessantesten ist aber die ostalgische Einrichtung mit vielen Erinnerungsstücken ans sozialistische Nowa Huta und großen Fotos aus den Anfangsjahren des Stadtteils. Di–So 14–21.30 Uhr. Os. Górali 5 (im Kino Sfinks), www.c2poludniecafe.blogspot.com.

Filmowa Café **3** Im ehemaligen Kino Świt wartet ein Café mit Filmthemenabenden, Kinderspielecke und Infoevents zu Whisky, Sekt, Wein oder Bier. Tägl. 10–22 Uhr. Os. Teatralne 10 (1. Stock).

łancafe **11** Gemütliches Café mit leckeren selbstgemachten Kuchen, ab und zu himmlischen Äpfeln im Schlafrock, lokalen Biersorten und zum Abhängen Liegestühle mit Blick auf die Wiesen von Nowa Huta. Tägl. 12–20 Uhr. Os. Centrum E 25.

Good Lood **6** Nicht nur an Sommertagen lange Schlangen, die für das leckere Eis aus eigener Herstellung anstehen. Am besten sind die Sorten auf Fruchtbasis. Tägl. 11–22 Uhr. Al. Róż 2, www.goodlood.com.

Lokale für Tag und Nacht

Teatr Łaźnia Nowa **2** Nowa Huta macht auch immer öfter kulturell von sich reden. Einer der Gründe ist die Eröffnung dieses Theaters mit einer Fläche von 4500 m². In der alten Industrieanlage sind seit 2005 anspruchsvolle und teilweise spektakuläre Theaterinszenierungen, Konzerte und Kinofilme zu sehen. Os. Szkolne 25, ✆ 12-6802341, www.laznianowa.pl.

Kombinator **2** Der Club im ostalgischen PRL-Stil mit Möbeln der 60er-Jahre gehört zum Teatr Łaźnia Nowa. Vollständige Jahrgänge von Zeitungen aus dieser Epoche laden zum Stöbern ein. Manchmal am Wochenende auch Livekonzerte. So–Do 15–24, Fr/Sa 15–3 Uhr. Os. Szkolne 25, ✆ 12-6928484, www.klubkombinator.com.

Im C-2 Południe Café

Einkaufen

Cepelix **8** Das polnische Kunsthandwerk des Geschäfts bietet einen interessanten Kontrast zu den sozrealistischen Bauten. Darüber hinaus gibt es aber auch Huta-Andenken, etwa T-Shirts. Mo–Fr 10–18, Sa 10–13 Uhr. Pl. Centralny, Centrum B.

Mein Tipp **Szpeje** **12** Restaurierte Möbel, Lampen und Dekogegenstände aus dem sozialistischen Polen. Für Liebhaber zum Stöbern und Kaufen. Tägl. 12–17 Uhr. Os. Centrum E1 (im PRL-Museum), www.szpeje.com.

Huta Piwa **4** Laden mit Craftbeer von Mikrobrauereien aus der ganzen Welt und aus Nowa Huta. Letztere natürlich ein ungewöhnliches Mitbringsel für daheim. Mo–Fr 12–20.30, Sa 10–20.30 Uhr. Os. Szkolne 35.

Sonstiges

Nowohuckie Centrum Kultury **10** Kulturzentrum mit vielfältigem Programm. Besonders sehenswert sind die Fotoausstellungen. Tägl. 8–20 Uhr. Al. Jana Pawła II 232 (Plac Centralny), ✆ 12-6440266, www.nck.krakow.pl.

Zusätzliche Information: Maciej Miezian: „Nowa Huta“, Verlag Wydawnictwo Bezdroża, www.bezdroza.com.pl. Ästhetischer und detailreicher Führer über Nowa Huta in Polnisch oder Englisch.

Nowa Huta → Karte S. 177

Zu Krakaus Pilgerzielen

Tour 14

Das Sanktuarium der Barmherzigkeit Gottes ist einer der wichtigsten Wallfahrtsorte in Polen. Nicht zuletzt die Tatsache, dass Johannes Paul II. von hier aus das dritte Jahrtausend des Christentums verkündete und die drei letzten Päpste hier waren, zeigt die Bedeutung für die katholische Kirche.

Klosterkapelle, farbenfroh & optimistisch, S. 190

Basilika der Göttlichen Barmherzigkeit, Meisterwerk postmoderner Architektur, S. 190

Kapelle der Ewigen Anbetung, auch künstlerisch interessant, S. 191

Johannes-Paul-II.-Kirche, kunstvolle Mosaiken & Kapellen, S. 192

Zwei Sanktuarien im Süden Krakaus

Łagiewniki

Direkt neben dem Sanktuarium der Barmherzigkeit Gottes (Sanktuarium Bożego Miłosierdzia) entstand ein riesiges Zentrum zu Ehren von Johannes Paul II. Verbunden sind die beiden Pilgerzentren durch eine Fußgängerbrücke. Das „Weltzentrum des Kultes der Barmherzigkeit Gottes" beeindruckt Pilgerreisende wie Touristen. Das eigentliche **Kloster** der Kongregation der Schwestern der Muttergottes der Barmherzigkeit (Klasztor Zgromadzenia Sióstr Matki Bożej Miłosierdzia) wurde von Fürst Alexander Lubomirski gestiftet. Im neugotischen Stil von 1889 bis 1891 erbaut, bildet es den älteren Teil. Für Besucher und Pilger sind vor allem das Gnadenbild Jesu und die Reliquien der Heiligen Faustyna von Interesse, die in der Klosterkapelle besichtigt werden können. Die katholische Mystikerin mit dem Ordensnamen „Maria Faustyna vom allerheiligsten Sakrament" wurde 2000 durch Johannes Paul II. heiliggesprochen. 1924 wurde sie durch eine Vision zum Ordenseintritt bewegt. Bis zu ihrem frühen Tod 1938 sollen ihr Heilige und Engel, Maria und Jesus erschienen sein. Letzterer gab ihr den Auftrag, die Barmherzigkeit Gottes zu verkünden und zu diesem Zweck ein Bild malen zu lassen. Dieses Bild zeigt den Sohn Gottes, von dessen Herzen zwei Strahlen ausgehen, sowie den Satz „Jezu, ufam Tobie!" (Jesus, ich vertraue auf Dich!). Das Original befindet sich inzwischen in Wilna, in Łagiewniki bekommt man die Interpretation des Malers Adolf Hyła zu sehen. Der moderne Teil des Geländes ist das Sanktuarium. Von außen wie von innen beeindruckend ist die 1997–2002 in einem architektonisch interessanten Stil errichtete **Basilika**, wovon sich auch die jungen Pilger beim Weltjugendtag 2016 überzeugen konnten. Rasend schnell hat sich in den letzten Jahren das ehrgeizige Projekt mit dem

Beinamen „Fürchtet Euch nicht!" nebenan entwickelt. Einige Arbeiten dauern noch an, im **Johannes-Paul-II.-Zentrum (Centrum Jana Pawła II)** sind schon jetzt ein Museum, eine Ausstellung, ein Aussichtsturm und natürlich die Kirche zu sehen, ein Forschungsinstitut mit Bibliothek, Kreuzweg, Pilgerhotel und ein Amphitheater sind geplant bzw. in Bau. Seit dem Tag der Seligsprechung von Johannes Paul II. am 1. Mai 2011 werden auch die wegen des Anschlags auf den polnischen Papst im Jahr 1981 blutverschmierte Soutane und eine Ampulle mit seinem Blut als Reliquien ausgestellt.

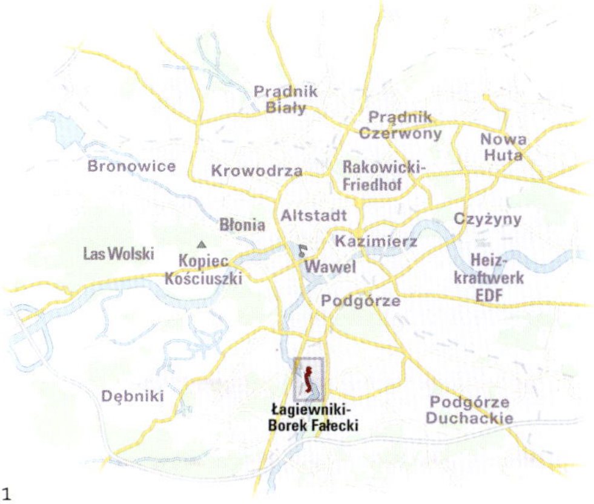

Tour-Info **Startpunkt/Ende**: Alle Sehenswürdigkeiten des Sanktuariums sind am schnellsten von der Haltestelle Sanktuarium Bożego Miłosierdzia mit **Tram** 8, 19 und 22 zu erreichen, das JP II-Centrum mit denselben Tramlinien bis Haltestelle Solvay bzw. Borek Fałęcki I oder von der Haltestelle Cracovia aus mit **Bus** 504 bis Centrum JP II, seit 2017 auch per **S-Bahn** bis Stacja Kraków-Sanktuarium. Tägl. 9–18 Uhr verkehrt der **PapaBus** von der ul. Franciszkańska bis zum Sanktuarium und Johannes-Paul-II.-Zentrum und zurück für 2,50 € (Reservierung unter ✆ 530-530167 mobil, www.papabus.pl). | **Reine Gehzeit**: ca. 35 Min.

Spaziergang

Vom Zentrum kommend erreicht man Łagiewniki am schnellsten und einfachsten per Tram. Aussteigen muss man an der Haltestelle Sanktuarium Bożego Miłosierdzia. Von dort aus nehmen wir die Unterführung in Fahrtrichtung links bis zur anderen Straßenseite der ul. Zakopiańska und biegen bei der Tankstelle direkt in die ul. Siostry Faustyny ein. Nach der Überquerung der Bahngleise gehen wir bergauf, bis man bei der ersten Möglichkeit rechts das neogotische Klostergelände betreten kann. Direkt links ist der Eingang, durch den man zur rekonstruierten **Zelle der Heiligen Faustyna (Cela św. Siostry Faustyny)** gelangt. Entlang des Gebäudes und dann

Ungarische Kapelle „Communio Sanctorum" in der Krypta der Basilika

nach rechts kommen wir unter dem blumengeschmückten Fenster des Raums vorbei, in dem Faustyna eigentlich gelebt hat, bis zur **Klosterkapelle (Kaplica Klasztorna)**. Anschließend führt unsere Tour zurück zur ersten Sehenswürdigkeit und links am Hauptgebäude und der Klosterpforte vorbei. Die Feldkapelle lassen wir hinter uns und betreten stattdessen die relativ bescheidene **Kapelle der Leiden Christi (Kaplica Męki Pańskiej)**. Danach verlassen wir den historischen Teil der Klosteranlage und gehen auf die Basilika zu. Zunächst bietet der **Aussichtsturm (Wieża Widokowa)** ein Panorama über das gesamte südliche Krakau. Wieder unten angekommen, betreten wir den oberen Teil der **Basilika der Göttlichen Barmherzigkeit (Bazyliki Bożego Miłosierdzia)**. Direkt daneben steht die **Kapelle der Ewigen Anbetung des Allerheiligsten Sakraments (Kaplica Wieczystej Adoracji Najświętszego Sakramentu)**, für die man allerdings eine vorherige Anmeldung benötigt. Die Treppen führen zum unteren Teil der Basilika mit fünf weiteren Kapellen.

Danach verlassen wir das Klostergelände, indem wir der Beschilderung in Richtung des Johannes-Paul-II.-Zentrums folgen. Dabei überqueren wir den kleinen Bach auf der neuen Brücke, um anschließend über einen steilen Treppenaufgang zum Papstkreuz (Krzyż Papieski) zu gelangen. Von hier aus hat man einen guten Blick auf das Klostergelände, und wenn man sich umdreht auf das dem polnischen Papst gewidmete Sanktuarium. Dort angekommen, besichtigen wir zunächst das **Johannes-Paul-II.-Museum (Muzeum Jana Pawła II)** und anschließend die **Johannes-Paul-II.-Kirche (Kościół Jana Pawła II)**. In ihrem Innern bewundern wir zunächst die Mosaiken im oberen Teil und gelangen dann in den unteren Teil mit vielen Kapellen, in denen auch Reliquien des polnischen Papstes zu sehen sind. Die untere Kirche verlassen wir, um die Ausstellung **„Wer ist der Mensch aus dem Leichentuch" (Kim jest Człowiek z Całunu)** zu besichtigen. Den Abschluss bildet eine Besteigung des zweiten **Aussichtsturms (Wieża Widokowa)**. Um zurück in die Innenstadt zu gelangen, können wir zurück zur Tramhaltestelle unserer Ankunft gehen oder über die 2016 fertiggestellten Überführungen am Einkaufszentrum vorbei und unter der Hauptstraße hindurch bis zur Haltestelle Borek Fałęcki I.

Architektonisch interessant ist die Basilika der Göttlichen Barmherzigkeit

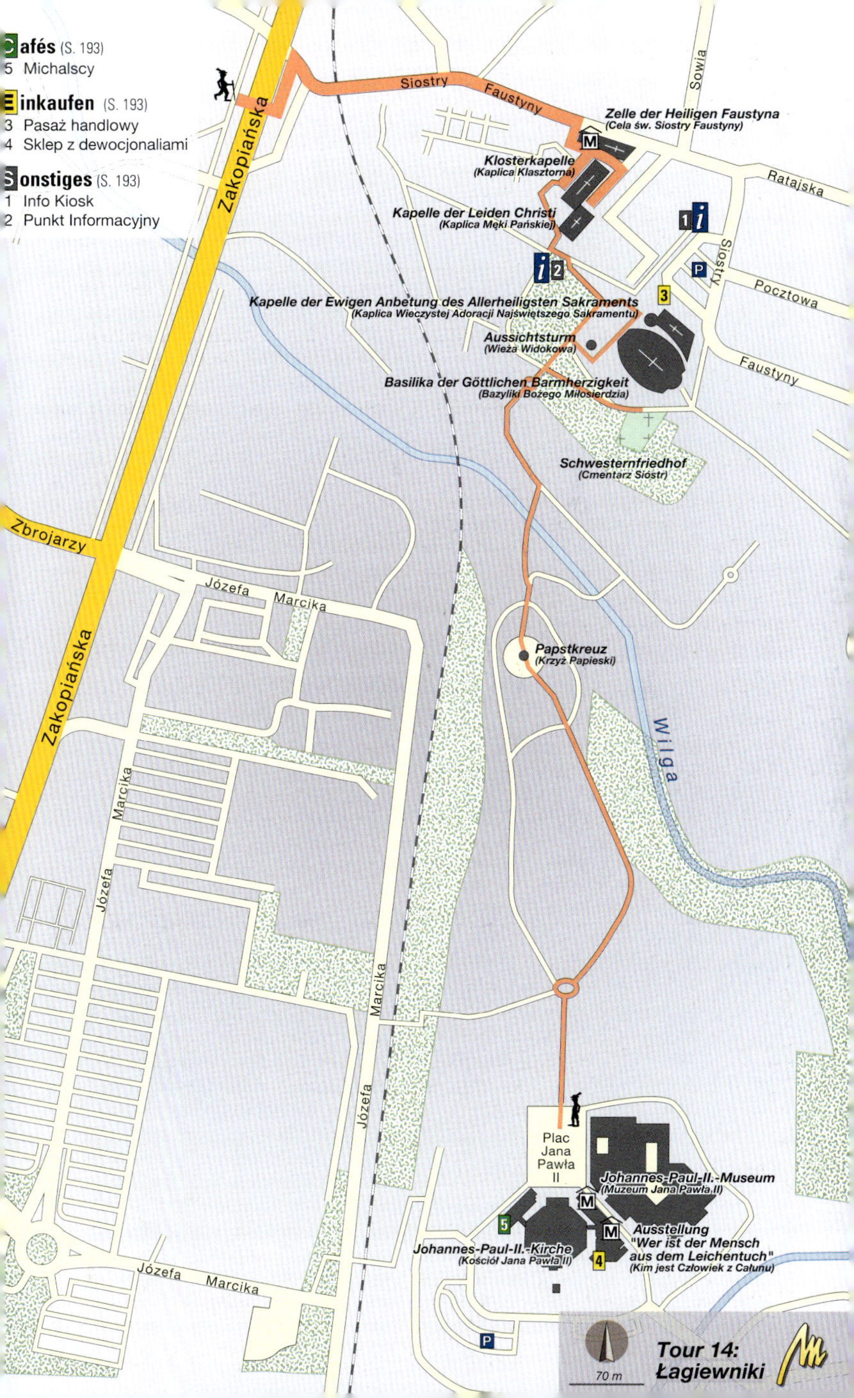
Cafés (S. 193)
5 Michalscy
Einkaufen (S. 193)
3 Pasaż handlowy
4 Sklep z dewocjonaliami
Sonstiges (S. 193)
1 Info Kiosk
2 Punkt Informacyjny
Zakopiańska
Siostry Faustyny
Sowia
Zelle der Heiligen Faustyna
(Cela św. Siostry Faustyny)
Klosterkapelle
(Kaplica Klasztorna)
Ratajska
Kapelle der Leiden Christi
(Kaplica Męki Pańskiej)
Siostry
Pocztowa
Kapelle der Ewigen Anbetung des Allerheiligsten Sakraments
(Kaplica Wieczystej Adoracji Najświętszego Sakramentu)
Aussichtsturm
(Wieża Widokowa)
Faustyny
Basilika der Göttlichen Barmherzigkeit
(Bazyliki Bożego Miłosierdzia)
Schwesternfriedhof
(Cmentarz Sióstr)
Zbrojarzy
Józefa Marcika
Papstkreuz
(Krzyż Papieski)
Wilga
Marcika
Józefa
Plac Jana Pawła II
Johannes-Paul-II.-Museum
(Muzeum Jana Pawła II)
Ausstellung „Wer ist der Mensch aus dem Leichentuch"
(Kim jest Człowiek z Całunu)
Johannes-Paul-II.-Kirche
(Kościół Jana Pawła II)
70 m
Tour 14:
Łagiewniki

Sehenswertes

Cela św. Siostry Faustyny

Zelle der Heiligen Faustyna

Wie die anderen Schwestern hatte auch Faustyna eine Zelle im gemeinsamen Schlafraum. Zu besichtigen ist die Rekonstruktion einer typischen Einrichtung mit einigen Originalgegenständen. Von Letzteren sind die Jesus- und Marienfiguren aus dem Elternhaus und die Nachttischlampe, unter deren Licht Faustyna ihr Tagebuch schrieb, und das Ordensgewand am interessantesten.

Tägl. 8–18 Uhr (Kernöffnungszeit). Eintritt frei. Deutschsprachiger Audioguide zum Leben der Hl. Faustyna. Ul. Siostry Faustyny 3, www.siostryfaustyny3.pl.

Kaplica Klasztorna

Klosterkapelle

Die relativ kleine und farbenfrohe Kapelle ist dem Heiligen Josef gewidmet. Sie passt mit ihrer optimistischen Stimmung zur Verkündigung der Barmherzigkeit Gottes durch die Nonnen. Beim Seitenaltar links vom Hauptaltar ist das in der Einleitung angesprochene Bild des Barmherzigen Jesus zu sehen, darunter befinden sich der Sarkophag von Faustyna aus weißem Marmor und ihre Reliquien.

Tägl. 6–21.30 Uhr, Mo 8–12 Uhr geschlossen. Messe Mo–Sa 6.30 und 17 Uhr, So 7, 8.30 und 19 Uhr, Di 16.40 sowie 1. Fr im Monat 19 Uhr, Anbetung des Allerheiligsten Sakraments tägl. 12–17, So bis 19 Uhr. Ul. Siostry Faustyny 7, www.krakow.faustyna.pl.

Kaplica Męki Pańskiej

Kapelle der Leiden Christi

Die ehemalige Krypta der Klosterkapelle wurde in den 80ern zur Kapelle umgebaut, die den Nonnen sowie Pilgern am Barmherzigkeitstag vorbehalten ist, nach Voranmeldung aber besichtigt werden kann. Sie zeigt keinerlei Prunk, von Interesse sind die Erinnerungsstücke an die erste Pilgerreise von Johannes Paul II. zum Sanktuarium.

Besichtigung nur nach Voranmeldung unter ✆ 12-3518800. Ul. Siostry Faustyny 7, www.krakow.faustyna.pl.

Wieża Widokowa

Aussichtsturm

Der Turm ist 76 Meter hoch und bietet auf mehreren Plattformen eine Sicht über das südliche Krakau, bei klarem Wetter bis in die Tatra, in der Johannes Paul II. so gern wanderte. Gut zu sehen ist auch der Wawel-Hügel. Wem die Treppen zu steil sind, kann den Aufzug nehmen.

Tägl. 8.30–20 Uhr (im Winter früher geschlossen). Eintritt frei, eine Spende wird erbeten.

Bazyliki Bożego Miłosierdzia

Basilika der Göttlichen Barmherzigkeit

Die ellipsenförmige Basilika ist die Realisierung des postmodernen, architektonisch sehr interessanten Entwurfs von Witold Cęckiewicz. Der Architekt hat außer einigen sehenswerten Kirchen in Krakau auch das Hotel Cracovia und das Kino Kijów entworfen. Mit der Basilika hat er sich aber selbst übertroffen, was einen Besuch auch aus nichtreligiösen Gründen empfehlenswert macht. Im Innern gibt es eine Trennung in einen oberen Teil mit dem Kirchenschiff und einen unteren Teil mit fünf Kapellen. Das Kirchenschiff fällt durch die stimmige, minimalistisch weiß gehaltene Einrichtung ins Auge. Alles scheint in Bewegung zu sein: die eindrucksvolle Holzdecke, die Glasfenster mit Meereswellen und der Hauptaltar mit dem Brennenden Dornbusch. Über dem Altar in Form einer Weltkugel befindet sich ein weiteres Bild des Barmherzigen Jesus. Die Kapellen in der Krypta sind nach den Herkunftsländern benannt, aus denen die Ausstattung gestiftet wurde. Die wichtigste Kapelle ist

Hauptaltar mit dem Brennenden Dornbusch in der Basilika

natürlich der Heiligen Faustyna gewidmet, deren Reliquien sich in einem Reliquiar in Form einer Rose befinden. Es ist eine Gabe des italienischen Episkopats; heller italienischer Travertin und polnischer Sandstein sorgen für eine elegante Schlichtheit. Die Kuppel der Kapelle bezieht sich stilistisch auf den oberen Teil der Basilika. In der ungarischen Kapelle Communio Sanctorum können über dem Marmoraltar ein Mosaik des Barmherzigen Jesus und an den Seitenwänden wunderschöne Mosaiken von mehr als 60 Heiligen aus Ungarn, Polen und Europa bewundert werden. Die griechisch-katholische Kapelle, eine Gabe aus der Ukraine, ist dem heiligen Apostel Andreas geweiht. Entsprechend prachtvoll und farbenfroh sind die Ikonostasen. Die deutsche Heiligkreuzkapelle ist eine Gabe aus Köln, sie zeigt eine Bronzestatue von Edith Stein und an den Wänden 15 bronzene Reliefbilder zum Leiden Christi. In der slowakischen Kapelle sind Fresken zu den sieben Leiden der Muttergottes zu sehen.

Mo–Sa 8–18.30, So 8–18 Uhr. Messe Mo–Sa 9, 10.30, 12, 15.20, 18 Uhr, So 9, 10.30, 12, 13.30, 15.20, 18 Uhr, Barmherzigkeitsstunde tägl. 15 Uhr. Ul. Siostry Faustyny 3, www.milosierdzie.pl.

Kaplica Wieczystej Adoracji Najświętszego Sakramentu

Kapelle der Ewigen Anbetung des Allerheiligsten Sakraments

Im Rundbau nach einem Entwurf von Witold Cęckiewicz scheint sich alles nach oben in Richtung Himmel zu bewegen. Die schmalen Glasfenster mit den Blumenmotiven erstrecken sich vom Boden bis zur Decke, der Altar ist einem lodernden Feuer nachempfunden, in dessen Mitte sich die Monstranz befindet. Auf dieser brennt die ewige Lampe des Feuers der Barmherzigkeit, die von Johannes Paul II. im Dezember 2003 entzündet wurde. Die Gebete müssen still „gesprochen" werden, der Zugang ist auf 40 Personen zur gleichen Zeit beschränkt.

Durchgehend geöffnet, Reinigungspause Mo 12–14 Uhr. Nachtgebet 21–6 Uhr. Gruppen nach Voranmeldung unter ✆ 12-2523311, adoracja@milosierdzie.pl oder über das Online-Formular auf www.milosierdzie.pl. Ul. Siostry Faustyny 3.

Łagiewniki → Karte S. 189

Muzeum Jana Pawła II

Johannes-Paul-II.-Museum

Vorübergehend in einem kleineren Gebäude untergebracht, sind bisher nur Ausstellungsstücke zum Leben und Wirken von Johannes Paul II. zu sehen, darunter viele Geschenke von Politikern und Pilgern. Geplant ist aber eine multimediale Ausstellung, die dann modernsten museumsdidaktischen Ansprüchen gerecht werden soll.

Di–Sa 10–16, So 10–15 Uhr. Eintritt 2 €, erm. 1 €. Ul. Totus Tuus 32, ✆ 12-4218963, www.janpawel2.pl.

Kościół Jana Pawła II

Johannes-Paul-II.-Kirche

Das Herz des Zentrums ist natürlich die Kirche, für deren Bau und Innenausstattung keine Kosten zu hoch und keine Mühen zu schwer waren. Außen wird man von den lateinischen Worten für „Fürchtet Euch nicht!" begrüßt, mit denen Johannes Paul II. bei seiner ersten Polenreise als Papst den gegen den Sozialismus kämpfenden Gläubigen Mut zusprach. Wie bei der Basilika im benachbarten Sanktuarium gibt es in der Kirche einen oberen und unteren Teil. Oben sorgen die hellen Steine und der Architekturbeton für einen minimalistischen Grundton, wodurch die farbigen Mosaike umso eindrucksvoller wirken. Unter der Federführung des slowenischen Priesters und Künstlers Marko Ivan Rupnik, der schon den Vatikan und die Basiliken in Fátima und San Giovanni Rotondo ausschmückte, wurden innerhalb von nur zwei Wochen die gesamten Seitenwände mit Mosaiken verziert. Nur 20 Mönche waren Rupnik dabei behilflich, die ihre Arbeit nur zur Messe und für kurze Schlafpausen unterbrachen. Neben dem Hauptschiff sind alle vier Seitenkapellen und natürlich der Hauptaltar (→ Foto S. 186) absolut sehenswert. Durch die oktogonale Kuppel dringt Sonnenlicht in die Kirche und lässt das auf einigen Mosaiken dargestellte Meer wie in natura glitzern – ein faszinierendes Schauspiel. Im Zentrum des unteren Teils steht die achteckige Reliquienkirche (Kościół Relikwii), in deren Marmoraltar eine gläserne Ampulle mit dem Blut von Johannes Paul II eingefasst ist. Beim Hauptaltar ist ein Bildnis des polnischen Papstes neben den anderen polnischen Heiligen zu sehen. Umgeben ist die Reliquienkirche von acht Oratorien, die eng mit dem Pontifikat und den Pilgerreisen von Johannes Paul II. verbunden sind. Die

In der Priesterkapelle befindet sich die Grabplatte von Johannes Paul II.

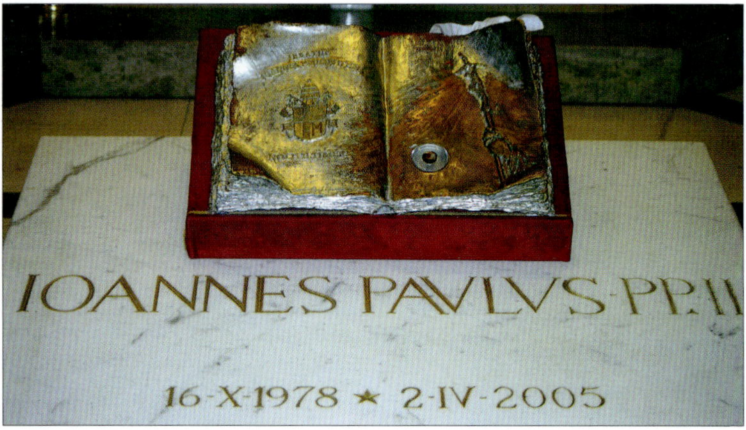

Priesterkapelle (Kaplica Kapłańska) wurde der Krypta des Hl. Leonhard unter der Wawel-Kathedrale nachempfunden, in der Karol Wojtyłą seine erste Messe hielt. Hier befindet sich die Grabplatte von Johannes Paul II. aus der Krypta des Vatikans sowie als Reliquiar das offene Buch der Evangelien. Von den restlichen Kapellen ist besonders die der Hl. Kinga sehenswert, in der wie im Salzbergwerk von Wieliczka biblische Motive in Salz dargestellt sind.

Tägl. 7.30–19 Uhr, im Winter bis 18 Uhr. Messe Mo–Sa 8, 10, 12, 17 Uhr in der Reliquienkirche, So 8, 9.30, 12.30, 17 Uhr in der oberen Kirche sowie 11 Uhr für Kinder in der Reliquienkirche. Ul. Totus Tuus 32, www.sanktuariumjp2.pl.

Kim jest Człowiek z Całunu

„Wer ist der Mensch aus dem Leichentuch"

Die Ausstellung dreht sich ganz um die Geschichte des berühmten Turiner Grabtuchs, das seit Jahrhunderten für teils emotionale Diskussionen unter Theologen, Historikern und Naturwissenschaftlern sorgt. Johannes Paul II bezog folgendermaßen Stellung: „Die geheimnisvolle Faszination des Grabtuches wirft Fragen über die Beziehung dieses geweihten Leinens zum historischen Leben Jesu auf." Zu sehen sind eine Kopie des in Turin befindlichen Tuches, in das Jesus nach der Kreuzigung eingewickelt worden sein soll, außerdem eine dreidimensionale Visualisierung des Mannes, dessen Spuren im Grabtuch zu sehen sind, sowie eine Skulptur des italienischen Bildhauers Luigi Mattei.

Tägl. 9–17 Uhr. Eintritt frei. Keine Fotos erlaubt. Ul. Totus Tuus 30, www.sanktuariumjp2.pl.

Wieża Widokowa

Aussichtsturm

Nicht ganz so hoch wie der Turm beim Kloster. Freuen darf man sich auf einen Panoramablick in die südliche Peripherie Krakaus und über die Anlage des Zentrums zu Ehren von Johannes Paul II. Wer keine Treppen steigen möchte oder kann, zahlt ein bisschen mehr und nimmt den Aufzug.

Tägl. 9–17 Uhr. Eintritt 1 € bei Aufzugnutzung, 0,50 € über die Treppe.

Praktische Infos

→ Karte S. 189

Information

Informationen zum Sanktuarium der Barmherzigkeit Gottes bei der Klosterpforte, geöffnet tägl. 7:30–21 Uhr. Zgromadzenie Sióstr Matki Bożej Miłosierdzia, ul. Siostry Faustyny 3, ✆ 12-3518800, www.krakow.faustyna.pl, www.siostryfaustyny3.pl, www.milosierdzie.pl.

Informationen zum Johannes-Paul-II.-Zentrum sowie u. a. zu Pilgerreisen in Krakaus Altstadt oder beim Zentrum. Ul. Kanonicza 18, ✆ 12-4296471 oder ul. Totus Tuus 32, ✆ 12-2575317, www.janpawel2.pl, www.sanktuariumjp2.pl.

Info Kiosk **1** Infos zum Sanktuarium für Pilger und Touristen. Mo–Sa 9–17, So 10–17 Uhr, Pause 15–15.30 Uhr. Ul. Siostry Faustyny 3.

Punkt Informacyjny **2** Zusätzlicher Informationspunkt in einem Pavillon zwischen Schwesternhaus und Basilika. Man kann auch Rosenkränze, Heiligenkärtchen und Gebetsbücher erwerben. Mo–Sa 9–17, So 10–17 Uhr, Pausen 12.30–13.15 und 14.55–15.25 Uhr. Ul. Siostry Faustyny 3.

Essen & Trinken

Michalscy **5** Café einer in Krakau bekannten Kette, große Torten- und Kuchenauswahl, Wasser und Säfte. Natürlich gibt es auch *kremówki*, den an Bienenstich erinnernden Lieblingskuchen von Johannes Paul II. Tägl. 9–19 Uhr. Ul. Marcika 3, www.cukierniamichalscy.pl.

Einkaufen

Pasaż handlowy **3** In mehreren Geschäften Devotionalien, Bücher, Andenken an Johannes Paul II. und natürlich alles, was mit der Heiligen Faustyna verbunden ist. Auch Getränke. Tägl. 9–17 Uhr (Kernöffnungszeit). Ul. Siostry Faustyny 3.

Sklep z dewocjonaliami **4** Andenken und Souvenirs zu Johannes Paul II., ansonsten Devotionalien. Tägl. 9–17 Uhr. Ul. Totus Tuus 32.

Łagiewniki → Karte S. 189

Kleinpolen entdecken

Ausflüge

Drei Ziele befinden sich in Krakaus unmittelbarer Umgebung – da reicht jeweils ein halber Tag. Auch Niepołomice, Kalwaria Zebrzydowska, Lanckorona, Wadowice und Auschwitz lassen sich ohne Übernachtung besuchen. Einzig für Zakopane sollte man mindestens einen ganzen Tag veranschlagen.

→ Karte S. 197

Opactwo Benedyktynów w Tyńcu

Benediktinerkloster in Tyniec

Die Rolle der Klöster beschränkte sich oftmals nicht allein auf religiöse Aufgaben. So auch im Fall der nahe Krakau gelegenen Benediktinerabtei in Tyniec. Auf einem Felshügel an der Weichsel gelegen, lässt sich heute noch ihre einst wehrhafte Funktion erkennen. Schon der Name weist auf die Wehrhaftigkeit der Abtei hin, die unweit des gleichnamigen Ortes liegt. Der Name Tyniec leitet sich vom altpolnischen „tyn" ab, was man mit Festungsmauer übersetzen kann. Diese Mauer musste schon bald nach der Gründung des **Benediktinerklosters** (Klasztor Benedyktynów) im Jahr 1044 durch König Kazimierz Odnowiciel vielen Angriffen standhalten. Von Anfang an nutzten Polens Könige die strategisch günstige Lage der Abtei, ebenso wie die Freiheitskämpfer zur Zeit der Teilungen Polens und der nationalsozialistischen Besatzung. Von besonderer Bedeutung waren die Kämpfe im 12. und 13. Jh., als es galt, die Vormachtstellung Krakaus während der Thronfolgekriege mit dem böhmischen Herrschergeschlecht der Přemysliden zu verteidigen. Von der ursprünglich romanischen Architektur sind nur noch Fragmente erhalten, die Kirche mit ihren Altären aus schwarzem Marmor zeigt teilweise noch gotische Reste. Prägend für das heutige Erscheinungsbild ist der barocke Umbau in den Jahren 1618 bis 1622.

Heute ist es rund um die Abtei weitaus friedlicher. Zivilisationsmüde Gäste suchen bei den Benediktinern klösterliche Ruhe. Ein längerer Aufenthalt, bei dem man am Tagesablauf der Mönche teilnimmt, sorgt für Entspannung. Aber auch ein kurzer Ausflug bietet einen Einblick in die Welt des Klosters. Besonders faszinierend sind die täglichen gregorianischen Gesänge.

Benediktinerabtei von Tyniec

Anreise und Information

Hin & weg: **Bus 112** ab Centrum Kongresowe ICE bis Tyniec Kamieniołom. Stimmungsvoll wird es mit dem **Boot** ab dem Weichselufer unter dem Wawel; Details → Tour 11/Prakt. Infos. Reizvoll ist auch die Anfahrt auf dem **Fahrradweg** entlang der rechten Weichselseite ab ul. Tyniecka im Vorort Dębniki (→ Karte Tour 11).

Information über die gelungene Homepage (auch auf Deutsch). Für längere Aufenthalte wende man sich an das für Besuche zuständige Büro, Postadresse → „Sehenswertes". ✆ 12-6885450.

Sehenswertes

Benediktinerabtei: Haupttor geöffnet 6–21.30 Uhr, Kirche und Abtei tägl. 7.30–18.30 Uhr. Messe 6.30 und 18 (im Sommer 18.30 Uhr), an Sonn- und Feiertagen zusätzlich 8.30 und 12.30 Uhr sowie bei Anwesenheit der Mönche um 10.30 Uhr mit gregorianischem Gesang. Führungen (1,50 €) durch das Kloster Mo–Fr 9–12 und 14–17, Sa 9–12 und 14–16, So 10.15 und 12–17 Uhr, im Winter jeweils nur bis 15 Uhr (nach Anmeldung). Audioguide auf Deutsch 1 €. Ul. Benedyktyńska 37, 30-398 Kraków. ✆ 12-6885452, www.tyniec.benedyktyni.pl.

Museum zur Geschichte des Ordens und der Abtei sowie mit architektonischen und archäologischen Exponaten. Tägl. 10–18 Uhr, Nov.–April bis 16 Uhr, Eintritt 2 €, erm. 1 €.

Essen/Einkaufen

Kawiarenka: Tolle Aussicht von den Klostermauern, leckere Kuchen. Mo–Fr 10–18, Sa/So 10–19 Uhr.

Produkty Benedyktyńskie: Honig, Wein, Kekse, Öle, Kosmetika ..., alles mit dem jahrhundertealten Wissen der Mönche hergestellt. Mo–Fr 10–18, Sa/So 10–19 Uhr. www.produktybenedyktynskie.com.pl.

Kopalnia Soli w Wieliczce

Salzbergwerk Wieliczka

Wieliczka ist eine der Hauptattraktionen des Landes, seit 1978 steht der Name auf der Weltkulturerbeliste der **UNESCO**. Nicht ohne Grund, gibt es hier doch eines der ältesten Salzbergwerke der Welt – das einzige, das seit dem Mittelalter ununterbrochen geöffnet ist. Im mittelalterlichen Polen war Salz ein

Zahlungsmittel – das **Salzbergwerk** wurde so zum Garanten für Macht und Reichtum. „Touristen" können es seit dem 15. Jh. besichtigen, doch anfangs war dieses Vergnügen den Eliten vorbehalten. Kopernikus, Friedrich der Große, Goethe, Chopin und Literaturnobelpreisträger Henryk Sienkiewicz gehörten zu den prominenten Besuchern. Nachdem die persönliche Erlaubnis des Regenten heute nicht mehr nötig ist, übersteigt die jährliche Besucherzahl die 1-Millionen-Grenze. Der etwa zweistündige Spaziergang verläuft 64 bis 135 m unter der Erdoberfläche in einem Labyrinth voller Wunder. Die Tour mit einem der vielsprachigen Bergwerksführer beginnt im Schacht von Daniłowicz (Szyb Daniłowicza). Da es recht flott hoch und runter geht, sollte man die Führung nicht unterschätzen. Normalerweise dauert die Standardroute 3 Stunden, sie kann aber während der Führung auf 2 Stunden verkürzt werden. Die Angst vor der gefährlichen Arbeit, gegen die christliche Choräle und morgendliche Messen in der unterirdischen Kapelle des Heiligen Antonius Kaplica św. Antoniego) halfen, muss der heutige Besucher natürlich nicht haben. Die Talentiertesten der Bergarbeiter hinterließen unter Tage Kunstwerke, die den Besucher beeindrucken. In den Kammern, Kapellen und Schächten sowie an den verblüffend tiefen Salzseen tauchen immer wieder Statuen, Monumente, Figuren, Reliefs, Torbögen, Krippen, Altäre und biblische Szenen auf – jedes Teil aus Salz. Das Spiel der Lichter auf Wänden und Wasser verstärkt die märchenhafte Atmosphäre.
Eine der imposantesten dieser unterirdischen Kapellen ist die der Heiligen Kinga

Erfolg – ein Fluch

Im Jahr 2016 konnte mit 1,4 Millionen Besuchern ein neuer Rekord verzeichnet werden. Das führt aber auch dazu, dass die Bergwerksführer teils unmenschlich hetzen, schon vor der Ankunft aller Gruppenmitglieder beim aktuellen Abschnitt zu sprechen anfangen und den Aufenthalt bei den Höhepunkten wie der Kinga-Kapelle auf wenige Minuten beschränken. Unsere Tipps: Etwas besser ist es frühmorgens oder spätabends oder am besten mit der Buchung einer eigenen Gruppenführung. Ansonsten sollten Sie sich eine gesunde Portion Ungehorsam erlauben, sich also Ihre Geschwindigkeit und Ihre Zeit für Fotos rausnehmen.

Die Kinga-Kapelle ist ein Höhepunkt im Salzbergwerk

(Kaplica św. Kingi). Sie ist reich an Kunstwerken und erinnert mit ihren Salzkristallleuchtern an einen barocken Tanzsaal. In diesem Raum finden regelmäßig Konzerte des mineneigenen Orchesters statt, aber auch Bankette, Hochzeiten, Silvesterbälle, Ausstellungen von Salzkunstwerken – und jeden Sonntag die Heilige Messe. Menschen mit Atemwegsbeschwerden, Allergien, Asthma und Hautkrankheiten wissen die mineralisch angereicherte Luft zu schätzen. Für sie ist ein Aufenthalt im unterirdischen **Sanatorium** empfehlenswert.

Wer noch mehr über Salz wissen möchte, besucht das **Salinenmuseum (Muzeum Żup Krakowskich)**, dessen Ausstellungen das Thema vertiefen und unter dem die 3-stündige Tour endet. Seit 2012 gibt es mit dem **Bergarbeiter-Rundgang (Trasa górnicza)** eine weitere Führung, die sich darauf konzentriert, die Salzwelt unter Tage aus der Sicht des Bergmanns zu zeigen. Die im Vergleich zur Standardführung noch anstrengendere Tour ist nur für Kinder ab 12 J. und für fitte Besucher geeignet. Einstieg ist der Regis-Schacht.

▲ Kapellen und Salzseen

▼ Biblische Szenen in Salz

Anreise und Information

Hin & weg: **S-Bahn** jede halbe Stunde ab Hbf. Krakau bis Endhalt Wieliczka Rynek Kopalnia, mit **Schnellbus 304** ab Galeria Krakowska (ul. Kurniki) oder ca. alle 10 Min. mit Minibussen ab ul. Pawia/Ogrodowa, je etwa 1 €.

Mit dem **Auto** kommt man über die ul. Wielicka ab Podgórze (→ Karte Tour 10), Parkplätze in unmittelbarer Umgebung des Bergwerks und beim Busbhf. (ab 2 €).

Information: Auskünfte und Kartenverkauf in Krakau. Mo–Fr 9–17 Uhr in der ul. Wiślna 12a, ✆ 12-4262050, biuro.promocji@kopalnia.pl.

Sehenswertes

Salzbergwerk: Führungen Nov.–März tägl. 8–17 Uhr, April–Okt. 7.30–19.30 Uhr, Führung (auf Deutsch) 10.45 und 16.10 Uhr, Juni–Sept. zusätzlich 14.15 Uhr; an den wichtigsten Feiertagen geschlossen; Gruppen (mind. 5 bis max. 35 Pers.) müssen sich vorher anmelden. Die Temperaturen bewegen sich auch im Sommer bei kühlen 14–16° C, ein warmer Pullover ist absolut notwendig. In der Saison und bei schlechtem Wetter ist der Andrang groß, weshalb man früh genug anreisen und vorher online buchen sollte. Behinderte Besucher müssen sich voranmelden und sollten die frühen Morgen- oder späten Abendstunden bevorzugen. Für die Fahrt nach unten gibt es einen zusätzlich zu zahlenden Aufzug, der auch für ältere Besucher empfohlen wird. Eintritt 21 €, erm. 16 €, Familien 58 €, Fotografiergebühr 2,50 € (Kartenkauf in Krakau, an den Kassen in Wieliczka und übers Internet möglich). Gruppen 12,50 €/Pers., erm. 8 € sowie einmalig 62,50 € für die Führung. Kopalnia Soli Wieliczka, ul. Daniłowicza 10, ✆ 12-2787302, www.kopalnia.pl.

Bergarbeiter-Rundgang (Trasa górnicza): Führungen auf Englisch April–Okt. tägl. 11, 13, 16 Uhr, Nov.–März tägl. 11.30, 14.30 Uhr; Führungen auf Deutsch nach Voranmeldung, bei weniger als 10 Pers. wird es teurer. Eintritt 21 €, erm. 16 €, Familien 58 €, Fotogebühr 2,50 €. Szyb Regis, ul. Sikorskiego/pl. Kościuszki 9, ✆ 12-2787570, www.kopalnia.pl.

Sanatorium: Ganzjährig je nach Behandlung geöffnet. Aufenthalt ab 30 € pro Tag, Gesundheits-/Wellness-Paket 35 €/Tag. Park Kingi 6, ✆ 12-2787368, uzdrowisko@kopalnia.pl.

Salinenmuseum (Muzeum Żup Krakowskich): Mai–Sept. Di–So 9–20, Okt.–April Di–So 8.30–15.30 Uhr. Eintritt 2 €, erm. 1,50 €, Sa frei, Führung (auf Deutsch) 11 €. Ul. Zamkowa 8, ✆ 12-2785849, www.muzeum.wieliczka.pl.

Ojcowski Park Narodowy

Nationalpark Ojców

Polens kleinster Nationalpark wird auch die **Polnische Schweiz** genannt. Wenngleich die Erhebungen in Ojców eher Hügelhöhe besitzen, herrscht hier gediegene Bergidylle. Wanderwege führen die Besucher am Prądnik-Fluss entlang. Nicht wenige Sehenswürdigkeiten gibt es rund um das verstreut liegende Örtchen Ojców. Sobald der zentrale Parkplatz erreicht ist, kann man die **Ruinen der Burg von Kazimierz (Ruiny Zamku Kazimierzowskiego)** auf einem Hügel besichtigen. Die Überbleibsel der einstigen Festung gewähren bei klarem Wetter eine gute Sicht über das Tal. In unmittelbarer Nähe steht die **Kapelle auf dem Wasser (Kaplica na wodzie)**, die wie viele Kirchen in Kleinpolen aus Holz gebaut ist. Das Verbot von Zar Nikolaus II., in Ojców Kirchen auf der Erde zu errichten, umgingen die Einheimischen gewitzt. Die Kapelle steht nämlich seit 1901 einer Brücke gleich über dem Bach und damit nicht auf der Erde. Außen wie innen präsentiert sie sich als ein Paradebeispiel vollendeter Schnitzkunst. Vom Zentrum weg führen verschieden lange Wanderwege, die interessante Steinformationen passieren wie das sog. **Krakauer Tor (Krakowska Brama)**, eine torähnliche Felsformation in Richtung Krakau, oder die faszinierende, an eine Nähnadel erinnernde **Nadel der Deotyma (Igła Deotymy)**. Im Parkgebiet gibt es an die 400 Höhlen und andere Karstformationen, wie Vauclusequellen und Kerbtäler. Was für Geologen ein Paradies ist, begeistert wegen der Höhlen auch die normalen Besucher. Zu den längsten zählt die **Höhle des Łokietek (Jaskinia Łokietka)**, in der sich der spätere König von Polen vor Feinden versteckt gehalten haben soll. Tatsächlich war die

Die Kapelle auf dem Wasser

Höhle im späten 13. und frühen 14. Jh. bewohnt, eine Feuerstelle, Küche und Schlafplätze können besichtigt werden. Die **Dunkle Höhle (Jaskinia Ciemna)** hat eine riesige Kammer, in der eindrucksvolle Stalagmiten zu bestaunen sind. Wer die Höhlen besuchen möchte, sollte auch im Sommer einen wärmenden Pullover mitnehmen, da die Temperaturen 10° C nicht übersteigen.

Am Nordende des Parks thront das gut erhaltene **Schloss (Zamek Pieskowa Skała)**. Hier ist ein Museum mit Kunst vom 15. bis zum 19. Jh. untergebracht, der Garten ist ebenso sehenswert. Nicht verpassen sollte man den alleinstehenden Felsen, der wegen seiner Form

Herkuleskeule (Maczuga Herkulesa) genannt wird. Etwas westlich, außerhalb des Parks befindet sich die **Fledermaushöhle (Jaskinia Nietoperzowa)**, in der Tierknochen und Artefakte aus der frühen Steinzeit gefunden wurden.

Anreise und Information

Hin & weg: Mit **Minibussen** (UNIBUS: www.unibus.magix.net) ab ul. Worcella (bei Galeria Krakowska) bis Ojców Park (letzte Rückfahrt 18.20 Uhr!), alternativ vom Busbahnhof mit verschiedenen Anbietern bis Skała (letzte Rückfahrt 21.15 Uhr). Wer mit dem **Auto** über die Landstraße 94 kommt, muss bei Jerzmanowice rechts den Schildern folgen und für den Parkplatz im Park 2,50 € bezahlen. Oder mit dem **Fahrrad** – die Homepage www.ojcow.pl beschreibt 3 Routen (22/24/27 km).

Führungen: Tagestour zu allen wichtigen Sehenswürdigkeiten mit deutschsprachiger Führung 250 €. ✆ 790-619330 (mobil), www.meinkrakau.de.

Information: im Ort, Ojców 15, ✆ 12-3892010, www.ojcow.pl, www.ojcowskiparknarodowy.pl.

Sehenswertes

Ruinen der Burg von Kazimierz (Ruiny Zamku Kazimierzowskiego): April bis Mitte Nov. tägl. 10–16.45 Uhr, Juni–Aug. bis 17.45 Uhr, Okt. bis 15.45 Uhr, Nov. bis 15 Uhr, So je eine Std. länger. Eintritt 1 €, erm. 0,50 €. ✆ 12-3892005.

Kapelle auf dem Wasser (Kaplica na wodzie): Geöffnet an Sonn-/Feiertagen, Messe am 1. Fr im Monat 16 Uhr, So 8, 10 sowie 18 Uhr (Mai–Sept.).

Łokietek-Höhle (Jaskinia Łokietka): Im Berg Chełmowa Góra, Ende April bis Aug. tägl. 9–18.30 Uhr, Sept. bis 17.30 Uhr, Okt. bis Anfang Nov. bis 16.30 Uhr. Eintritt 2 €, erm. 1,50 €. ✆ 12-4190801, www.grotalokietka.pl.

Dunkle Höhle (Jaskinia Ciemna): Im Berg Góra Koronna, Ende April bis Sept. tägl. 10–17 Uhr, Okt. bis 16 Uhr, Mitte Okt. bis Ende April geschlossen. Eintritt 2 €, erm. 1 €. ✆ 12-6489977, www.ciemna.ojcow.pl.

Fledermaushöhle (Jaskinia Nietoperzowa): In Dolina Będkowska, Jerzmanowice (außerhalb des Parks), April–Sept. tägl. 9–17.30 Uhr, Okt. bis Mitte Nov. bis 15.30 Uhr. Eintritt 2,50 €, erm. 2 €. Auskunft Zygmunt Ferdek, Jerzamanowice 79, ✆ 12-3895395, www.nietoperzowa.ojcow.pl.

Schloss Pieskowa Skała (Zamek Pieskowa Skała): Nov.–März Sa/So 10–16 Uhr, Di–Fr nach Reservierung für Gruppen ab 15 Pers., April/Okt. Di–Do und Sa/So 10–16, Fr 10–15 Uhr, Mo geschlossen. Mai–Sept. Di–Do 9–17, Fr 9–13, Sa/So 10–18 Uhr. Eintritt 4,50 €, erm. 2,50 €. ✆ 12-3896004, www.pieskowaskala.pl.

Niepołomice & Puszcza Niepołomicka

Städtchen Niepołomice und Urwald

In der Kleinstadt im Südosten Krakaus siedelten sich in den letzten Jahren viele ausländische Firmen an. Denn das reizende Niepołomice hat mehr zu bieten als nur das gotische **Königsschloss (Zamek Królewski)**, in dem bei Renovierungen von Krakauer Museen oft deren Ausstellungsstücke zu sehen sind. Das Mitte des 14. Jh. in charakteristischer quadratischer Form gebaute Schloss hat einen reizvollen Renaissance-Innenhof, der ebenso besichtigt werden kann wie verschiedene Ausstellungen. Von besonderem Interesse ist neben regelmäßigen Krakauer Museums-Leihgaben die Sammlung sakraler Kunst in der Kapelle. An das Schlossgelände grenzt der viereckige Marktplatz, der von Häusern mit Bogengängen aus dem 18. und 19. Jh. umgeben ist. Ins Auge sticht das 1903 im neugotischen Stil gebaute **Rathaus (Ratusz)**. An der Stelle einer ehemaligen Holzkapelle steht eine Marienfigur, dahinter befindet sich die **Kirche der Zehntausend Märtyrer (Kościół Dziesięciu Tysięcy Męczenników)** aus der Mitte des 14. Jh., in der das Bildnis des Heiligen Borromäus, ein gotisches Kreuz und der barocke Hauptaltar sehenswert sind. Über 12.000 Hektar erstreckt sich der **Niepołomice-Wald (Puszcza Niepołomicka)**, in dem früher die Könige jagten und durch den heute einige reizvolle Wege führen, u. a. zu einem Wisentreservat. Räder für einen Ausflug kann man im Königsschloss leihen.

Anreise und Information

Hin & weg: Regelmäßig mit **Minibussen** MAT-Bus (www.matbus.pl) oder Trans-Bus (www.trans-bus.krakow.pl) ab Krakau Hbf. (ul. Worcella) oder Nowy Kleparz, ca. jede Std. mit **PKS-Bus** ab Krakau Busbhf. Fahrtzeit jeweils etwa 40 Min. bis 1 Std. **Stadtbus**: Linie 301 ab Haltestelle Dworzec Płaszów oder Linie 221 ab Haltestelle Mały Płaszów. Mit dem **Auto** über die Landstraße Nr. 79 an Nowa Huta vorbei, dann über die Nr. 75 bis nach Niepołomice.

Information: Karten, Reiseführer, Beratung. Juni–Sept. 12–16 Uhr. Ul. Mickiewicza, ✆ 601-518536 (mobil), www.niepolomice.eu.

Sehenswertes

Königsschloss (Zamek Królewski): Tägl. 10–18 Uhr, Okt.–April bis 17 Uhr. Eintritt je 2 € (erm. 1,50 €) für Museum, Wechselausstellungen und Schlossbesichtigung, englischsprachige Führung 25 € (Schloss) oder 30 € (Museum). Ul. Zamkowa 2, ✆ 12-2619851 (Museum), www.zamekkrolewski.com.pl, www.muzeum.niepolomice.pl.

Kirche der Zehntausend Märtyrer (Kościół Dziesięciu Tysięcy Męczenników): Tägl. 7.30–18 Uhr. Messe Mo–Sa 6.30, 7, 18 Uhr, So 7, 8.30, 10, 11.30, 13, 16.30, 18 Uhr. Ul. Piękna 2, ✆ 12-2811041, www.parafianiepolomice.pl.

Essen/Fahrradverleih

Restauracja Królowa Bona, im Schloss, eher gutbürgerlich als edel. Tägl. 11–22 Uhr. Ul. Zamkowa 2, ✆ 12-2619836, www.zamekkrolewski.com.pl.

La Venta, mexikanisches und polnisches Restaurant mit Garten in der Nähe des Waldes. Enchiladas 4,50 €. So–Do 12–23, Fr/Sa 12–24 Uhr. Ul. Bocheńska 59, ✆ 12-2813768, www.laventa.pl.

Fahrradverleih, tägl. 9–20 Uhr, 1 Std. 2 €, Tag 7,50 €. Ul. Zamkowa 2 (Hotel im Köngisschloss), ✆ 12-2619800.

Arkadeninnenhof des Schlosses von Niepołomice

Dróżki kalwaryjskie w Kalwarii Zebrzydowskiej

Kalvarienberg in Kalwaria Zebrzydowska

Der Kalvarienberg ist „eine kulturelle Landschaft von großartiger Schönheit und spirituellem Wert, in der natürliche und vom Menschen geschaffene Elemente auf eine harmonische Art und Weise miteinander im Einklang sind". So lautete die offizielle Begründung für die 1999 erfolgte Aufnahme in die Weltkulturerbeliste der **UNESCO**. In erster Linie ist Kalwaria Zebrzydowska mit jährlich rund einer Million Besuchern eines der bedeutendsten religiösen Zentren Polens. Entlang der Stationen kann man den Passionsweg Jesu Christi nachempfinden. Sehenswert sind dabei nicht nur die einzelnen barocken Kapellen, Brücken, Tore und Kirchen, sondern auch die teilweise verblüffend ähnliche Landschaft zu Jerusalem. Dies veranlasste den Wojwoden und Hofmarschall Mikołaj Zebrzydowski im Jahr 1600, in den folgenden Jahren den Kreuzigungsweg und die Kapellen zu errichten. Jedes Jahr werden hier in der Karwoche die berühmten Passionsspiele veranstaltet, die Fronleichnamszüge sind fast ebenso bedeutend. Auch die Huldigung der Muttergottesikone in der **Marienbasilika (Bazylika Matki Boskiej Anielskiej)** an Mariä Himmelfahrt ist immer wieder ein Ereignis. Das spätbarocke Kloster zeigt bereits Einflüsse des Rokoko, von besonderem Interesse ist die Muttergottes von Kalwaria, auf deren Bildnis im 17. Jh. ein gewisser Stanisław Paszkowski blutige Tränen erkannte. Die Kirche des Bernhardinerklosters mit dem Paradiesplatz (Plac Rajski) ist zugleich Ausgangspunkt der zwei Kalvarienpfade (Jesuspfad mit 28 und Marienpfad mit 24 Stationen).

Eine der Stationen auf dem Kalvarienpfad

Anreise und Information

Hin & weg: Zwar gibt es inzwischen zehn tägliche Direktverbindungen mit der **Bahn**, aber der Bahnhof ist recht weit von der Basilika entfernt. Sinnvoller ist also eine Anreise mit **PKS-Bussen** ab Krakau/Busbhf. (www.interpalm-bus.pl) oder Minibussen von MK Trans (www.mktrans.eu) in Richtung Wadowice bzw. Bielsko-Biała ab ul. Pawia/Ogrodowa. Die Anfahrt dauert jeweils etwa 50 Min. Mit dem **Auto** über die Landstraßen Nr. 7 Richtung Myślenice/Zakopane (Zakopianka) und die Nr. 52 Richtung Wadowice/Bielsko-Biała. Parkplatz direkt beim Kloster.

Information: Auskünfte und deutschsprachige Führungen für Touristen und Pilger (spätestens 4 Tage vorher anfragen) durch das Kalwaryjskie Centrum Informacji des Sanktuariums. Ul. Bernardyńska 46, ✆ 33-8766304, www.kalwaria.eu.

Sehenswertes

Marienbasilika (Bazylika Matki Boskiej Anielskiej): Tägl. 6–19 Uhr. Messe Mo–Sa 6, 7, 8, 9, 12 sowie 17 Uhr (30. Sept. bis Palmsonntag) oder 19 Uhr (Palmsonntag bis 30. Sept.), So 6, 7, 9, 11, 13, 15, 17 und 19 Uhr. Ul. Bernardyńska 46, ✆ 33-8766304, www.kalwaria.eu.

Romantisches Lanckorona – Holzhäuser wie vor 150 Jahren

Miasteczko Aniołów Lanckorona

Engelsdorf Lanckorona

Nur die etwas abgelegene Lage erklärt, warum Lanckorona nicht von Touristen überlaufen ist. Das verschlafene Örtchen mit seinen **Holzhäusern** erscheint wie ein romantisches Relikt, das sich heute wie vor 150 Jahren präsentiert. Lanckorona wurde im 12. Jh. gegründet, doch das heutige Ortsbild prägen vor allem die zwischen 1868 und 1872 errichteten Holzhäuser auf dem **Rynek**. Neue Gebäude im Ort dürfen nur im traditionellen Stil errichtet werden, man hat sich zum Ökomuseum erklärt. Agrotourismus, die Förderung regionaler Produkte und ein nachhaltiges Leben mit der Natur sind die zentralen Ziele. 2010 wurden leider einige Häuser zerstört, Grund waren Erdrutsche aufgrund tagelanger Regenfälle. Das Zentrum des Dorfs ist abschüssig, an der unteren Flanke des Marktplatzes befindet sich das ethnografische **Museum (Izba Muzealna)**. Über die al. Zamkowa und die Allee der Verliebten (al. Zakochanych) gelangt man zu den **Schlossruinen (Ruiny Zamku)**, die von der einst stolzen Festung aus dem 14. Jh. übrig geblieben sind. Geradezu zelebriert wird das romantische und mystische Flair, das auch von polnischen Chansonniers wie Leszek Długosz oder Marek Grechuta besungen wurde. Vor allem zum Engelsfest im Dezember und zum „Romantischen Lanckorona“ im August kommen dann doch mehr Besucher. Die über den Ort verteilten Engelsbrunnen und die Galerie der Engel auf dem Rynek demonstrieren aber ganzjährig, dass man sich in Lanckorona der Wirklichkeit etwas entrückt fühlt.

Anreise und Information

Hin & weg: Wie eingangs erwähnt, etwas kompliziert. Zunächst muss man nach Kalwaria Zebrzydowska (→ dortige Anfahrtsbeschreibung) fahren. Von dort aus bietet sich eine Verlängerung des Passionswegs **zu Fuß** an, indem man nach der Engelsbrücke und den folgenden drei Kapellen nach links in die ul. Legionistów biegt. Es gibt aber auch einige wenige **Minibusse** (u. a. Maks) ab Krakau Hbf. (ul. Ogrodowa oder Worcella) in Richtung Bielsko-Biała, Wadowice oder Stryszów, deren aktuellen Zeitplan man auf der Homepage www.lanckorona.pl findet. Die Fahrzeit beträgt etwas mehr als eine Stunde. Mit dem **Auto** ebenfalls wie nach Kalwaria, aber kurz nach dem Ort Izdebnik nach links abbiegen. Eine weitere Anfahrtsmöglichkeit ist die mit dem **Fahrrad** auf dem 35 km langen Abschnitt des Bernsteinfahrradwegs (www.greenways.org.pl). Zu kompliziert? Einfacher wird es mit einem organisierten Halbtagsausflug (Kalwaria & Lanckorona) für 150 € zzgl. Fahrtkosten: ✆ 790-619330 (mobil), www.meinkrakau.de.

Information: Eine kleine Ecke mit Handzetteln, Postkarten und Souvenirs gibt es im Café Pensjonat an der oberen Seite des Rynek. Man bekommt dort ebenso hilfreiche Tipps wie beim Freundeskreis Lanckorona im Museum an der unteren Seite des Platzes. Rynek 114, ✆ 33-8764301, www.lanckorona.pl.

Sehenswertes

Museum (Izba Muzealna): Mo–Do 9–17, Fr–So 9–18 Uhr (falls geschlossen, anrufen und 10 Min. warten). Eintritt 1 €. Rynek 133, ✆ 33-8763567.

Essen & Trinken

Café Pensjonat, wunderschön eingerichtetes Café mit Blick auf den Rynek – Romantik pur für Pärchen! Ansonsten leckere Kuchen, Verkauf regionaler Produkte und Postkarten sowie Infos. Mo–Do 9–18, Fr 9–19, Sa 9–21, So 9–20 Uhr. Rynek 114, ✆ 33-8763401, www.cafepensjonat.pl.

Miasto Papieżą Wadowice

Wadowice – Geburtsort eines Papstes

An „kremówki“ kommt man in Wadowice nicht vorbei, was nicht zuletzt am berühmtesten Sohn der Stadt liegt. In jungen Jahren wurde der spätere Papst Johannes Paul II. nämlich regelmäßig schwach bei diesem Kuchen, der an Bienenstich erinnert. Natürlich hat die 58 km von Krakau entfernte Geburtsstadt von Karol Wojtyła mehr zu bieten als nur die berühmten Leckereien. Mit

Die Kleinere Basilika in der Heimatstadt des polnischen Papstes

Antritt seines Pontifikats wurde Wadowice zu einer Wallfahrtstätte für Pilger. Der Besucherstrom hält auch nach seinem Tod unvermindert an und verstärkte sich sogar noch. Sehenswert ist das Zentrum mit der barocken **Kleineren Basilika (Bazylika Mniejsza)**. Mit ihrer Zwiebelkuppel hat sie ein außergewöhnliches Äußeres, das aber vom Inneren an Glanz noch übertroffen wird. Gut möglich, dass die Kleinere Basilika (erbaut 1325, Umbau 1792–1798) ihren Teil dazu beigetragen hat, um den kleinen Karol Wojtyła für die Religion zu begeistern. Rund um den Platz reihen sich zahlreiche Cafés, die die erwähnten „kremówki“ anbieten. Leider kann man sie nicht mehr in der **Alten Konditorei von Karol Hagenhuber (Dawna Cukiernia Karola Hagenhubera)** verspeisen, wo dies der spätere Papst tat – anstelle seines bevorzugten Cafés auf dem Rynek 15 steht inzwischen eine Bank. Karol Wojtyłas Geburtshaus wurde mittlerweile zum Museum namens **Elternhaus (Dom Rodzinny)** umgestaltet. Wer es besuchen möchte, sollte aber sehr früh kommen oder viel Geduld mitbringen; die Zahl der Interessenten übersteigt bei Weitem die Kapazität des Hauses. Zu sehen sind Fotos, private Aufzeichnungen und die Möbel, die bis zum Auszug benutzt wurden. Pünktlich zur Heiligsprechung von Johannes Paul II. wurde das Museum ausgebaut sowie modernisiert und erinnert auch an die jüdische Eigentümerfamilie, deren Nachbar der junge Karol Wojtyła war. Ein „Symbol der katholisch-jüdischen Freundschaft zum Gedenken an Johannes Paul II." wünscht sich der in den USA lebende Nachfahre der Besitzerfamilie, Ron Balamuth.

Anreise und Information

Hin & weg: Es gibt fünf tägliche Direktverbindungen mit der **Bahn**, rund 1½ Std. Sinnvoller ist die auch schnellere Anreise mit **PKS-Bussen** (www.trafline.pl) ab Krakau/Busbhf. oder den Minibussen von MK Trans (www.mktrans.eu), ebenfalls ab Busbhf. Mit dem **Auto** über die Landstraßen Nr. 7 Richtung Myślenice/Zakopane (Zakopianka) und die Nr. 52 Richtung Wadowice/Bielsko-Biała.

Information: April–Okt. Mo–Fr 9–18, Sa/So 10–16 Uhr, Nov.–März Mo–Fr 8–16, Sa 10–16 Uhr. Ul. Kościelna 4, ✆ 33-8732365, www.it.wadowice.pl.

Sehenswertes

Kleinere Basilika (Bazylika Mniejsza): Tägl. 8.30–18 Uhr. Messe Mo–Sa 6, 6.45, 7.30, 8, 12, 18 Uhr, So 6, 7.30, 9, 10.30, 12, 13.30 (Sept.–Juni) sowie 18 (Sept.–April) oder 19 Uhr (Mai–Aug.). Plac Jana Pawła II 1, ✆ 33-8732096, www.wadowicejp2.pl.

Elternhaus (Dom Rodzinny): Nov.–März tägl. 9–16 Uhr, Mai–Sept. tägl. 9–19 Uhr, April/Okt. 9–18 Uhr, letzter Di des Monats geschl. Eintritt für deutschsprachige Führung 7,50 €, erm. 5,50 €, Familie 17,50 €, Di frei, auf Polnisch wird es je 2 € billiger. Ul. Kościelna 7, ✆ 33-8232662, www.domrodzinnyjanapawla.pl.

Essen & Trinken

Mauers, Restaurant in der Fußgängerzone mit solider polnischer Küche. Tägl. 12–22 Uhr. Ul. Zatorska 17, ✆ 530-066943 (mobil), www.mauers.pl.

Galeria Café, großes und gemütliches Kellercafé gegenüber vom Geburtshaus. Auf der Speisekarte natürlich *kremówki*. Tägl. 9–18 Uhr. Ul. Kościelna 4, ✆ 502-237589 (mobil), www.cafewadowice.pl.

Kawiarnia Galicja, ebenfalls neben dem Geburtshaus; hier gibt es außer Kaffee vor allem die berüchtigten *kremówki*. Schön eingerichtet, kleiner Garten, freundliches Personal. Mo–Fr 9–18, Sa/So 9–19 Uhr. Ul. Kościelna 5, ✆ 33-8233420.

Da wurde selbst der Papst schwach

Państwowe Muzeum Auschwitz-Birkenau

Gedenkstätte Auschwitz-Birkenau

Der nationalsozialistische Vernichtungswahn erreichte in den Konzentrationslagern Auschwitz und Birkenau solche Ausmaße, dass die beiden Ortsnamen auch 70 Jahre nach Kriegsende stellvertretend für das Böse stehen. Das Entsetzen, die Angst, die Leiden und die Schrecken sind auch noch heute auf dem zum Museum umfunktionierten Gelände präsent, weshalb die Altersgrenze für die Ausstellungen 14 Jahre beträgt. Auch Papst Franziskus fehlten hier die Worte, stattdessen betete er in Stille. Keine Frage, ein Ausflug nach Auschwitz ist kein Vergnügen. Tage und Wochen später werden die Erinnerungen wiederkommen.

Trotzdem oder gerade deswegen sollte man sich zu einem Besuch entschließen und genügend Zeit einplanen. So ist es in Krakau und seiner Umgebung unmöglich, nicht auf Spuren von Judenverfolgung und Kriegsverbrechen zu stoßen. Doch die ehemaligen Konzentrationslager Auschwitz I, Auschwitz II-Birkenau und Auschwitz III-Monowitz zeigen die Verbrechen mit größerer Intensität als die Mahnmale in Krakau. Birkenau erschreckt unter anderem durch seine Größe. Die Ausmaße der drei Haupt- und 48 Nebenlager verdeutlichen, wie viele Menschen hier umgebracht werden konnten. Die Zahl der Opfer von Auschwitz in den Jahren 1940 bis 1945 wird auf 1,1 bis 1,5 Millionen Menschen geschätzt.

Am 14. Juni 1940, also etwa neun Monate nach dem Überfall Deutschlands auf Polen, wurden die ersten polnischen Häftlinge nach Auschwitz deportiert. Dabei handelte es sich noch um politische Häftlinge, ohne Rücksicht auf die jeweilige Religion. Bis zur Befreiung von Auschwitz wurden neben den Juden aus ganz Europa auch katholische Polen, Widerstandskämpfer, deutsche Homosexuelle, Kriegsgefangene und weitere Gruppen weggesperrt und dem Terror sowie den gnadenlosen Lebensbedingungen ausgesetzt. Die ersten systematischen Massentötungen ab 1941 durch die SS unter Leitung von Rudolf Höß betrafen noch sowjetische Kriegsgefangene und polnische Polizeihäftlinge. Anfang 1942 kam dann mit der Massenvernichtung und Vergasung von Juden und Roma aus Polen und ganz Europa ein noch heute unfassbares Kapitel der Unmenschlichkeit hinzu. Die nicht weniger grausamen Menschenversuche wurden seit Ende 1942 durchgeführt. Ungefähr ab diesem Zeitpunkt sammelte die im Untergrund operierende Polnische Heimatarmee Berichte über die Zustände in Auschwitz und weiteren Lagern und Ghettos im besetzten Polen, die Jan Karski 1943 dem amerikanischen Präsidenten Roosevelt und weiteren wichtigen Politikern und Institutionen übergab. Die Berichte über die deutschen Verbrechen hielten die Alliierten jedoch für eine Übertreibung der Widerständler in Polen! Erst am 27. Januar 1945 konnte Auschwitz endlich von der Roten Armee befreit werden, der SS gelang es wegen der schnellen Flucht nicht, wie in anderen Konzentrations- und Vernichtungslagern die meisten Spuren zu verwischen.

Die heutige Gedenkstätte umfasst die Überreste der beiden KZ Auschwitz I und Auschwitz-Birkenau. Der Weg zwischen den einzelnen Lagern kann zu Fuß zurückgelegt werden; es fahren aber auch Shuttlebusse.

Im ehemaligen Konzentrationslager Auschwitz liegt der Schwerpunkt auf den musealen **Ausstellungen**, die das „Leben des Häftlings" (Block 6) und die „Wohn- und Sanitärverhältnisse" (Block 7) sowie die „Vernichtung" (Block 4) und den „Todesblock" (Block 11) zeigen und „Beweise des Verbrechens" (Block 5) liefern. Die restlichen Ausstellungen konzentrieren sich auf die Herkunft der Opfer (Block 13–18, 20, 21 und 27). An originalen Objekten befinden sich hier Gaskammer und Krematorium I, die sogenannte Todeswand und das Magazin für Zyklon B. Im Kino wird eine Dokumentation gezeigt. An der Stelle des im Auftrag einer schwedischen Neonazigruppe 2009 gestohlenen Schriftzugs „Arbeit macht frei" hängt heute eine Kopie, da das Original beschädigt wiedergefunden wurde; leider gibt es seit diesem Vorfall immer wieder Nachahmer, die aus der Gedenkstätte Gegenstände stehlen.

Auch Selfies mit pietätlosen Hashtags lassen einen immer wieder ungläubig den Kopf schütteln.

In den Sommermonaten zwischen 10 und 15 Uhr ist der Besuch von Auschwitz inzwischen nur noch als kostenpflichtige Führung möglich. Alleine kann man sich mit dem Grauen im Vernichtungslager **Birkenau** beschäftigen, in dem man mit Ausnahme des Internationalen Mahnmals für die Opfer des Faschismus eher auf unveränderte Lager sowie Ruinen und Überreste von Gaskammern und Krematorien stößt und an den Orten von Massengräbern, Scheiterhaufen und dem gefürchteten Todesblock steht. Eine genaue Übersicht zeigt die nebenstehende Karte.

Der offizielle Name der Gedenkstätte lautet inzwischen „Auschwitz-Birkenau – deutsches nationalsozialistisches Konzentrations- und Vernichtungslager (1940–1945)". Der Grund für die umständliche Bezeichnung erklärt sich durch die absichtlich oder unabsichtlich verwendeten Bezeichnungen von Journalisten und Politikern – darunter auch viele deutsche. Die sprachen und schrieben bei Reden bzw. in Artikeln über die deutschen Konzentrationslager im besetzten Polen immer wieder von polnischen Lagern, obwohl Auschwitz während der Nazizeit zum Deutschen Reich gehörte und es in Polen anders als etwa in Frankreich keine Kollaborations-Regierung gab. Für die kommenden Jahre sind übrigens umfangreiche Renovierungen und Änderungen des Ausstellungskonzepts geplant.

Anreise

Der polnische Name von Auschwitz lautet **Oświęcim**. Der Ort liegt direkt an einer wichtigen **Bahn**-Linie, Direktverbindungen mit dem oft bis auf den letzten Stehplatz besetzten Regionalzug gibt es etwa einmal pro Stunde, Fahrzeit 1½–2 Std. (2 €). Außerdem verkehren regelmäßig **PKS-Busse** vom Krakauer Busbahnhof (etwa www.lajkonikbus.pl) für ca. 3,50 € oder private Busse ab pl. Matejki, **Minibusse** ab ul. Pawia bei der Galeria Krakowska oder Busbahnhof, z. B. Spisak 6 € hin und zurück (www.spisak.za.pl). Allerdings ist dabei, ebenso wie bei der Anfahrt mit dem **Auto** über die Bundesstraße 44, mit Staus zu rechnen. Fahrzeit ohne Behinderungen etwa 1½ Std., kostenpflichtige Parkplätze. Bei all diesen Möglichkeiten kann es voll und im Sommer heiß werden sowie lange dauern. Leser empfahlen deshalb ein organisiertes **Anfahrts- und Besichtigungspaket**, z. B. bei Cracow City Tours für 32,50 €, erm. 27,50 € (www.cracowcitytours.com) oder Cracow Tours für 39 €, erm. 30 € (www.cracowtours.pl). Infos zu weiteren Alternativen erhalten Sie am besten bei den Krakauer Tourist-Infos oder den jüdischen Institutionen (→ Tour 9).

Information

In Krakau über den **Jewish Bookshop Jarden**, ul. Szeroka 2, ✆ 12-4291374, www.jarden.pl, und über das **Museum** (s. u.). Da wegen großen Besucherandrangs die Führungen recht straff organisiert sind, empfiehlt sich eine Vor- und Nachbereitung. Grundlegende Information z. B. über www.shoa.de, www.lernen-aus-der-geschichte.de oder Filme, ein Leser gab uns den wirklich sehenswerten Filmtipp „Birkenau und Rosenfeld".

Tourist-Info: Materialien für die Besichtigung der sehenswerten Altstadt, natürlich auch zur Gedenkstätte. Tägl. 8–16 Uhr, April/Okt. Mo–Fr bis 17 Uhr, Mai–Sept. Mo–Fr bis 18 Uhr. Ul. Leszczyńskiej 12, ✆ 33-8430091, www.it.oswiecim.pl.

Museum Auschwitz-Birkenau

Dez. tägl. 8–14 Uhr, Jan./Nov. tägl. 8–15 Uhr, Febr. bis 16 Uhr, März/Okt. bis 17 Uhr, April/Mai/Sept. bis 18 Uhr, Juni–Aug. bis 19 Uhr. Eintritt für Individualreisende grundsätzlich frei, in Birkenau immer frei. In der Gedenkstätte Auschwitz wegen großen Andrangs April–Okt. 10–15 Uhr nur mit obligatorischer vierstündiger Führung für 11 €/Pers., erm. 9 €/Pers. Führungszeiten auf Deutsch Nov./Dez./März 11.45 Uhr, April–Juni & Sept./Okt. 10.30, 12 und 13.30 Uhr, Juli/Aug. 10.45, 12, 13.15, 14.45Uhr, eine Vorreservierung ist nicht nötig. Bei den Führungszeiten gibt es allerdings häufig Änderungen, eine vorherige Anfrage wird empfohlen! Wer auf eine Führung verzichten möchte, muss in den Sommermonaten früh genug vor 10 Uhr oder nach 15 Uhr mit der

Lagerplan des ehemaligen KL Auschwitz I

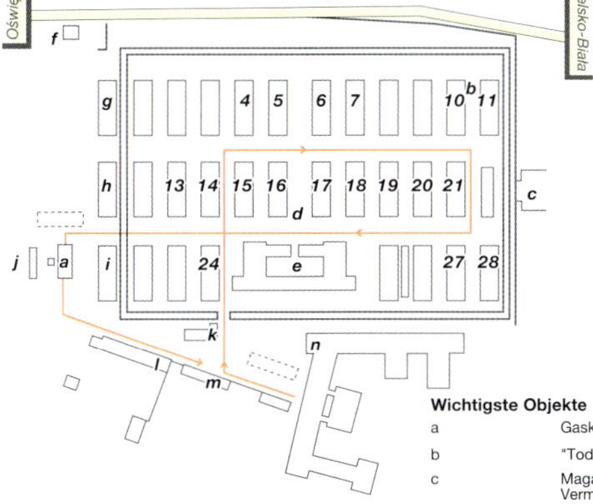

Allgemeine Ausstellung

Bl. 4	Vernichtung
Bl. 5	Beweise des Verbrechens
Bl. 6	Das Leben des Häftlings
Bl. 7	Wohn- und Sanitärverhältnisse
Bl. 11	"Todesblock"
Bl. 13	Vernichtung der europäischen Sinti und Roma
Bl. 14	"Tragödie. Tapferkeit. Befreiung" - Befreiung des Lagers - vorb. von der Russischen Föderation
Bl. 15	Das Martyrium und das Leiden der Polen, 1939-1945
Bl. 16	Tragödie der slowakischen Juden, Häftlinge aus Tschechien im KL Ausschwitz
Bl. 17	Österreich
Bl. 18	Der verratene Bürger. Zum Gedenken an die Holocaustopfer aus Ungarn
Bl. 20	Deportierte aus Frankreich im KL Auschwitz. 27. März 1942-27. Januar 1945. Belgien 1940-1944
Bl. 21	Verfolgung und Deportation der Juden aus Holland in den Jahren 1940-1945
Bl. 27	Shoah - vorb. von Israel

Wichtigste Objekte

a	Gaskammer und Krematorium I
b	"Todeswand"
c	Magazin für Zyklon B und das geraubte Vermögen der Häftlinge
d	Appellplatz und Sammelgalgen
e	Lagerküche
f	Haus des Lagerkommandanten
g	Kommandantur
h	SS-Verwaltung
i	SS-Revier
j	Politische Abteilung (Lagergestapo)
k	SS-Wache und Büro des Lagerführers
l	SS-Fahrbereitschaft
m	Wirtschaftsbaracken
n	Häftlingsaufnahmegebäude
Bl. 10	Block, in dem Sterilisationsversuche vorgenommen wurden
Bl. 19, 20, 21, 28	Häftlingskrankenbau

Lagerplan des ehemaligen KL Auschwitz II-Birkenau

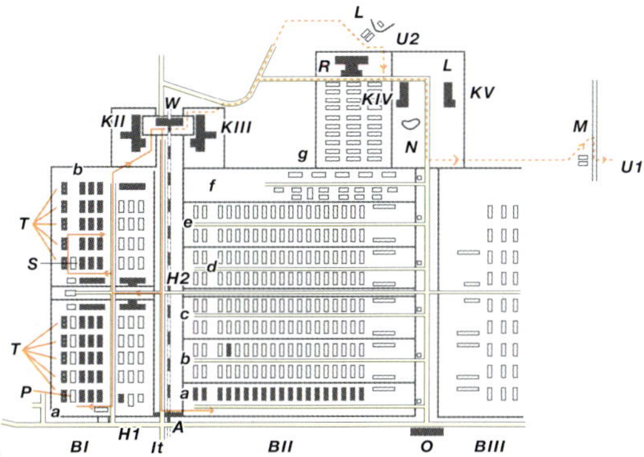

It	Information
A	SS-Hauptwache ("Todestor")
BIa, BIb	Frauenlager
BIIa	Quarantänelager
BIIb	Familienlager für Juden aus dem Ghetto Theresienstadt
BIIc	Lager für Jüdinnen, hauptsächlich aus Ungarn
BIId	Männerlager
BIIe	Familienlager für Sinti und Roma ("Zigeunerlager")
BIIf	Häftlingskrankenbau
BIIg	Magazine für die den Ermordeten geraubte Habe ("Kanada")
BIII	Lagererweiterung im Bau ("Mexiko")
H1	Ausladerampe ("Judenrampe")
H2	Ausladerampe
KII-V	Ruinen der Krematorien und Gaskammern
L	Orte, an denen Leichen im Freien verbrannt wurden
M	Massengräber sowjetischer Kriegsgefangener

N	Teich, in den die Menschenasche aus den Krematorien geschüttet wurde
O	Kommandantur
P	"Todesblock"
R	"Sauna", Bad, Dauerausstellung
S	Strafkompanie
T	Latrinen und Waschbaracken für die Häftlinge
U1	Standort der ersten provisorischen Gaskammer
U2	Überreste der zweiten provisorischen Gaskammer
W	Internationales Mahmal für die Opfer des Faschismus

im Originalzustand erhaltene Baracken

nicht erhaltene Objekte

Hauptbesichtigungsroute

Zusätzliche Besichtigungsroute

Lagerpläne Auschwitz

Besichtigung beginnen. Ul. Więźniów Oświęcimia 20, 32620 Oświęcim, ✆ 33-8448102, www.auschwitz.org.

Führungen für Gruppen: Deutschsprachige Ausstellungsführer (Reservierung 2 Wochen im Voraus), je nach Umfang der Besichtigung und Gruppengröße 75–112 €. Mo–Fr 7–15 Uhr. ✆ 33-8448100 oder über die Internetseite.

Altersgrenze: Aus naheliegenden Gründen ist ein Besuch erst ab 14 Jahren erlaubt!

Transfer: Auschwitz I und Auschwitz II-Birkenau liegen 3,5 km voneinander entfernt. Zwischen den ehemaligen Lagern fahren kostenlose Shuttlebusse. April–Okt. alle 15 Min., Nov.–März jede halbe Std.

Marsch der Lebenden

Teilnahme: Jedes Jahr im April oder Mai (abhängig von der Umrechnung des jüdischen zum gregorianischen Kalender) findet der von Holocaust-Überlebenden angeführte Gedenkmarsch vom Konzentrationslager Auschwitz zum Vernichtungslager Birkenau statt. An der Teilnahme interessierte Gruppen wenden sich an die unter www.motl.org gelisteten zuständigen Regionalbüros.

Jüdisches Zentrum

Centrum Żydowskie: In der Bildungs- und Museumseinrichtung mit angegliederter Synagoge (Stadtmitte) wird dem jüdischen Leben in Oświęcim vor dem Holocaust gedacht. Leser empfahlen den Auschwitzbesuchern einen Abstecher ins Zentrum. So–Fr 10–18, Okt.–März nur bis 17 Uhr. Eintritt 2,50 €, erm. 1,50 €, Gruppen benötigen eine Voranmeldung. Pl. Skarbka 5, ✆ 33-8447002, www.ajcf.pl.

Übernachten

***** Hotel Galicja**, in der ehemaligen Kutschenpost untergebrachtes Hotel, aufwendig restauriert und sauber. EZ 50–58 €, DZ 58–80 €. Ul. Dąbrowskiego 119, ✆ 33-8436115, www.hotelgalicja.com.pl.

Internationale Jugendbegegnungsstätte: Eine Jugendherberge der Begegnung und Völkerverständigung, in der Pädagogen bei der Aufarbeitung der Erlebnisse im Auschwitz-Museum hilfreich zur Seite stehen. Ideal für Gruppen- und Studienreisen. Unterbringung in Doppel- oder Vierbettzimmern, für Lehrer oder Begleitpersonen gibt es auch EZ. Ul. Legionów 11, 32-600 Oświęcim, ✆ 33-8432107, www.mdsm.pl.

Zakopane & Tatra

Zakopane – Polens Winterhauptstadt

Polens Winterhauptstadt Zakopane ist mit ihren Naturschätzen, der deftigen Küche und ihrer Kultur zwischen traditioneller Bergfolklore und avantgardistischer Kunst so abwechslungsreich, wie man es sich nur wünschen kann. Die selbsternannte Winterhauptstadt Polens wird deshalb auch in den übrigen Jahreszeiten gern besucht. Die Qualität der Pisten steht außer Frage, und auch wer auf Après-Ski Wert legt, wird hier nicht enttäuscht. Das jährlich stattfindende Springen von der im Ort eingebetteten **Schanze Wielka Krokiew (Skocznia Wielka Krokiew)** begeistert Fans aus der ganzen Welt. Das „Wohnzimmer" des Skisprungstars Adam Małysz, der 2011 seine Karriere beendete, kann das ganze Jahr über besichtigt werden. Im Gegensatz zu den Fernsehübertragungen vermittelt die Begehung vor Ort ein besseres Bild von den

Weiten und dem notwendigen Mut der Springer. Trotz aller Begeisterung für den Skisport liegt der große Vorteil von Zakopane aber darin, dass man die Stadt und ihre Umgebung vor einer allzu starken touristischen Nutzung schützt. Davon profitiert in erster Linie die Natur, wovon sich die Gäste bei ausgiebigen Wanderungen in der Tatra und dem Nationalpark überzeugen können. Drei der Hauptziele sind der von Zakopane aus gut sichtbare Gipfel **Giewont**, der im Herbst rot leuchtende Höhenweg **Czerwony Wierchy** mit traumhaftem Panorama und das **Meeresauge (Morskie Oko)**, ein Bergsee mit angeblicher Verbindung zum Mittelmeer. Bewohner der Tatra schwören, dass sogar schon Schiffswracks aus dem See aufgetaucht seien. Doch solche Legenden hat der 50 m tiefe See gar nicht nötig, denn seine Umgebung ist wirklich traumhaft und sein Wasser so klar, dass man im Sommer noch die Fische in mehreren Metern Tiefe sehen kann.

Außerdem ist noch immer viel von der ursprünglichen Kultur lebendig: Die Bergbewohner, **Góralen** genannt, sprechen noch ihren Dialekt, der sich irgendwo zwischen dem Polnischen und dem Slowakischen bewegt. Sie widersetzen sich den modernen Einflüssen – nicht zuletzt dank ihres Stolzes und ihrer Verehrung der vogelfreien Bergbewohner **Zbójnicy**, die so etwas wie die Robin Hoods der Tatra waren. Die Musik und die Trachten sind keinesfalls inszeniert. Traditionelle Konzerte und Feste werden in der Regel unter Ausschluss von Touristen veranstaltet. Zu sehen und zu hören bekommt man die Kapellen als Besucher zum Beispiel in einer der vielen **Karczmy**, gemütliche Gaststätten, für deren Bau viele Bäume gefällt werden mussten. Hier kann man auch die lokalen Spezialitäten genießen, deftige Gegengewichte zum neumodischen Konzept der leichten Küche. Eine bei der Europäischen Union angemeldete Spezialität ist der geräucherte Schafskäse **oscypek**. Ihn sollte man in einer der vielen Variationen auf jeden Fall probieren. Getrunken wird dazu abends ein **grzaniec** (Glühwein) oder ein ähnlich gewürztes warmes Bier namens **grzane piwo**.

Entlang der **ulica Krupówki**, der wichtigsten Straße in Zakopane, finden sich

Reizvoller Höhenwanderweg Czerwone Wierchy (Rote Gipfel) in der Tatra

neben zahlreichen Geschäften und Restaurants auch Straßenhändler mit Kunsthandwerk aus der Umgebung. Die Straße führt direkt zur Talstation der Bergbahn, die auf den Hausberg **Gubałówka** führt. Von oben hat man eine unverstellte Aussicht auf die Stadt und die Berggipfel; viel Vergnügen bietet die Sommerrodelbahn. Zu Fuß ist der Abstieg ohne Probleme machbar. Natürlich kann man die Kunst der Goralen auch in Museen wie dem **Tatra-Museum (Muzeum Tatrzańskie)** besichtigen. Noch eindrucksvoller aber

Krakau in Kasten

Vater und Sohn – gefeierter Architekt und depressives Genie

Stanisław Witkiewicz (1851–1915) war der Begründer des Zakopane-Stils, der die traditionelle Architektur der Goralen mit der des Jugendstils verband. Sein Einfluss überdauerte die Zeit, noch heute werden Häuser nach seinen Entwürfen gebaut. Abgesehen davon war Witkiewicz Kunstkritiker und Landschaftsmaler, dessen Werke beispielsweise in den Krakauer Tuchhallen zu sehen sind. Zunächst sah es ganz danach aus, als ob sein 1885 geborener gleichnamiger Sohn in diese Fußstapfen treten sollte: Architektur und gegenständliche Malerei. Um seine Eigenständigkeit zu betonen, nahm Stanisław Witkiewicz junior nach dem Ersten Weltkrieg den Künstlernamen Witkacy an und scharte die gesamte intellektuelle Elite des Zwischenkriegspolens in der Bergstadt um sich. In den folgenden Jahren wurde er zu einem der größten Multitalente des 20. Jh. Als Maler war er faszinierend, als Fotograf ein früher Stilist, als Dramenautor einzigartig, als Philosoph auf Augenhöhe mit den Denkern seiner Zeit, als Romanschriftsteller ebenso innovativ, als Kunstkritiker und Kunsttheoretiker von scharfer Präzision. Als ihn der Einmarsch der Nazis und der Russen in Polen in seinem philosophischen Katastrophismus bestätigte und er seine Freiheit zu Recht immer mehr bedroht sah, entschloss er sich 1939, aus dem Leben zu scheiden. Ein großer Teil seines immensen, dichten und tiefen Werks überlebte, ohne bisher auch nur annähernd eine angemessene Würdigung erfahren zu haben.

sind die architektonischen Meisterwerke des von Stanisław Witkiewicz begründeten Zakopane-Stils. Die überall zu sehenden verspielten Holzhäuser lassen sowohl traditionelle Einflüsse als auch Anleihen aus dem Jugendstil erkennen. Dieser Stil scheint wie gemacht für eine kitschige Disney-Kulisse, fügt sich in Zakopane aber wie selbstverständlich in die Landschaft ein. Die besten Beispiele dieses Baustils sind die Häuser **Willa Atma** (2012 renoviert) und die **Willa Koliba** (→ „Sehenswertes"). Letztere ist besonders empfehlenswert, da hier die Familie Witkiewicz (→ Kasten S. 212) wohnte. Einen weiteren Einblick in die traditionelle Holzarchitektur gewährt das neue **Museum des Zakopane-Stils (Muzeum Stylu Zakopiańskiego)**. Die **Kirche der Muttergottes von Tschenstochau (Kościół Matki Bożej Częstochowskiej)**, eine der typischen Holzkirchen, lässt sich direkt daneben in der ul. Kościeliska 4 bewundern. Neben dem auch als Stary Kościół (Alte Kirche → „Sehenswertes") bezeichneten Gotteshaus befindet sich der **Alte Friedhof (Stary Cmentarz)**, auf dem neben den Gräbern berühmter Einwohner aus Zakopane auch die Schnitzkunst der „Grabsteine" zu sehen ist. Die neoromanische **Kirche der Heiligsten Familie (Kościół Najświętszej Rodziny)** in der ul. Krupówki erscheint von außen mächtig, im Inneren erstaunen die feinen Holzarbeiten im Zakopane-Stil von Stanisław Witkiewicz, die Kapelle Johannes des Täufers sowie der Hauptaltar und die Wandmalereien. Sehenswerte zeitgenössische Kunst mit folkloristischen Anleihen zeigen die **Städtische Kunstgalerie (Miejska Galeria Sztuki)** und die **Władysław-Hasior-Galerie (Galeria Władysława Hasiora)** (→ „Sehenswertes"). Besonders dem 1999 verstorbenen Künstler Hasior ist es dabei gelungen, eine gesunde Portion absurden Humors in seine Werke zu integrieren. Das **Witkacy-Theater (Teatr Witkacego** → „Sehenswertes") spielt Dramen des Namengebers, aber auch von anderen Autoren und hat einen außerordentlich guten Ruf.

In der Willa Koliba

Anreise und Information

Hin & weg: Mit dem **Zug** (tägl. ca. 3 Direktverbindungen) beschwerlich und langwierig: 5-Std.-Fahrt ab Krakau für die rund 100 km, also etwa 20 km/h! Eine neue Trasse ist seit Jahren geplant, 2016 haben endlich die ersten Arbeiten begonnen, die Fahrtzeit soll sich so zunächst auf 4½, dann auf 2½ und zuletzt auf 1½ Stunden verkürzen. Mit dem **Auto** über die Schnellstraße 7, bei Rabka-Zdrój auf die Bundesstraße 47. Eine Leserin empfahl ab Rabka die Route auf der Landstraße 958 über Czarny Dunajec, wegen weniger Staus und nicht zuletzt der schönen Holzhäuser in Chochołów. Die **Busunternehmen** Szwagropol (www.szwagropol.pl, ✆ 12-2713550) und Majerbus (www.majerbus.pl, ✆ 669-060060 (mobil)) bringen Sie in etwas mehr als 2 Std. ab Busbahnhof Krakau nach Zakopane (4 €); Online-Kauf empfohlen.

Information: In der Hauptsaison Mo–Sa 8–20, So 9–17 Uhr, Nebensaison Mo–Sa 9–17 Uhr. Ul. Kościuszki 17, ✆ 18-2012211, sowie tägl. 9–17 Uhr, ul. Kościeliska 7, ✆ 18-2012004, www.zakopane.pl, www.ezakopane.pl.

Die Tatra bietet reizvolle Wanderwege unterschiedlichster Schwierigkeitsgrade

Sport

Aqua Park, Planschtempel mit Rutschen, Freibad, Schwimmbecken und Saunalandschaft. Tagesticket 15 €, erm. 12,50/11 €. Ul. Jagiellońska 31, ✆ 18-2001122, www.aquapark.zakopane.pl.

Bergsteigen und Drachenfliegen unter fachkundiger Anleitung für Anfänger sowie Fortgeschrittene. Viele weitere Aktivangebote und Pferdeschlittenfahrten. Biuro Podróży Altius, ul. Bulwary Słowackiego 7, ✆ 604-418325 (mobil), www.discoverzakopane.com.

Skifahren: Skier mit Schuhen gibt es überall zu leihen (8–12 €/Tag) und traumhafte Langlaufloipen zu befahren. Für die Skipässe muss man leider tief in die Tasche greifen, zehnmalige Liftbenutzung kostet um die 15 €! Beim Ort viele, abends beleuchtete Pisten für Kinder und Anfänger. Anspruchsvoll ist der alpine Kasprowy Wierch, der Nosal lockt mit einer Slalompiste, der 1 Std. entfernte Krynica ist wegen seiner FIS-Abfahrt und seinem Funpark bei Skifahrern und Snowboardern gleichermaßen beliebt.

Wanderungen

Es gibt viele gut markierte Wanderwege, zu empfehlen ist eine der überall erhältlichen Wanderkarten. Der Eintritt in den Nationalpark kostet pro Tag 1 €.

Giewont: beliebte und abwechslungsreiche Tageswanderung von Zakopane bis zum 1895 m hohen Gipfel. Hin bietet sich der rot markierte Weg an, zurück der blaue.

Rote Gipfel (Czerwony Wierchy): nach Kiry (Dolina Koscieliska) mit dem Minibus für 1,50 €. Von da über den grünen, dann roten Wanderweg zum Ciemniak. Oben je nach Lust, Kondition und Tageszeit auf dem Höhenweg bis zum Małołączniak, Kondracka Kopa oder Kasprowy Wierch. Runter je nachdem über den blauen, gelben oder grünen Wanderweg. Bei gutem Herbstwetter wegen des Panoramas auf dem Höhenweg und der rot leuchtenden Farben ein Traum. Bei schlechtem Wetter, schlechter Sicht oder sehr starkem Wind diese Tour allerdings auf keinen Fall machen!

Meeresauge (Morskie Oko): mit PKS- oder Minibussen ab dem Busbahnhof (andere Straßenseite) zum Parkplatz in Palenica Białczańska, 35 Min., 2,50 €. Parkgebühr fürs eigene Auto 5 €. Von dort führt eine 10 km lange, geteerte Straße zum See. Empfehlenswert sind auch die markierten Wanderwege in der Umgebung. Wer nicht wandern möchte, kann je nach Jahreszeit in Kutsche oder Schlitten einsteigen: hin 11–12,50 €/Pers., zurück 7–8 €. Zu Recht kritisiert werden von Tierschützern allerdings die Bedingungen für die Pferde, die in der Saison bis zur Erschöpfung die Kutschen ziehen müssen. Ein Verbot und Ersatz durch Elektrowagen wurde 2014 diskutiert.

Orla Perć: Polens mit Abstand schwierigster und gefährlichster Wanderweg mit vielen Klettersteigen. Nur für geübte Bergwanderer zu empfehlen. Der Rest sollte sich wirklich fernhalten!

Führungen sind zumindest für ungeübte Wanderer bei Ausflügen in die Tatra hilfreich, bei anstrengenden und gefährlichen Touren sogar unbedingt zu empfehlen. Ein Anbieter ist z. B. Tatra Travel, ul. Krupówki 16, ✆ 18-2064201, www.tatratravel.com.pl.

Kartenempfehlung: Tatry Polskie Zachodnie i Wysokie, Maßstab 1:20.000, laminiert. WIT Agencja Wydawnicza, 2011. Falls nicht erhältlich vom gleichen Verlag, 2015: Tatry Polskie / Orla Perć, Maßstab 1:30.000, laminiert.

Notfälle: TOPR (Freiwillige Tatra-Rettungskräfte), ✆ 601-100300 (mobil), ✆ 18-2063444, ✆ 985, www.topr.pl.

Sehenswertes

Tatra-Museum (Muzeum Tatrzańskie): Sept.–Juni Mi–Sa 9–17, So 9–15 Uhr, Juli/Aug. Di–Sa 10–18, So 9–15 Uhr. Eintritt 2 €, erm. 1,50 €. Ul. Krupówki 10, ✆ 18-2015205, www.muzeumtatrzanskie.com.pl.

Witkacy-Theater (Teatr Witkacego): Ul. Chramcówki 15, ✆ 18-2068297, www.witkacy.pl.

Städtische Kunstgalerie (Miejska Galeria Sztuki): Di–Fr 10–18, Sa/So bis 16 Uhr, im Hochsommer Di–So 11–19 Uhr, im Winter früher geschlossen. Eintritt 2,50 €, erm. 1 €. Ul. Krupówki 41, ✆ 18-2012792, www.galeria.zakopane.pl.

Władysław-Hasior-Galerie (Galeria Władysława Hasiora): Mi–Sa 10–18, So 9–15 Uhr. Eintritt 2 €, erm. 1,50 €. Ul. Jagiellońska 18b, ✆ 18-2066871, www.muzeumtatrzanskie.com.pl.

Willa Koliba: Mi–Sa 9–17, So 9–15 Uhr, Juli/Aug. Di–Sa 10–18, So 9–15 Uhr. Eintritt 2 €, erm. 1,50 €. Ul. Kościeliska 18, ✆ 18-2013602, www.muzeumtatrzanskie.com.pl.

Museum des Zakopane-Stils (Muzeum Stylu Zakopiańskiego): Mi–Sa 9–17 (Juli/Aug. 10–18 Uhr), So bis 15 Uhr. Eintritt 1,50 €, erm. 1 €. Droga do Rojów 6, www.muzeumtatrzanskie.com.pl.

Willa Atma: Di–So 10–17 Uhr. Eintritt 2 €, erm. 1 €, Kinder bis 16 J. und Studenten mit ISIC-Karte 0,25 €, So frei. Ul. Kasprusie 19, ✆ 18-2020040, www.mnk.pl.

Kirche der Muttergottes von Tschenstochau (Kościół Matki Bożej Częstochowskiej): Tägl. 6.30–19.30 Uhr. Messe Mo–Sa 8.30 Uhr, So 8.30, 10, 18.30 Uhr. Ul. Kościeliska 4.

Kirche der Heiligsten Familie (Kościół Najświętszej Rodziny): Tägl. 6.30–19 Uhr. Messe Mo–Sa 6.30, 7, 8, 9, 19 Uhr, So 6.30, 8,

Herbstpanorama im Tatra-Nationalpark

9.30, 11, 12.30, 15, 17, 19 Uhr. Ul. Krupówki 1a, www.swrodzina.net.

Gubałówka: Bergbahn im 5- bis 30-Min.-Takt von 9 bis 19 Uhr, in der Hauptsaison teils ab 8 und bis 21.45 Uhr. Berg- und Talfahrt 5,50 €, erm. 4,50 €. Sommerrodelbahn Mai–Sept. 10–17 Uhr. www.pkl.pl.

Schanze Wielka Krokiew (Skocznia Wielka Krokiew): Olympia-Sprungschanze am Ende der ul. Piłsudskiego. Eintritt 3 €, erm. 2 € für 15 Min., geöffnet tägl. 9 Uhr bis Sonnenuntergang. Karten für Wettkämpfe unter ✆ 18-2000777 oder bei der Touristinformation sowie ganzjährige Besichtigungen über www.zakopane.cos.pl.

Übernachten

****** Belvedere**, gemütliches Luxushotel mit Schwimmbad und Spa. Besonders schön sind die Zimmer mit Holzdecke und Fußbodenheizung im Bad. DZ ab 90 €. Ul. Droga do Białego 3, ✆ 18-2020255, www.belvederehotel.pl.

***** Szarotka**, kleine Pension mit Steinboden und offenem Kamin gegen die Winterkälte. Gutes Preis-Leistungs-Verhältnis. DZ 40–65 €. Ul. Małe Żywczańskie 16a, ✆ 18-2064050, www.szarotka.pl.

Willa Pod Niebem, „Unter dem Himmel" (so die Übersetzung) und auf Zakopanes Hausberg Gubałówka steht dieses urige Holzhaus. Empfehlenswert, einzig der Weg nach oben kann spätabends oder bei starkem Schneefall schwierig werden. 12,50–16 €/Pers., in der absoluten Hauptsaison auch mehr. Droga Stanisława Zubka 5 (Gubałówka), ✆ 18-2062909, www.podniebem.pl.

Góralska Zabytkowa Zagroda, Zimmer für 2–3 Pers. und ein großes Appartement in einem denkmalgeschützten Holzhaus von 1880. Gründlich und mit viel Herzblut restauriert. Traumhafte Möbel, die der Herr des Hauses selbst geschreinert und geschnitzt hat. 10–15 €/Pers. Ul. Kościeliska 38, ✆ 18-2063806, 696-448834 (mobil).

Essen & Trinken

Karczma Zapiecek, traditionelle Goralenküche mit deftigen Gerichten, z. B. Lammbraten mit Pflaumen. Dazu ein warmes Bier mit Honig, während die Kapelle ab 18 Uhr aufspielt. Große Fleischplatte für 2 Pers. 23 €. Tägl. 10–23, Fr/Sa bis 24 Uhr. Ul. Krupówki 43, ✆ 18-2015699, www.zapiecek.pl.

Pstrąg Górski, die Spezialität des Restaurants sind frische und lecker zubereitete Fische aus den Flüssen und Seen der Umgebung. Die Kellner bringen bedauerlicherweise nicht mehr ganz so große Portionen wie früher an die Holztische. Hg. 4–10 €. Tägl. 10–22 Uhr, in der Hauptsaison auch länger. Ul. Krupówki 6a, ✆ 512-351746 (mobil), www.zakopane-restauracje.pl.

Mała Szwajcaria, wie der Name verrät, im Stil der Kollegen aus der Schweiz gehalten. Der Renner ist natürlich das Käsefondue. Tägl. 9–22 Uhr. Ul. Zamoyskiego 11, ✆ 18-2012076, www.malaszwajcaria.pl.

U Wnuka, Karczma mit mehr als hundertjähriger Familientradition in einem Holzhaus von 1850. Die Rezepte und die Karte haben sich im letzten Jahrhundert kaum verändert und die Gerichte schmecken noch immer so, wie sie sollen. Unbedingt probieren sollte man eines der Moskol-Gerichte (typische Kartoffelpuffer der Goralen). Tägl. 11–23 Uhr. Ul. Kościeliska 8, ✆ 797-564167 (mobil), www.uwnuka.com.pl.

meinTipp **Gospoda Kolibecka**, wahrscheinlich einer der urigsten Orte der Welt. Sehr große Portionen deftiger Gerichte zu fairen Preisen. Die Spinat-Pierogi sind ein Traum! Tägl. 8–23 Uhr. Ul. Przewodników Tatrzańskich 1b, ✆ 18-2062635, www.kolibecka.zakopane.pl.

meinTipp **Naboo**, für die Kinder ein Kletterpark (4 €/Tag), für die ganze Familie eine Bar mit super leckeren geräucherten oder gegrillten Forellen aus eigener Zucht. April Sa/So 10–18 Uhr, Mai–Aug. tägl. 10–21 Uhr, Sept. Mo–Fr 12–18, Sa/So 10–20 Uhr, Okt.–Dez. Sa/So 11–19 Uhr. Ul. Przewodników Tatrzańskich 1, www.naboo.com.pl.

meinTipp **Café Tygodnik Podhalański**, von der Dachterrasse im Handelsgebäude Granit hat man einen tollen Panoramablick über Zakopane und die Tatra. So–Do 10–22, Fr/Sa 10–23 Uhr. Ul. Kościuszki 3, ✆ 18-2000229.

Einkaufen

Ulica Krupówki, in Zakopanes Hauptstraße befinden sich zahllose Stände und Geschäfte, seit neuestem auch die Sukiennice (Tuchhallen) mit ihren Kramläden. Verkauft wird vor allem Kunsthandwerk, aber auch Trachten, Wollpullis und natürlich der Oscypek-Schafskäse. Voller und mit mehr Touri-Nepp ist es rund um die Talstation des Gubałówka (→ „Sehenswertes").

Holzkirche der Muttergottes von Tschenstochau

Leonardo da Vincis Dame mit Hermelin

Nachlesen & Nachschlagen

Im unterirdischen Museum unter dem Marktplatz taucht man in Krakaus mittelalterliche Geschichte ein

Stadtgeschichte

Krakau ist so reich an historischen Legenden, dass man fast die ganze Stadthistorie mit ihnen erzählen könnte. Neues und Verblüffendes haben Ausgrabungen besonders in den letzten Jahren ans Tageslicht gefördert. Dabei wurden sowohl auf dem Marktplatz als auch im übrigen Stadtgebiet bei Bauarbeiten immer wieder Funde gemacht, die beispielsweise die Daten der frühesten Besiedlung nach vorne verschoben oder bisher als sicher geltende Erkenntnisse infrage stellten. Unbestritten bleibt aber der Gründungsmythos, nach dem der spätere König Krak die Stadt auf dem heutigen Wawel-Hügel errichtete. Dies ist aber nur eine der vielen überlieferten Erzählungen. So wurde ebenfalls auf dem Wawel die Kirchturmglocke gegossen, die dem beliebten König Zygmunt Stary gewidmet ist. Laut Legende soll sie ein Hofmusiker zu Ehren des Herrschers mit Saiten aus seiner Laute verziert haben, wovon noch heute ihr außergewöhnlicher Klang zeugt. Wesentlich düsterer hingegen ist die Prophezeiung, die besagt, dass das Ende der Stadt, ja der ganzen Welt kommen wird, wenn die an der Kathedrale auf dem Wawel hängenden Knochen eines Tages herunterfallen sollten …

Weitere Legenden des magischen Krakau finden Sie in den Touren, das folgende Geschichtskapitel ist etwas nüchterner gestaltet. Das Wissen um die eigene Geschichte hat in Polen übrigens einen hohen Stellenwert. Die vorgestellten historischen Ereignisse sind also fast allen Krakauern präsent.

Von den Anfängen bis zur Römerzeit

Schon um 50.000 v. Chr. gab es die ersten Siedlungen auf dem Wawel-Hügel und im Gebiet des heutigen Krakau. Eine dauerhafte Besiedlung lässt sich aber erst 30.000 Jahre später belegen. Die Gründe für die Ansiedlung waren sicher der nahe Fluss und das relativ milde Kesselklima. Die Salzfunde in der Umgebung sollten diese Anziehungskraft aber noch übertreffen: Der Salzabbau ist bereits für mindestens 1400 v. Chr. belegt. Später, als Gewürze und das Lebensmittel konservierende Salz ungemein kostbar waren, wurden

Hunnen und Kelten von ihm angelockt. Erstere ließen sich ab dem dritten, letztere ab dem zweiten vorchristlichen Jahrhundert um Krakau nieder. Archäologen entdeckten nahe der Weichsel komplette Siedlungen mit Lagerräumen und Werkstätten. Auch die Römer pflegten Handelsbeziehungen zum nahe an ihren Herrschaftsbereich grenzenden Krakau.

Weichselstaat und die Dynastie der Piasten

Nach der großen Völkerwanderung veränderten sich die Machtverhältnisse im heutigen Südpolen. Von entscheidender Bedeutung ist die Ankunft der Slawen im 6. Jh., vor allem der beiden Stämme der Wislanen und Polonen. Die Wislanen gründeten den später sogenannten Weichselstaat mit Krakau als Zentrum, der gegen Ende des 9. Jh. im Mährischen Reich aufging. Die erste schriftliche Erwähnung der Stadt aus dem Jahr 965 geht auf einen aus Cordoba stammenden Kaufmann arabisch-jüdischer Herkunft zurück. Der exotische Name Ibrahim Ibn Jakob ist allein schon Indiz für die frühe Bedeutung Krakaus als Handelsplatz an der Bernstein- und Salzstraße.

Mit dem Ende des ersten nachchristlichen Jahrtausends begann dann, was Historiker die Dynastie der Piasten nennen und gleichbedeutend mit der Entstehung Polens ist. Ihr Stammesfürst Mieszko I. ließ sich taufen und christianisierte in der Folgezeit sein ganzes Reich, in dem Krakau mit seinen 3000 Einwohnern schon im Jahr 1000 zum Bischofssitz wurde. Von Mieszkos Enkel, Kazimierz Odnowiciel (dem „Erneuerer") heißt es, dass er Holz zu Stein verwandelte. Gemeint ist damit, dass vor seiner Herrschaft ab 1034 die Häuser fast ausschließlich aus Holz gebaut worden waren und bis zu seinem Tod 1058 Stein zum bevorzugten Baumaterial wurde. Tatsächlich erneuerte er das Land und vor allem Krakau, das er 1038 anstelle des zerstörten Gniezno zur Hauptstadt erklärte. Ein erstes Aufblühen der Stadt wurde aber schnell durch Konflikte zwischen Angehörigen des Adels und der Kirche gebremst. Diese Konflikte gipfelten in dem heimtückischen Mord Bolesławs II. Śmiały (des „Kühnen") an dem später heiliggesprochenen Bischof Stanisław. Der König musste daraufhin fliehen und wurde später in seinem ungarischen Exil vergiftet. Überhaupt gewann die Kirche schon früh großen Einfluss auf das Land, schon in den ersten zwei Jahrhunderten nach Gründung des Bistums Krakau wurden zahlreiche Gotteshäuser gebaut – in Krakau und in ganz Polen. Die angebliche Christianisierung der heidnischen Ostgebiete mit Unterstützung des Deutschen Ordens ab 1226 war also eher Expansionspolitik ohne religiösen Hintergrund.

Den großen Einfall der Tataren im Jahr 1241 überstanden die Bewohner der Stadt nur auf dem befestigten Wawel und dem benachbarten Stadtteil Okół, der Rest der Stadt wurde zerstört. In der Folgezeit wurde Krakau von wiederholten Angriffen der Tataren geschwächt. Erst mit der Gewährung der vollen Stadtrechte 1257 unter Bolesław Wstydliwy (dem „Keuschen") errichtete man Mauern um die bis dahin unbefestigte Bürgerstadt, die bald 17.000 Einwohner zählte. Innerhalb der Mauern wurde der an ein Schachbrett erinnernde und noch heute erhaltene Stadtaufbau vollendet, wobei ältere Straßen und Plätze geschickt in die neue Ordnung eingegliedert wurden. Die heutigen Vororte Kazimierz und Kleparz bekamen 1335 bzw. 1366 ebenfalls die Stadtrechte zugesprochen. In diese Zeit fiel die Gründung der Krakauer Akademie 1364 nach italienischem System (von der Kirche unabhängige Hochschule mit zahlenden Studenten) durch Kazimierz Wielki (den „Großen"). Viele Deutsche und Juden wanderten in die Stadt ein, weil sie hier ein liberales Klima vorfanden, das Religionsfreiheit und Toleranz garantierte. Vor allem die Juden wussten nach den Pestpogromen in Westeuropa Polen als „Land der goldenen Freiheit" zu schätzen; und dass die beiden Silben *Po* und *lin* im Hebräischen zusammengesetzt „hier Ruhe" bedeuten, galt als verheißungsvolles Omen. In Krakau lebten sie in Gemeinschaft mit den polnischen und den deutschsprachigen Einwohnern der Stadt. Diese Einwanderer aus den Reichsstädten profitierten dabei von den bereits etablierten deutschen Patriziern, die ihnen vor allem im 13. Jh. Privilegien in der offenen und germanophilen Stadt zugesichert hatten. Erst um 1400 wurde eine Polonisierung des deutschen Bürgertums vorgeschrieben. Beide Integrationsprozesse verliefen übrigens weitgehend friedlich. Nur vereinzelt gab es Übergriffe gegen Minderheiten, wobei die von den Königen geschützten Juden wesentlich weniger und seltener verfolgt wurden als im übrigen Europa.

Dynastie der Jagiellonen: Polens goldenes Zeitalter

Kazimierz Wielki (dem „Großen") blieb die Geburt eines Sohnes verwehrt. Seine erst 12- jährige Großnichte Jadwiga wurde deswegen aus taktischen Gründen dem litauischen Herrscher Jagiełło versprochen. Gemeinsam schlugen die vereinigten Königreiche nach dem frühen Tod der Königin Jadwiga den vor allem im westlichen und nördlichen Polen starken Deutschen Orden 1410 in der Schlacht von Tannenberg, dem polnischen Grunwald. Damit wurde Polen zum damals mächtigsten Reich zwischen Ostsee und Schwarzem Meer. Wie so oft in der Geschichte brachte die politische Stärke kulturelle Fortschritte. Jagiełło reformierte die Universität, die bis zum heutigen Tag nach ihm

Krakau im Kasten

Schwere Last und fröhliche Tradition

Über Jahrhunderte hinweg bedrohten die Tataren die Stadt und zerstörten sie mehrmals. Umso bedeutender ist der Sieg gegen die Angreifer von 1287, nach

Hölzerner Lajkonik

dem die Flößer mit den erbeuteten Kleidungsstücken der Tataren einen Freudenzug durch die Stadt veranstalteten. Diesem Ereignis wird gedacht, wenn jedes Jahr an Fronleichnam eine bunte Prozession von Zwierzyniec (→ Tour 11) durch Krakau bis zum Rynek führt. Der von 18 musizierenden Flößern begleitete und von einem berittenen Tataren nachempfundene Lajkonik steckt in einem von Stanisław Wyspiański entworfenen Kostüm und verteilt Schläge mit einem kleinen Stab. Eine solche Berührung verheißt Glück, und da wundert es nicht, dass der Anführer der Prozession überall mit Geld willkommen geheißen wird. Die zugesteckten Scheine dürften die 30 kg schwere Last des Kostüms, das der Lajkonik acht Stunden lang mit sich herumschleppen muss, etwas leichter ertragen lassen. Das Kunstwort Lajkonik lässt sich übrigens nicht übersetzen, die Endung „konik" (Pferdchen) bezieht sich aber auf den im Kostüm eingearbeiteten Pferdekopf.

benannt ist. Im 15. Jh. zählte sie dann zu den wichtigsten geistigen Zentren des Kontinents, die Stadt selbst war ein Anziehungspunkt für Künstler und Freigeister. Kopernikus fand hier den fruchtbaren Nährboden für sein neues revolutionäres Weltbild. Von 1430 bis 1478 war Krakau bedeutende Hansestadt wegen der Transithandelsbeziehungen seiner Kaufleute nach Osteuropa und dem Orient. Auch die Renaissance hielt früh Einzug in Krakau. Wie in südlicheren Gefilden führte diese geistige Wende zu einer nicht für möglich gehaltenen Veränderung des Lebens. Die erste Druckerei entstand 1473, die Kunst wurde von allen Seiten gefördert, und Polen wurde zu Europas fortschrittlichstem und liberalstem Land. König Zygmunt I. Stary (Sigismund der Alte) heiratete die Tochter des Herzogs von Mailand, Bona Sforza, die Künstler, Gemüse, Kochrezepte und neue Ideen mitbrachte. Die Stadt und der Hof wurden in diesen Jahren zunehmend attraktiver und zogen viele Gelehrte und Künstler aus ganz Europa an. Die Auswirkungen dieser Blütezeit kann man noch heute in der gesamten Stadt besichtigen. Krakau war geradezu ein multikulturelles und vielsprachiges Zentrum Europas, unter den 20.000 Bewohnern waren auch viele Deutschstämmige. Die Glaubensfreiheit wurde trotz der einflussreichen katholischen Kirche bereits 1573 garantiert. Bis 1572 wirkte auch der bedeutende Rabbiner und Philosoph Moses Isserles (genannt Remuh) in der Stadt, ein Vorfahre der berühmten Berliner Mendelssohn-Familie. Der einzige Bruch zeigt sich in der mit dem Vorwurf der Brandstiftung begründeten Vertreibung der Juden aus der Stadt nach Kazimierz im Jahr 1495 unter König Jan Olbracht. Doch bereits zehn Jahre später war die Situation der ansässigen Juden wieder besser als in jedem anderen Land Europas. Zygmunt (Sigismund II.) August gelang es, die Errungenschaften seines Vaters, mit dem er zeitweise zusammen regierte, weiterzuführen. Erst mit seinem Tod im Jahr 1572 endete Polens goldenes Zeitalter.

Die Teilungen Polens und Fremdherrschaft der Habsburger

Sigismund II. August war kein Sohn vergönnt, weshalb die Thronfolge ab 1573 durch die Versammlung der Adligen in einer Wahl bestimmt wurde. Diese Abhängigkeit des Königs vom Adel führte zwangsläufig zu Machtkämpfen innerhalb der Aristokratie. Taktische Erwägungen, Bündnisse und Konflikte zwischen höherem und niederem Adel führten zu unvorteilhaften Entscheidungen. Viele Könige stammten aus nichtpolnischen Häusern, wovon sich die Adelsfamilien sowohl eine größere Einflussnahme auf den König als auch einen Machtgewinn in Europa versprachen. Die ab 1587 in Polen regierende katholische Linie der Waza-Dynastie reklamierte Ansprüche auf den russischen und den heimatlichen schwedischen Thron der protestantischen Linie, was in dem schon vom inneren Zerfall bedrohten Land an Größenwahn grenzte. Viel schwerwiegender war aber – witzeln zumindest die Krakauer – die von Zygmunt III. Waza initiierte Verlegung des königlichen Hofes im Jahr 1609 nach Warschau, das somit zur neuen Hauptstadt wurde. Jedenfalls war die Schwäche des Landes ein gefundenes Fressen für Polens Nachbarn. Die Kosaken und die Schweden richteten schwere Schäden an. In der Zeit der drei polnischen Waza-Könige blutete das Land aus und verlor etwa ein Drittel seiner Bevölkerung. Im selben Zeitraum musste sich Polen zudem noch gegen die Türken wehren, was erst unter Jan III. Sobieski von Erfolg gekrönt war. Der Entscheidungsschlacht 1683 vor Wien unter seinem Oberbefehl folgte die Heilige Antitürkische Liga der europäischen Länder, die die Zurückdrängung des Osmanischen Reichs auf dem Verhandlungsweg sicherte. Die wiederholt unterbrochene Regierungszeit Augusts II. Mocny (des „Starken") von 1697 bis 1733 war von den erwähnten Machtkämpfen und

Matejkos Interpretation der historisch wichtigen Preußischen Huldigung hängt in den Tuchhallen

-spielen des Adels bestimmt. Der fließend Polnisch sprechende König aus Sachsen wurde in den Thronfolgekriegen mit seinem Konkurrenten Stanisław Leszczyński aufgerieben. Eine weitsichtige Politik der Könige war nicht mehr möglich. In den dadurch begünstigten Teilungen Polens wurde das Land nach und nach von seinen expansiven Nachbarn Russland, Preußen und Österreich-Ungarn verschluckt. Sah es nach der ersten Teilung 1772 noch so aus, als ob sich Polen durch Modernisierung und die erste moderne Verfassung Europas erholen könnte, beendete die zweite Teilung 1793 alle Hoffnungen, und schon bald sollte Polen für ein Jahrhundert ganz von der Landkarte verschwinden. Nach der dritten Teilung Polens im Jahr 1795 besetzte das Habsburgerreich außer dem schon zuvor eroberten südlichen Teil des Landes auch Krakau. Dieses Galizien genannte Gebiet erfuhr in den folgenden Jahrzehnten eine rasche Änderung der Herrschaftsverhältnisse, meist jedoch unter österreichischer Kontrolle. Mal gehörte die Stadt zum Einflussgebiet des Großfürstentums Warschau, mal musste man auf russische Weisungen hören. Der kurze Zeitraum zwischen 1815 und 1846 als freie Stadt unter dem Namen Republik Krakau und damit als einziges polnisches Überbleibsel führte auch nicht zur angestrebten Eigenständigkeit. Viele Krakauer Intellektuelle und Politiker flohen nach den Teilungen nach Paris, der Hochburg der polnischen Exilanten. Dieselben Ereignisse führten zu einer Romantisierung der Situation unter den Progressiven im Ausland. So war auf dem Hambacher Fest 1832 eine regelrechte Polenbegeisterung zu spüren, es kam zur Verbrüderung der liberalen Kräfte Deutschlands und Polens. Die als Krakauer Aufstand in die Geschichtsbücher eingegangene Revolte gegen die österreichische Fremdherrschaft im Jahr 1846 scheiterte jedoch genauso wie die landesweiten Versuche 1830, 1848 und 1863.

Erst als die Habsburgermonarchie schwächelte, wurde Galizien eine weitreichende Autonomie zugestanden. Von da an gab es eine gegenseitige Befruchtung der beiden Städte Wien und Krakau, die sich auch in der zunehmenden Industrialisierung und einem Anstieg der Bevölkerung auf 65.000 im Jahr 1880 und sogar 150.000 im Jahr

1910 spiegelte. Der „gute Kaiser" Franz Joseph wurde für seinen positiven Einfluss auf das neue Zentrum Polens sehr geschätzt – heute noch gibt es kaiserliche „Fanclubs"! Die fortschrittlichen Entwicklungen der Jahrhundertwende begünstigten viele bedeutende Künstler, die das Stadtbild stark veränderten. Mit dem künstlerischen Aufbruch verbunden waren nationale Bestrebungen, die durch die Nichtexistenz eines eigenen Staates genährt wurden. Auch die katholische Kirche war ein Hort der Freiheitskämpfer, was bis heute einen Teil ihres Einflusses auf die polnische Gesellschaft erklärt. Die endgültige Befreiung von der Fremdherrschaft gelang dem in Polen als Volksheld verehrten Józef Piłsudski am Ende des Ersten Weltkriegs von Krakau aus. Trotz späterer Kritik blieb der Feldherr vor allem als Identifikationsfigur im Gedächtnis, der nicht nur militärische Erfolge erzielte, sondern auch den Nationalismus verhinderte, die Juden in das neue Polen integrierte und das Land einte.

Zwischenkriegsjahre und nationalsozialistische Besetzung

Im Versailler Vertrag von 1919 war in Übereinstimmung mit einem polnischen Parlamentsbeschluss vorgesehen, dass Krakau und die umliegenden Gebiete unter vormals österreichischer Herrschaft dem seit 1918 wieder auf der Landkarte verzeichneten Polen eingegliedert werden sollten. Dieser Entscheidung folgten im Polnisch-Sowjetischen Krieg bis 1922 Eroberungen im Osten unter dem Oberbefehl des schon erwähnten Piłsudski. Der junge Staat entwickelte sich in dem viel zu kurzen Zeitraum zwischen den beiden Weltkriegen wie auch die Weimarer Republik schnell. Vor allem in künstlerischer und gesellschaftlicher Hinsicht wurde Krakau neben Lemberg und Warschau zur wichtigsten Stadt. Doch wirtschaftliche Probleme und Zorn über mangelnde Verteilungsgerechtigkeit prägten ebenso diese Zeit des Aufbruchs. Ein Beleg dafür ist der Arbeiteraufstand von 1923. Kurz nach dem Ausbruch des Zweiten Weltkriegs wurde Krakau dann von den deutschen Truppen besetzt und zum Sitz des „Generalgouvernements" gemacht. Die Hoffnung in der Stadt starb zuerst. Die Besatzer zerstörten Kunstschätze und begegneten der Bevölkerung mit hasserfüllter Arroganz. Viel schlimmer aber waren die Folgen, als der antisemitischen Ideologie der Nazis Taten folgten. Die in Kazimierz lebenden Juden wurden verschleppt und fast ohne Ausnahme in dem Ghetto in Podgórze oder den Konzentrationslagern von Płaszów und Auschwitz umgebracht.

Dieses Drama lässt sich in Spielbergs „Schindlers Liste" nachvollziehen. Der Film wurde an den tragischen Schauplätzen der Stadt gedreht (→ Touren 9 und 10). Doch nicht nur die jüdische Bevölkerung musste Qualen erleiden, einem großen Teil der Polen und vor allem der Elite des Landes erging es nicht

Selbstporträt des bedeutenden jüdischen Malers Maurycy Gottlieb (in den Tuchhallen)

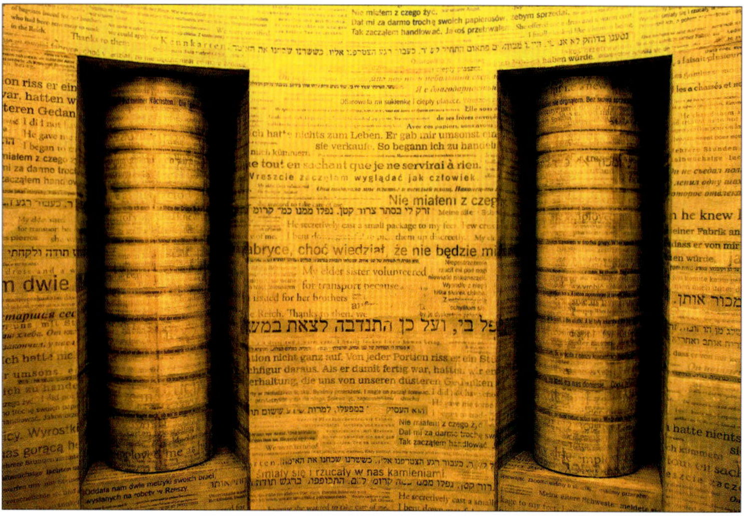

Mahnmal des Museums in der Schindlerfabrik

besser. So wurden etwa kurz nach der Besetzung Polens namhafte Professoren und Universitätsmitarbeiter bei der sog. „Sonderaktion Krakau" festgenommen und in Konzentrationslager deportiert. Insgesamt starb in den Kriegsjahren fast die Hälfte der Krakauer Bevölkerung. Ein schwacher Trost war die fast völlige bauliche Unversehrtheit Krakaus bei Kriegsende. Ob dies an der „Schwäche" von Generalgouverneur Hans Frank lag, der gegenüber den Gebäuden der Stadt mehr Skrupel verspürt haben soll als gegenüber den Menschen, oder ob Zeitmangel wegen der herannahenden russischen Armee eine Zerstörung wie in Warschau oder Danzig verhinderte, bleibt letztendlich ungeklärt.

Sozialismus

Nach dem Krieg wurde Polen von der Sowjetunion besetzt und seine beiden Grenzen nach Westen hin verschoben. Schon Stalin zweifelte an der Willfährigkeit des neu gegründeten Staates und sollte Recht behalten. In Krakau wurde zur Zähmung des bürgerlichen Widerstands ein riesiges Stahlwerk aus dem Boden gestampft. Näheres über den um die Hütte erbauten Vorort Nowa Huta finden Sie in Tour 13. An dieser Stelle sei verraten, dass es ironischerweise vor allem die umworbenen Proletarier waren, die sich für die Kirche einsetzten und gegen den sozialistischen Staat rebellierten. Während sich die Elite des Landes nach dem Aufstand von 1956 eine gewisse Liberalisierung erkämpfte, die vor allem Künstlern und Intellektuellen wie Tadeusz Kantor, Krzysztof Penderecki oder Andrzej Wajda zugute kam, mussten die Arbeiter lange warten. Erst nach den auch im Osten als Aufbruchzeit erlebten späten 1960er-Jahren gelang es der Kirche, zur bedeutenden Gegenmacht zu werden. Dies gipfelte 1978 in dem Pontifikat eines Krakauers. Schon kurz nach seiner Wahl besuchte Johannes Paul II. seine Heimatstadt und verkündete auf den Błonia-Wiesen: „Habt keine Angst!" Furchtlos wurde von diesem Moment an gegen das System gekämpft. Lech Wałęsa, der Anführer der Gewerkschaft Solidarność, schätzte seinen eigenen Anteil am Ende des Sozialismus für wesentlich geringer ein als den der Kirche und des letzten Papstes. Trotz eines verzweifelten Versuchs, die Lage Anfang der 1980er-Jahre durch die Verhängung des Kriegszustandes in den Griff zu bekommen, war der polnische Freiheitswille, wie von Stalin vorhergesehen, stärker als die sozialistischen Repressalien. Die Frage, ob General Jaruzelski wegen eines drohenden Einmarsches der russischen Armee zu diesem Schritt gezwungen war oder nicht, wird wohl unbeantwortet bleiben. Fakt ist, dass der europäische Sozialismus in Polen endete, in Krakau vielleicht noch eher als in Danzig.

Krakau heute

Das Ende des Sozialismus mit den ersten freien Wahlen im Jahr 1989 bedeutete für Krakau den Auftakt für eine bis zum heutigen Tag stattfindende Aufholjagd im wirtschaftlichen und administrativen Bereich. Die Infrastruktur wurde verbessert und vernachlässigte Restaurierungsarbeiten begonnen. Wer die Stadt in den 80er-Jahren gesehen hat, dann wieder in den 90ern und erneut heute, wird jeweils ein vollkommen anderes Krakau erlebt haben. So alt die renovierten Gemäuer, so jung die Bevölkerung: Die Zahl der Studenten schwankt zwischen 150.000 und 200.000 Studenten! Das studierende Fünftel der Krakauer sorgt für Lebendigkeit und jugendliches Flair – versinnbildlicht durch auffallend viele Musikinstrumente und Kunstmappen, die über die Schulter gehängt durch die Straßen getragen werden und Krakaus Ruf als Kulturschmiede bezeugen.

Am Beginn dieses Kapitels wurde erwähnt, dass Salz die wirtschaftliche Grundlage für die Stadt war. Das Salz der Gegenwart ist unter anderem der Tourismus, der unaufhaltsam ansteigt. Derzeit besuchen jährlich mehr als 10 Millionen Menschen die Stadt, bei stetigen Zuwächsen. Obwohl sich die Goldgräberstimmung in Mittel- und Osteuropa etwas gelegt hat, bleibt die Lage für Investoren günstig, wobei Krakau von der Vielfalt seiner Wirtschaftszweige profitiert. Nicht zuletzt die Veranstaltungen als Europäische Kulturhauptstadt im Millenniumsjahr, der Beitritt Polens zur EU 2004, die 750-Jahr-Feierlichkeiten zur Stadtgründung 2007 und der Weltjugendtag 2016 brachten die „magische Stadt" zurück ins Blickfeld Europas. Umso seltsamer (und in Krakau Anlass für Verschwörungstheorien), dass die Stadt nicht zu den Austragungsorten der Fußball-EM 2012 zählte, obwohl sie von der UEFA in allen Kategorien wie Infrastruktur und Hotels Bestnoten erhalten hatte. Abgelehnt hat die Mehrheit der Krakauer Bevölkerung dagegen in einem Referendum 2014 die Ausrichtung der Winterolympiade 2022. Die größte Herausforderung und sinnvollste Investition für die kommenden Jahre wird es sein, die vor allem im Winter kaum zu ertragende Luftverschmutzung in den Griff zu bekommen. Im Stadtrat von Krakau stellt die PO mit einer kleineren Lokalpartei zwar noch die Mehrheit, polenweit straften die Wähler aber 2015 ihre radikal neoliberale Politik ab. Leider beschränkt sich die seitdem regierende PiS nicht allein auf die Umsetzung der wahlentscheidenden sozialen Versprechen wie Kindergeld und Wohnungsbau, sondern zerschlägt innen- wie außenpolitisches Porzellan. Gut möglich, dass Sie bei Ihrem Krakaubesuch Zeuge einer der vielen Demonstrationen für oder gegen die neue Regierung werden.

Dieses Geschenk der einstigen UdSSR steht heute in Nowa Huta

Nicht nur Kindern gefällt der plac Szczepański, im Hintergrund der Kunstpalast

Architektur und Plastik

Die ältesten vom Menschen geschaffenen Überbleibsel in Krakau haben für uns heute eine etwas seltsame Form. Es handelt sich dabei um die zwei der vier Hügel, die beide keltischen Ursprungs sind: der Kopiec Wandy im Osten und der Kopiec Krakusa am südlichen Stadtrand. Von der **vorchristlichen Kunst und Architektur** blieb nach den Tatarenangriffen des 13. Jh. aber wenig erhalten. Vereinzelte Überreste sind in den städtischen Museen ausgestellt, so auch das Original des vor dem Wawel stehenden **Światowid**; die im Archäologischen Museum ausgestellte Statue zeigt einen viergesichtigen heidnischen Gott.

Romanik

Mit der neuen Religion verbreitete sich ab der ersten Jahrtausendwende die christliche Kunst. Mit den Mönchen, vor allem den Benediktinern, kam die **Romanik** nach Krakau. Aus dieser Zeit sind vor allem noch Krypten in vielen der Kirchen erhalten, wovon in erster Linie die der Kathedrale auf dem Wawel bemerkenswert ist. Ein weiteres romanisches Bauwerk, das Sie besichtigen sollten, ist die **Kościół Św. Andrzeja** (St.-Andreas-Kirche; erbaut 1079–1098), die als einzige der 360 Kirchen Krakaus bei den Tatarenangriffen nicht zerstört wurde. Romanische Fundamente und Bruchstücke sind auf dem **Wawel** sowie in der **Kościół Św. Wojciecha** (St.-Adalbert-Kirche; erbaut 997) auf dem Rynek vorhanden. Ursprünglich Romanisches lässt sich in Krakau an einer Besonderheit identifizieren: Da die Stadt nach den Zerstörungen durch die Tataren vollkommen neu und streng konzipiert wurde, stehen die Kirchen in der historischen Altstadt oft schräg und versetzt zwischen den Straßen und Plätzen. Das prominenteste Beispiel dafür ist die **Kościół Mariacki** (Marienkirche; erbaut 1221–1222).

Gotik

Wesentlich prägender für das heutige Stadtbild ist die Gotik. Wie so oft in Krakaus Geschichte waren von der Kirche beauftragte Baumeister die Vorreiter des neuen Stils, der mit den Zisterziensern, später den Dominikanern und Franziskanern nach Polen kam. Im Zentrum haben sie alle gotische Kirchen hinterlassen. Die am häufigsten besuchte ist die **Kościół Mariacki** (Marienkirche, Neubau Ende 13. Jh.) auf dem Rynek. Der Altar in der Marienkirche gilt als eines der schönsten gotischen Kunstwerke in ganz Europa. Der Künstler **Veit Stoß** (1447–1533) reiste aus der heutigen Partnerstadt Nürnberg eigens für diese Aufgabe an; in Krakau wurde er dann unter dem Namen **Wit Stwosz** bekannt und verehrt. Der Altar zeigt eine beeindruckend detailreiche Darstellung u. a. der Passion Christi; Veit Stoß arbeitete daran von 1477 bis 1489, bis die Lindenholzschnitzereien vollendet waren. Ein weiteres Werk, das Stoß in der Stadt hinterlassen hat, ist der **Nagrobek Kazimierza Jagiellończyka** auf dem Wawel. Das marmorne Grabmal von 1493 für König Kazimierz ist fast ebenso beeindruckend wie der Altar in der Marienkirche. Für die Sarkophage an gleicher Stelle ist u. a. der Renaissance-Künstler **Jan Michałowicz z Urzędowa** (1525–1583) verantwortlich. Überhaupt verdeutlichen die Skulpturen und Grabmäler in der Kathedrale die zahlreichen Möglichkeiten, Marmor und Edelmetall zu verarbeiten.

Nicht weniger imposant sind die **Bazylika Franciszkanów** (Franziskanerbasilika, um 1255), die **Katedra** (Kathedrale, erbaut 1320–1364) auf dem Wawel sowie in Kazimierz die **Kościół Bożego Ciała** (Fronleichnamskirche, um 1340). Alle diesen architektonischen Schätze sind aber nur aus einem Grund erhalten geblieben: 1285 wurden die starken Stadtmauern im gotischen Stil errichtet, die bis auf das Stadttor **Brama Floriańska** (um 1300) und den festungsartigen Torvorbau **Barbakan** (Barbakane, Fertigstellung 1499) aber längst abgerissen wurden. Geschützt von diesen Mauern konnten auch der **Wieża Ratuszowa** (Rathausturm, 13./14. Jh.) und Teile des **Collegium Maius** die Zeiten überdauern. Viele der Bürgerhäuser auf dem Marktplatz zeigen ebenfalls gotische Elemente. Beispiele sind die Fassade der **Kamienica Pod Orłem** an der Einmündung zur ulica Floriańska oder das Gewölbe der **Kamienica Pod Jaszczurami** gegenüber der Adalbertkirche.

Renaissance

Mit Polens goldenem Zeitalter hielt die Renaissance Einzug in die Stadt. Zum ersten Mal waren auch königliche, städtische und private Bauvorhaben prägend bei der Durchsetzung des neuen Stils.

So sind die **Sukiennice** (Tuchhallen, erbaut 1556–1559) auf dem Rynek ebenso ein Paradebeispiel wie die **Willa Decjusza** (Villa Decius, 1530) in der Nähe des Stadtwalds. Von italienischen Besuchern hört man in der **ulica Kanonicza** immer wieder denselben Scherz: „Da hätten wir gleich nach Florenz fahren können." Und auch das **Zamek Królewski** (Königliches Schloss, Umbau 1504–1515) und die **Kaplica Zygmuntowska** (Sigismundkapelle, erb. 1519–1533), die beide auf dem Wawel stehen, weisen verblüffende Ähnlichkeiten mit der italienischen Renaissance auf. Dies ist nicht verwunderlich, da während und nach der Herrschaft der aus Mailand stammenden Königin Bona Sforza (1494–1557) zahllose Künstler aus dem Geburtsland der Renaissance nach Krakau kamen. Unter ihnen waren **Giovanni Maria Padovano** (1493–1574) und **Bartolomeo Berrecci** (1480–1537) sicher die bedeutendsten. Ihre größten Kunstwerke findet man auf dem Wawel.

Barock

Als Beispiele für den **barocken Stil** dominieren wieder Kirchen, weil durch die Verlegung der Residenz nach Warschau der Einfluss des Klerus gestärkt wurde. Herausragende Beispiele sind die **Kościół Św. Piotra i Pawła** (St.-Peter-und-Paul-Kirche, erbaut 1597–1619) im Zentrum und die **Kościół Św. Floriana** (Florianskirche, erbaut 1185,

Neubau 1677–1684) in Kleparz, an der der spätere Papst Johannes Paul II. als Priester tätig war. In Kazimierz sollten Freunde des Barock die **Kośćiół Paulinów Na Skałce** (Paulinerkirche „Auf dem Felsen", 1733) besichtigen, deren Fassade durch eine gelungene Gestaltung der Gartenanlage betont wird. Herausragend unter den barocken Baumeistern der Stadt ist der aus den Niederlanden stammende Architekt **Tylman van Gameren** (1632–1706), unter dessen Leitung die **Kościół Św. Anny** (St.-Anna-Kirche, 1689–1705) entstand.

Historismus

Von Mitte des 18. Jh. bis ins späte 19. Jh. mangelte es in Krakau an finanzieller und politischer Unterstützung für die zeitgenössische **klassizistische Architektur** – nicht zuletzt aufgrund der drei Teilungen und der Fremdherrschaft durch die Habsburger gibt es aus dieser Phase keine nennenswerten Beispiele. Charakteristisch für die Epoche des **Historismus** sind die Neuinterpretationen älterer Baustile. Das neugotische **Collegium Novum** (erbaut 1883–1889) und die neoromanische **Kościół Felicjanek** (Felizianerinnenkirche, 1882–1884) stehen für diese Richtung. Keinen klar abgrenzbaren Stil weist das **Teatr Słowackiego** (1891–1893) auf. In dem Theatergebäude vermischen sich Renaissance-Einflüsse, barockes Interieur, Wiener Monumentalstil und an die Pariser Oper angelehnte Elemente zu einem verblüffend stimmigen Gesamteindruck.

An der Fassade des Słowacki-Theaters finden sich viele Stilelemente

Junges Polen

Die Krakauer Variante des Jugendstils heißt **Młoda Polska** („Junges Polen") und dauerte etwa von 1895 bis 1914. Wie in Wien wurden spielerische und romantische Elemente in der Architektur verwendet, die auch heute noch an vielen Häusern in Krakau zu bewundern sind. Im Gegensatz zum übrigen Europa nahm der polnische Jugendstil weiterhin historistische Anleihen, zudem setzte man auch stark folkloristische Motive ein. Die Bewegung des Jungen Polens gruppierte sich um das Allroundtalent **Stanisław Wyspiański** (1869–1907). Er initiierte städtebauliche Projekte, war als Architekt tätig, gestaltete Glasfenster und gilt als Meister der Polychromie, d. h. die vielfarbige Ausschmückung von Innenräumen durch Fresken, Glasmalerei, Mosaike, Inkrustationen oder dekorative Malerei. Eine Besonderheit der Krakauer Kirchen ist die vielfältige Gestaltung der Wände und Decken mit mehreren dieser Techniken. Ein Beispiel für das Wirken Wyspiańskis ist in der Bazylika Franciszkanów (Franziskanerbasilika) zu sehen: Das Glasfenster **Bóg Ojciec – Stań się!** („Gottvater – werde!", 1897–1904), eines der bekanntesten und charakteristischsten Motive der Stadt, zeigt Gott bei der Erschaffung der Welt. Weitere sehenswerte Gebäude im Krakauer Jugendstil stehen im Viertel **Piasek**, wo vor allem **Teodor Talowski** (1857–1910) seine architektonischen Ideen verwirklichte.

Bedeutende Architekten des Jungen Polens waren auch **Franciszek Mączyński** (1874–1947) und **Tadeusz Stryjeński** (1849–1943): Die Außenfassade des **Stary Teatr** (Umbau 1903–1905), der **Pałac Sztuki** (Kunstpalast) von 1901 und das **Dom Pod Globusem** („Haus Unter dem Globus") von 1904 zeigen ihre Varianten des verspielten Stils der Jahrhundertwende.

Das romantische Streben nach einer eigenen Nation zeigt sich auch an einigen Denkmälern dieser Epoche. Eines der charakteristischsten ist das **Pomnik Adama Mickiewicza** aus dem Jahr 1894 von Teodor Rygier (1841–1913); das Denkmal des Schriftstellers steht auf dem Rynek und ist ein Treffpunkt für Jung und Alt. Weithin sichtbar ist auch das **Pomnik Grunwaldzki** in Kleparz, das von Antoni Wiwulski 1910 zum Gedenken an die Schlacht von Grunwald errichtet wurde. Die Stadt hat natürlich auch nahezu alle ihre wichtigen Künstler, Politiker und Kirchenmänner in Stein hauen lassen. Man findet die Büsten zum Beispiel auf den Planty oder im Park Jordana.

Neoklassizismus

Klassizistische Formen kamen nach der Herrschaft der Habsburger dann doch noch in der Stadt an, allerdings erst viel später als historisierender **Neoklassizismus**, wie er gerne bei Monumentalbauten verwendet wurde. Gut ist das im Krakauer Stadtteil Kleparz am **Plac Matejki** zu sehen, wo die **Narodowy Bank Polski** (Polnische Nationalbank, 1921–1925) nur ein Beispiel ist. Ebenso eindrucksvoll ist das Gebäude der **Filharmonia** (1928–1931). Einige Fassaden der Bürgerhäuser auf dem Rynek wurden nach einem Brand im Jahr 1850 später mit historistischen und klassizistischen Stilelementen versehen.

Architektonische Moderne

Kaum in Krakau zu finden sind Gebäude in **modernen Baustilen** wie Funktionalismus, Expressionismus oder Neue Sachlichkeit. Eine Ausnahme bilden die in der Zwischenkriegszeit entstandenen Monumente in der **Aleja Mickiewicza**. Diese halbe Ringstraße war eigentlich als Boulevard der Moderne gedacht, die Pracht hielt sich allerdings noch zurück. Sehenswert sind trotzdem das **Muzeum Narodowe** (Nationalmuseum, 1934–1939, Fertigstellung erst 1989), die **Biblioteka Jagiellońska** (Jagiellonen-Bibliothek, 1930–1939) sowie die **Akademia Górniczo-Hutnicza** (Akademie für Bergbau und Hüttenwesen, 1923–1937). Abzuwarten ist, wann die Allee die nötige Neugestaltung erfährt, denn Ansätze für die ästhetische Entwicklung sind gegeben, nicht nur durch den Grünstreifen zwischen den Fahrbahnen.

Sozialistischer Realismus

Noch bevor Polen 1955 Teil des Warschauer Pakts geworden war, wurde versucht, die Gemeinsamkeit der sozialistischen Bruderstaaten auch in der Architektur sichtbar zu machen. Ironischerweise stand der Sozialistische Realismus aber in der Tradition der monumentalen Bauten rund um das Nationalmuseum, die es auch vor dem Krieg schon gegeben hatte. In Krakau gibt es gleich einen ganzen Vorort, in dem die Ziele des Sozialistischen Realismus hinsichtlich Konzeption und Kunst verwirklicht wurden. In **Nowa Huta** (→ Tour 13) stehen einige der Bauten, die allerdings auch bewusst an architektonische Traditionen der Stadt anknüpfen (vor allem an die Tuchhallen und weitere Renaissancebauten).

Modernismus

Schon 1956 wurde der von Stalin als Doktrin formulierte Sozialistische Realismus aufgegeben. Dennoch gab es im Anschluss daran keinen nennenswerten eigenen Stil. Stattdessen schoss an den Rändern der Stadt und in den Vororten ein Plattenbau nach dem anderen aus dem Boden. Fehlendes Geld, mangelnde Freiheiten und die typischen Organisationsprobleme des real existierenden Sozialismus sorgten für zahlreiche Bausünden, die der normale Tourist aber meist nicht zu Gesicht bekommt. Zwei der glücklicherweise nicht vielen Beispiele sind das **Hotel Cracovia** (1965) und der **Bunkier Sztuki** (Kunstbunker, 1960). Sehenswerte Ausnahmen liefert die sakrale Architektur, vor allem mit den beiden Kirchen **Arka Pana** („Arche des Herrn", 1967–1977) und **Kościół Matki Boskiej Częstochowskiej** (Kirche der Muttergottes von Tschenstochau, 1988–1994). Zwei interessante Bauruinen sind der auch Szkieletor genannte **Wieżowiec NOT** (1975–1979, Weiterbau seit 2016) sowie das inzwischen als riesige Plakatwerbewand genutzte **Hotel Forum** (1978–1989). Abgesehen davon wurde vieles inzwischen durch die umsichtige Stadtverwaltung abgerissen, modernisiert oder neu errichtet. Trotzdem fehlt es Krakau im Vergleich zu anderen europäischen Großstädten noch an einer zukunftsweisenden Architektur. Die Anstrengungen der vergangenen Jahre und Jahrzehnte galten verständlicherweise in erster Linie der Erhaltung und Restaurierung vorhandener Bauwerke.

Zeitgenössische Architektur

Eine erste Ausnahme ist das in den 90ern errichtete **Centrum Sztuki i**

Krakau im Kasten

„Junges Polen" – Krakaus Variante des Jugendstils

Müsste man eine einzige Person auswählen, die das Bild Krakaus mehr als alle anderen geprägt hat, fiele die Wahl wohl in den meisten Fällen auf Stanisław Wyspiański (1869–1907). Kein anderer Künstler der Stadt hat ein so umfangreiches und breites Werk geschaffen wie der Schüler von **Jan Matejko** (1838–1893). Und mit dem Lehrer beginnen wir unseren kurzen kunsthistorischen Exkurs. Matejkos historische Gemälde in oft eindrucksvoller Größe hängen zum Beispiel in den Sukiennice (Tour 1). Die Motive für seine Bilder fand er in der polnischen Geschichte, die dahinterstehende Motivation war die politische Situation im 19. Jh. mit der Auflösung Polens – der Künstler trat hier als Vermittler des nationalen Erbes auf. Politisch und gesellschaftlich hatte sich für die Generation nach ihm aber kaum etwas geändert. Der Literaturkritiker Kazimierz Wyka charakterisiert diese Zeit entsprechend negativ: „Pessimismus, Melancholie, Willenlosigkeit, Ohnmacht, Zerfall von Idealen und Werten, philosophischer Unglaube, Passivität". Trotzdem oder gerade deswegen entstanden um die Jahrhundertwende noch heute faszinierende Kunstwerke.

Richtig interessant wird es ab Ende des 19. Jh. mit der **Epoche des Jungen Polens** („Młoda Polska"). Die Krakauer Intelligenz sammelte sich um den eingangs erwähnten Stanisław Wyspiański und versuchte sich erfolgreich an einem die einzelnen Kunstgattungen übergreifenden Gesamtkonzept und einer polnischen Interpretation des Jugendstils. Melancholie, Tragik, Todessehnsucht und Dekadenz prägten die Inhalte der Bewegung. Symbolismus, Expressionismus und Naturalismus waren die bevorzugten Ausdrucksformen. Ihr Manifest beeinflusste so unterschiedliche Künstler wie die Schriftsteller **Tadeusz Boy-Żeleński** und **Kazimierz Przerwa-Tetmajer**, die Maler **Józef Mehoffer**, **Jacek Malczewski** und **Olga Boznańska** oder den Komponisten **Karol Szymanowski**. Krakau war dabei das unbestrittene Zentrum des Jungen Polens. Noch heute werden Sie überall auf Spuren stoßen: in den Gemäldegalerien der Museen, den Buntglasfenstern

Technki Japońskiej Manggha. Dieses Museum für japanische Kunst und Kultur steht gegenüber dem Wawel auf der anderen Seite der Weichsel. Verantwortlich dafür war ein japanisches Architekturbüro in Zusammenarbeit mit den Krakauer Kollegen des Ingarden-Ewy & Jet Atelier. Die Form einer Welle – eine Reminiszenz an die berühmten Holzschnitte aus dem asiatischen Land – soll zugleich den Berührungspunkt zweier Kulturen symbolisieren. Spektakulär sind der 2007 eröffnete **Pawilon Wyspiański 2000** und der architektonisch ähnliche **Ogród Sztuki (Kunstgarten)** aus dem Jahr 2012, für die ebenfalls Krzysztof Ingarden der verantwortliche Architekt war, sowie die „Neue Stadt" rund um den Bahnhof und das Einkaufszentrum **Galeria Krakowska**, das 2008 den ICSC European Shopping Center Award für sein außergewöhnliches Design verliehen bekam. Pünktlich zur EM bekamen die beiden wichtigsten Krakauer Fußballvereine Cracovia und Wisła neue Stadien. Weitere architektonisch interessante Projekte wurden 2014 fertiggestellt, darunter das **Kongresszentrum ICE**, die Veranstaltungs- und Sporthalle **Kraków Arena** sowie das **Muzeum Tadeusza Kantora** (Tadeusz-Kantor-Museum). Ein Künstler, der sich in den letzten Jahrzehnten mit zahlreichen Skulpturen einen Namen in der Krakauer Kunstgeschichte gemacht hat, ist **Bronisław Chromy** (geb. 1925).

und polychromen Wandmalereien in den Kirchen, sogar auf den Verpackungen von Schokoladentafeln.

Stanisław Wyspiański, dem wichtigsten Protagonisten gelang es dabei, seine künstlerische Vielseitigkeit in ein stimmiges Konzept zu integrieren. Als sein bedeutendstes Werk gilt das Theaterstück „Wesele" („Die Hochzeit"), aus dem nach seiner Erstaufführung am 16. März 1901 auf den Straßen zitiert wurde. Noch immer heben Theaterleute die besonders suggestive und auch politische Wirkung dieses Stücks hervor. Zum Umfeld des Künstlerkreises um Wyspiański gehörte auch **Józef Mehoffer** (1869–1946). Viele seiner Jugendstilbilder und Glasmalereien sind im Dom Mehoffera zu sehen. Überhaupt nimmt die Glasmalerei in Krakau innerhalb der Bildenden Kunst eine wichtige Position ein.

In der polnischen Literatur sind die Einflüsse des Jungen Polens übrigens bis heute spürbar. **Sławomir Mrożek** (1930–2013) etwa, literarischer Großmeister des für Polen so wichtigen absurden Humors, betonte immer wieder den immensen Einfluss dieser Epoche auf sein eigenes Schaffen, das voller unkonventioneller Experimentierfreude ist.

Auf den Geschmack gekommen? Vom 28. November 2017 bis zum 5. Juni 2018 zeigt das Krakauer Nationalmuseum (Tour 6) eine Wechselausstellung mit 900 ausgewählten Werken von Wyspiański. Anschließend wird man die meisten der Ausstellungsstücke im Museum Kamienica Szołayskich (Tour 2) entdecken können.

Mosaik von Mehoffer und Wyspiański

Diese Snacks in Gebäckform gibt es an jeder Straßenecke

Die polnische Küche

Zum Start *żurek*, *barszcz* oder *zupa grzybowa*, als Beilage *surówka* oder *mizeria*, als Hauptgericht *pierogi z mięsem*, *gołąbki* oder *bigos* und zum Abschluss *szarlotka*, *makowiec* oder *naleśniki*. Sie verstehen nur Bahnhof? Der folgende Abschnitt soll helfen, die polnische Küche etwas kennenzulernen. Es lohnt sich nämlich. Positiv bemerkbar machen sich zunächst die relativ günstigen Preise. So ist selbst ein Menü in einem edlen Restaurant erschwinglich. Und Sie sollten es sich wirklich nicht entgehen lassen, auch die kulinarische Seite der Stadt zu erkunden.

Die **Küche Südpolens** ist geprägt durch slawische und österreichische Einflüsse. War früher das charakteristischste Gericht ein Teller voller Fleisch, Kartoffeln und Salat, überwiegen mittlerweile leichtere und raffiniertere Kreationen. Besonders hervorzuheben sind die ungewöhnlichen Suppenvariationen und die vielen Mehlspeisen. Selbstverständlich gibt es seit der Wende auch hervorragende Restaurants mit internationaler Küche, vor allem mediterraner Prägung. Generell sollte man darauf achten, nur in den fremdländischen Lokalen zu speisen, die auch von Ausländern betrieben werden. Ansonsten kann es vorkommen, dass die Ravioli doch wieder nach *pierogi* schmecken.

Eine typische **Suppe** heißt *żurek* und wird mit säuerlichem, fermentiertem Mehl zubereitet. Ebenso verbreitet ist der *barszcz*, den man zu Hause vor allem als russische Rote-Bete-Suppe kennt. *Chłodniki* sind Kaltschalen aus Früchten und Gemüse, die im Sommer als Erfrischung gelöffelt werden. Die *zupa pomidorowa* ist eine Tomatensuppe, in der Regel mit Reis als Einlage, die *zupa ogórkowa* eine saure Gurkensuppe und die *zupa grzybowa* eine Pilzsuppe, die meist mit einer Nudeleinlage serviert wird. Überhaupt sind vor allem im Herbst die *grzyby* eine Spezialität – Pilze, die in den Wäldern in und um Krakau gesammelt werden.

Für **Hauptgerichte** werden Pilze oft auch als Soße verarbeitet oder als Füllung benutzt. So etwa in den *pierogi z kapustą i grzybami*, den mit Kraut und Pilzen gefüllten Teigtaschen. Es gibt aber auch andere Versionen der Pierogi:

Besonders beliebt sind sie *z mięsem* (mit Fleisch) oder mit Kartoffelteig und Frischkäse als *ruskie*. Typische Fleischgerichte sind *gołąbki* (Kohlrouladen mit Fleisch), *bigos* (Eintopf aus Sauerkraut, Pilzen, Weißwein und verschiedenen Fleisch- und Wurstsorten) und *gulasz* (Gulasch). Als **Beilagen** werden dazu *kasza gryczana* (Grütze), *ziemniaki* (Kartoffeln), *frytki* (Pommes frites) und *ryż* (Reis) gereicht. Zum Hauptgericht isst man auch *mizeria* (Gurkensalat), *surówka* (Rohkostsalat) oder *buraki* (rote Bete).

Die **Desserts** werden von den Kuchenspezialitäten bestimmt. Besonders beliebt sind *szarlotka* (Apfelkuchen), *sernik* (Käsekuchen) und *makowiec* (Mohnkuchen). Wer nach den ersten beiden Gängen noch Appetit hat, kann auch mit *rurki z kremem* (mit Sahne gefüllte Waffelröllchen), *gofry* (Waffeln), *naleśniki* (Pfannkuchen) oder *oscypek z grila z żurawinami* (gegrillter Schafskäse mit Preiselbeeren) das Essen abschließen. Kinder werden die *pierogi z truskawkami* (süße Teigtaschen mit Erdbeeren) genauso lieben wie *galaretka* (Götterspeise).

Bei den **Getränken** steht an erster Stelle das *woda* (Wasser). Öfter wird es als *gazowana* (mit Kohlensäure) bestellt, seltener als *niegazowana* (still). Abgesehen von den auch in Polen gern getrunkenen internationalen Softdrinks gibt es auch ungewöhnlichere Varianten, den Durst zu stillen. *Kompot* ist eine trinkbare Mischung aus in Wasser gekochten Früchten, meist aus Pflaumen, aber auch aus Äpfeln, Birnen oder Kirschen. Erfrischend ist der *koktajl owocowy* aus Buttermilch oder Joghurt mit Früchten. Bei Kindern beliebt sind die vor allem in Geschäften erhältlichen Frucht- und Gemüsesäfte der Marke Kubuś. Unter den **alkoholischen Getränken** wird *wino* (Wein) immer beliebter. Neben edlen Tropfen aus aller Welt bekommt man auch Sorten aus unbekannteren Anbaugebieten in Ungarn oder Tschechien. An Met erinnert der warm getrunkene Honigwein *miód pitny*. Die besten und beliebtesten Biersorten *(piwo)* sind Żywiec, Tyskie, Okocim und Lech. Gerade in den letzten Jahren kommen aber immer neue Sorten auf den Markt, unter anderem gebraut von deutschen Einwanderern. Eine Spezialität ist der warme *grzaniec* (Glühwein) oder auch das *grzane piwo* als ähnlich gewürztes, aufgekochtes Bier. Er wird vor allem im Winter getrunken und hilft ausgezeichnet gegen Husten.

Krakaus schönster Biergarten beim Mleczarnia in Kazimierz

Spezialitäten aus Kleinpolen

Die Region rund um Krakau bietet viel Schmackhaftes. Wir haben die besten Spezialitäten für Sie aufgelistet:

Oscypek: ein harter, geräucherter Schafskäse mit kräftigem Geschmack aus den Bergen der Tatra, in Tierform gepresst auch *redykołka* genannt.

Bryndza: weicher Schafskäse, oft als Füllung benutzt.

Kwaśnica: Suppe aus Sauerkrautwasser mit Fleischeinlagen und Gemüse.

Kiełbasa lisiecka: grobe Wurst aus Schweinefleisch mit starkem Eigengeschmack, eine Krakauer Spezialität, aber nicht vergleichbar mit der sog. Krakauer Bratwurst aus deutscher Produktion.

Maczanka po krakowsku: gulaschähnliches Rezept, bei dem Fleisch und Brötchen mit Wasser, Tomatensoße, Mehl und Schmalz gekocht werden.

Obwarzanek: die Urform des in New York als Bagel berühmt gewordenen Kringels aus süßem, mit Mohn oder Sesam bedecktem Teig – eine Krakauer Spezialität.

Grzaniec galicyjski: Glühwein oder ähnlich gewürztes warmes Bier, manchmal aber auch mit Honig, Nüssen oder Himbeersirup.

Śliwowica: Pflaumenschnaps, wie er in vielen slawischen Ländern getrunken wird.

Chleb Prądnicki: dunkles Roggenbrot aus einer bis ins 14. Jh. zurückreichenden Rezeptur, eine Krakauer Spezialität.

... und viele, viele mehr, die es zu entdecken lohnt.

Essen gehen

Eine ganze Zeit lang gab es die besten Restaurants so gut wie ausschließlich im Zentrum. In den letzten Jahren wurde dann Kazimierz nicht nur für Nachtschwärmer, sondern auch für Gourmets immer interessanter. Eine Besonderheit dort sind die vielen Lokale, die jiddische, teils koschere Gerichte anbieten. Immer beliebter werden aber auch andere Stadtteile wie Piasek, Nowy Świat oder Kleparz, was unter anderem an der Qualität der dortigen Lokale liegt. Auch im Vorort Podgórze findet man mehr und mehr Restaurants, die den recht weiten Weg mit ihrer guten Küche rechtfertigen.

Sehr oft sind die Lokale in mittelalterlichen Kellern untergebracht und fantasievoll eingerichtet. Für dieses Erlebnis bezahlt man dann gern die in Polen üblichen **10 % Trinkgeld**. Wer den in der Regel viel zu schlecht bezahlten Kellnern mehr geben möchte, kann dies natürlich auch tun.

Die **Zeiten**, zu denen man isst, gleichen denen in Deutschland. In den meisten Restaurants kann man bis 24 Uhr warm essen, manche Küche schließt aber bereits um 22 Uhr. Danach aber lässt die sprichwörtliche Gastfreundschaft der Polen einen gemütlichen Ausklang immer zu. Manche Restaurants haben gar bis in die frühen Morgenstunden geöffnet, andere wiederum verwandeln sich nach Küchenschluss in eine Bar oder Kneipe. Die edleren Restaurants hingegen beschränken sich auf das kulinarische Angebot. Hotelrestaurants haben wir selten aufgeführt, man kann aber in fast allen Luxusherbergen auch sehr gut speisen (→ Übernachten/Hotels Luxusklasse).

Kaffeehauskultur

Krakau ist eine Stadt der Cafés. Wie viele es sind, vermag keiner zu sagen. Aber es sind viele, darunter sehr viele außergewöhnliche und außergewöhnlich gute. Hier trifft man sich mit Freunden, manch einer arbeitet hier, viele gönnen sich eine Pause. Das Publikum ist im einen Café eher studentisch, im nächsten künstlerisch und im Café um die Ecke wiederum sitzen Manager im Anzug. Mittendrin natürlich immer wieder die Touristen, die längst erkannt haben, dass Wien als Hauptstadt der Kaffeekultur ernste Konkurrenz bekommen hat. Wie in der österreichischen Hauptstadt kamen die braunen Bohnen wahrscheinlich während der ansonsten eher feindseligen Kontakte mit Völkern aus dem Orient in die Stadt. Daran erinnert bis heute die traditionelle Art der Zubereitung *po turecku*, bei der der Satz im Glas bleibt. Natürlich gibt es inzwischen auch alle internationalen Varianten von *kawa* (Kaffee) von Espresso über die Wiener Variante mit Schlag *(po wiedeńsku)* bis hin zum Filterkaffee. Beliebt sind die *gorąca czekolada*, die durch ihre dickflüssige Konsistenz eher ein Dessert als eine Trinkschokolade ist, und *herbata* (Tee) in vielen Sorten. Getrunken wird Letzterer mit viel Milch als *Bawarka* (der Bayrische!) und *z cytryną*, mit Zitrone, vor allem im Winter gern auch *z rumem* (mit Rum) und für Kinder mit einem Schuss Himbeersirup, *z sokem malinowym*.

Krakau im Kasten

Wenn es Wodka regnet und Kopernikus zur Frau wird

Was den Iren und Schotten der Whisk(e)y, ist den Polen der *wódka*. Verharmlosend heißt das trotz der meist 40 % Alkohol nichts anderes als Wässerchen. Unzählige Sorten gibt es, unterschieden wird grundsätzlich zwischen klarem *(czysta)* und farbigem *(kolorowa)*, gebrannt wird er aus Getreide, manchmal aus Kartoffeln. Zu den besten zählen Wyborowa, Pan Tadeusz und Chopin bei den Klaren und der berühmte gelbliche Żubrówka mit dem Wisentgrashalm in der Flasche. Zu Unrecht gilt Wódka in Deutschland als Gesöff. Beim Brennen wird nämlich so viel Herzblut hineingesteckt wie daheim beim Bierbrauen. Der Kenner stellt schon beim Riechen fest, um welche Marke es sich handelt. Getrunken wird aus Schnapsgläsern *(kieliszek)*, aber auch aus größeren Behältnissen. Eigentlich wird es als Verbrechen angesehen, Wódka zu mischen, es gibt jedoch zwei Ausnahmen: Gemixt mit Himbeersirup *(sok malinowy)* ergibt er im Glas die polnischen Nationalfarben und wird somit zum patriotischen *Flagowiec* oder *Teraz Polska*. Mit Apfelsaft verdünnter Żubrówka heißt *Tatanka*. Und wenn Sie Eindruck schinden wollen, helfen die folgenden Trinksprüche ganz sicher (für die Aussprache helfen die Anmerkungen im Sprachführer am Ende des Buchs – und natürlich das eine oder andere Gläschen):

„Jedna seta, druga seta i Kopernik też kobieta!" („Erstes Gläschen, zweites Gläschen und Kopernikus ist auch eine Frau!" – aus dem polnischen Kultfilm „Seksmisja" mit Jerzy Stuhr). Oder „Nicch się wódka leje z nieba, bo humoru nam potrzeba!" („Wodka soll's vom Himmel regnen, weil wir gute Laune brauchen!").

Krakaus neues Opernhaus

Kulturleben

Nicht nur mit Steinen und in Museen lässt sich Krakaus Ruf als Kulturhauptstadt Polens erklären. Noch interessanter dürfte das aktuelle Kunst- und Kulturschaffen sein: in der großen Oper oder in kleinen Programmkinos, von wortlosen Gauklereien bis zu polnischen Chansons, in Jazzkellern oder Klezmerrestaurants.

Theater

Theater ist in Krakau mehr als eine abendfüllende Veranstaltung. Einen Höhepunkt erlebte das Bühnenleben der Stadt um 1900, als es eine kaum zu zählende Zahl von Bühnen gab – Quellen sprechen von bis zu 400 Theaterensembles. Es war auch die Zeit der phänomenalen **Helena Modrzejewska**, der 1909 gestorbenen Diva, die damals auf der Bühne des **Stary Teatr** zu bewundern war. Das Stary Teatr ist das älteste bespielte Theater der Stadt und noch immer eine der bedeutendsten Bühnen ganz Polens, wenn nicht sogar die bedeutendste. Heute kann man dort die begabte, beliebte und für ihre Benefizarbeit bekannte Theater- und Filmschauspielerin **Anna Dymna** (geb. 1951) sehen. Die wichtigsten polnischen Theaterregisseure und -autoren leben oder lebten in Krakau. Zunächst einmal der schon wegen seiner gestalterischen Fähigkeiten genannte **Stanisław Wyspiański** (1869–1907). Der überall in Europa respektierte **Tadeusz Kantor** (1915–1990) beeinflusste eine ganze Generation von Theatermachern in und außerhalb von Polen mit seinem Absurden Theater und seinen teils improvisierten, teils von ihm dirigierten Aufführungen. Der Regisseur und Bühnenbildner **Krystian Lupa** (geb. 1943) gilt als zeitkritischer Kommentator und prägte am Stary Teatr die Interpretation der modernen polnischen Klassiker. Nicht unerwähnt bleiben sollen die zahlreichen Amateurtruppen, die das kulturelle Leben bereichern. Auch Karol Wojtyła spielte in seiner Freizeit auf der Bühne, was er fast ebenso gut beherrscht haben soll wie seine spätere Rolle als oberster Hirte. Übrigens sind die Theateraufführungen gut besucht, wobei das Publikum tendenziell jünger und studentischer ist, als man es von Deutschland gewohnt ist.

Stary Teatr: ältestes Theater Polens mit weltweit renommierten Schauspielern und Regisseuren. Foyer und Kassen Mo–Fr 9–17, Sa 9–13 Uhr. Ul. Jagiellońska 5, ✆ 12-4228020, www.stary.pl. → „Sehenswertes“, S. 45

Teatr Słowackiego: konzentriert sich vorwiegend auf klassische Stücke Polens und der Welt, aber auch Konzerte und wortlose Spektakel. Geöffnet eine Stunde vor Beginn einer Vorstellung und bei Proben. Plac św. Ducha 1, ✆ 12-4244525, www.slowacki.krakow.pl. → „Sehenswertes", S. 77

Bagatela: bunt gemischtes Programm, auch Popkultur, selten englischsprachige Aufführungen. Ul. Karmelicka 6, Programm und Kasse ✆ 12-4226677, www.bagatela.pl.

Groteska: modernes, aber leicht zugängliches Theater, bei dem der Name Programm ist. Viele Veranstaltungen für Kinder, (auch wortloses) Puppentheater. Ul. Skarbowa 2, Programm und Kasse ✆ 12-6333762, www.groteska.pl.

KTO: wortlose Fortsetzung des Wander- und Gauklertheaters. Wichtig sind Gesten, Musik, Stimme und Körper. Kein fester Aufführungsort, Programm und Kasse ul. Krowoderska 74/13, ✆ 12-6338947, www.teatrkto.pl.

Klassische Musik und Kirchenmusik

Welche Bedeutung die Musik für die Krakauer hat, zeigte sich in der Zeit der deutschen Besatzung. Polen war es generell verboten, Konzerte zu besuchen, die Musik des überall im Lande beliebten Komponisten Chopin war bei Gefängnisstrafe verboten, in Krakau schlossen die Nazis die Musikakademie. Die Mazurken und Polonaisen Fryderyk Szopens (so der polnische Name) erklangen dennoch, in Privathäusern und in Kellern. Die illegalen Konzerte alleine konnten den Hunger nach klassischer Musik nicht stillen. Schon zwei Monate nach Ende des Krieges eröffnete die **Philharmonie** mit einem ersten Konzert. Wie überall in Europa, wo die Nazis verfolgt und gemordet hatten, fehlten die jüdischen Musiker. Die vakanten Orchesterplätze wurden mit den Musikern besetzt, die aus dem zerstörten Warschau geflüchtet waren. Seitdem ist das Niveau der Philharmoniker ungebrochen hoch. Im Gegensatz zu den Wiener Kollegen gab es aber lange keine hauseigenen Komponisten. Dies änderte sich erst mit **Krzysztof Penderecki** (geb. 1933), unbestritten einer der wichtigsten Protagonisten der zeitgenössischen Ernsten Musik. Viele seiner radikalen Chor- und Orchesterwerke wurden von der Krakauer Philharmonie uraufgeführt. Der Ruf als eines der weltweit führenden Orchester bei der Interpretation avantgardistischer Kompositionen beruht darauf. Selbstverständlich werden auch die neoromantischen Werke Pendereckis und die klassischen Sinfonien eindrucksvoll interpretiert.

In einer solch religiösen Stadt wie Krakau verwundert es nicht, dass **Oratorien, Orgelkonzerte, Choräle** und ihre jeweiligen Interpreten ein begeistertes Publikum finden. Passend zu den vielen Renaissance- und Barockgebäuden gibt es auch mehrere Ensembles, die die Musik dieser Epochen auf zeitgenössischen Instrumenten darbieten, unter anderem die **Capella Cracoviensis**.

Oper und Ballett spielen in der Stadt noch eine zweitrangige Rolle. Ein eigenes Opernhaus gab es lange nicht. Trotzdem können sich Opernfreunde heutzutage auf ein hochkarätiges Ensemble freuen, das endlich auch eine eigene Bühne in einem modernen

Kunstvolle Plakate steigern die Vorfreude auf die Aufführung

Krakau im Kasten

Bescheidener Magier

Wer einmal um den Marktplatz geht, kann die eiserne Statue des sitzenden bärtigen Mannes mit Hut nicht verfehlen, die metallene Kaffeetasse vor sich auf einem Tischlein. In der Hand der Skulptur wird eine frische Blume stecken, die ihm tagtäglich irgendein Krakauer Bürger überreicht hat. Doch wer war er, dieser Piotr Skrzynecki? Seine Karriere begann nach dem Abbruch des Kunstgeschichtsstudiums, als er mit Kommilitonen das Kabarett Piwnica Pod Baranami gründete. Schon zuvor hatte er während seines Studiums der Theaterpädagogik, das er abschloss, und durch die Arbeit mit einem Amateurtheater in Nowa Huta einschlägige Erfahrungen gesammelt. Ab 1956 wurde aus der Bühne im Keller am Marktplatz eine Talentschmiede, aus der solch berühmte Künstler wie der Musiker und Filmkomponist Zbigniew Preisner, die Chansonsängerin Ewa Demarczyk und der Liedermacher Grzegorz Turnau hervorgingen. Schnell erlangten die Kleinkunstaufführungen Kultstatus, ihr künstlerische Leiter, Regisseur und Ansager Piotr Skrzynecki avancierte zu einer Ikone des Krakauer Kulturlebens. Doch blieb er bescheiden, legte als Untermieter seines Bruders ohne eigenes Heim weder Wert auf materiellen Reichtum noch auf Ruhm. Sein Talent, verbunden mit dieser Bescheidenheit, dürfte der Grund sein, warum zu seiner Beerdigung 1997 fast alle polnischen Künstler von Bedeutung kamen. Noch immer redet man von Skrzynecki, der schon zu Lebzeiten eine Legende war. Und die werden nicht so einfach vergessen in einer Stadt, die ihre Tradition lebt.

Gebäude erhalten hat. Ganz anders die Lage beim Ballett: Einzig und allein zwei Festivals im Jahr mit Gastensembles gibt es für die Anhänger des klassischen Tanzes, wobei vor allem das Frühlingsballettfestival Ende Mai sehenswert ist.

Filharmonia: eines der führenden Orchester in Europa, vor allem für zeitgenössische Musik. Geöffnet eine Stunde vor Konzertbeginn. Ul. Zwierzyniecka 1, ✆ 12-6198733, www.filharmonia.krakow.pl. → „Sehenswertes“, S. 96

Capella Cracoviensis: kleines Ensemble, das vor allem Werke der Klassik und des Barock aufführt. Eintritt 6–15 €, manchmal frei. Ul. Zwierzyniecka 1, ✆ 602-620698 (mobil), www.capellacracoviensis.pl.

Kirchenmusik: regelmäßig Orgelkonzerte und Kirchenmusik in vielen Krakauer Kirchen, vor allem in St.-Peter-und-Paul und St.-Anna. Zudem Aufführungen weltlicher Konzerte in den beiden Kirchen sowie in St.-Ägidius und der Bernhardinerkirche am Wawel. Aktuelle Flyer bei den Touristinfos.

Chopinkonzerte: Rund um den Rynek gibt es mehrere Salons, in denen die romantischen Klavierstücke aufgeführt werden. Musikalisch und von der Umgebung her am schönsten sind unserer Meinung nach die in der Chopin Gallery. Tägl. 19–20 Uhr. Eintritt 15 € inkl. Glas Wein. ✆ 604-093570 (mobil), ul. Sławkowska 14, www.cracowconcerts.com.

Opera Krakowska: meist So/Mo Aufführungen, aber auch Mi/Fr/Sa. Karten 4 bis 50 €. Ul. Lubicz 48, ✆ 12-2966260, www.opera.krakow.pl. → „Sehenswertes", S. 121

Polnische Folklore

Folklore kann man in Krakau auf den Straßen und in einigen Lokalen hören. Dabei stechen vor allem die Darbietungen der **Goralen**, einem Bergvolk aus der Tatra, hervor. Deren Musik ist ungekünstelt und authentisch, man spürt, dass es sich hier um gelebte Tradition handelt. Anders als diese eindeutig ländlich geprägte Volksmusik ist der städtische **Klezmer**, die ehemals ausschließlich zu Freudenfesten *(Simches)*, vor allem Hochzeiten, gespielte Musik der osteuropäischen Juden. Einen besonderen Stellenwert hat der aus Kazimierz stammende Tischler und Komponist **Mordechaj Gebirtig** (1877–1942), der im Ghetto erschossen wurde.

Krakau hat bis heute einige weltbekannte Orchester, die regelmäßig in Kazimierz und der Innenstadt auftreten. Am bekanntesten sind **Kroke**, das **Bester Quartet (ehemalige Cracow Klezmer Band)** und natürlich **Leopold Kozłowski** (geb. 1918), ein Neffe von Klezmerstar Naftule Brandwein. Nach dem Leben Kozłowskis wurde der viel gesehene Dokumentarfilm „The Last Klezmer" (1994) gedreht. Weitere erwähnenswerte Gruppen sind das **Jascha Lieberman Trio**, die **Klezzmates** oder das **Quartet Klezmer Trio**. Wie schon vor dem Zweiten Weltkrieg spielen auch viele nichtjüdische Musiker in den *Kapelje*, was dazu führt, dass der traditionelle *Klezmer* offen bleibt für neue Einflüsse. Ein Krakaubesuch ist eigentlich unvollständig, wenn man nicht einige der chassidischen Melodien, der jiddischen *Khossidls* oder der sogenannten *Freylekhs* live gehört hat.

Klezmerkonzerte: Eine Liste aller israelischer, jüdischer Restaurants, in denen Klezmerkonzerte zu hören sind, finden Sie auf S. 286.

Klezmer in der Synagoga Izaaka (→ S. 131): ganzjährig Do und So (außer jüdische Feiertage) um 18 Uhr. Eintritt 15 €, erm. 10 €. www.sibelia.pl.

Folk Music: Krakauer Folklore und Tanz zu typisch polnischem Essen für 21 €, je nach Jahreszeit an verschiedenen Tagen im Jama Michalika (→ S. 60), www.cracowconcerts.com.

Krakowiacy: offizielles Trachten-, Volkstanz- und Folklore-Ensemble der Stadt mit regelmäßigen Auftritten. www.krakowiacy.art.pl

Morskie Oko: Di–Sa 19–23 Uhr Livemusik aus den Bergen von traditionellen Goralen-Bands. Restaurantbetrieb, daher freier Eintritt bei Verzehr. → S. 50

Krakau im Kasten

Krakauer Klassikpunk

Der als Klassikpunk berühmt gewordene Stargeiger Nigel Kennedy (geb. 1956) lebte seit den späten 90ern mit Unterbrechungen in Krakau, seit 2003 wohnt er nun fest in der Stadt. Ob ihn die Liebe zu seiner polnischen Frau Aga dazu bewegte oder die Liebe zur Krakauer Musik, weiß man nicht. Fest steht, dass er seitdem die musikalische Szene bereichert, oft auch mit spontanen Auftritten auf Sessions, bei denen er zeigt, dass er mit Klezmer und Jazz mehr als nur das klassische Repertoire beherrscht. Und als leidenschaftlicher Fußballfan lässt er sich auch im Stadion von Cracovia häufig blicken.

Kabarett und Liedermacher

Für die Kabarettbühnen der Stadt gilt dasselbe wie für das Theater. Die lange Tradition lässt ein kabarettfreies Krakau undenkbar erscheinen. Der erste Ort, an dem ab 1905 das Leben, die Kunst und die Politik und aufs Korn genommen wurden, war das **Zielony Balonik**. Inzwischen bestimmen andere Kabaretts die Szene, von denen die meisten in Kellern untergebracht sind. Während des Sozialismus perfektionierten die Künstler die Fähigkeit, ihre Kritik am System zu verschlüsseln. Und der Reiz liegt noch immer darin, dass der Humor meist hintergründig und fein ist, teilweise auch absurd. Ein Name, der immer einen Platz in den Herzen der Krakauer haben wird, ist der von **Piotr Skrzynecki** (1930–1997). Dieser „Magier von Krakau" wirkte in der von ihm 1956 gegründeten **Piwnica Pod Baranami**. In den letzten Jahren wird das Ensemble des **Loch Camelot** immer erfolgreicher und füllt damit die Lücken der beiden zuvor genannten Kabarette.

Geliebt werden in Krakau auch die Liedermacher, deren Liedertexte inhaltsschwer und voller Selbstreflexion sind. Doch auch ohne Polnischkenntnisse ist der Besuch eines Konzertes ein Genuss. Krakaus bedeutendster Liedermacher ist **Grzegorz Turnau** (geb. 1967), der seine Karriere in der Piwnica Pod Baranami begann. Viel Trauer löste der Tod von **Marek Grechuta** (1945–2006) aus. Der Sänger und Komponist verarbeitete Gedichte in der von ihm begründeten „gesungenen Poesie". Kabarettbühnen sind oft die wichtigsten Aufführungsorte für die Sänger.

Loch Camelot: für neue Talente und bekanntere Namen. Lyrik, Satire und klassische Komik, sehr beliebt → S. 51

Pod Baranami: kein festes Ensemble mehr, aber regelmäßige Auftritte mit den Besten der Besten → S. 32

Jazz

Schon in der Zwischenkriegszeit kam der Jazz nach Krakau. Bereits kurze Zeit später gab es eine eigene Szene, die den Hot Jazz und den New-Orleans-Stil polonisierte. Noch heute gibt es viele traditionelle Bands, wie etwa die **Boba Jazz Band** oder die **Old Metropolitan Band**, mit regelmäßigen Auftritten in Krakauer Jazzclubs.

Die moderneren Varianten sind ebenfalls stark vertreten. Während des Sozialismus waren die Freiheiten der musikalischen Improvisation ein Paradebeispiel für die Flucht in den Kopf – Jazz war geradezu gleichbedeutend mit Freiheit und politischem Protest. Der wohl wichtigste polnische Jazzmusiker ist der mittlerweile in Warschau lebende Trompeter **Tomasz Stańko** (geb. 1942). Noch in seiner Krakauer Zeit gelang es ihm als erstem europäischen Musiker, sich vom amerikanischen Jazz zu emanzipieren. So sind in seinen Kompositionen und Improvisationen Anklänge an den Free Jazz, die slawische Folklore sowie an Chopin und die klassische Musik zu finden. Ein weiterer international bekannter Krakauer ist der Saxophonist **Janusz Muniak** (geb. 1941). Er hat seinen eigenen Jazzklub in der ulica Floriańska. Der dritte bekannte Jazzer der Stadt war der Gitarrist **Jarosław (Jarek) Śmietana** (1953–2013), der ebenso im Blues zu Hause war.

In den letzten Jahren hat der junge Drummer **Tomek Grochot** (geb. 1974) auch über die Grenzen Krakaus hinaus auf sich aufmerksam gemacht. Interessant ist auch der jüngste Werdegang des Pianisten **Dominik Wania** (geb. 1981). Wie hoch das Niveau der Jazzmusiker der Stadt einzuschätzen ist, zeigen die zahlreichen Festivals, Wettbewerbe und Workshops mit internationaler Beteiligung. Selbst in New York gibt es kaum mehr Aufführungsorte und Clubs, in denen Jazz gespielt wird.

Die im Folgenden aufgeführten Klubs sind nur diejenigen, die auf Jazz spezialisiert sind. Man hört aber auch an vielen anderen Plätzen regelmäßig Musiker Blues, Bebop und zeitgenössischen Jazz improvisieren.

Harris Piano Jazz Bar: berühmter Jazzkeller mit tollen Konzerten → S. 38

The Piano Rouge: leichter Jazz ohne Gefuddel in plüschiger Umgebung → S. 38

Ratuszowa: zwar kein Club, aber im Sommer im Biergarten ab 19 Uhr New-Orleans-Bands → S. 38

Piec Art: einer von Krakaus besten Jazzkellern, meist Modern Jazz → S. 52

U Muniaka: Jazzkeller mit jungen und arrivierten Gruppen → S. 66

Kornet: New-Orleans-Jazz und Blues, manchmal aber auch andere Musikstile → S. 106

Kino

Zwei bedeutende Regisseure des polnischen **Kinos** kommen vom Theater ihrer Heimatstadt und kehrten bzw. kehren immer wieder zum Theater zurück. Da ist zum einen **Andrzej Wajda** (1926–2016), der 2000 für sein Lebenswerk den Oscar erhielt – die goldene Figur kann im Collegium Maius begutachtet werden. In Polen werden seine Filme von einem Millionenpublikum gesehen. Für „Pan Tadeusz" (1999) kaufte sich jeder zweite Pole eine Kinokarte, der „Mann aus Eisen" (1981) gilt als sein Meisterwerk. In Krakau war Wajda neben seiner Omnipräsenz als kritischer Kommentator des Zeitgeschehens auch als Mäzen wichtig. Der andere Regisseur ist zugleich Drehbuchautor, Schauspieler und Professor der Krakauer Schauspielschule: **Jerzy Stuhr** (geb. 1947) ist dafür bekannt, vor wie auch hinter der Kamera alle Ausdruckslagen zwischen todtraurig, tragisch, grotesk und komisch abdecken zu können. In deutschen Programmkinos lief sein Film „Das große Tier" (2000) recht erfolgreich. Auch der durch seine Hollywood-Produktionen weltweit bekannte **Roman Polański** (geb. 1933) wuchs in Krakau auf. Ab seinem siebten Lebensjahr musste er als Jude im Krakauer Ghetto (über-)leben. Als einem der wenigen gelang ihm die Flucht, seine Angehörigen starben entweder im Ghetto oder in den Konzentrationslagern. Diese Erfahrungen verarbeitete er später in seinem Meisterwerk „Der Pianist" (2001). Weitere bekannte Streifen sind der schon legendäre Film „Rosemary's Baby" (1968) sowie die Neuverfilmung von Dickens' Meisterwerk „Oliver Twist" (2005). Seit dem Jahr 2014 wohnt er mit seiner Familie in Krakau. Als kommender Star wird der fließend Deutsch sprechende Jungschauspieler **Jakub Gierszał** (geb. 1988) gefeiert, dessen bisher größter Erfolg die Hauptrolle im verstörenden „Suicide Room" (2011) war.

Ausländische Filme werden im Gegensatz zu Deutschland nicht synchronisiert, sondern meist mit Untertiteln versehen. Vor allem bei Kinderfilmen gibt es dennoch polnische Versionen, und in wenigen Filmen sowie generell im Fernsehen werden die originalen Dialoge polnisch übersprochen. Ein Sprecher übernimmt dabei mit teilnahmsloser, gleichbleibender Stimme sämtliche Rollen. Am besten, Sie erkundigen sich vor dem Kinobesuch, womit zu rechnen ist. Krakau verfügt neben den obligatorischen Hollywood-Filmpalästen über viele ambitionierte Programmkinos.

ARS: wie der Name verrät, vor allem auf Filmkunst spezialisiert, in der Altstadt gelegen. Gemütliche Sessel in teils denkmalgeschützten Sälen. Stand 2012 kurz vor der Schließung, konnte aber nach Demos und Facebook-Protesten bis auf das Sztuka gerettet werden. Eintritt 4–5 €, erm. 3 €, Mo 3 €. Ul. św. Tomasza 11, ✆ 12-4214199, www.ars.pl.

Mikro Klub Sztuki Filmowej: nur 3 Vorführungen täglich, aber sehenswertes Programm. Eintritt 3–4 €, Mo 2,50 €. Ul. Lea 5, ✆ 12-6342897, www.kinomikro.pl.

Pod Baranami: 2008 zu Europas bestem Programmkino gewählt, im berühmten Gebäude auf dem Marktplatz, beliebt ist die Reihe „Polnische Filme in Englisch" für 3 €. Rynek Główny 27, ✆ 12-4230768, www.kinopodbaranami.pl.

Kijów: 2008 renoviertes Filmzentrum mit Club und Café. Eintritt 4–6,50 €, erm. 3,50 €, Mo 3,50 €. Al. Krasińskiego 34, ✆ 12-4330033, www.kijow.pl.

Cinema City: Multiplex mit 10 Sälen in der Galeria Kazimierz. Ul. Podgórska 34, ✆ 12-2545454, www.cinemacity.pl.

Lichtspektakel der alljährlichen Drachenparade im Juni

Veranstaltungs-kalender

Unbedingt zu empfehlen sind das Stadtfest, der Lajkonik-Umzug und das Festival der Jüdischen Kultur jeweils im Juni, im Dezember der Wettbewerb um die schönste Weihnachtskrippe sowie die Silvesternacht auf dem Marktplatz. Hinzugekommen sind die ambitionierten Musikfestivals Misteria Paschalia an Ostern und Sacrum Profanum im September. Interessant auch die Festivalserien „Krakauer Nächte" (www.krakowskienoce.pl) mit kostenlosem Eintritt und „Sechs Sinne" (www.6zmyslow.pl) mit den ambitioniertesten Krakauer Festivals. Der Eintritt bei vielen Festivals ist frei, bei Konzerten sind meist 2–10 € fällig. Einen ausführlicheren und aktuellen Veranstaltungskalender finden Sie unter www.karnet.krakow.pl.

Festivalbüro: Mo–Fr 8.30–16.30 Uhr. Ul. Wygrana 2, ✆ 12-3542500, www.biuro festiwalowe.pl.

Januar

Koncert Noworoczny: Neujahrskonzert im Teatr Słowackiego. Veranstalter Dom Kultury Podgórze. Ul. Sokolska 13, ✆ 12-6563670, www.dkpodgorze.krakow.pl.

Wielka Orkiestra Świątęcznej Pomocy: Anfang oder Mitte Januar Abschluss-Benefizkonzert auf dem Marktplatz mit vielen bekannten Krakauer Musikern auf einer Bühne, am ganzen Tag wird von Jugendlichen für wohltätige Zwecke gesammelt. www.wosp.org.pl.

Februar

Tłusty Czwartek: der „Fette Donnerstag", auf Deutsch Altweiberfastnacht. Gegessen werden *pączki* (Berliner) als Grundlage für die verschiedensten abendlichen Feste, die in der gesamten Stadt stattfinden.

Międzynarodowy Festiwal Piosenki Żeglarskiej: ein internationales Festival der Shanty-Gesänge in einer Stadt, die mehr als 450 km vom Meer entfernt ist – ein nettes Beispiel der berüchtigten polnischen Absurdität. Verschiedene Veranstaltungsorte, Veranstalter: Krakowska Fundacja Żeglarstwa, ul. Straszewskiego 27, ✆ 12-4232236, www.shanties.pl.

März

Marsz Pamięci: Gedenkmarsch am letzten Sonntag vor dem 14. März, dem Tag der Auflösung des Krakauer Ghettos, zwischen dem pl. Bohaterów Getta und dem ehemaligen KZ. Veranstalter: Centrum Kultury Żydowskiej, ul. Meiselsa 17, ✆ 12-4306449, www.judaica.pl, www.jewishfestival.pl.

April

Rękawka: Volksfest am Osterdienstag mit Ritterspielen, heidnischen Bräuchen und mittelalterlichem Essen um den Kopiec Krakusa. Veranstalter: Dom Kultury Podgórze, ul. Sokolska 13, ✆ 12-6563670, www.dkpodgorze.krakow.pl.

Misteria Paschalia: Osterfestival mit den weltbesten Interpreten Alter Passionsmusik aus Renaissance und Barock. Veranstalter: Biuro Festiwalowe, ul. Wygrana 2, ✆ 12-3542500, www.misteriapaschalia.pl.

Todestag von Johannes Paul II.: Am 2. April gedenken Krakauer und Pilger aus aller Welt des Papstes. Anlaufpunkt ist das Fenster des Erzbischöflichen Palasts, es gibt aber in der gesamten Stadt geplante und spontane Veranstaltungen. www.diecezja.pl.

Off Plus Camera: internationales Festival des Independent-Films, mehr als 100 Vorführungen in acht Krakauer Kinos. Manchmal erst Anfang Mai. www.offpluscamera.com.

Emaus: Volksfest mit flohmarktähnlicher Atmosphäre. Erstanden werden kann Kitsch, Ramsch und Plunder. Passen Sie aber auf: In Polen werden am *Śmigus Dyngus* (Ostermontag/Emaustag) wildfremde Menschen mit Wasser getauft. Veranstaltungsort: Zwierzyniec vorm Klasztor Sióstr Norbertanek.

Cracovia Maraton: Sich in der reizvollen Umgebung alter Häuser verausgaben? Jedes Jahr finden sich dafür begeisterte Freiwillige. Gebühr 28 €. Manchmal auch im Mai. Veranstalter: Biuro Maratona, ul. Walerego Sławka 10, ✆ 12-6166300, www.zis.krakow.pl.

Mai

Juwenalia: Übernahme der Stadt durch die Studenten. Eine Woche lang zwar keine anarchischen Zustände, aber gut organisierte Feste, sympathische Kundgebungen und bunte Spektakel. www.juwenalia.krakow.pl.

Miesiąc Fotografii: meist bis in den Juni hineingehender „Monat der Fotografie“ mit Ausstellungen und Workshops in Galerien und auf dem Rynek. Bietet einen guten Überblick über die Szene und internationale Starfotografen. Veranstalter: Fundacja Sztuk Wizualnych, ul. Ślusarska 9, www.photomonth.com.

Procesja w dniu Św. Stanisława: faszinierende Prozession vom Wawel zur Kościół Paulinów na Skałce zu Ehren des ermordeten Bischofs Stanisław. Immer am 1. Sonntag nach dem 8. Mai. www.skalka.paulini.pl.

Krakowski Festiwal Filmowy: eines der ältesten Filmfestivals in Europa. Ende Mai, Anfang Juni eine Woche lang Dokumentarfilme, Animationen und Kurzfilme. Veranstaltungsorte: u. a. die Kinos Kijów, Mikro und Pod Baranami; www.kff.com.pl.

Festiwal Muzyki Filmowej: Bei Vorführungen von musiklastigen Blockbustern wie „Herr der Ringe“, „Star Trek“ oder „Das Parfum“ werden die Soundtracks live aufgeführt. www.fmf.fm.

Queerowy Maj/Marsz Tolerancji: seit 2004 Parade für die Rechte von Homosexuellen mit Diskussionen, Workshops und Konzerten im Rahmenprogramm im Mai. www.queerowymaj.wordpress.com, www.queerowymaj.org.

Noc Muzeów: lange Nacht der Museen mit Jahr für Jahr großem Andrang. www.krakowskienoce.pl.

Juni

Święto Miasta: 2-tägiges Stadtfest zu Beginn des Monats mit zahlreichen Veranstaltungen.

Parada Smoków: Drachenparade und Fest mit Puppen, Masken und überdimensionalen Drachen. Kinder lieben sie, Eltern staunen über das Lichtspektakel über der Weichsel. Veranstaltungsort: Rynek, Weichsel unterm Wawel. Veranstalter: Teatr Groteska, ul. Skarbowa 2, ✆ 12-6334822, www.paradasmokow.pl.

7@nite: Am ersten Samstag im Juni sind 7 Synagogen in Kazimierz abends bis in die Nacht hinein geöffnet, viele Info- und Kulturveranstaltungen. www.7atnite.pl.

Lajkonik: Festzug durch die Straßen der Altstadt in Erinnerung an den Sieg gegen die Tataren, mit farbenfrohen und extravaganten Kostümen. 1. Donnerstag nach Fronleichnam. Veranstalter: Muzeum Historyczne, Rynek Główny 35, ✆ 12-4223264, www.mhk.pl.

Wianki: Mittsommernacht in Polen – auf der Weichsel schwimmen Blumenkränze mit Kerzen. Krönender Abschluss sind das Feuerwerk auf dem Wawel und die Konzerte, interessant auch der altpolnische Jahrmarkt. www.wianki.eu.

Festiwal Kultury Żydowskiej: Ende Juni, Anfang Juli stattfindendes 10-tägiges Festival der jüdischen Kultur mit Gästen aus aller Welt. Ganz Kazimierz wird einbezogen in Konzerte, Workshops und ausgelassene Spektakel. Veranstalter: Stowarzyszenie Festiwal Kultury Żydowskiej, ul. Józefa 36, ✆ 12-4311517, www.jewishfestival.pl.

Letni Festiwal Jazzowy → Juli

Juli

Festiwal Teatrow Ulicznych: Festival mit Straßentheatergruppen. Zuschauer werden an den 4 Tagen ins Geschehen einbezogen. Ein Highlight! Veranstalter: Teatr KTO, ul. Krowoderska 74/13, ✆ 12-6338947, www.teatrkto.pl.

Noc Jazzu: Jazznacht mit großem Open-Air-Konzert auf dem Mały Rynek und Sessions in den wichtigsten Jazzclubs. Veranstalter: Cracovia Music Agency, ul. Karmelicka 52/1, ✆ 12-3576922, www.krakowskienoce.pl.

Krakauer Weihnachtskrippe

Festiwal Tanców Dworskich: höfische Tänze zwischen Mittelalter und Barock, den Abschluss krönt ein Ball auf dem Rynek. Besucher der Festwoche können die Schritte auch unter Anleitung lernen. Manchmal Anfang Aug. Veranstaltungsorte: Wawel, Collegium Maius, plac św. Marii Magdaleny, Willa Decjusza. Veranstalter: Ardente Sole, pl. Na Groblach 7, ✆ 12-4214980, www.cracoviadanza.pl.

Letni Festiwal Jazzowy: mehrwöchiges Sommerfestival im Juni und Juli, manchmal auch noch im August mit bekannten Jazzstars, den Auftakt macht traditionell die New-Orleans-Parade auf dem Rynek. „Super gut" laut Leserbrief eines Jazzfans. Veranstalter: Cracovia Music Agency, ul. Karmelicka 52/1, ✆ 12-3576922. Veranstaltungsorte: Piwnica pod Baranami, Rynek Główny 27, Kongresszentrum ICE und Open Air, www.cracjazz.com.

Tour de Pologne: Das Finale der Polenrundfahrt findet in Krakau statt, manchmal erst im Aug. Veranstalter: Lang Team, www.tourdepologne.pl.

August

Letni Festiwal Jazzowy → Juli

Cepeliada: Markt mit folkloristischem Kunsthandwerk, hauptsächlich aus Kleinpolen. Veranstaltungsort: Rynek. www.cepelia.krakow.pl.

Krakowski Festiwal Pierogów: Wettbewerb um die schmackhaftesten Teigtaschen, bei dem auch das Publikum ein Wort mitzureden hat. Der Mały Rynek wird an diesem Wochenende Mitte Aug. zu Freiluftküche und -Restaurant. Veranstalter: Biuro Festiwalowe, ul. Wygrana 2, ✆ 12-3542500, www.biurofestiwalowe.pl.

Muzyka w starym Krakowie: klassische Musik in traumhafter Umgebung. Internationale Festival-Konzerte im Wawel, in Synagogen und Kirchen. Veranstalter: Capella Cracoviensis, pl. Na Groblach 7, www.mwsk.pl.

Live Music Festival: gesponsertes Open-Air-Festival mit internationalen Popstars beim Museum der Polnischen Luftfahrt. 50 € für 2 Tage. www.livefestival.pl.

September

Sacrum Profanum: ein überaus ambitioniertes Festival. 2008 wurde die deutsche Moderne vorgestellt – unter anderem kamen Kraftwerk, Ute Lemper, das Ensemble Modern und Heiner Goebbels, 2012 dann Sigur Rós, 2014 Philip Glass und das Kronos Quartet, 2016 Mike Patton. Manchmal erst im Oktober. Veranstalter: Biuro Festiwalowe, ul. Wygrana 2, ✆ 12-3542500, www.sacrumprofanum.pl.

Marsz jamników: Wahl des längsten und des originellsten Dackels, nicht des schönsten. Die Hunde mit den kurzen Beinen tragen dabei Kostüme von Sagengestalten oder sind als Hot Dog verkleidet. Sympathische Atmosphäre vor und nach der Parade auf dem Rynek, an der auch die Dackel ihren Spaß zu haben scheinen. www.radiokrakow.pl.

Art Boom: zeitgenössische Kunst im öffentlichen Raum, geht bis in den Oktober hinein. Veranstalter: Biuro Festiwalowe, ul. Wygrana 2, ✆ 12-3542500, www.artboomfestival.pl.

Oktober

Studencki Festiwal Piosenki: bedeutendes Studentenfestival der Liedermacher, das schon viele Stars hervorgebracht hat. Aufführungen in der ganzen Stadt. Veranstalter: Instytut Sztuki, Rynek Główny 8, www.studenckifestiwal.pl.

Unsound: Noise, Soundexperimente, Avantgarde und bahnbrechende Musiker mit wahrhaft ungehörten Klängen an verschiedensten Orten in der Stadt. So erfolgreich und wegweisend, dass inzwischen auch New York und London um Aufnahme ins Festivalprogramm gebeten haben. Veranstalter: Fundacja Tone, www.unsound.pl.

Conrad Festival: eines der wichtigsten Literaturfestivals der Welt mit bekannten Autoren und (kommenden) Nobelpreisträgern. Veranstalter: Biuro Festiwalowe, ul. Wygrana 2, ✆ 12-3542500, www.conradfestival.pl.

Krakowskie Reminiscencje Teatralne: Polens ältestes Theaterfestival, das die Wehmut nach der guten alten Zeit, in der das Theater eine noch wichtigere Rolle spielte, schon im Namen trägt. Internationales Renommee. Verschiedene Veranstaltungsorte, Veranstalter: Centrum Kultury Rotunda, ul. Oleandry 1, ✆ 12-6333538, www.krt-festival.pl.

Rajd Polski Historyczny: ein Wettbewerb, bei dem nicht der schnellste Oldtimer gewinnt, sondern der „präziseste", der also am besten eine Geschwindigkeit beibehalten kann. Veranstalter: Automobilklub, ul. Na Barciach 6, www.rajdpolskihistoryczny.pl.

Bajit Chadasz: Der Monat der Begegnung mit der Jüdischen Kultur dauert eigentlich zweieinhalb Monate – von Mitte Sept. bis Ende Nov. Es gibt Workshops, Lesungen, Ausstellungen, Konzerte und Feste im Kulturzentrum sowie an weiteren Orten in Kazimierz und Krakau. Veranstalter: Centrum Kultury Żydowskiej, ul. Meiselsa 17, ✆ 12-4306449, www.judaica.pl.

November

Targi książki: Die zweitwichtigste Buchmesse in Polen für Verlage, Schriftsteller und Bücherwürmer dauert 3 Tage (meist Anfang Nov., manchmal schon im Oktober) und kostet 2 € Eintritt. Veranstaltungsort: Hala Targów, ul. Centralna 41a, www.targi.krakow.pl.

Wszystkich Świętych: Allerheiligen ist in Polen einer der wichtigsten Feiertage, an dem man sich an den Gräbern der verstorbenen Verwandten trifft und ihrer gedenkt. Die Friedhöfe werden dabei mit Hunderttausenden von Kerzen beleuchtet. In Krakau macht die besinnliche Atmosphäre auf dem Rakowicki- und dem Erlöserfriedhof einen Abstecher dorthin lohnenswert.

Dezember

Konkurs Młodych i Debiutujących Zespołów Jazzowych Jazz Juniors: ein 5-tägiger Wettbewerb für junge Jazzgruppen auf teils erstaunlich hohem Niveau, Anfang Dez. Veranstalter: Centrum Kultury Rotunda, ul. Oleandry 1, ✆ 12-6333538, www.jazzjuniors.pl.

Festiwal Filmu Niemego: 4-tägiges Stummfilmfestival Anfang Dez. mit Livemusik im Kino Pod Baranami und an weiteren Orten. Veranstalter: Kino Pod Baranami, Rynek Główny 27, ✆ 12-4230768, www.festiwalfilmuniemego.pl.

Konkurs Szopek Krakowskich: Wettbewerb um die schönste Weihnachtskrippe. Die *szopki* werden in der Adventszeit neben dem Pomnik Adama Mickiwiecza auf dem Rynek ausgestellt. Veranstalter: Muzeum Historyczne, Rynek Główny 35, ✆ 12-4223264, www.mhk.pl.

Targi Bożonarodzeniowe: Weihnachtsschmuck und Markt auf dem Rynek: Wer friert, kann sich mit Grzaniec aufwärmen.

Noc Sylwestrowa: Konzerte und Spaß mit Hunderttausenden auf dem Rynek. Veranstalter: Biuro Festiwalowe, ul. Wygrana 2, ✆ 12-3542500, www.sylwester.krakow.pl.

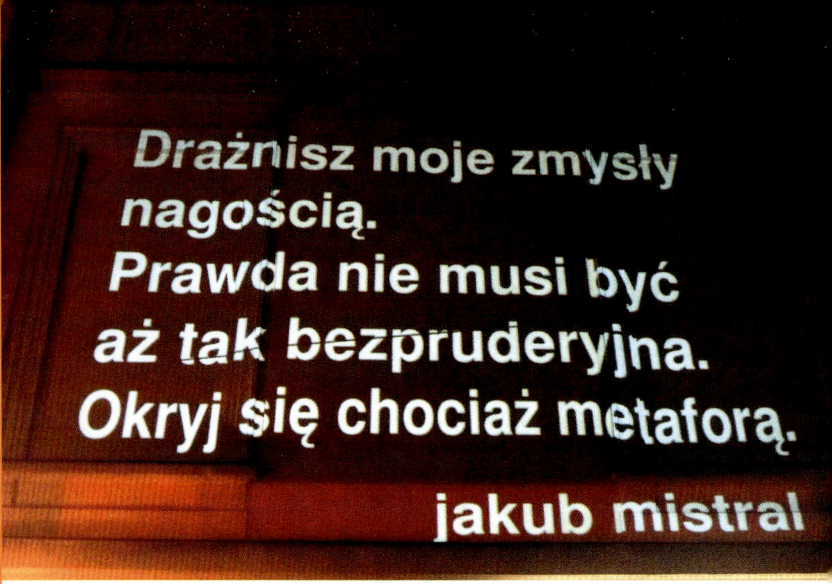

An die Wand geworfene Poesie in der ul. Bracka

Literatur-, Musik- und Filmtipps

Einstimmung auf die Reise nach Krakau oder aber für sehnsüchtige Erinnerungen sind die folgenden Tipps gedacht – eine bunte Liste von Literatur über CDs von Musikern der Stadt bis hin zu Filmen. Damit holen Sie sich ein Stück Krakau nach Hause. Informationen, Nostalgie und Fernweh garantiert …

Literatur

Dziwisz, Stanisław: Mein Leben mit dem Papst. St.-Benno-Verlag, 2007. Der heutige Krakauer Erzbischof und engste Vertraute von Johannes Paul II. spart bei seiner Biografie nicht mit Anekdoten, die teils amüsant sind und oft unbekannt gewesen waren.

Kelly, Eric: Der Trompeter von Krakau – Eine Geschichte aus dem Polen des 15. Jh. Verlag Freies Geistesleben, 1994. Eine Abenteuergeschichte für Kinder ab 12 Jahren, die vor allem bei amerikanischen Teenagern Fernweh nach Krakau auslöst.

Kijowska, Marta: Krakau – Spaziergang durch eine Dichterstadt. dtv, 2005. In dem intimen Porträt des literarischen Krakaus wird die Stadt der Poeten ebenso lebendig wie ihre schreibenden Hauptdarsteller.

Klanska, Maria: Jüdisches Städtebild Krakau. Jüdischer Verlag, 1998. Das Foto- und Lesebuch bietet einen historischen Überblick. Statt sich auf wissenschaftliches Arbeiten zu beschränken, nutzt die Professorin auch Legenden und literarische Auszüge.

Lem, Stanisław: Die phantastischen Erzählungen. Suhrkamp Verlag, 1988. Repräsentative Auswahl von Kurzgeschichten des „Futurologen".

Ligocka, Roma: Das Mädchen im roten Mantel. Diana-Verlag, 2005. Die autobiografische Aufarbeitung der Lebensgeschichte von dem aus Schindlers Liste bekannten Mädchen mit dem roten Mantel endet nicht mit der Befreiung von den Nazis, sondern zeigt auch, wie sehr der Terror im Krakauer Ghetto das Leben danach beeinträchtigte.

Miłosz, Czesław: Gedichte 1933–1981. Polnische Bibliothek im Suhrkamp Verlag, 1995. Sammlung berühmter Gedichte des Nobelpreisträgers in gelungenen Übersetzungen von Karl Dedecius und anderen.

Mrożek, Sławomir: Zabawa – Satire in lustloser Zeit. Polnische Bibliothek im Suhrkamp Verlag, 1992. Die satirischen und absurden

Kurzgeschichten des kritischen und genauen Beobachters sind in ihrem Kern philosophische Erzählungen.

Seltmann, Uwe von: Todleben – Eine deutsch-polnische Suche nach der Vergangenheit. Herbig Verlag, 2012. Der in Krakau lebende Theologe, Humanist und Autor geht der Geschichte seines Großvaters nach, der als SS-Mann in Krakau und Warschau gemordet hat, und zugleich der des Großvaters seiner Frau, der in Auschwitz ermordet wurde.

Shinar, Leah: Wie ein Becher Tränen – Jüdische Familiengeschichten aus Krakau – Leben und Leiden in Polen 1939–1945. Hartung-Gorre Verlag/Jüdische Studien, 1998. Ausgehend von ihrer glücklichen Kindheit erzählt die Autorin ihr Leben, das von den Verbrechen der Nationalsozialisten geprägt wurde. Lange Zeit hatte sie sich in Schweigen gehüllt, das sie erst nach langen Jahren beenden konnte.

Szymborska, Wisława: Hundert Freuden. Polnische Bibliothek im Suhrkamp Verlag, 1996. Die Nobelpreisträgerin mit einer Auswahl ihrer besten Gedichte.

Witkiewicz, Stanisław Ignacy (Witkacy): Verrückte Lokomotive. Polnische Bibliothek im Suhrkamp Verlag, 2002. Ein Lesebuch, das einen ersten Einblick in die verquere Welt des Genies aus Zakopane erlaubt. Mit Bildern des Autors versehen und deshalb gleich doppelt empfohlen.

Wyspiański, Stanisław: Die Hochzeit – Drama in drei Akten. Polnische Bibliothek im Suhrkamp Verlag, 1992. Das verschlüsselte Werk mit seiner sehr aktuellen Thematik wurde von Karl Dedecius eindrucksvoll ins Deutsche übertragen.

Zagajewski, Adam: Ich schwebe über Krakau – Erinnerungsbilder. Carl Hanser Verlag, 2000. Liebevolle, aber doch kritische Hommage von einem Schriftsteller, der die Stadt verloren hatte, um sie dann wiederzuentdecken.

Zeller, Michael: Noch ein Glas mit Pan Tadeusz – Krakauer Geschichten. Ars Vivendi Verlag, 2000. Seit Döblins Reise in Polen wohl die gelungenste literarische Darstellung eines Deutschen von seinem Nachbarland. Zeller versinkt geradezu in Details der Stadt, die er zu Recht für bemerkenswert hält.

Musik

Cracow Klezmer Band (Bester Quartet): Sanatorium under the Sign of the Hourglass – A Tribute to Bruno Schulz – Cracow Klezmer Band plays John Zorn. Tzadik, 2005. Krakaus derzeit erfolgreichste Klezmerband im Avantgardebereich mit perfektem Zusammenspiel.

Demarczyk, Ewa: śpiewa piosenki Zygmunta Koniecznego. Muza/Polskie Nagrania, 1999. Die größten Erfolge der schwarzen Dame des polnischen Chansons, alte Aufnahmen aus den Sechzigerjahren in einer neuen Zusammenstellung.

Długosz, Leszek: Takze i ty – złota kolekcja. Pomaton, 2001. Eine Sammlung der größten Erfolge des Liedermachers.

Grechuta, Marek: Niezwykłe miejsca. Pomaton/EMI, 2003. Grechuta sang Oden an ungewöhnliche Orte, darunter natürlich seine Heimatstadt Krakau, aber auch die in diesem Reisebuch vorgestellten Tyniec, Lanckorona und Zakopane.

Grochot, Tomasz: Tomek Grochot Quintet feat. Eddie Henderson – My Stories. Zaiks, 2010. Groovende Ohrwürmer und ungewöhnliche Balladen aus der Feder von Schlagzeuger und Leader Tomek Grochot, der für dieses Album hervorragende Sidemen und als Gaststar die Trompetenlegende Eddie Henderson verpflichten konnte.

Kahan, Bente: Farewell Cracow – Yiddish songs by Mordechai Gebirtig. Tylkomuzyka, 2004. Eine gelungene Aufnahme mit den bekanntesten Liedern des letzten jiddischen Barden.

Kroke & Nigel Kennedy: East meets East. EMI, 2005. Ganz tief im Osten angekommen ist der klassische Stargeiger, der zeigt, dass er auch mit den Improvisationen der Klezmerband mithalten kann. Unvergleichliche Spiellaune.

Lieberman, Jascha: Remembrance of Kazimierz. Universal Music Polska, 1999. Von der FAZ wurde das Klezmertrio als „Zuchtperlen der europäischen Kammermusik" gepriesen. Sicher eine von Krakaus besten Klezmergruppen.

Motion Trio: Pictures From The Street. Akordeonus, 2004. Ein außergewöhnliches Album des Akkordeontrios, das seinen Weg vom Krakauer Rynek in die Carnegie Hall schaffte. Eine Verbindung von raffinierten Kompositionen mit ungezwungener Kraft der ehemaligen Straßenmusiker.

Muniak, Janusz: Annie. Not Two, 2002. Eher eine Blowing Session mit seinem Quartett, als letztes Stück aber eine Widmung an einen Freund in Form einer nahegehenden Ballade.

Penderecki, Krzysztof: Sinfonie Nr. 2 „Weihnachtssinfonie". EMI, 2001. Die Sinfonie und Chorwerke mit dem Radiosinfonieorchester Krakau. Beeindruckende Einspielung.

Preisner, Zbigniew: The Best of Preisner/Kieślowski. Virgin, 2004. Ein Sampler mit den besten Kompositionen, die die Filme von Krzysztof Kieślowski veredelten.

Stańko, Tomasz: Soul of Things. ECM, 2002. Ein Meisterwerk des Trompeters in Begleitung seines jungen polnischen Trios. Wurde von vielen Kritikern als eine der bedeutendsten Jazzaufnahmen seit „Kind of Blue" von Miles Davis bezeichnet.

Świetliki: Las Putas Melancólicas. Universal, 2005. Die „Glühwürmchen" um den Antihelden Marcin Świetlicki und den Schauspieler Bogusław Linda mit ihrem bisher erfolgreichsten Album zwischen Chanson und Poesie sowie Indierock und Outsidertum. Ein kleiner Hit war die Singleauskopplung des Songs Finlandia.

Turnau, Grzegorz: To Tu, To Tam. Pomaton/EMI, 1995. Gesungene Poesie für ruhige Abende.

Wania, Dominik: Dominik Wania Trio – Ravel. ForTune/Fonografika, 2013. Preisgekröntes Debüt mit ungewöhnlichen Bearbeitungen zu Maurice Ravels Miroirs.

Film

Antczak, Jerzy: Tage und Nächte, 1975. Die Buchverfilmung nahm fünf Jahre in Anspruch. Herausgekommen ist ein Film, dessen eindrucksvolle Stimmung u. a. auf den in den Gassen und auf den Plätzen von Kazimierz gedrehten Szenen beruht. In Deutschland schwer aufzutreiben.

Battiato, Giacomo: Karol – Papst und Mensch, 2006. Der polnisch-italienische Spielfilm trägt teilweise dick auf, durch die geschickte Konstruktion von historisch verbürgten und fiktiven Szenen gelingt es dennoch, ein überzeugendes Gesamtbild des polnischen Papstes zu zeichnen.

Bollywood: Krakau ist in den letzten Jahren ein sehr beliebter und für Inder exotischer Drehort für Bollywoodfilme geworden; u. a. die Filme „Aazaan", „Yeh Hai Jo Mohabbat", „The Rhythm" und „Saguni" wurden größere Erfolge, es folgten zuletzt „One Love" und „Bangistan".

Kieślowski, Krzysztof: Die zwei Leben der Veronika, 1991. Das subtile Meisterwerk spielt in Krakau und Frankreich. Der Regisseur der Drei-Farben-Trilogie und des Dekalogs spielt auch hier wieder mit dem Schicksal, mit den Folgen von Begegnungen und mit moralischen Fragen.

Polański, Roman: Der Pianist, 2001. In der verfilmten Lebensgeschichte von Władysław Szpilman verarbeitet der Regisseur von „Rosemary's Baby" Kindheitserfahrungen aus dem Krakauer Ghetto, in dem er aufwuchs.

Smarzowski, Wojciech: Zum starken Engel, 2013. Im zwischen Rausch, Wahnsinn, Tragikomik und Schönheit pendelnden Alkoholikerdrama spielt das Café Szafe (→ S. 105) eine Hauptrolle.

Spielberg, Steven: Schindlers Liste, 1993. Spielbergs engagiertester Film wurde u. a. an den Originalschauplätzen in Krakau gedreht. Noch heute gibt es Führungen zu den Drehorten, an denen das Schicksal der Juden und ihres Retters inszeniert wurde.

Strom, Yale: The Last Klezmer – Leopold Kozłowski – Sein Leben und seine Musik, 1994. Ergreifendes Porträt des dienstältesten Klezmermusikers Krakaus, der Wert auf die Bewahrung der Tradition legt.

Stuhr, Jerzy: Liebesgeschichte, 1997. Episodenfilm, bei dem der Regisseur und Schauspieler alle vier Hauptrollen übernimmt. Für die Darstellung der jeweils vor einer schweren Entscheidung stehenden Männer erhielt Stuhr eine Oscar-Nominierung.

Wajda, Andrzej: Pan Tadeusz, 1999. Wegen dieser Verfilmung des Nationalepos gingen mehr als die Hälfte aller Polen ins Kino. Auch Johannes Paul II. wollte sich eine Vorstellung im Vatikan nicht entgehen lassen. Wer einen tiefen Blick in die Seele der Polen gewinnen möchte, sollte ihn sich ebenfalls ansehen. Sein für einen Oscar nominierter Film „Katyń" aus dem Jahr 2007 arbeitet die russischen und deutschen Verbrechen nach dem Hitler-Stalin-Pakt auf.

Więcek, Artur: Anioł w Krakowie (Ein Engel in Krakau), 2002. Philosophische Komödie über einen den Rock 'n' Roll liebenden Engel, der ausgerechnet in Krakau landet. Unter Beteiligung einiger der besten Schauspieler und Künstler der Stadt. Leider nur als Original mit englischen Untertiteln erhältlich.

In Krakau selbst zum Künstler werden?

Im Teddybärenparadies der Galeria Bukowski

Krakau mit Kindern

Krakau gilt als eine Märchenstadt, entrückt von der Realität, mit magischem Flair, als ein Reiseziel für Träumer und Romantiker ... Keine Frage, was Erwachsene begeistert, lässt Kinderaugen erst recht leuchten! Am kinderfreundlichsten dürften unsere Touren 1–5, 9, 11 und 12 sein.

Legenden und Mittelalter

Unzählige Legenden haben die Jahrhunderte überdauert. Die wohl bekannteste lokale Gute-Nacht-Geschichte handelt vom Drachen, dem Smok Wawelski, der die Stadt einst tyrannisierte. Fast an jeder Ecke findet man Hinweise auf diese Sage. Ein Teil der angeblichen **Drachenhöhle** unter dem Wawelhügel kann heute besichtigt werden, davor steht die **Drachenskulptur** (→ Tour 5, S. 90), die zur Freude der Kinder und Fotografen regelmäßig echtes Feuer speit. In der **Altstadt** (→ Tour 2, S. 40) laufen die Figuren der Sagen und Mythen herum, Straßenmusiker und Feuerspucker, Mimen und Gaukler nutzen das historische Zentrum als riesige Freiluftbühne. Die Kinderfantasie wird ebenso in den mittelalterlichen Kellergewölben angeregt, in denen oft Cafés und Restaurants zu finden sind. Seit 2010 kann man auch den **Untergrund des Marktplatzes** besuchen (→ Tour 1, S. 35): In diesem unterirdischen Museum geht man auf den ehemaligen Straßenzügen und passiert mittelalterliche Überreste und Ausgrabungsstücke – das Straßenniveau lag vor Jahrhunderten nämlich noch dort, wo sich heutzutage die Kellergeschosse befinden.

Zoo, Bootsfahrt, Erfahrungsgarten und jüdisches Viertel

Mitten im Stadtwald liegt der recht kleine, aber feine **Zoo** (→ Tour 12, S. 170), an seinem Rand die **Galerie** des Künstlers Chromy mit vielen Tierskulpturen unter freiem Himmel. Natürlich bietet sich auch eine **Bootsfahrt** auf der Weichsel an (→ Tour 11, S. 164) an. Nur ein paar Schritte von der Anlegestelle der Schiffe entfernt steht die herzerweichende Skulptur des Hundes **Dżok** für kleine Hundenarren. Etwas außerhalb liegt der dem Krakauer Philosophen und Science-Fiction-Autoren Stanisław Lem gewidmete **Garten der Erfahrungen** (→ Tour 13, S. 183), in dem sich Kinder an akustischen, optischen, astronomischen und chemischen Objekten so richtig austoben dürfen. Technikbegeisterte Jungs und Mädchen werden sich freuen, im **Museum der Polnischen Luftfahrt** (→ Tour 13, S. 184) Flugzeuge oder im **Städtischen Ingenieursmuseum** (→ Tour 9, S. 131) Oldtimer auf zwei und vier Rädern sowie alte Trams zu begutachten. Das jüdische Viertel **Kazimierz** (→ Tour 9, S. 124) mit seinen gedrungenen Häusern, den sieben Synagogen und dem bläulich schimmernden Kopfsteinpflaster hat seinen ganz eigenen Reiz. Während ein Besuch des Museums in der Schindlerfabrik oder der Gedenkstätte Auschwitz-Birkenau erst ab 14 Jahren empfehlenswert ist, bietet das familienfreundliche **Museum Galizien** jüngeren Gästen einen Einblick in die reiche jüdische Kultur im untergegangenen Galizien. Das **Volkskundliche Museum** im ehemaligen Rathaus von Kazimierz hingegen hat eine interessante Sammlung von Musikinstrumenten und Spielzeug aus Krakau.

Leckereien und Spielereien

Wenn man schon in Kazimierz ist, sollte man ein **Eis essen** gehen. Nicht irgendeins, sondern das in der Pracownia Cukiernicza Stanislaw Sarga (→ Tour 9, S. 138)! Wenn die Krakauer es als bestes Eis der Galaxis bezeichnen, ist dies auch unserer Meinung nach weder Übertreibung noch Lokalpatriotismus. Nicht nur an heißen Sommertagen muss man allerdings bis zu einer Stunde Vorfreude, sprich Anstehen, in Kauf nehmen. Für Krakauer Kaffeehäuser typisch ist neben Kaffeespezialitäten und selbstgemachtem Kuchen die **dickflüssige heiße Schokolade**, die die nach dem Genuss verschmierten Kindermünder wonnig lächeln lässt. Die beste gibt es unserer Meinung nach in der Altstadt, im Nowa Prowincja (→ Tour 2, S. 51). Nicht weit entfernt wartet mit der Ciuciu Fabryka Cukierków (→ Tour 3, S. 66) die weltweit kleinste **Bonbon- und Lutschermanufaktur**, in der sich große und kleine Kunden auch eigene Muster wünschen dürfen. Den viel geliebten grünen **Stoffdrachen** und günstiges **Holzspielzeug** gibt es u. a. in den Tuchhallen (→ Tour 1, S. 33), in denen die alten Krämerbuden und der Arkadengang auch die Eltern zum Bummeln und Flanieren einladen. Schöne **Teddys** für Groß und Klein finden Familien bei Bukowski (→ Tour 1, S. 38), **Holzspielzeug** bei BAJO (→ Tour 3, S. 67).

Drachen, Gaukler, Traditionen

Wenn man unabhängig von Schulferien planen kann, empfiehlt sich der Besuch Anfang Juni. Dann findet die **Drachenparade** (→ S. 245) statt, bei der Krakauer Kinder ihre gebastelten Puppen, Masken und überdimensionalen Drachen präsentieren. Abends gibt es ein Licht- und Tonspektakel mit fliegenden Drachen und Feuerwerk, das alljährlich selbst die in dieser Hinsicht verwöhnten Chinesen begeistert, die eigens für das Festival anreisen. Kaum weniger spannend sind der slawische Jahrmarkt zur **Mittsommernacht Wianki** (→ S. 246) und das **Straßentheaterfestival** (→ S. 246) im Juli.

Im Garten der Erfahrungen

Ankunft beim Busbahnhof

Anreise

Viele Wege führen nach Krakau, und es werden immer mehr: Auf dem Luftweg werden zwei Flughäfen angesteuert. Via Schiene oder Bus geht es zum jeweils bis 2014 modernisierten Bahnhof oder Busbahnhof. Oder man fährt auf der von Deutschland bis Krakau durchgehenden Autobahn bis fast in die Stadt.

Mit dem Flugzeug

Das starke Anwachsen der Touristenzahlen in den letzten Jahren kam u. a. dadurch zustande, dass verstärkt billigere Flüge nach Polen und Krakau angeboten wurden. Derzeit werden Flüge von airberlin (Berlin-Tegel), Ryanair (Dortmund, ab Winter 2017/18 auch Berlin-Schönefeld und Nürnberg) und easyJet (Hamburg, Genf und Basel-Mülhausen) angeboten. Selbstverständlich wird der nach Johannes Paul II. benannte Flughafen in Kraków-Balice auch von der Lufthansa (Frankfurt und München), Swiss International (Zürich) und von Austrian Airlines (Wien) bedient. Bis Ende 2015 wurde der Airport modernisiert und ausgebaut. Viele interkontinentale Flüge landen aber noch immer vorrangig in Warschau. Ein weiterer infrage kommender Flughafen befindet sich in der Nähe von Katowice. Er wird vor allem von Billig-Airlines angeflogen, darunter die ungarische Wizz Air (Köln/Bonn, Frankfurt/Hahn, Dortmund), Eurowings (Düsseldorf), Ryanair (ab Winter 2017/18 Hamburg), aber auch Lufthansa (Frankfurt).

Flughafen Jan Paweł II./Kraków-Balice: ul. Kapitana Medweckiego 1, ✆ 12-2955800, www.krakowairport.pl. 18 km vom Zentrum, 35 Min. Fahrt mit Bus 208 und Nachtbus 902 (städtische Linien) zum Hbf. sowie 252 zum Kongresszentrum, bequemer und schneller ist es per Shuttlezug (2 €, beim Automaten auf dem Gleis oder im Zug sofort nach Ankunft beim Schaffner). Eine Taxifahrt sollte nicht mehr als 15–20 € kosten.

Flughafen Katowice-Pyrzowice: Fast 100 km entfernt, aber mit den über die Homepage des Flughafens oder der Airlines buchbaren Bussen der Fa. Matuszek (www.

matuszek.com.pl) kommt man für 11 € in gut 60 Min. nach Krakau (wer nicht vorher bucht, zahlt im Bus 2 € mehr, und es gibt nicht immer freie Plätze). Die Flugpreise des Airports in Katowice sind übrigens oft etwas günstiger. Mehr unter www.katowice-airport.com.

Preisbeispiel: bei rechtzeitiger Buchung und günstigen Konditionen für Hin- und Rückflug mit Wizz Air ab Hahn mit Gepäckstück ab 100 €, mit Lufthansa ab Frankfurt/M. 150 €.

Mit eigenem Fahrzeug

Die Anreise mit dem Auto ist nur denen zu empfehlen, die sich auch die Umgebung von Krakau anschauen möchten. Für die Sehenswürdigkeiten der Stadt ist ein Pkw mehr als unnötig und eher ein Hindernis. Zwar sind Autodiebstähle in Polen und in Krakau trotz hartnäckiger Vorurteile sehr selten, dafür gestaltet sich die Parkplatzsuche zeitaufwendig und das Parken oft kostenintensiv. Der schnellste Weg nach Krakau führt für die Norddeutschen über Berlin und Breslau (Wrocław), für die aus Süddeutschland und Österreich kommenden Urlauber über Tschechien bzw. die Slowakei. Seit 2012 gibt es für einen Transit über Tschechien mit der in die A 4 mündende D 1/A 1 auch von dort aus eine durchgehende Autobahnverbindung bis nach Krakau.

Anfahrt und Grenzübergänge: Krakau (Kraków) ist schon von Weitem ausgeschildert. Frankfurt/Oder–Świecko: E 30 bis Łódź, dann über die E 75 nach Kraków. Forst–Olszyna (bei Cottbus): E 36, dann auf E 40/A 4 nach Kraków. Ludwigsdorf–Jedrzychowice: E 40/A 4 nach Kraków. Jakuszyce (nach Transit durch Tschechien): über die E 65 Richtung Wrocław, dann auf die E 40/A 4 nach Kraków. Chyżne (nach Transit durch die Slowakei) über die E 75 auf die E 77 nach Kraków.

Autobahnmaut: Mehrere Mautstationen auf der A 4, für die Gesamtstrecke aus Deutschland kommend derzeit insgesamt 9 €. Man sollte Kleingeld bereithalten, Euro und Dollar werden akzeptiert. Man kann aber auch mit Karte bezahlen. In Zukunft werden höchstwahrscheinlich die Mautstellen durch Vignetten und/oder ein elektronisches Lesesystem ersetzt. www.autostrada-a4.pl.

Höchstgeschwindigkeit: Innerorts sind 50 km/h erlaubt, außerhalb von Ortschaften 90 km/h, auf Schnellstraßen 100 km/h. Auf den 4-spurigen Schnellstraßen darf man seit Januar 2011 bis zu 120 km/h fahren, auf Autobahnen beträgt das Tempolimit seitdem 140 km/h. Kontrollen mit hohen Strafen häufen sich aber schon seit 2008!

Besondere Verkehrsregeln: Die Alkoholgrenze beträgt magere 0,2 Promille, die man schon nach einem Glas Bier oder Wein hinter sich lassen kann. Das Überschreiten dieses Wertes, ebenso der ausgeschilderten Tempolimits führt zu empfindlichen Strafen – bei häufig stattfindenden Kontrollen. Weitere Bestimmungen, die von deutschen Vorschriften abweichen oder besonders streng kontrolliert werden: Seit 2007 muss das ganze Jahr über tagsüber durchgehend mit Abblendlicht gefahren werden. In Kreuzungsbereichen sowie 100 m vor und hinter Bahnübergängen gilt Überholverbot. Und Achtung: Bei einem geliehenen Wagen benötigt man unbedingt eine Vollmacht des Fahrzeuginhabers!

Mitfahrzentrale: Die Form des organisierten Mitfahrens ist im Falle Polen besonders beliebt. Für Fahrer und Mitfahrer ergeben sich dadurch geringere Kosten. Und natürlich die

Shuttle zum Flughafen

Möglichkeit, nette Menschen kennenzulernen. Infos unter www.blablacar.de, für Polen www.blablacar.pl.

Weitere Infos: Diesel wird mit ON bezeichnet; es gibt ein ausreichendes Netz an Autogastankstellen; bewachte Parkplätze erkennt man am Zeichen „strzeżony".

Entfernungen/Fahrzeiten: Frankfurt/M.–Krakau 975 km, 9 Std. Hamburg–Krakau 900 km, 8½ Std. Wien–Krakau 540 km, 5½ Std. Zürich–Krakau 1230 km, 11 Std.

Preisbeispiel: einfache Fahrt Frankfurt–Krakau bei einem Benzinverbrauch von 8 l/100 km und einem Literpreis von 1,60 € inkl. Mautgebühr und Pausensnack 130 €.

Mit der Bahn

Abgesehen von den üblichen Vorzügen der Bahnfahrt wie Bewegungsfreiheit und Umweltfreundlichkeit hat man im Zug die beste Gelegenheit, die Landschaften kennenzulernen. Je länger man jedoch bis zur polnischen Grenze auf deutschen Bahngleisen zurücklegen muss, desto teurer wird natürlich das Ticket. Zum Glück gibt es außer dem Europa-Spezial ab 39 € immer wieder günstige Angebote, die jedoch frühzeitig gebucht werden müssen (www.bahn.de). Die Tickets der polnischen Eisenbahngesellschaft (www.pkp.pl) hingegen sind auch zum Normalpreis erschwinglich. Es gibt allerdings seit 2012 ein großes Aber: Die frühere Direktverbindung als EC Wawel von Hamburg über Berlin wird wegen Renovierung der Gleistrassen vorerst nur als IC-Bus ab Berlin angeboten. Wer die Bahn vorzieht, muss also in Warschau umsteigen. Während die Schienen von Österreich direkt nach Krakau führen, müssen Schweizer ungünstige Verbindungen oder häufiges Umsteigen in Kauf nehmen.

Für die EM 2012 wurde der Krakauer Bahnhof übrigens umfassend modernisiert, das schöne, alte Bahnhofsgebäude wird in Zukunft anderweitig genutzt werden.

Hauptbahnhof (Dworzec Główny): Verkehrsknotenpunkt mit zentraler Lage, man erreicht die historische Altstadt in 8–10 Min. zu Fuß und kommt dabei an der Touristinformation und der Zimmervermittlung vorbei. 24-Std.-Gepäckaufbewahrung an mehreren Orten, pro Gepäckstück und Tag 2 €. Plac Jana Nowaka-Jeziorańskiego 1, ✆ 12-6245439.

Einige Bahnverbindungen/Fahrzeiten: Frankfurt–Krakau 12½–16½ Std. Berlin–Krakau 8–11½ Std. Wien–Krakau 8 Std.

Preisbeispiel: Preise zwischen 29 und 290 €, billiger mit dem Euro-Spezial ab 39 € über Posen oder Warschau nach Krakau. Von Wien mit der ÖBB-SparSchiene um 29 € ab Wien, um 39 € ab Klagenfurt, Graz oder Salzburg.

Mit dem Bus

Lange Zeit war die Reise mit dem Linienbus die preiswerteste Möglichkeit, nach Krakau zu gelangen. Die Busfahrt kann aber bei einer Anreise aus dem Westen Deutschlands mehr als einen halben Tag dauern und ist entsprechend beschwerlich. Trotz der gestiegenen Preise und der langen Reisezeit sind die Busse gut frequentiert, eine rechtzeitige Reservierung ist deswegen ratsam. Buchen können Sie am besten im Reisebüro oder über das Internet. Bei den unten aufgeführten Buslinien werden die gesetzlich vorgeschriebenen Ruhezeiten Ihrer Sicherheit zuliebe eingehalten und in der Regel mit einem Kaffee oder Tee versüßt.

Eurolines DE: aus allen größeren deutschen Städten, ab Frankfurt/M. 15 Std., hin/zurück 120 €, erm. 108 €, www.eurolines.de.

Eurolines AT/CH: ab Wien 7–9 Std., hin/zurück 67–113 €, erm. 60–102 €. Ab Bern 22–23 Std., hin/zurück 118–213 CHF, www.eurolines.at bzw. www.eurolines.ch.

Polskibus: Berlin–Krakau 8 Std., Wien–Krakau 7 Std., hin/zurück ca. 50 €, je nach Buchungszeitpunkt billiger oder teurer, www.polskibus.com.

Busbahnhof (Dworzec autobusowy): Der 2016 erweiterte Busbahnhof liegt nicht mehr, wie noch auf vielen Karten verzeichnet, westlich des Hauptbahnhofs, sondern ein paar Schritte in östlicher Richtung, in Gegenrichtung zur Stadt. PKS Dworzec Główny, ul. Bosacka, www.rda.krakow.pl.

Schnellstraßenbahn „Krakowiak"

Unterwegs in Krakau

Krakau ist ein Paradies für Fußgänger: Die wichtigsten Sehenswürdigkeiten sind per pedes zu erreichen, und die Wege dazwischen sind attraktiv.

Die für den öffentlichen Personennahverkehr zuständige Gesellschaft *MPK* betreibt die Busse und Straßenbahnen, die die historische Altstadt umfahren und sie mit den Vororten verbinden. Trotz vieler und hoher Investitionen sind die öffentlichen Verkehrsmittel während der Stoßzeiten meist proppevoll. Ein Standard-Ticket für Erwachsene ist für eine Fahrt oder 40 Minuten mit Umstieg gültig. Bei häufiger Benutzung empfehlenswert sind auch Tages-, Mehrtages- und Wochenkarten. Bei Umsteigefahrten empfiehlt sich hingegen das Stundenticket. Weniger zu empfehlen ist das 20-Minuten-Ticket, da die Zeitspanne zwischen den Haltestellen für Ortsfremde schwer abzuschätzen ist. Tickets erhalten Sie an Kiosken, Automaten und Schaltern der Verkehrsbetriebe, beim Fahrer hingegen nur die Stundenfahrkarten, wobei die Billetts in der Straßenbahn oder im Bus bei der ersten Fahrt zu entwerten sind. In vielen Bussen und Trams gibt es inzwischen auch Automaten (nur Münzgeld!). Kontrollen finden bei fast jeder 10. Fahrt statt, Schwarzfahrer zahlen mindestens 60 €! Für das Gepäck muss inzwischen kein eigenes Ticket mehr entwertet werden. Die Fahrpläne an den Haltestellen zeigen neben der Fahrtrichtung auch die nächste Haltestelle in nummerierter Reihenfolge an, der Ausstieg kann so auch von Ortsunkundigen abgezählt werden.

Fahrpläne, Fahrzeiten: bei den Touristinformationen und über www.komunikacja.krakow.pl, www.mpk.krakow.pl.

Tarife: Einzelfahrt ohne Umsteigen/40 Min. mit Umstieg (bilet jednoprzejazdowy) 3,80 PLN/1 €, Stundenticket mit Umsteigen (bilet wieloprzejazdowy godzinny) 5 PLN/1,25 €, Tageskarte (bilet 24-godzinny) 15 PLN/3,75 €, 2-Tage-Karte (bilet 48-godzinny) 24 PLN/6 €, 3-Tage-Karte (bilet 72-godzinny) 36 PLN/9 €, einfaches Gruppen-Ticket bis 20 Pers. 36 PLN/9 €, Wochenendticket für Familien 16 PLN/4 €, Monatskarte (mit Ausweis) 94 PLN/23,50 €.

Kinder bis 7 Jahre haben freie Fahrt.

50 % Rabatt gibt es im ÖPNV **für Kinder** und **junge Erwachsene bis 26 Jahre**. Letztere benötigen allerdings unbedingt einen gültigen ISIC-Ausweis.

Rentner: Wer 70 Jahre oder älter ist, fährt umsonst. Zum Nachweis genügt der Personalausweis oder Führerschein. Immer wieder kommt es aber vor, dass Kontrolleure bei ausländischen Senioren diesen Nachweis nicht akzeptieren wollen. Bestehen Sie auf Ihrem Recht und rufen Sie notfalls unter ✆ 19285 den MPK-Notruf oder die Polizei an und drohen Sie mit einer Beschwerde bei der MPK.

Zukunftsmusik: Krakaus U-Bahn

Krakau plagt sich mit Staus rum, in den Bussen fühlt man sich oft wie in der Metro von Tokio, die Straßenbahnen können ihren Takt in den verwinkelten Gassen nicht mehr erhöhen. Kein Wunder also, dass sich die Mehrheit der Krakauer bei einem Referendum im Jahr 2014 für den Bau einer U-Bahn ausgesprochen hat. Wie eine Linienführung in ferner Zukunft aussehen könnte, zeigt die Webseite www.metrokrakow.pl.

Wichtige Fahrkartenschalter: bei der Fußgängerunterführung am Hbf. (gegenüber Hotel Europejski); an der Haltestelle gegenüber dem Słowacki-Theater. Monatskarten gibt es am Schalter Ecke ul. Podwale/ul. Studencka oder in der ul. św. Wawrzyńca 13. Ansonsten Automaten mit Deutsch als Auswahlsprache an vielen Haltestellen, im Gegensatz zu denen in Bussen oder Trams kann hier auch mit Scheinen gezahlt werden.

Straßenbahn

Krakau schmückt sich noch nicht mit einer Metro, der Untergrund der Stadt bleibt vorerst den Restaurants und Clubs vorbehalten. Die Schnellstraßenbahn verkehrt jedoch seit 2008 auch unter Tage – zum Stolz der Krakauer. Zur Entlastung fehlt dennoch eine U-Bahn (→ „Zukunftsmusik: Krakaus U-Bahn“). Die vielen Trams in der Stadt genießen in puncto Vorfahrt aber meist denselben Vorteil. Einzig Ein- und Aussteigen kann an manchen Haltestellen etwas schwieriger werden, da man dazu gelegentlich die Straße überqueren muss. Vor allem zu den Hauptverkehrszeiten ist die Tram mehr als voll ausgelastet, ein Sitzplatz ist nicht immer frei. Die erste Straßenbahn fährt ab ca. 4:30 Uhr morgens, die letzte gegen 23.30 Uhr.

Eine reizvolle Strecke befährt die Museums-Linie 0, an Sonn- und Feiertagen im Sommer kann man mit einem normalen Ticket in die restaurierte Tram aus dem Jahr 1925 einsteigen (www.muzealna.org). Seit Ende 2012 gibt es Nachttramlinien, die jeweils mit Fahrt durchs Zentrum Nowa Huta mit Bronowice bzw. Ruczaj und Nowy Bieżanów mit Krowodrza Górka verbinden.

Nummerierung: Straßenbahnen haben ein- und zweistellige Nummern, die Nachttrams die Nummern 62, 64 und 69.

Bus

Die Busse mit den dreistelligen Nummern dienen vor allem als Ergänzung und Entlastung der Tram. Zu den Stoßzeiten muss man aber trotz Busspuren manchmal lange Wartezeiten im überlasteten Verkehr hinnehmen. Darüber hinaus verkehren täglich zu den Zeiten, in denen die normalen Busse und Straßenbahnen schon im Depot stehen, je nach Linie halbstündlich oder stündlich die **Nachtbusse**. Sie haben mit 600 bzw. 900 beginnende Nummern. Die 200er- und 900er-Nummern verlangen ein etwas teureres „bilet strefowy“. Aufpassen sollte man bei den Bussen mit 500er-Nummern. Sie sind Schnellbusse, bei denen man im Gegensatz zu den anderen öffentlichen Verkehrsmitteln dem Fahrer den Ausstieg mitteilen muss. Ergänzt wird das Angebot von privaten Minibussen, die vor allem weiter entfernte Vororte und angrenzende Ortschaften anfahren. Sofern sie für einen Ausflug von Bedeutung sind, sind sie dort angeführt.

Nummerierung: Busse im Zentrum 100–194; Busse in den Außenbezirken 201–297; Außenbezirks-Schnellbusse 301 und 304; Busse zur Entlastung bei Stoßzeiten 405–482; Schnellbusse (halten nicht an jeder Haltestelle) 501–572; Nachtbusse (23–4 Uhr) 601–669; Nachtbusse für die Außenbezirke 902–915.

Taxi

Taxistände befinden sich an allen wichtigen Verkehrsknotenpunkten wie dem Hauptbahnhof oder unter dem Wawel. Vor der Fahrt sollte man den Preis abklären, da von Touristen, aber auch Einheimischen oft zu viel verlangt wird. Auf der sicheren Seite ist, wer die Telefonnummer eines der unten aufgeführten Funktaxis wählt – selbst wenn es keine Probleme gäbe, ein anderes zu finden. Die Tarife während der Nachtzeiten sowie an Sonn- und Feiertagen sind höher, auf jeden Fall sollten sie am Taxameter abzulesen sein.

Taxigesellschaften: Wawel ✆ 19666, www.waweltaxi.pl; Barbakan Taxi ✆ 19661, www.taxi.barbakan.krakow.pl; Radio-Taxi ✆ 19191, www.radiotaxi919.pl; Rotunda ✆ 19662, www.expresrotunda.pl.

Preise (2017): Seit 2008 gibt es keinen verbindlichen Taxitarif mehr. Ungefähre Maximalpreise: Grundgebühr 2 €/8 PLN, Tageskilometer 0,60 €/2,30 PLN, Nacht- und Feiertagskilometer 0,90 €/3,50 PLN (jeweils fürs Zentrum). 1 Std. Wartezeit 9,50 €. Die Tarife sollten gut sichtbar angebracht sein!

Auto

Wenn Sie mit dem Auto angereist sind, lassen Sie es am besten auf dem Parkplatz oder in der Hotelgarage stehen und nutzen Sie es nur außerhalb des Zentrums. Falls Sie es doch benutzen sollten, achten Sie bei den zwischen den Fahrspuren befindlichen Tram-Haltestellen unbedingt auf die Wartenden, die bei einer anhaltenden Straßenbahn auf die Straße laufen!

Mietwagen sind in Polen verhältnismäßig teuer und fordern die Einhaltung strikter Auflagen: Mindestalter 21 bzw. 25 Jahre, Kaution teilweise über 500 € (bar oder über Kreditkarte) sowie mindestens 2 Jahre Erfahrung hinterm Steuer.

Verkehrszonen in der Innenstadt

Strefa A (rot): Fußgängerzone, Fahr- und Parkverbot (ausgenommen morgendlicher Lieferverkehr und Notdienste).

Strefa B (grün): nur für Anwohner mit gültigem Ausweis, Tempolimit 20 km/h. Hotelgäste dürfen sich in der Zone höchstens 15 Min. aufhalten (zum Gepäck ein- und ausladen bzw. zum Erreichen der Tiefgarage).

Radeln wird in Krakau immer beliebter

Strefa C (blau): Autoverkehr gestattet; Mo–Fr 10–20 Uhr Parken (gebührenpflichtig).

Mietwagen

Budget: Mietwagen und Kombi. Ul. Balicka 4, ☏ 12-6370089, Flughafen Balice, ☏ 12-2855025, www.budget.pl.

Joka: Flughafen Balice & ul. Zacisze 7, ☏ 12-4296630, www.joka.com.pl.

Europcar: Flughafen Balice und ul. Nadwiślańska 6, ☏ 12-3745696, www.europcar.com.pl.

Parken

Auskunft zu den Parkzonen P1–P8: Das Parken innerhalb der 2014 stark vergrößerten Zonen kostet Mo–Fr 10–20 Uhr ca. 0,75 €/Std. Ul. Reymonta 20, ☏ 12-3418551, www.mi.krakow.pl.

Parkmöglichkeiten im Zentrum: über dem Hauptbahnhof (Zufahrt über ul. Rakowicka und ul. Pawia); ul. Lubicz; ul. Powiśle (auch Reisebusse); ul. Starowiślna; ul. Kopernika; plac Na Groblach; plac św. Ducha; Nowy Kleparz. Alle bewacht und gebührenpflichtig (ab 1 €/Std.). Für Parkmöglichkeiten an der Straße benötigt man eine an Kiosken, bei der Post oder durch bereitstehendes Personal erhältliche Parkkarte (karta postojowa), auf der man die Ankunftszeit einträgt. Seit 2011 gibt es auch vermehrt Automaten.

Fahrrad

Aufgrund des recht flachen Geländes kommt man mit dem Drahtesel einfach voran. Viele Fahrradwege gibt es jedoch nicht, und die Verkehrsführung ist insgesamt nicht bikerfreundlich. Die Lage bessert sich aber, und die Radwegplanung lässt für die Zukunft hoffen. Gerade für Ausflüge in die nähere Umgebung eignen sich Fahrräder besonders, der Stadtwald Las Wolski bietet sportlichen Fahrern eine schöne Strecke.

Fahrradverleih

Art-Bike: je nach Qualität 1–2 €/Std., 7,50–12,50 €/Tag. Ul. Starowiślna 33a/12, ☏ 12-4220425.

Rent a Bike: auch Kinderräder und -helme. „Nett, unbürokratisch, Englisch und auch Deutsch sprechend", schrieben Leser. 2 €/Std., 11 €/Tag. Ul. św. Anny 4, ☏ 509-267733 (mobil), www.bike-rental.pl.

Dwa Koła: City- und Mountainbikes, Reparaturservice. 3 Std. 5 €, 10 €/Tag. Ul. Józefa 5, ☏ 12-4215785, www.dwakola.internetdsl.pl.

Wavelo: Nach Registrierung für 4,50 bzw. 6 € über die Internetseite erhält man Kontonummer und PIN, mit der man Räder an 15 Stationen im Stadtgebiet ausleihen und nach der Fahrt an einer beliebigen Station zurückstellen kann. Die ersten 60 bzw. 90 Min. sind kostenlos, danach 1 €/Std. ☏ 12-2903333, www.wavelo.pl.

Infos, Ausflüge & Karten

Rowerem przez Kraków: eine wahre Fundgrube mit Karte der Krakauer Fahrradwege, Adressen von Verleihen und Geschäften sowie interessanten Ausflügen. www.rowerem-przez-krakow.pl.

I bike Kraków: NGO zur Förderung des städtischen Radverkehrs; für den nicht Polnisch sprechenden Touristen sind vor allem die Karten interessant. www.ibikekrakow.com.

Stadtführungen per Rad

Cruising Krakow: Auf Englisch geführte Fahrradtouren durch die Stadt oder die Umgebung (26–35 € inkl. Lunch). City-Tour März–Juni und Sept./Okt. Start tägl. um 12, Juni–Aug. 11 Uhr, Dauer jeweils 4½ Std. Ul. Basztowa 17, ☏ 514-556017 (mobil), www.cruisingkrakow.com.

Bike Tours: Stadtführung auf zwei Rädern in leicht verständlichem Englisch. März, April, Okt. und Nov. tägl. 12–16, Mai–Sept. 10–14 und 15–19 Uhr ab ul. Grodzka 2 (Innenhof). Preis 22,50 €/4 Std., erm. 20 €. ☏ 12-4302034, www.krakowbiketour.com.

Zu Fuß

Die einfachste und in Krakau vielfach auch schnellste Möglichkeit, sich fortzubewegen. Fast alle der im Buch beschriebenen Touren sind ausschließlich zu Fuß durchführbar. Hinzu kommt, dass große Teile der Altstadt verkehrsberuhigt oder ganz für den Verkehr gesperrt sind. An den Zebrastreifen und Ampeln sollten Fußgänger etwas vorsichtiger sein als vielleicht von zu Hause gewohnt. Ansonsten kann man sich problemlos auf die Attraktionen konzentrieren.

Stadtführungen

mein Krakau: Jan Szurmant und Magdalena Niedzielska-Szurmant, die Autoren dieses Reisebuchs, bieten auch ungewöhnliche, maßgeschneiderte und vor allem sympathische Führungen durch Krakau zum Preis von 50 €/Std. an. Kunden meinten: „Die Stadtführung mit Jan hat uns sehr gut gefallen, sie war ein voller Erfolg. „Sein“ Krakau kennt er in- und auswendig.“ ✆ 790-619330 (mobil), www.meinkrakau.de.

Christian Vogt: deutscher Stadtführer und Reiseleiter, Lebenskünstler und Sänger. Leser lobten ihn als „exzellenten Reiseführer“. 80–120 € pro Gruppe für die 2-Std.-Führung, Last-Minute- und Nebensaison-Rabatte. ✆ 504-033089 (mobil), www.stadtfuehrung-krakau.de.

Jadwiga Otrębska: hat Deutsch u. a. bei Jan Szurmant gelernt. Krakau präsentiert sie sympathisch, oft auch humorvoll. Führung bis 3 Std. 80 €, mehr als 3 Std. 100 €. ✆ 608-015855 (mobil).

Sonstige Verkehrsmittel

Stilecht bewegt man sich in Krakau mit der Droschke fort. Die Pferdekutschen stehen an der nördlichen Seite des Marktplatzes, von dort geht es auf verschiedenen Routen durch die Altstadt und nach Kazimierz. Wer es lieber motorisiert mag, kann bei den Meleks (Elektrofahrzeuge) zusteigen oder sich gar eines mieten. Die kleinen, wendigen Wagen kurven durch die Altstadt und Kazimierz und sind vor allem für Gäste gedacht, denen die Wege trotz ihrer Überschaubarkeit zu lang sind. Seit 2007 verkehrt das reizvolle Tram Café, auch als innerstädtischer Orient Express bezeichnet. Ein weiteres Highlight eines Krakau-Besuchs sind die Wasserstraßenbahn und Ausflugsfahrten auf der Weichsel.

Droschken: Haltestellen am Rynek Główny und an der ul. Sławkowska. Verlangt werden verhandelbare 25 € für die Umrundung der Tuchhallen auf dem Rynek oder 85–100 €/Std. Feilschen empfohlen!

Meleks (Elektrofahrzeuge): Haltestellen ul. Mikołajska, ul. Kanonicza, ul. Szeroka und plac Wolnica. Mit Fahrer ab 8 €/Pers. & Std., Selbstfahrer zahlen ab 45 €/Std. Einige Anbieter: www.jordan.pl, www.abcitytour.pl, www.kraktour.pl.

Pferdestraßenbahn, Tram Café & Doppeldecker: Rundfahrten in verschiedenen Fortbewegungsmitteln, u. a. im roten Doppeldeckerbus, je nach Art 7,50–15 €. Cracow for You, ul. Floriańska 21, www.cracowforyou.pl. Gruppenbuchung und Info zu Fahrzeiten des Tram Cafés unter ✆ 669-500939 (mobil), www.tram.jordan.pl.

Schiffsausflüge → Tour 11, S. 164.

Krakau vom Schiffsdeck aus erkunden

Fresken und Kassettendecken wie hier im Cracow Hostel gibt es in vielen Krakauer Budget-Unterkünften

Karte S. 264/265

Übernachten

Wer bei der Unterbringung auf ein Schnäppchen hofft, hofft vergebens – die Preise nähern sich denen anderer Touristenmetropolen an. Dringend empfohlen ist eine rechtzeitige Buchung, unabhängig von der Kategorie der Übernachtungsmöglichkeit.

Die Bettenkapazität hat sich im Vergleich zu 2006 bis 2016 fast vervierfacht, aber es langt nicht. Es mangelt vor allem an Quartieren in der unteren Preisklasse, während Mittelklassehotels gut vertreten sind. Wer wenig ausgeben möchte, sollte am besten ganz auf ein Hotel verzichten. Die meisten Appartements übertreffen die Hotelzimmer an Komfort bei einem in der Regel weit niedrigeren Preis. In den billigsten Unterkünften muss man sich oft das Bad mit anderen Zimmern teilen, in den Hostels auch die Zimmer. Wer über deutsche oder internationale Buchungsportale reserviert, sollte aufpassen: Viele der Angebote liegen weit vom Zentrum entfernt in wenig einladender Umgebung.

Ausgebucht?

Es kann sein, dass es in der Hauptsaison in keiner der folgenden Unterkünfte ein freies Zimmer gibt. Schauen Sie in diesem Fall einfach auf www.meinkrakau.de nach. Dort sind mehr Unterkünfte aufgelistet.

Polnische Buchungsagenturen: www.hotele.pl, www.polhotels.com, www.infhotel.pl.

Die **Preisangaben** im Buch berücksichtigen Neben- und Hauptsaison und gelten meist für ein Zimmer mit eigenem Bad und Frühstück. Teils gravierende Nachlässe gibt es bei längerem Aufenthalt und bei Buchung über das Internet oder ein Reisebüro.

Hotels und Pensionen

Aufgenommen wurden im Folgenden Hotels mit einem angemessenen Preis-Leistungs-Verhältnis und einer größtmöglichen Nähe zum Zentrum. Mit sinkenden Preisen muss man teilweise eine größere Entfernung hinnehmen. Nichtsdestotrotz ist die Stadtmitte von allen Unterkünften problemlos zu erreichen, in der Regel zu Fuß, manchmal mit öffentlichen Verkehrsmitteln. Die Reihenfolge der unten genannten Hotels entspricht ihrer Nähe zum Zentrum.

Luxusklasse (über 160 €)

***** **Pałac Bonerowski** **17**, ein Juwel am Marktplatz; von Grund auf restaurierter Eckpalast mit vielen erhaltenen Bauelementen aus dem frühen 17. Jh., teils gar aus dem Mittelalter. Wunderbar ist der Blick auf den Rynek, von dessen Treiben man lärmgeschützt trotzdem nichts mitbekommt, spektakulär der Kronleuchter im Treppenhaus. EZ 180–250, DZ 190–260 €, App. 320–400 €, Luxus-Suite 450–650 €. Ul. św. Jana 1, ✆ 12-3741300, www.palacbonerowski.pl.

MeinTipp ***** **Stary** **13**, das Luxushotel gewann 2007 den bedeutenden französischen Prix Villégiature als erstes polnisches Hotel. In der Begründung wurden besonders die Möbel, die orientalischen Teppiche und die exotischen Holzarten hervorgehoben. Polnische Manager wählten es bei einer Umfrage des Forbes Magazins zum zweitbesten Hotel des Landes, während der EM 2012 nächtigten hier die englischen Nationalspieler samt Anhang. EZ 170–200 €, DZ 190–225 €, Luxus-App. 400–570 €. Ul. Szczepańska 5, ✆ 12-3840808, www.stary.hotel.com.pl.

***** **Grand** **11**, die Jahrhundertwende ist in diesem Hotel noch präsent, wohlgemerkt die zu Beginn des 20. Jh., konnte man doch 2012 125-jähriges Bestehen feiern. In den 20er-Jahren ein Treff für die Elite Krakaus, so auch verewigt in einem Roman von Henryk Worcell. Ein Diner im von einer Buntglaskuppel überdachten Spiegelsaal sollten nicht nur Paare auf der Hochzeitsreise in Erwägung ziehen. EZ 90–250 €, DZ 110–280 €, Präsidentensuite 1500 €. Ul. Sławkowska 5/7, ✆ 12-4240800, www.grand.pl.

**** **Copernicus** **35**, sicher eine der besten Unterkünfte in Krakau, gewinnt einen Preis nach dem anderen, 2010 war es die „Art of Living Trophy". Von Vorteil ist die ruhige Lage in der vielleicht schönsten Straße in der Nähe des Wawel. Die Fresken reichen teils bis ins 14. Jh. zurück. Auch ansonsten höchstmöglicher Standard in einer Umgebung, die seit 500 Jahren kaum verändert scheint. Trotzdem natürlich modernste Zimmerausstattung. EZ 200 €, DZ 225–245 €, Luxus-Suite 400 €, mit Fresken 500 €, Frühstück 17,50 €. Ul. Kanonicza 16, ✆ 12-4243400, www.copernicus.hotel.com.pl.

**** **Pod Różą** **14**, Krakaus ältestes Hotel mit vielen Antiquitäten. Auf der Gästeliste stehen illustre Namen wie Franz Liszt oder Honoré de Balzac. Noch heute wirkt das Hotel „Unter der Rose" von innen wie außen gleichermaßen einladend. Bestätigung ist nicht zuletzt ein dritter Platz bei den World's Best Hotels Award 2009 in der Kategorie der Häuser mit weniger als 100 Betten. EZ 170 €, DZ 200 €, Luxus-App. 400 €. Ul. Floriańska 14, ✆ 12-4243300, www.podroza.hotel.com.pl.

***** **Gródek** **21**, zentral, aber äußerst ruhig gelegenes Hotel in der Nähe der Abtei der Dominikanerinnen. Das luxuriöse Haus bietet eine Bibliothek, eine Orangerie, eine Sauna und eines der exklusivsten Restaurants der Stadt. Mit das beste Preis-Leistungs-Verhältnis in dieser Kategorie. EZ 143–220 €, DZ 163–240 €, App. 225–325 €. Ul. Na Gródku 4, ✆ 12-4319030, www.donimirski.com/hotel-grodek.

Obere Preisklasse (ca. 120–160 €)

**** **Wentzl** **23**, lange Zeit das einzige Hotel am Marktplatz, mit dementsprechend reizvoller Aussicht. Nicht nur deshalb eine der ersten Adressen für anspruchsvolle Besucher. Im Erdgeschoss befindet sich die berühmte Süßwarenabteilung. EZ 124–175 €, DZ 141–199 €, Sonderangebote ab 115 €. Rynek Główny 19, ✆ 12-4302664, www.wentzl.pl.

**** **Amadeus** **19**, kleines, aber feines Hotel für hohe Ansprüche. Warme und gemütliche Farben in allen Zimmern, den Aufenthaltsräumen und dem anspruchsvollen Restaurant. Schon Prinz Charles fühlte sich in dieser harmonischen Komposition wohl. EZ 80–200 €, DZ 100–220 €. Ul. Mikołajska 20, ✆ 12-4296070, www.hotel-amadeus.pl.

*** **Elektor** **15**, die 20 Zimmer haben endlich die gründliche Renovierung hinter sich, und die ist rundum gelungen. Tolles Frühstück im Keller. EZ 75–93 €, DZ 113–118 €, App. 133–138 €. Ul. Szpitalna 28, ✆ 12-4232317, www.hotelelektor.pl.

*** **Maltański** **32**, sehr zentrale Lage, dabei jedoch recht ungestört. Zahlreiche hoteleigene Parkplätze. EZ 93–133 €, DZ 108–148 €. Ul. Straszewskiego 14, ✆ 12-4310010, www.donimirski.com/hotel-maltanski.

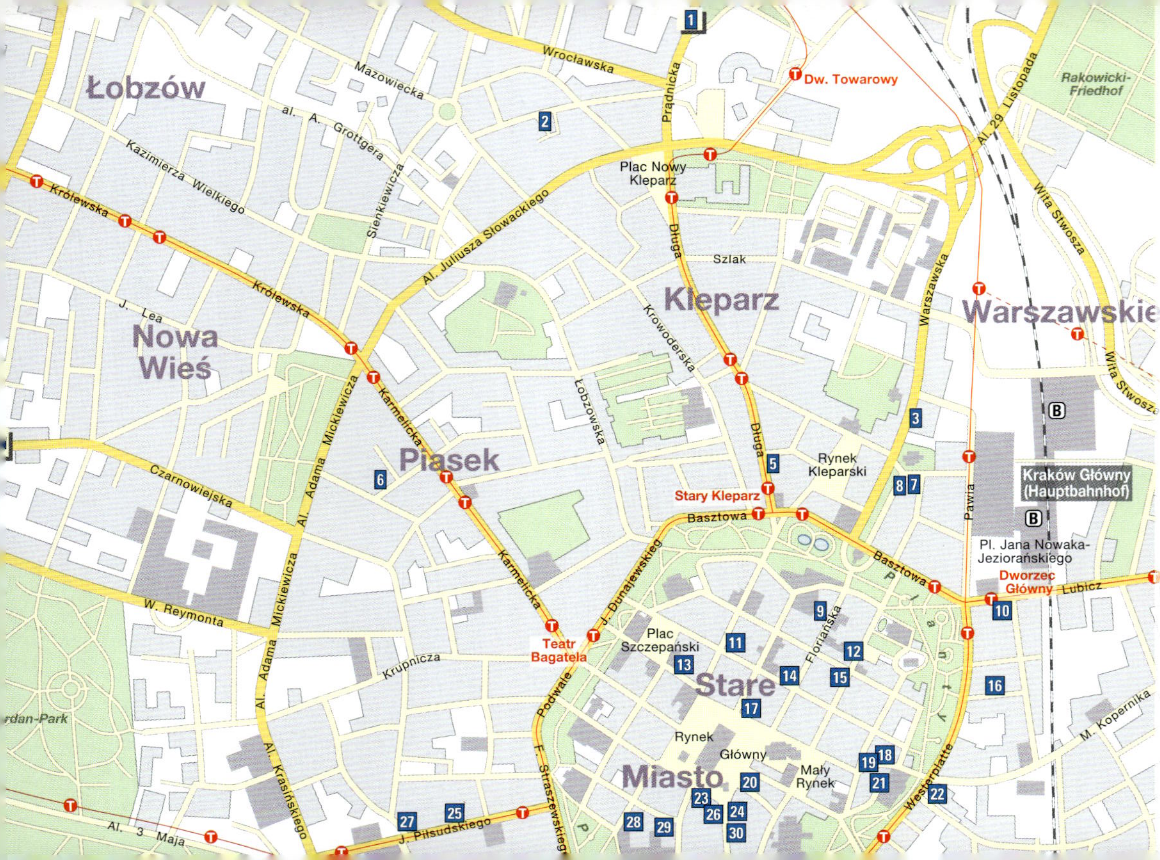

Übernachten

1 Clepardia
2 Sodispar
3 Wakacyjny Hostel PWST
4 Piast
5 Jordan
6 cracow days
7 Red Brick
8 Matejko
9 Hotel Floryan
10 Europejski
11 Hotel Grand
12 Hotel Pollera
13 Hotel Stary
14 Hotel Pod Różą
15 Hotel Elektor
16 Sun
17 Pałac Bonerowski
18 Hotel Wit Stwosz
19 Hotel Amadeus
20 Rynek Hostel
21 Hotel Gródek
22 Hotel Wyspiański
23 Wentzl
24 Venetian House
25 Hotel Fortuna
26 Cracow Hostel
27 Fortuna Bis
28 Unikat
29 Aparthotel Stare Miasto
30 Kraków 4 you
31 Festina lente
32 Hotel Maltański
33 Hotel Pugetów
34 Hotel Senacki
35 Hotel Copernicus
36 Pod Wawelem
37 Hotel Royal
38 Momotown
39 Klezmer-Hois
40 Kazimierz
41 Niebieski

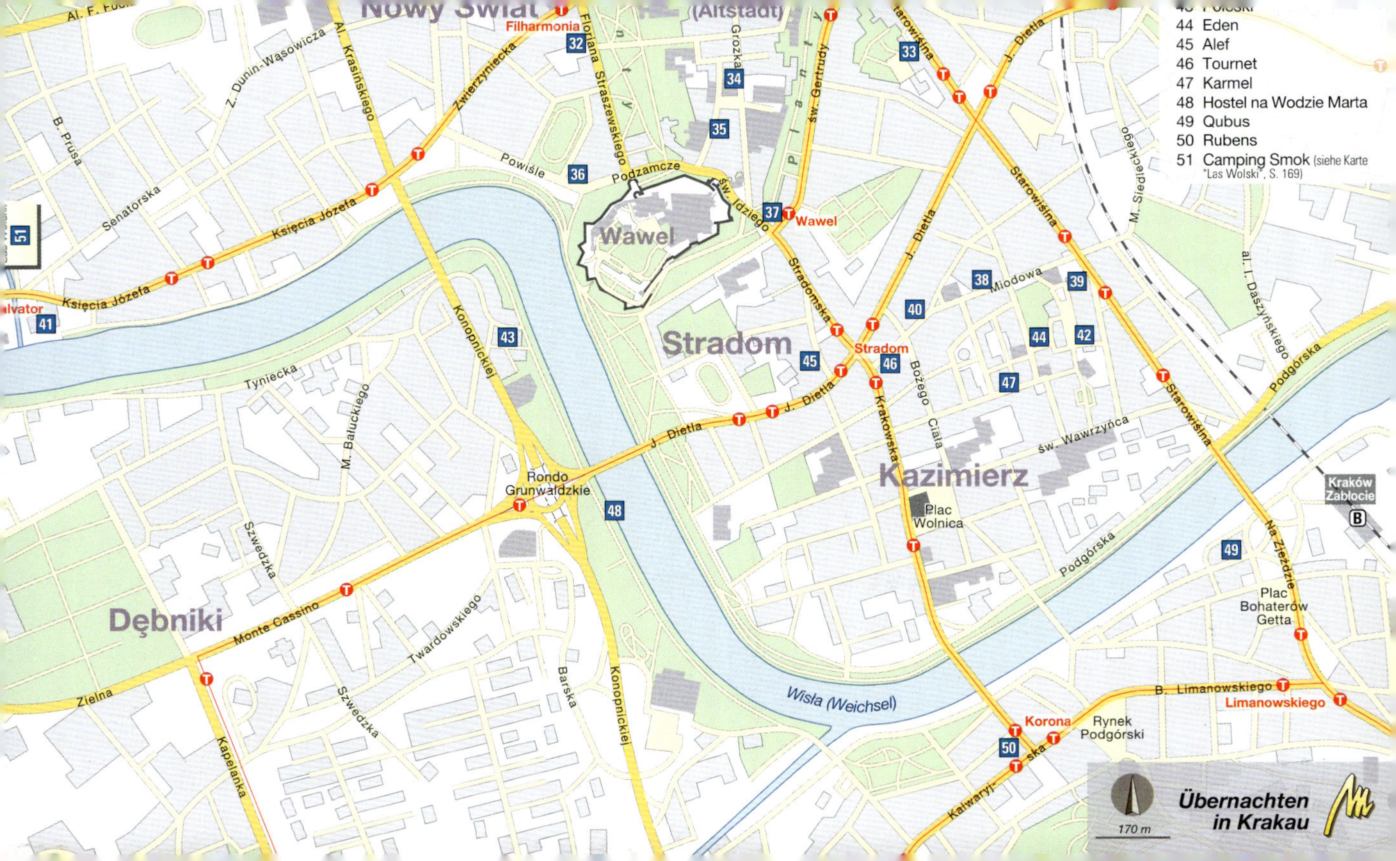
44 Eden
45 Alef
46 Tournet
47 Karmel
48 Hostel na Wodzie Marta
49 Qubus
50 Rubens
51 Camping Smok (siehe Karte "Las Wolski", S. 169)
Übernachten in Krakau
170 m
Filharmonia
Wawel
Stradom
Kazimierz
Dębniki
Wisła (Weichsel)
Rondo Grunwaldzkie
Plac Wolnica
Plac Bohaterów Getta
Rynek Podgórski
Korona
Limanowskiego
Kraków Zabłocie
Al. Krasińskiego
Zwierzyniecka
Floriana Straszewskiego
Podzamcze
Powiśle
Księcia Józefa
Konopnickiej
J. Dietla
Stradomska
Krakowska
Starowiślna
Miodowa
Bożego Ciała
św. Wawrzyńca
św. Gertrudy
św. Idziego
Grodzka
Podgórska
Na Zjeździe
B. Limanowskiego
M. Siedleckiego
al. I. Daszyńskiego
Monte Cassino
Zielna
Kapelanka
Szwedzka
Twardowskiego
Barska
Tyniecka
M. Bałuckiego
Senatorska
B. Prusa
Z. Dunin-Wąsowicza
Kalwaryjska

****** Senacki** **34**, am alten Königsweg gelegen und eine der besseren Adressen in der Stadt, seit 2014 mit viertem Stern. Dazu trug eine gelungene Renovierung bei. EZ 88–160 €, DZ 113–173 €. Ul. Grodzka 51, ✆ 12-4227686, www.hotelsenacki.pl.

****** Ester** **42**, ein gemütliches und luxuriöses Haus in bester Lage, Zimmer aber etwas klein; große Preisdifferenzen zwischen Haupt- und Nebensaison. Wer Freude am Feilschen hat, kann hier sein Glück versuchen, da es über die Buchungsportale viel günstigere Angebote gibt. EZ 110–148 €, DZ 125–213 €. Ul. Szeroka 20, ✆ 12-4291188, www.hotel-ester.krakow.pl.

meinTipp ****** Qubus** **49**, die interessanten Lampenschirme und Fake-Palmen in der Lobby deuten an, dass der Neubau aktuellstem Hoteldesign entspricht. Besonders schön ist das Schwimmbad mit toller Aussicht sowie das Konferenzzentrum für Businessgruppen. Ein Leser schwärmte von der Finnischen Sauna, dem Dampfbad, dem Jacuzzi – selten habe er „ein derart gut versorgtes und üppiges Frühstück in einem Hotel erlebt“. EZ/DZ 115–155 €, Suite 165–205 €, über Buchungsportale in der Nebensaison aber wesentlich günstiger. Ul. Nadwiślańska 6, ✆ 12-3745100, www.qubushotel.com.

„Geliebter verstaubter Charme“ im Pollera

Obere Mittelklasse (ca. 90–120 €)

***** Pollera** **12**, schon das originale Buntglasfenster von Wyspiański verrät, dass man im Pollera eher mit Historischem konfrontiert wird als mit neumodischen Schick. In den Bädern dürfen zum Beispiel noch alte Armaturen zuverlässig ihren Dienst verrichten. Leser wohnten im Pollera „extrem gern“. Sehr gutes Preis-Leistungs-Verhältnis, unser geliebter verstaubter Charme und perfekte Lage“. EZ 50–75 €, DZ 75–100 €, 3-Bett-Zimmer 98–120 €. Ul. Szpitalna 30, ✆ 12-4221044, www.pollera.com.pl.

***** Wit Stwosz** **18**, für den anspruchsvollen katholischen Pilger, der auch in der Unterkunft sakrale Kunst bewundern möchte, auch Bibeln und Kreuze dürfen nicht fehlen. WiFi auf den Zimmern gibt es aber auch. EZ 58–88 €, DZ 98–123 €, 3-Bett-Zimmer 113–138 €. Ul. Mikołajska 28, ✆ 12-4296026, www.wit-stwosz.com.pl.

***** Royal** **37** großes Hotel an den Planty, in Rufweite des Wawel. Sowohl das Gebäude als auch die Inneneinrichtung wirken tatsächlich königlich, mit etwas veraltetem Charme. EZ 56–70 €, DZ 80–89 €. Ul. św. Gertrudy 26/29, ✆ 12-4213500, www.hotelewam.pl.

***** Floryan** **9**, ein unkompliziertes Hotel in bester Lage in der Floriańska-Straße und damit in traumhafter Umgebung. EZ 83–117 €, DZ 107–140 €, 4-Bett-Zimmer 171 €. Ul. Floriańska 38, ✆ 12-4311418, www.floryan.com.pl.

***** Wyspiański** **22**, mit 450 Betten eines der größten Hotels in Krakau. Früher war hier eine Jugendherberge untergebracht, was man kaum noch glauben mag. Heute sind die Zimmer in den zwei verschiedenen Preisklassen Classic und Premium zu buchen, der Service lässt keine Wünsche offen. Nur die Außenansicht vermag nicht zu überzeugen. Hoteleigenes Casino vorhanden. EZ 70–122 €, DZ 84–132 €, 3-Bett-Zimmer 117–180 €. Ul. Westerplatte 15, ✆ 12-4229566, www.hotel-wyspianski.pl.

***** Hotel Fortuna** **25**, Mittelklassehotel mit gutem Preis-Leistungs-Verhältnis. Die vorbeifahrenden Trams hört man kaum. EZ 64–75 €, DZ 87–102 €. Ul. Czapskich 5, ✆ 12-4110806, www.hotel-fortuna.com.pl.

***** Fortuna Bis** **27**, gemütliches Haus mit schönem, begrüntem Innenhof. Faire Preise. EZ 58–70 €, DZ 75–98 €. Ul. Piłsudskiego 25, ✆ 12-4301025, www.hotel-fortunabis.pl.

***** Matejko** **8**, von außen wie innen hervorragendes Hotel. Die zentrale Lage am plac Matejki und die dem namengebenden Maler verpflichtete geschmackvolle Inneneinrichtung sind Pluspunkte. Leser waren trotz der „etwas durchgelegenen Matratzen" zufrieden. EZ 65–90 €, DZ 80–105 €, App. 100–125 €. Plac Matejki 8, ✆ 12-4224737, www.matejkohotel.pl.

***** Europejski** **10**, gegenüber vom Bahnhof gelegen, kann es in den günstigeren Zimmern etwas lauter werden. Ansonsten sieht man dem Hotel an, dass es anders als die meisten Konkurrenten eine lange Geschichte vorzuweisen hat. EZ 69–87 €, DZ 78–136 €. Ul. Lubicz 5, ✆ 12-4232510, www.he.pl.

Pugetów **33**, schöne Umgebung im Innenhof des Pugetów-Palasts, eines Gebäudekomplexes aus dem 19. Jh., in dem zahlreiche Agenturen, Büros und Banken untergekommen sind. Vor allem auf Businessreisende ausgerichtet, mit großem hoteleigenen Parkplatz. Alle Zimmer sind individuell eingerichtet. Beispiele sind das romantische Appartement, das nach Napoleons polnischer Geliebter Pani Walewska benannt ist, oder die im kolonialen Stil dekorierte Joseph-Conrad-Suite. EZ 63–113 €, DZ 103–123 €, 3-Bett-Zimmer 110–148 €. Ul. Starowiślna 15a, ✆ 12-4324950, www.donimirski.com/hotel-pugetow.

***** Pod Wawelem** **36**, das Haus bietet eigentlich nichts Besonderes, mit Ausnahme der Dachterrasse, die einen tollen Blick auf den Wawel und die Weichsel gewährt. EZ 50–90 €, DZ 60–130 €. Pl. Na Groblach 22, ✆ 12-4262626, www.hotelpodwawelem.pl.

******/***** Niebieski** **41**, hervorragende Lage an der Weichsel mit schöner Aussicht. Der hier öfter anzutreffende Historiker Norman Davies („Im Herzen Europas. Geschichte Polens") schwärmt von dem himmlischen Hotel, himmlischen Ambiente und himmlischen Service. Das ältere Drei-Sterne-Hotel wird durch einen Luxus-Neubau mit schönem Spa ergänzt. (***) EZ 50–85 €, DZ 60–95 €; (****) EZ 65–125 €, DZ 85–140 €, jeweils mit Weichselblick; (*****) DZ mit Terrasse 95–165 €. Ul. Flisacka 3, ✆ 12-2974000, www.niebieski.com.pl.

***** Poleski** **43**, ein Hotelneubau, von den meisten Zimmern traumhafter Blick auf den Wawel. EZ 56–71 €, DZ 76–91 €, ohne Wawel-Sicht etwas billiger. Ul. Sandomierska 6, ✆ 12-2605405, www.hotelpoleski.pl.

Untere Mittelklasse (unter 90 €)

Klezmer-Hois **39**, vielleicht das interessanteste Hotel in Kazimierz. Vor langer Zeit befand sich in diesem Gebäude ein jüdisches Badehaus. Inzwischen findet man hier große Zimmer und ein an Gemütlichkeit nicht zu übertreffendes Restaurant, sofern mit Antiquitäten voll gestopfte Räume zusagen. Regelmäßige Konzerte von Krakaus besten Klezmermusikern. EZ 43–70 €, DZ 56–80 €, App. 92–123 €, bei den billigeren Zimmern Bad auf dem Gang. Ul. Szeroka 6, ✆ 12-4111245, www.klezmer.pl.

***** Eden** **44**, ein auf jüdische Gäste zugeschnittenes Hotel, mit Mesusot (jüdische Schriftkapseln) an den Türen, einem koscheren Restaurant sowie Wellness-Bereich mit Salzgrotte. Im Keller gibt es eine Mikwe. Auch für nicht-jüdische Gäste ein Erlebnis. EZ 35–75 €, DZ 45–95 €, 3-Bett-Zimmer 75–115 €. Ul. Ciemna 15, ✆ 12-4306565, www.hoteleden.pl.

***** Alef** **45**, ansprechendes Interieur mit vielen Antiquitäten, Holz und dicken Teppichen. EZ 49–54 €, DZ 74–101 €. Ul. św. Agnieszki 5, ✆ 12-4243131, www.alef.pl.

***** Kazimierz** **40**, das Restaurant und die Eingangshalle vermitteln luxuriöse Atmosphäre, die Zimmer zeigen dann doch, dass die drei Sterne angemessen sind. Insgesamt aber ein Hotel, bei dem man eher zu wenig als zu viel bezahlt. Kazimierz schönste Gassen liegen um die Ecke, genau wie drei weitere Häuser des Hotels. EZ 65–80 €, DZ 80–95 €. Ul. Miodowa 16, ✆ 12-4216629, www.hk.com.pl.

***** Karmel** **47**, mit kleinem, aber feinem italienischen Restaurant und gemütlicher Bar im Keller. Und vor der Tür liegt Kazimierz' Einkaufsstraße, die ulica Józefa. EZ 58–74 €, DZ 68–120 €. Ul. Kupa 15, ✆ 12-4306697, www.karmel.com.pl.

***** Rubens** **50**, gemütlich eingerichtete Gästezimmer zu angemessenen Preisen. EZ 29,50–39 €, DZ 43,50–59,50 €, 3-Bett-Zimmer 57–85 €. Ul. Rejtana 5, ✆ 12-4235834, www.hotel-rubens.pl.

Appartements

Appartements sind in Krakau mehr als nur eine Alternative, besonders dann, wenn die Hotels ausgebucht sind. Oftmals sind die Preise weitaus geringer, bei mindestens gleichwertigem Komfort. Die Räumlichkeiten sind zudem oft größer und in der Regel in Altbauten mit hoher Decke untergebracht. Auch für den längeren Aufenthalt sind Appartements geeigneter. Alle unten aufgeführten Wohnungen haben ein Bad und wenigstens eine Kochgelegenheit.

Appartements in der ganzen Stadt:
www.krakow-apartments.biz
www.cracowlofts.com
www.yourplace.pl
www.noce.pl
www.lagioiaapartments.com
www.krakowhomes.com
www.sleepinginkrakow.com

Venetian House 24, Aparthotel am Marktplatz, die meisten Appartements sind per Aufzug zu erreichen. Fragen Sie bei der Buchung am besten nach Zimmern mit Blick auf den Rynek. In einem der Zimmer kann man übrigens die Google-Mitarbeiter im benachbarten Haus beim Sport und Ausruhen auf der Dachterrasse beobachten. Faire Preise: Studio 60–125 €, Penthouse 100–175 €. Rezeption durchgehend besetzt. Rynek Główny 11, ✆ 12-3464670, www.venetian-house.com.

meinTipp ****** Aparthotel Stare Miasto 29**, sehr schön und edel gestaltete Zimmer – helle Möbel mit unverputztem Backstein als Kontrast. DZ 75–160 €, 4-Pers.-Studio 163–200 €, die teureren Zimmer mit Jacuzzi. Ul. Gołębia 2, ✆ 12-4275794, www.ahsm-krakow.com.

Unikat 28, kleine und einfache, aber gemütliche Zimmer im Zentrum. EZ 34–42 € (ohne eigenes Bad 29–31 €), DZ 52–65 €. Ul. Wiślna 10, ✆ 12-4219871, www.noclegi-krakow.pl.

Kraków 4 you 30, angenehmes Flair durch stilvolle Einrichtung: moderne Möbel in alter Umgebung. Nicht zuletzt aufgrund der Lage mit die besten in Krakau. Kühlschrank und Kochecke vorhanden. Appartements. DZ 58–73 €, 6 Pers. 115–142 €. Ul. Grodzka 4, ✆ 12-4214835, www.krakowforyou.com.

meinTipp **cracow days 6**, wurde uns von einem Leser empfohlen, der vom „netten Service, den vernünftigen Preisen und der guten Erreichbarkeit der Altstadt" begeistert war. Uns hat vor allem die Einrichtung mit teils unverputzten Wänden, Parkettböden und fröhlichen Farben gefallen. DZ 83–109 €. Ul. Grabowskiego 7/2, ✆ 604-460860 (mobil), www.cracowdays.com.

Festina lente 31, das denkmalgeschützte Haus mit seiner einzigartigen Fassade wurde vom „polnischen Gaudí" Teodor Talowski erbaut. Die Gästezimmer sind weniger spektakulär, aber gut gepflegt. Alle Räume haben ein eigenes Bad und eine Kochecke. DZ 23–55 €. Ul. Retoryka 7, ✆ 606-813393 (mobil).

Red Brick 7, Appartementhaus aus rotem Backstein in der Nähe des Bahnhofs und des „Neuen Krakau". Versuchen Sie, eines der Zimmer mit den süßen Balkons zu bekommen. DZ 85–138 €. Ul. Kurniki 3, ✆ 12-6286620, www.redbrick.pl.

Sodispar 2, Agentur mit Zimmern und Appartements auch im Zentrum. Die eigenen Räume in der ulica Lubelska eignen sich wegen der günstigen Preise vor allem für längere Aufenthalte und auch für Erasmus-Studenten, die aus Deutschland schwer etwas finden können. DZ 28–55 €, bei längerem Aufenthalt erheblicher Nachlass. Ul. Lubelska 12, ✆ 12-4234244, www.sodispar.pl.

Jordan 5, eigentlich ein Reisebüro, das auch geführte Touren anbietet. Die Gästezimmer genügen auch höheren Ansprüchen und sind mit Safe, Internetanschluss und Bad ausgestattet. Im Keller befindet sich ein Restaurant im Stil einer Bibliothek des 19. Jh. DZ 62–70 €, 3-Bett-Zimmer 83–90 €. Ul. Długa 9, ✆ 12-4300292, www.nocleg.jordan.pl.

Budget-Unterkünfte

Zwar gibt es in Polen auch Jugendherbergen. Hier gelten jedoch in der Regel strenge Auflagen für die Gäste: Tagsüber muss man zu bestimmten Zeiten aus dem Haus sein, abends rechtzeitig wieder eintreffen. Kein Wunder, dass die Hostels amerikanischer Prägung wie Pilze aus dem Boden schießen. Krakau genießt inzwischen den Ruf eines Backpacker's Paradise, an die 250 Hostels gibt es inzwischen in der Stadt. In der untersten Preisklasse haben wir zudem auch Studentenhotels, Hotels und Pensionen aufgeführt, die einen Preis von unter 50 € pro Nacht im Doppelzimmer bieten. Eine weitere Übernachtungsalternative bieten übrigens Krakaus große Couchsurfer- und Airbnb-Communitys.

Rynek 20, mit unverbauter Sicht auf den Rynek von jedem Zimmer aus. Die Zimmer mit

Fresken, alten Öfen und Stuck an der Decke lassen vergessen, dass man sich in einem Hostel befindet. 9–15 €/Pers., DZ mit Bad 40–75 €. Rynek Główny 7, ✆ 12-4311698, www.hostelrynek7.pl.

Cracow **26**, ein Hostel am Marktplatz mit dem dazugehörigen Ausblick. Trotz der Lage nicht besonders laut und sehr sauber. Internet und Gemeinschaftsräume, in der Bar trifft man Leute aus aller Welt. Die Rezeption gibt gerne Auskunft in verschiedenen Sprachen. 10–16 €/Pers., DZ 35–45 €. Rynek Główny 18, ✆ 12-4291106, www.cracowhostel.com.

**** Piast** **4**, ein Studentenwohnheim und Hotel mit den typischen Vor- und Nachteilen. Es kann laut werden, dafür kann man Leute aus der ganzen Welt und natürlich Polen bei Partys in der Bar, auf den Zimmern oder im Flur kennenlernen. Rund um das Piast befinden sich weitere universitäre Einrichtungen und Wohnheime, daher eine Studentenhochburg. Jeweils zwei der spärlich eingerichteten Zimmer teilen sich das Bad, die teureren Zimmer haben ein eigenes Bad. EZ 15–24 €, DZ 23–33 €. Ul. Piastowska 47, ✆ 12-6223300, www.hotelestudenckie.pl.

MeinTipp **Wakacyjny Hostel PWST** **3**, Sommerhostel (geöffnet Juli–Sept.) in einem Studentenwohnheim der Theaterhochschule. Tolle EZ und DZ mit eigenem Bad und Blick über die Dächer Krakaus. Ab 18 €/Pers. Ul. Warszawska 5, ✆ 12-4229582, www.pwst.krakow.pl.

MeinTipp **Sun** **16**, zentral, aber trotzdem recht ruhig gelegene Pension in der Nähe des Hauptbahnhofs. Der deutsche Besitzer und seine polnische Frau haben die Altbauzimmer zweckmäßig und liebevoll eingerichtet. Ein Bad für jeweils 2 Zimmer. Ein Leser schrieb uns nach einer Buchung mit einer 23-köpfigen Gruppe: „Die Lage des Sun ist sehr günstig, die Zimmer sehr hübsch für Hostel-Verhältnisse, der Betreiber des Sun war darüber hinaus sehr hilfsbereit und hat uns mehrfach gute Tipps, polnisch-deutsche Übersetzungs- und Dolmetscherhilfe und Antworten auf alle möglichen Krakau-Fragen gegeben." EZ ab 20 €, DZ ab 25 €. Ul. Skłodowskiej-Curie 10, ✆ 12-4296949, www.pensionsun.prv.pl.

Momotown **38**, Hostel in unmittelbarer Nähe von Kazimierz' besten Kneipen. Das Personal und die Gäste sind entsprechend jung und unkompliziert. Manchmal auch lautere Jugendherbergsatmosphäre, Kicker im Erdgeschoss. 12,50–15 €/Pers., EZ mit Bad 35 €, DZ mit Bad 45 €. Ul. Miodowa 28, ✆ 12-4296929, www.momotownhostel.com.

MeinTipp **Tournet** **46**, die vom Preis-Leistungs-Verhältnis günstigste Unterkunft in dieser Kategorie. Eine Pension in Kazimierz, die auch durch die freundliche Rezeption überzeugt. Die Zimmer sind in verschiedenen kräftigen Farben gestrichen. EZ 28–38 €, DZ 35–50 €, 3-Bett-Zimmer 55–63 €. Ul. Miodowa 7, ✆ 12-2920088, www.nocleg.krakow.pl.

Hostel na Wodzie „Marta" **48**, ein Hostelschiff mit gehobenem Standard und Blick auf den Wawel. Für Schulklassen kann das gesamte Schiff gebucht werden, mit Nachlässen bei rechtzeitiger Buchung. Kajüte für 1, 2, 3 und 4 Pers. 38–52, 48–66, 61–86 bzw. 80–110 €. Bulwar Wołyński (Most Grunwaldzki) ✆ 12-4522304, www.hostelnawodzie.net.pl.

Camping

Eine weitere preiswerte Übernachtungsmöglichkeit ist durch die Campingplätze gegeben. Die beiden unten aufgeführten liegen recht nah beim Zentrum. Weitere hilfreiche, wenn auch teils nicht mehr ganz aktuelle Infos für Campingfreunde finden sich auf der hervorragenden Internetseite www.campingpolska.com.

***** Smok** **51** (→ Karte Tour 12, S. 169), ganzjährig geöffnet, nicht ohne Grund vom polnischen Campingverein empfohlen. Inmitten von Hügeln zwischen Zentrum (4 km) und Stadtwald günstig gelegen. Die Weichsel ist in wenigen Minuten zu erreichen, die Verkehrsanbindung mit Bussen lässt keinen Wunsch offen. Zimmer ebenso wie saubere sanitäre Anlagen vorhanden. Stellplatz 3–9 €/Tag plus 7,50 €/Pers., DZ 37–45 €. Ul. Kamedulska 18, ✆ 12-4298300, www.smok.krakow.pl.

***** Clepardia** **1**, ruhiger Platz 4 km nördlich der Stadtmitte, mit guter Verkehrsanbindung und nahem Einkaufszentrum. Schwimmbad und Tennisplätze in unmittelbarer Nachbarschaft. Behindertengerechte Ausstattung, vom ADAC empfohlen, auch Bungalow-Vermietung. Geöffnet nur Mitte April bis Mitte Okt. 6–7 € pro Stellplatz und Tag, 7 €/Pers., Bungalow für 2–4 Pers. 40–48 €. Ul. Pachońskiego 28a, ✆ 12-4159672, www.clepardia.com.pl.

Die Tuchhallen sind Krakaus mittelalterliche Shopping-Mall

Krakau von A bis Z

Ärztliche Versorgung, Apotheken

Der Auslandskrankenschein bzw. die EHIC-Karte garantieren für gesetzliche Versicherte aus Deutschland, Österreich und der Schweiz die Übernahme der Kosten für die unmittelbar erforderliche medizinische Versorgung. Wer sich mehr absichern möchte, schließt eine Urlaubskrankenversicherung ab, die im Bedarfsfall auch den Rücktransport übernimmt. Erste Hilfe ist in Polen grundsätzlich kostenlos, für eine weitergehende Behandlung muss aber bezahlt werden. Krakau verfügt über ein Netz an öffentlich zugänglichen Defibrillatoren, die entsprechend gekennzeichnet sind.

Sollte eine weniger schwerwiegende Erkrankung vorliegen, beraten einen auch die gut ausgebildeten Apotheker. Die Öffnungszeiten der Apotheken decken sich mehr oder weniger mit denen zu Hause.

Notarzt: landesweit ✆ 999

Infos zu Notaufnahme und Apotheken: englisch-, teils deutschsprachig unter ✆ 12-6612240.

Rettungsdienst: ul. Łazarza 14, ✆ 12-4222999, www.kpr.med.pl.

24-Std.-Apotheken: Pod Opatrznością, ul. Karmelicka 23, ✆ 12-6311980. Dbam o Zdrowie, ul. Kalwaryjska 94, ✆ 12-6561850. Prywatna, ul. Galla 26, ✆ 12-6367365.

Behinderte

Auch wenn sich vieles zum Guten verändert hat, sind nicht alle öffentlichen Gebäude behindertengerecht. Im öffentlichen Nahverkehr bleibt trotz neuer Niederflurbusse und -trams noch einiges zu verbessern. Ein großes Plus aber ist die große Hilfsbereitschaft der Krakauer. Unterkünfte, die u. a. wegen ihrer günstigen Lage empfehlenswert sind, sind die Hotels Gródek und Wyspiański in Zentrumsnähe sowie das Hotel Kazimierz (→ „Übernachten"). Rollstuhlgerechte Toiletten finden Sie in den Sukiennice (Tuchhallen), in der ul. Smocza, ul. św. Tomasza (Planty), ul. Straszewskiego, ul. Prądnicka, im Park Jordana, auf dem Rynek Podgórski und auf dem plac Szczepański. Der sehr gute Krakauführer für Behinderte wartet leider noch auf eine Übersetzung ins Englische und Deutsche. Für Blinde gibt es bei den Touristinfos Stadtpläne sowie an einigen wenigen Sehenswürdigkeiten Infotafeln in Brailleschrift.

Behindertenverband: al. Słowackiego 48, ✆ 503-845587 (mobil), www.pson.org.pl.

Galeria Stańczyk: eigentlich eine Galerie für Kunst von behinderten Menschen, übernimmt aber auch Informationsdienste. Mo–Fr 11–17 Uhr, engl. Beratung meist Di & Do. Ul. Królewska 94, ✆ 12-6368584.

Behindertengerechte Taxis, Mikrobusse: Radio-Taxi ✆ 12-19633, ✆ 12-19688, www.radiotaxipartner.pl.

Diplomatische Vertretungen, Reisedokumente

Seit dem EU-Beitritt Polens benötigt man für die Einreise nur noch den Personalausweis. Kinder unter 16 Jahren benötigen seit 2012 entweder einen Kinderausweis (mit Foto empfohlen) oder einen eigenen Kinder-Reisepass, Einträge im Reisepass der Eltern sind seitdem nicht mehr gültig!

Deutsches Generalkonsulat, ul. Stolarska 7, ✆ 12-4243000, www.krakau.diplo.de.

Österreichisches Konsulat, ul. Armii Krajowej 19 (3. St.), ✆ 12-4105641, www.konsulataustrii.com.

Deutsche Botschaft in Warschau, ul. Jazdów 12, 00-467 Warszawa, ✆ 22-5841700, www.warschau.diplo.de.

Österreichische Botschaft in Warschau, ul. Gagarina 34, 00-748 Warszawa, ✆ 22-8410081, www.ambasadaaustrii.pl.

Schweizer Botschaft in Warschau, al. Ujazdowskie 27, 00-540 Warszawa, ✆ 22-6280481, www.eda.admin.ch/warsaw.

Feiertage

Polen ist ein katholisches Land mit vielen kirchlichen Feiertagen. Dennoch wird an vielen dieser Tage gearbeitet und viele Geschäfte sind – wie oft auch an Sonntagen – geöffnet. Seit 2007 dürfen allerdings nur noch kleine Geschäfte im Familienbetrieb an folgenden Tagen geöffnet sein.

Gesetzliche Feiertage: Neujahr (1. 1.), Dreikönigstag (6. 1.), Ostersonntag/-montag, Tag der Arbeit (1. 5.), Jahrestag der Verfassung (3. 5.),

Folkloregruppe „Krakowiacy"

Pfingstsonntag, Fronleichnam, Mariä Himmelfahrt (15. 8.), Allerheiligen (1. 11.), Nationalfeiertag (11. 11.), Weihnachten (25./26. 12.).

Fundbüros

Städtische Fundbüros: Powiatowe Biuro Rzeczy Znalezionych, ul. Słowackiego 20, Zimmer 107a, ✆ 12-6336526. Biuro Rzeczy Znalezionych Urzędu Miasta Krakowa, ul. Wielicka 28, Zimmer 114, ✆ 12-6165713.

Eisenbahn-Fundbüro: ul. Mogilska 1, ✆ 12-3932651.

ÖPNV-Fundbüro: ul. św. Wawrzyńca 13/14, ✆ 12-2541150.

Geld und Geldwechsel

Zwar bekommt man inzwischen auch in deutschen, österreichischen und Schweizer Banken polnische Złoty, der Wechselkurs ist aber oft schlechter als in Polen. Bis auch an der Weichsel der Euro zur offiziellen Währung wird (offizielle Beitrittstermine wurden zuletzt krisenbedingt immer seltener genannt), kann man mit seiner Bankkarte Geld an den zahlreichen Automaten ziehen. Bei Zahlungen und beim Abheben per (Kredit-)Karte sollte auf keinen Fall die „Euro-Option" in Anspruch genommen werden. Bestehen Sie, ohne eine Widerrede zu akzeptieren, auf einer Zahlung in PLN/zł oder wählen Sie bei Automaten die entsprechenden Tasten (oft mehrmalige Bestätigung/Wahl vonnöten)! Die andere Möglichkeit, an Złoty zu kommen, ist der Bargeldtausch in einer Wechselstube *(kantor)*. Aber Vorsicht: Die Wechselkurse sind gerade im Zentrum schlechter als sie sein müssten. Hinzu kommen Zahlendreher, die einen günstigen Kurs vortäuschen, bei genauem Hinsehen aber viel schlechtere Konditionen bieten. Am besten, Sie informieren sich vor der Anreise über den ungefähren Kurs, der in den letzten Jahren häufigen Schwankungen unterworfen war. Bei den Wechselstuben sollten außerdem beide Umtauschkurse gut sichtbar sein, für Ankauf und Verkauf!

Alle Preise in diesem Reiseführer wurden in Euro umgerechnet, zu dem langfristig häufigsten Wechselkurs von 4 Złoty für 1 €. Durch Währungsspekulanten und infolge der Finanzkrise kann es aber zu Schwankungen kommen.

Gottesdienste, Gotteshäuser

Krakau hat mehr als 130 römisch-katholische Kirchen, in denen an Wochenenden und Feiertagen, aber auch unter der Woche mehrmals täglich

In der St.-Barbara-Kirche wird sonntags 19 Uhr eine deutschsprachige Messe gefeiert

Messen gefeiert werden. Und diese sind oft mehr als gut besucht. Kirchen anderer Konfessionen muss man etwas länger suchen, in der ulica Grodzka befindet sich beispielsweise die evangelisch-augsburgische Martinskirche. Eine deutschsprachige Messe findet sonntags um 19 Uhr in der St.-Barbara-Kirche statt.

Angemessene Kleidung sollte beim Besuch eines Gotteshauses selbstverständlich sein, d. h. Verzicht auf bauch- und ärmelfreie Oberteile und kurze Hosen; in den Synagogen im Stadtteil Kazimierz tragen Männer zudem immer eine Kopfbedeckung (Achtung: Man kann sich nicht immer vor Ort eine Kippa ausleihen).

Homosexualität

Krakau ist eine liberale Stadt, was nicht zuletzt an ihrer Universität und der jungen Bevölkerung liegt. Die lokale Schwulen- und Lesbenszene ist überschaubar, bietet aber genügend Abwechslung. Die folgenden Webseiten geben einen Überblick über die Lage in Krakau und weiteren polnischen Städten sowie Tipps zu Nachtleben, Übernachtungen und weitere Informationen:

www.queer.pl, www.cracow.gayguide.net.

Information

Schon von zu Hause aus erhält man Infos über das polnische Fremdenverkehrsamt in Berlin sowie über die weiter unten aufgeführten Internetseiten. Abgesehen davon halten auch Krakaus deutsche Partnerstädte – Nürnberg, Frankfurt/M., Leipzig – sowie Zürich in der Schweiz spezielle Angebote bereit. In Krakau selbst sollte man nur in die Informationszentren der Stadt gehen; es gibt auch private Infobüros, die weniger beraten als versuchen, überteuerte Ausflüge und Führungen zu verkaufen.

Touristinformationen in Krakau: die kompetenteste der vielen Informationsstellen findet sich in der ul. św. Jana 2, Mo–So 10–18 Uhr, Juni–Okt. 9–19 Uhr, ✆ 12-3542725. Pawilon Wyspiański 2000, plac Wszystkich Świętych 2, Juni–Sept. tägl. 9–19, Okt.–Mai bis 17 Uhr, ✆ 12-3542723; in Kazimierz: ul. Józefa 7, Mo–So 9–17 Uhr.✆ 12-3542728.

Für Kleinpolen und Krakau: Tägl. 9–17 Uhr, Mai–Okt. bis 19 Uhr. Rynek Główny 1/3 (in den Tuchhallen).

Touristisches Servicezentrum am Wawel: 2010 geöffnete Info mit Gepäckaufbewahrung, Souvenirläden und Café, besonders geeignet für Tagestouristen und zur Planung von Ausflügen in die Umgebung. Mo–So 9–17, Mai–Okt. bis 19 Uhr. Ul. Powiśle 11.

Krakau im Kasten

Krakauer Luft

Das oft von Tiefdruck beeinflusste Kesselklima in der Stadt kann für wetterfühlige Naturen belastend sein. Doch längst gibt es vor allem in der Heizperiode von Herbst bis Frühling ein viel gravierenderes Problem: Smog und Luftverschmutzung. Die Stadt hat sogar die drittschlechteste Luftqualität in der EU! Kinder und alte Leute dürfen deswegen an vielen Tagen nicht an die freie Luft, Sportler tragen Atemmasken, Krakauer checken die aktuelle Situation mit einer App auf ihrem Smartphone, Ärzte beklagen Allergien und Krebsfälle und die Politiker machen … so gut wie nichts. Und wenn, dann erst nach langen Protesten der Bürger. So tut sich endlich was: Der Autoverkehr wird etwas eingeschränkt, das Heizen mit Kohle wird ab 2019 illegal sein und das Fernwärmenetz wird zwar langsam, aber stetig ausgebaut. Es bleiben allerdings zwei Probleme: Wichtige Luftschneisen und Grünflächen werden zugebaut. Von Protesten und Initiativen erfahren kann man unter www.krakowskialarm smogowy.pl.

Diecezjalne Centrum Informacji: Informationen für katholische Pilger durch die Diözese. Audioguides für die Tour auf den Spuren von Johannes Paul II. Mo–Fr 9–17 Uhr. Ul. Wiślna 12, ✆ 12-4302010, www.diecezja.pl.

Polnisches Fremdenverkehrsamt Berlin: Mo–Do 9–16, Fr 9–15 Uhr. Hohenzollerndamm 151, 14199 Berlin, ✆ 0049-30-2100920, www.polen.travel.

Krakauer Haus in Nürnberg: Mo/Fr 10–13, Do 14–18 Uhr. Hintere Insel Schütt 34, 90403 Nürnberg, ✆ 0049-911-224120, www.krakauer-haus.de.

Internetadressen: auf Deutsch: www.meinkrakau.de, teils auf Deutsch, ansonsten auf Englisch und Polnisch: www.krakow.pl, www.krakow.travel, www.cracow-life.com, www.krakow4u.pl.

Polen allgemein: www.polen.pl.

Internet

In der Stadt gibt es immer noch Internetcafés, von denen eins sogar durchgehend geöffnet ist. Eine halbe Stunde kostenlos ins Internet kommt man im Touristischen Servicezentrum am Wawel (→ S. 273). Wer mit Notebook oder Smartphone verreist, findet unter „Rynek Główny" einen kostenlosen Zugang auf dem Marktplatz (laut Eigenwerbung das schönste Freiluftbüro der Welt) sowie an 26 Stellen im Zentrum. Weitere mit dem Logo „hotspot cracovia" gekennzeichnete Zugänge gibt es in fast allen Lokalen im Zentrum, in Kazimierz sowie in den Einkaufszentren.

Internetcafés: Hetmańska: 1 €/Std., 24 Std. geöffnet, ul. Bracka 4, www.hetmanska24.com. *Nandu:* 1 €/Std., Mo–Fr 8–20, Sa 9–16 Uhr, ul. Gołębia 10, www.nandu.pl.

Klima und Reisezeit

Auch wenn Krakau zu jeder Jahreszeit eine Reise wert ist, kommen die meisten Touristen doch im Frühling und im Sommer. Von April bis Oktober liegen die Tagestemperaturen bei mindestens 15 Grad Celsius, was das Unterwegssein im Freien begünstigt. Der Winter ist etwas kälter als in den meisten Teilen Deutschlands, dabei aber keineswegs unangenehm. Die Krakauer nehmen die Minustemperaturen deshalb recht locker, selbst wenn es wie im Winter 2010 richtig kalt wird. Denkt man an die weiße Verpackung für die Bauwerke und die wärmenden Cafés, hat der Winter sicher seinen ganz eigenen Charme. Der Frühling kommt dann vielleicht etwas später als von zu Hause gewohnt, um im April und Mai die Blumenbeete rund um das historische Zentrum aufblühen zu lassen und die Tische vor den Restaurants mit ersten Sonnenstrahlen zu verwöhnen. Im Sommer kann es sehr warm werden, begünstigt durch die Kessellage der Stadt – für Empfindliche durchaus zu warm. Probleme kann auch die verbesserungswürdige Luftqualität machen –

Krakau im Kasten

Höhe, wem Höhe gebührt

Die Polen scheinen seit alters her ein merkwürdiges Faible für die Aufschüttung von Erdhügeln zu haben. Mehr als 350 dieser künstlichen Erhebungen gibt es im ganzen Land, in Krakau selbst sind derzeit vier zu besichtigen, ein fünfter Hügel zu Ehren von Johannes Paul II. ist bereits angedacht. Neben dem natürlichen Wawel-Hügel (Tour 5) bilden der Kopiec Krakusa in Podgórze (Tour 10) und der Kopiec Wandy in Nowa Huta (Tour 13) die ältesten Erhebungen, die auch kultischen Zwecken dienten. In neuerer Zeit kamen der Kopiec Kościuszki (Tour 11) und der Kopiec Piłsudskiego im Las Wolski (Tour 12) hinzu. Gemeinsam ist allen, dass sie zu Ehren von Herrschern, deren Angehörigen oder zum Gedenken an Feldherren angelegt wurden.

vielleicht das einzige, mit Sicherheit aber das gravierendste Manko der Stadt. Im frühen Herbst ist es noch angenehm warm und ein Besuch nicht zuletzt wegen der Farbenpracht der Bäume ein Erlebnis.

Kriminalität und Sicherheit

Trotz verbreiteter Vorurteile ist Polen und vor allem Krakau nicht unsicher, im Gegenteil: In einer offiziellen Liste des europäischen Städtenetzwerks Eurocities befindet steht Krakau auf den vorderen Plätzen der sichersten Städte des Kontinents. Trotzdem sollte man es Taschendieben nicht zu einfach machen und die Geldbörse in der vorderen Hosentasche oder speziellen Taschen aufbewahren. Unbedingt in Acht nehmen muss man sich vor den europaweit berüchtigten Hooligans an Spieltagen von Wisła oder Cracovia Kraków. Nach Einbruch der Dunkelheit sollte man zudem den Stadtwald oder den Vorort Nowa Huta besser meiden.

Notruf

Notruf: landesweit ✆ 112 oder ✆ 997.

Polizeistationen: Rynek Główny 29, ✆ 12-61-57317 (24 Std.); ul. Szeroka 35, ✆ 12-6152914.

Feuerwehr: landesweit ✆ 998.

Touristen-Notruf: Juni–Sept. tägl. 10–22 Uhr deutsch- und englischsprachige Hilfe unter ✆ 22-2787777 (aus dem Festnetz) oder ✆ 0048-608-599999 (mobil).

Öffnungszeiten

Die Kernöffnungszeiten der kleinen Geschäfte sind ähnlich wie zuhause. Viele größere Geschäfte, Filialen und Einkaufszentren sowie Supermärkte nutzen das fehlende Ladenschlussgesetz und sind auch sonntags, am Abend, am frühen Morgen oder sogar durchgehend geöffnet. Manche Kirchen sind nur während der Messen zugänglich. Die Ruhetage von Museen variieren. Und nur sehr wenige Restaurants leisten sich den Luxus eines freien Tages.

2016 und 2017 wurde von der PiS-Regierung ein an Deutschland orientiertes **Ladenschlussgesetz** ins Auge gefasst. Darauf folgten aber umgehend scharfe Proteste. Auch wenn bei Redaktionsschluss noch nichts feststand, könnte eine Umsetzung des geplanten Gesetzes ein Ende der verkaufsoffenen Sonntage ab 2017 oder 2018 bedeuten.

Post

Die Hauptpost befindet sich östlich der Altstadt (auf der anderen Seite der Planty), wo die Straße Wielopole auf die Westerplatte stößt. Auch beim Bahnhof gibt es eine Filiale, die sogar rund um die Uhr geöffnet ist. Das Porto für einen Brief oder eine Postkarte beträgt inzwischen stolze 5 Złoty. Briefmarken erhalten Sie auch in manchen Kiosken.

Postämter: ul. Lubicz 4 (Hbf.), durchgehend Briefsendungen, Postauszahlungen und Kurierdienste, tägl. 0–24 Uhr.

Hauptpost: ul. Westerplatte 20, Mo–Fr 8–20.30, Sa 8–15 Uhr; **Filiale**: ul. Starowiślna 56, Mo–Fr 8–20 Uhr. www.poczta-polska.pl.

Postkartenschreiben nicht vergessen!

Rauchen

Seit 2010 gelten in Polen ebenso strenge Gesetze wie in den meisten anderen europäischen Ländern. Cafés, Restaurants, Kneipen und auch Clubs bleiben fortan rauchfrei, es sei denn, es gibt

Raucherbereiche in abgetrennten Räumen. Streng verboten ist das Rauchen auch auf Bahnhöfen, an Haltestellen sowie in öffentlichen Verkehrsmitteln, darunter auch Taxis. Verstöße werden mit Strafen ab 125 € geahndet.

Schwimmen und Baden

Park Wodny: riesiger Wassertempel mit mehreren Schwimmbädern, Whirlpools, Saunen und Solarien und einer 200 m langen Rutsche. Nicht zu vergessen die Drachen, Seemonster und eine tibetische Brücke. Eintritt 5 €/Std., 2 Std. 7,50–9 €. Ul. Dobrego Pasterza 126, ✆ 12-6163190, www.parkwodny.pl. Bus 125, 129, 132.

Korona: Hallenbad in Podgórze, 3–4 €/Std. Ul. Kalwaryjska 9, ✆ 12-6561368, www.korona.krakow.l/asen.html. Tram 6, 8, 10, Haltestelle Korona.

Clepardia: im Sommer geöffnetes Freibad in der Nähe eines Campingplatzes. Ul. Mackiewicza 14, ✆ 12-4151674, www.clepardia.com. Bus 164, 169.

Kryspinów: 12 km von Krakau entfernter Sandstrand mit sauberem Wasser. Wassersportgeräte sind ausleihbar, Beach-Volleyball und lockere Partys an diesem beliebten Sommer-Ausflugsziel. Bus 209, 229, 239 bis Haltestelle Kryspinów bzw. Kryspinów Sanka. Eintritt 3 €. www.kryspinow.com.pl.

Telefonieren

Die öffentlichen Fernsprecher sind ausnahmslos Kartentelefone. Die hierfür nötige *karta telefoniczna* gibt es in den Kiosken und Postämtern. Wie üblich, ist Telefonieren in den Hotelzimmern deutlich teurer. Günstiger wird es dank der EU-weit gedeckelten Roaming-Gebühren mit Handy oder Smartphone.

Achtung: Auch innerhalb Krakaus ist die Tel.-Vorwahl 12 mitzuwählen. In Polen entfällt die „0" am Anfang der Ortsvorwahl seit Jahren, in Flyern, Broschüren sowie auf Webseiten findet man sie aber gelegentlich noch. Lassen Sie sie beim Wählen einfach weg.

Internationale Vorwahlen: für Polen ✆ 0048, für Deutschland ✆ 0049, für Österreich ✆ 0043, für die Schweiz ✆ 0041.

Ortsvorwahl Krakau: innerhalb Polens und Krakaus ✆ 12, aus dem Ausland ✆ 0048-12.

Telefonauskunft: Ortsauskunft Krakau ✆ 911 und ✆ 913, national ✆ 912, international ✆ 900.

Spartipp: 85 % billiger, entweder mit der an Kiosken erhältlichen Vorwahlnummernkarte von Telegrosik oder aber online per Konto; www.telegrosik.pl.

Toiletten

Die Nutzung öffentlicher Toiletten (am nördlichen Ende der Tuchhallen – tägl. 7–22 Uhr –, rund um die Altstadt auf den Planty oder auf dem Wawel) kostet in der Regel 1 €. Manchmal (aber zum Glück immer seltener) gilt dies auch für Lokale! Weltweit einzigartig ist die Kennzeichnung für die Geschlechter. Ein Kreis auf der Tür kennzeichnet das Damen-WC, ein Dreieck das Herren-WC. Mitunter gibt es aber auch international verständliche Wörter oder Piktogramme.

Waschsalons

Frania Café: individueller Waschsalon zwischen Altstadt und Kazimierz mit Theke, Kaffeemaschine und Sofa. Waschen 4 €, Trocknen 3 €, beides zusammen 5 €. Tägl. 10.30–24 Uhr. Ul. Starowiślna 26, www.franiacafe.pl.

PePe: Beim Warten auf die Wäsche kann man kostenlos das WiFi benutzen. Wäsche groß 4 €, Trocknen 20 Min. 1 €. Tägl. 7–22 Uhr. Ul. Dietla 51, www.pepepralnia.pl.

Zeitungen und Zeitschriften

Die internationale Presse ist in Krakau überall erhältlich, z. B. bei Empik in der ul. Floriańska. Veranstaltungshinweise finden Sie vor allem im studentisch geprägten Stadtmagazin „Aktivist" und in den auch englischsprachigen Blättern „Kraków Insider", „Kraków What, Where, When" oder „Karnet" (Preis je 1 €). Nachrichten bringt die englischsprachige, monatlich erscheinende „Krakow Post".

Rathausturm

Kompakt

Museen

Fast alle Museen öffnen **an einem Tag der Woche gratis** die Türen. Da der Tag des freien Eintritts gerne mal geändert wird, sollten Pfennigfuchser ihn vor der Ankunft am besten auf den bei den Sehenswürdigkeiten genannten Webseiten überprüfen.

Mit kräftigen **Rabatten** können Kinder und junge Erwachsene bis 26 Jahre rechnen. Letztere benötigen allerdings unbedingt einen gültigen ISIC-Ausweis.

Freien Eintritt in die wichtigsten Museen (Ausnahme Wawel) und freie Fahrt in Stadtbussen, Straßenbahnen und dem Airport-Shuttle bietet die **Krakow Tourist Card**. Erfahrungsgemäß lohnt die sich aber nur für diejenigen, die in kurzer Zeit einen Besichtigungsmarathon hinlegen möchten. 2 Tage kosten 25 €, 3 Tage 30 €. Infos unter www.krakowcard.com.

Geschichte der Stadt und Universität, Archäologie

Untergrund des Marktplatzes: Besucher laufen auf ehemaligen Straßenzügen, passieren dabei verschüttete Friedhöfe, Geschäfte sowie mittelalterliche Überreste und Ausgrabungsstücke. Man erfährt auch viel über die einstige Bedeutung von Krakau als europäischem Handelszentrum. ▪ S. 35

Kamienica Hipolitów: Typische Krakauer Schlaf-, Ess-, Wohn- und Studierzimmer aus dem 17. bzw. 19. Jh. ▪ S. 27

Collegium Maius: Das Museum dokumentiert, wie einst an einer der ältesten Unis der Welt studiert wurde, unter anderem von Kopernikus. ▪ S. 47

Archäologisches Museum: Enorme Sammlung mit Ausstellungen zur Krakauer und kleinpolnischen Geschichte, aber auch Mumien und Tonkunst aus Peru. ▪ S. 77

Verschollener Wawel: Archäologische Ausstellung zur Geschichte des Wawelhügels. ▪ S. 90

Museum von Podgórze: Ab Ende 2017 taucht man mittels Multimedia in die Geschichte des galizischen, königlichen und industriellen Podgórze ein. ▪ S. 154

Haus von Zwierzyniec: Objekte einer typischen Krakauer Arbeiterwohnung zu Beginn des 20. Jh., passenderweise lebte hier Lenin zu Zeiten seines Krakauer Exils. ▪ S. 163

Museum der Volksrepublik Polen: Bis 2019 vorerst Wechselausstellungen zum sozialistischen Polen, vorher schon sollte man wegen der bedrückenden Atmosphäre in den Atomschutzbunkern vorbeischauen. ▪ S. 180

Nowa-Huta-Geschichtsmuseum: Kleines Museum zur Geschichte des als sozialistischer Trabant geplanten Stadtteils. ▪ S. 181

Geschichte der Krakauer Juden und Zweiter Weltkrieg

Pomorska-Straße: Ausstellung zum Terror im Gestapo-Gefängnis, das nach dem Krieg auch für stalinistische Verbrechen genutzt wurde. ▪ S. 103

Museum der Heimatarmee: Einblicke in den militärischen Widerstand Polens gegen die NS-Besatzung. ▪ S. 121

Museum Galizien: Zeigt mit Fotos Spuren der reichen jüdischen Kultur im ehemaligen Galizien auf. ▪ S. 130

Alte Synagoge: In einem der schönsten jüdischen Bauwerke in ganz Polen befindet sich die Ausstellung zu Geschichte und Leben der Krakauer Juden. ▪ S. 130

Schindler-Fabrik: Die aus dem Film „Schindlers Liste" bekannte Fabrik dient heute als multimediales und interaktives Museum über die NS-Besatzungszeit in Krakau zwischen 1939 und 1945. ▪ S. 150

Apotheke Pod Orłem: Museum in den Originalräumen der Apotheke des Judenretters Tadeusz Pankiewicz. ▪ S. 152

Museum Auschwitz-Birkenau: Ausstellungen und Originalschauplätze der Verbrechen im deutschen Konzentrations- und Vernichtungslager. ▪ S. 206

Technik, Manufakturen und Naturwissenschaften

Pharmaziemuseum: Einblicke in Geschichte und Tradition des Apothekerberufs, untergebracht in einem Stadtpalast mit gotischem Gewölbekeller. ▪ S. 60

Buntglasmuseum: Spannende Führungen von Buntglaskünstlern durch die traditionsreichen Werkstätten der immer noch in Betrieb befindlichen Manufaktur. ▪ S. 98

Museum der Geschichte der Fotografie: Dauerausstellung zur Entwicklung und Technik vor und hinter der Linse, in Wechselausstellungen auch künstlerische Perspektiven. ▪ S. 103

Städtisches Ingenieursmuseum: Oldimer auf zwei und vier Rädern, alte Trams, Techniken der Krakauer Druckereien sowie Kinderspiele zum Verstehen und Begreifen von Technik, Ingenieurskunst und Physik. ■ S. 131

Zentrum für Glas und Keramik: Vorführungen und Ausstellung zur Glasherstellung in der ehemaligen Fabrik. Wer will, darf sich auch mal am Glasblasen versuchen. ■ S. 151

Museum der Polnischen Luftfahrt: Eine der weltweit reichsten Sammlungen von den Anfängen der Luftfahrt bis heute. Für Liebhaber ein Muss. ■ S. 184

Salinenmuseum: Museum zur bis ins Mittelalter zurückreichenden Geschichte des Salzabbaus in Wieliczka.■ S. 197

Salzbergwerk: Faszinierende, aber anstrengende Führung durch die Stollen, Grotten und Schächte des Bergwerks in Wieliczka, bei der man immer wieder auf Kapellen, Figuren, Reliefs und biblische Szenen stößt – alle aus Salz gehauen. ■ S. 196

Königsschlösser

Königliche Gemächer: Repräsentative Säle, Krakaus berühmte Kassettendecke mit den „sprechenden" Holzköpfen, Wandteppiche und Werke von Hans Dürer. ■ S. 88

Königliche Privatgemächer: „Schöner Wohnen" im herrschaftlichen Stil voller Luxus und Prunk. ■ S. 89

Kronschatz und Rüstkammer: Rüstungen und Waffen vom 14. bis zum 18. Jh. ■ S. 89

Schloss Pieskowa Skała: Am Rande des Ojców-Nationalparks gelegenes Schloss mit Kunst vom 15. bis zum 19. Jh.■ S. 200

Königsschloss Niepołomice: Das auch als kleiner Wawel bezeichnete gotische Königsschloss mit Renaissance-Innenhof beherbergt Ausstellungen zu Kunst und Geschichte. ■ S. 200

Katholische und orthodoxe Geschichte und Kunst

Museum der Erzdiözese: Dauer- und Wechselausstellungen zu sakraler Kunst und das Arbeitszimmer von Karol Wojtyła. ■ S. 63

Palast des Bischofs Erazm Ciołek: Eine der weltweit bedeutendsten Sammlungen sakraler Kunst aus sieben Jahrhunderten mit katholischen und orthodoxen Heiligendarstellungen, Altären und Schnitzkunst. ■ S. 63

Dom-Museum: Reliquien und andere bedeutende sakrale Objekte sowie Geschichte des Doms. ■ S. 87

Zelle der Heiligen Faustyna: Rekonstruktion der Zelle im Nonnen-Schlafsaal mit Originalobjekten der Heiligen. ■ S. 190

Johannes-Paul-II.-Museum: Ausstellungsstücke zum Leben und Wirken von Johannes Paul II. ■ S. 192

Elternhaus: Geburtshaus des polnischen Papstes Johannes Paul II. in Wadowice. ■ S. 204

Volkskunst und Tradition

Volkskundliches Museum: Anhand von früher typischen Wohnräumen in Krakau und den ländlichen Gebieten im Süden Kleinpolens, Trachten, Bräuchen und Volkskunst erfährt man viel über die frühere Lebenswirklichkeit. ■ S. 134

Ethnografisches Museum: In der kleinen Stube in Lanckorona werden Dinge des täglichen Lebens und ländliches Kunsthandwerk aus dem Beginn des 20. Jh. ausgestellt. ■ S. 203

Museum des Zakopane-Stils: In der Ausstellung werden die Inspirationen deutlich, aus denen der Künstler und Architekt Witkiewicz Ideen für seinen „Zakopane-Stil" bei Holzhäusern schöpfte. ■ S. 213

Tatra-Museum: Historisches, volks- und naturkundliches Museum in Zakopane über das faszinierende alpine Gebirge in Südpolen. ■ S. 212

Willa Koliba: Wunderschönes Holzhaus der Künstlerfamilie Witkiewicz in Zakopane, deren Alltag und Wirken präsentiert wird. ■ S. 213

Willa Atma: Hölzernes Wohnhaus des Komponisten Karo Szymanowski im „Zakopane-Stil", in dem neben seinem Arbeitszimmer auch Porträts von Witkacy und für die polnischen Berge typische Einrichtungsgegenstände zu sehen sind. ■ S. 213

Kunst

Galerie der Polnischen Kunst des 19. Jahrhunderts: Riesige Meisterwerke in Öl von Jan Matejko und be- wie verzaubernde Darstellungen des Landlebens. ■ S. 34

Czartoryski-Museum: Das schönste und bekannteste Werk der Sammlung, Leonardos „Dame mit dem Hermelin" wird bis Ende der elbphilharmonieähnlichen Verzögerungen der Renovierungsarbeiten auf dem Wawel zu sehen sein. Dennoch lohnt sich ein Abstecher wegen der archäologischen Kunstschätze aus Ägypten, darunter auch Mumien. ■ S. 42

Szołayski-Haus: Seit Jahren Wechselausstellungen, ab 2018 sollen dann endlich wieder die Werke des wohl wichtigsten Krakauer Künstlers zu sehen sein: Stanisław Wyspiański. ■ S. 47

Matejko-Haus: Wohnhaus und Atelier des bedeutenden Krakauer Künstlers. ■ S. 60

Kunstpalast: Krakauer Pendant der Wiener Sezession, nur Wechselausstellungen. ■ S. 74

Hutten-Czapski-Palast: Eine der weltweit reichsten Sammlungen an Münzen, aber auch alte Drucke und Schriften sowie die spannende Geschichte ihres Sammlers. ■ S. 96

Mehoffer-Haus: Bilder und Glasmalereien mit vielen floralen und ländlichen Motiven im Haus des bedeutenden Vertreters der Bewegung „Junges Polen". ■ S. 101

Europeum: Werke flämischer, holländischer, italienischer, spanischer und deutscher Meister, darunter Lotto, Berlini, Strozzi oder Pieter Brueghel der Jüngere. ■ S. 102

Ehrenfoto für Wisława Szymborska im Nowa Prowincja (S. 51)

Museum des Jungen Polen: Der Bewegung des Jungen Polen (polnische Variante des Jugendstils) gewidmetes Museum mit interessanten Bildern, Mobiliar und Kleidung der damaligen Zeit. ■ S. 104

Zentrum für Japanische Kunst Manggha: Einblicke in die japanische Porzellankunst, Aquarellmalerei und Kunstschreinerei sowie Wechselausstellungen von Malerei bis Fotografie. ■ S. 159

Jan-Matejko-Gutshaus: Antike Möbel, Aquarelle und Reproduktionen von Matejkos Werken in seinem Sommerhaus. ■ S. 183

Moderne und zeitgenössische Kunst

Kunstplakatgalerie: Zwar eigentlich ein Geschäft, die umfassende Sammlung der polnischen Plakatkunst lädt aber auch zum Stöbern ein. ■ S. 46

Kunstbunker: Eine der wichtigsten Institutionen der modernen Kunst in Polen, erbaut im Stil des Brutalismus, ab 2017 wird der Bunker ausgebaut. ■ S. 74

Nationalmuseum: Zwar auch Waffen, Uniformen, Kunsthandwerk und Gemälde der vorletzten Jahrhundertwende, am bedeutendsten sind aber die Werke wichtiger polnischer Künstler des 20. Jh., darunter Witkacy oder Kantor. ■ S. 99

Kleinpolnischer Kunstgarten: „Multimedial aufbereitete Synthesen" aus Kunstbereichen wie Musik, Theater, Performance Art, Tanz und Bildender Kunst. ■ S. 102

Museum für Zeitgenössische Kunst: Aufsehenerregende Ausstellungen mit einer teilweisen Nutzung von Hallen der Schindler-Fabrik. ■ S. 150

Tadeusz-Kantor-Museum: Auch architektonisch sehr interessantes Museum, das Krakaus Jahrhunderttalent zwischen modernem Theater und Avantgarde-Kunst gewidmet ist. ■ S. 152

Zdzisław-Beksiński-Galerie: Faszinierende oder verstörende Gemälde voller Pein, Leiden und Tod. ■ S. 179

Städtische Kunstgalerie: Zeitgenössische Skulpturen, Gemälde und Zeichnungen in Zakopane. ■ S. 213

Władysław-Hasior-Galerie: Skulpturen und Gemälde von religiösem Ernst bis absurdem Humor in Zakopane. ■ S. 213

Kompakt

Restaurants

Altpolnisch, urig, deftig

Hawełka (Stare Miasto) Traditionsbewusster Fixpunkt Krakaus ▪ S. 36

Wierzynek (Stare Miasto) Edles wie uriges Restaurant, seit mehr als 600 Jahren ▪ S. 36

Wesele (Stare Miasto) Wie bei einer Bauernhochzeit auf dem Land ... ▪ S. 36

Cechowa (Stare Miasto) Essen zünftig wie die Gildezeichen an der Decke ▪ S. 49

Chimera (Stare Miasto) Nobles Restaurant mit königlichen Rezepten ▪ S. 50

Pod Kominkiem (Stare Miasto) Altpolnische Küche und Einrichtung im Keller ▪ S. 50

Bohema (Stare Miasto) Typische Fleischgerichte wie Kaninchen in Sahnesoße ▪ S. 50

Kawaleria (Stare Miasto) Altpolnisches Lokal mit Säbeln und Uniformen ▪ S. 50

Morskie Oko (Stare Miasto) Offenes Feuer, große Portionen, Di–Sa folkloristische Kapelle ▪ S. 50

Gruszka Nova (Stare Miasto) Zeitreise ins frühe 20. Jh. ▪ S. 50

Chłopskie Jadło (Stare Miasto) Urig, ländlich, bäuerlich ▪ S. 65

Piwnica Pod Złotą Pipą (Stare Miasto) Galizische Küche im urigen Keller ▪ S. 65

Pod Aniołami (Stare Miasto) Wildschwein, Rind und Co. auf Buchenholz gegrillt ▪ S. 65

Miód i Wino (Stare Miasto) Adelige Rezepturen, museales Ambiente ▪ S. 78

Pod Wawelem (Stare Miasto) Anti-Diät-Küche mit Fleisch-Gelagen ▪ S. 78

Chata (Kleparz) Karczma im Stil der Tatra-Goralen, urige Küche ▪ S. 114

Ogniem i Mieczem (Podgórze) Sehr beliebte Karczma für urige Gelage ▪ S. 154

Golonkarnia (Zwierzyniec) Eisbein & Haxe in verschiedenen Varianten ▪ S. 164

Polnisch

Szara (Stare Miasto) Raffinierte Küche, speziell Fischgerichte ▪ S. 36

Pod Nosem (Stare Miasto) Traditionelle Rezepte, modern und verfeinert ▪ S. 65

Miód Malina (Stare Miasto) Ofengerichte, polnische Klassiker, leckere Desserts ▪ S. 65

Pod Baranem (Stradom) Edle und moderne Fleisch- und Wildrezepte ▪ S. 78

Zielona Kuchnia (Piasek) Gesunde, lokale, saisonale Küche, recht edel ▪ S. 104

Jarema (Kleparz) Raffinierte ostpolnische Gerichte, Tracht & Livemusik ▪ S. 114

Barka Alrina (Kazimierz) Wunderschönes Restaurantschiff, sehr gute Küche ▪ S. 136

Marchewka z groszkiem (Kazimierz) Futtern wie bei polnisch Muttern ▪ S. 136

Bottiglieria 1881 (Kazimierz) Edles Bistro, Fusionsrezepte, große Weinauswahl ▪ S. 137

Studio Qulinarne (Kazimierz) Fusionsküche, umfangreiche Weinkarte: Luxus ▪ S. 137

Rubinstein (Kazimierz) Edle polnische, jüdische und Fusionsküche ▪ S. 137

Augusta (Kazimierz) Restaurantschiff mit feinen Speisen ▪ S. 137

ZaKładka (Podgórze) Bistro mit edlen franz. und poln. Kreationen ▪ S. 155

Industrial (Zabłocie) In ehemaliger Werkskantine, offene Küche ▪ S. 155

Studio Twój Kucharz (Zabłocie) Offene Küche, industrielle Einrichtung, raffiniert ▪ S. 155

Aquarius (Zwierzyniec) Krakaus ältestes Restaurantschiff ▪ S. 164

Restauracja Pod Kopcem (Salwator) Fleisch- und Grillgerichte, Snacks auf Terrasse ▪ S. 164

27 Porcji (Las Wolski) Frische, lokale Slow-Food-Küche: super! ▪ S. 172

Srebrna Góra (Las Wolski) Fisch- und Pilzgerichte, schöne Lage ▪ S. 172

Stylowa (Nowa Huta) Quicklebendiger Realsozialismus mit Stilbrüchen ▪ S. 184

Mittel- und osteuropäisch

Gospoda C.K. Dezerter (Stare Miasto) Rezepte aus der Habsburgermonarchie ▪ S. 50

Wiśniowy Sad (Stare Miasto) Original russische Küche ▪ S. 65

Smak Ukraiński (Stare Miasto) Schmackhaftes aus Polens Nachbarland ▪ S. 65

Balaton (Stare Miasto) Authentisches ungarisches Restaurant ▪ S. 65

Smaki Gruzji (Kazimierz) Authentisches georgisches Restaurant ▪ S. 137

Chinkalnia (Kazimierz) Georgisches Restaurant, Spezialität: Chinkali (Teigtaschen) ▪ S. 137

Restauracja Armeńska (Zwierzyniec) Authentisches armenisches Kellerrestaurant ▪ S. 163

Israelisch, jüdisch

Szeroka Nr. 1 (Kazimierz) Urig, jüdische Küche, Klezmerkonzerte ▪ S. 128

Ariel (Kazimierz) Spielbergs Lieblingsrestaurant, jüdische Küche, Klezmerkonzerte ▪ S. 136

Klezmer-Hois (Kazimierz) Mit die besten Klezmerkonzerte, gute jüdische Küche ▪ S. 136

Hamsa (Kazimierz) Rezepte aus Israel und dem Libanon ▪ S. 137

Cheder Café (Kazimierz) Kleine israelische Gerichte, jüdisches Frühstück/Brunch ▪ S. 138

Asiatisch

Indus Tandoor (Stare Miasto) Schmales indisches Restaurant ▪ S. 49

Pod Norenami (Piasek) Fernöstliche Gerichte, konsequent vegan oder vegetarisch ▪ S. 104

Oriental Spoon (Kleparz) Authentisches koreanisches Lokal, Spezialität: Bibimbap ▪ S. 114

Bombaj Tandoori (Kazimierz) Indisches Restaurant, nicht ganz authentisch ▪ S. 137

Zayka (Podgórze) Krakaus bester Inder ▪ S. 155

Orientalisch

Sami Am Am (Kazimierz) Syrer mit Krakaus bestem Kebab, lecker Hummus & Falafel ▪ S. 137

U Ziyada (Las Wolski) Kurdische und polnische Küche, Panoramablick ▪ S. 172

Italienisch, französisch, mediterran

Cyrano de Bergerac (Stare Miasto) Französisches Luxusrestaurant, auch Hummer ▪ S. 49

Leonardo (Stare Miasto) Edler Italiener ▪ S. 49

Corse (Stare Miasto) Liebevoll eingerichtetes korsisches Restaurant ▪ S. 49

Trattoria Soprano (Stare Miasto) Italiener mit häufig wechselnder Karte ▪ S. 49

Guliwer (Stare Miasto) Kleines Restaurant mit französischer Küche ▪ S. 50

La Campana (Stare Miasto) Mediterrane Küche, gemütliches Ambiente ▪ S. 65

Klimaty Południa (Śródmieście) Weinschänke mit mediterraner Atmosphäre, Bistrogerichte ▪ S. 79

Mamma Mia (Piasek) Pizza aus dem Steinofen ▪ S. 104

Kuchnia i Wino (Kazimierz) Luxusrestaurant mit französischen Klassikern ▪ S. 136

Nolio (Kazimierz) Authentische neapolitanische Pizzeria ▪ S. 137

makaroniarnia (Podgórze) Romantisch gelegenes Pasta-Bistro, auch Pizza ▪ S. 155

Pizza Garden (Dębniki) Leckere Pizza, sehr gut besucht ▪ S. 163

Steakhäuser

Ed Red (Stare Miasto) Krakaus beste Steaks mit ausgewählten Stücken ▪ S. 50

Pimiento (Kazimierz) Argentinisches Steak-Restaurant ▪ S. 137

Vom Grill

Kiełbaski z Niebieskiej Nyski (Grzegórzki) Grillwürste: für Nachtschwärmer in Krakau Kult ▪ S. 122

Grill na Kazimierzu (Kazimierz) Kultiger Grill unter freiem Himmel ▪ S. 138

Smil'y (Zwierzyniec) Grillfans dürfen ihr Fleisch selbst wenden ▪ S. 163

Max Grill (Nowa Huta) Manch Krakauer nimmt dafür lange Wege in Kauf! ▪ S. 185

Fisch und Sushi

Zen (Stare Miasto) Stilvoll eingerichtete Sushi-Bar ▪ S. 50

Farina (Stare Miasto) Eines der besten Restaurants, Schwerpunkt: Fisch ▪ S. 50

Sakana Sushi (Stare Miasto) Sushi und andere japanische Küche ▪ S. 78

Kuchnia i Wino (Kazimierz) Mediterrane Küche, speziell Fisch & Meeresfrüchte ▪ S. 136

Vegetarisch, vegan

Chimera (Stare Miasto) Salatbar mit frischer Auswahl: Vegetarierparadies! ▪ S. 50

Green Day (Stare Miasto) Vegetarische Frische und veganes Junkfood ▪ S. 50

Greenway (Piasek) Vegetarische Gerichte aus aller Welt ▪ S. 104

Karma (Piasek) Empfehlenswerte Bar, viele vegetarische Gerichte ▪ S. 104

Veganic (Piasek) Feine vegetarische und vegane Küche, kleine Portionen ▪ S. 104

Glonojad (Kleparz) Stets volle vegetarische Bar ▪ S. 114

WieloPole 3 (Grzegórzki) Vegetarische, vegane und glutenfreie Gerichte, Rohkost ▪ S. 122

Vegab (Grzegórzki) Fast Food, eines der besten Lokale für Vegetarier weltweit ▪ S. 122

Momo (Kazimierz) Vegetarische/vegane Bar, indisch & tibetisch inspiriert ▪ S. 136

Café Młynek (Kazimierz) Einfache vegane und vegetarische Gerichte ▪ S. 137

Hummus Amamamusi (Kazimierz) Krakaus vielleicht bestes Hummus ▪ S. 138

Bistros, einfache Lokale

Dobra Kasza Nasza (Stare Miasto) Einfallsreiche Gerichte mit Buchweizen ▪ S. 36

U Romana (Stare Miasto) Studentenmensa, toller Blick über die Altstadt ▪ S. 79

Smakołyki (Piasek) Milchbarähnliche Küche, viele Studis ▪ S. 104

Kolanko No. 6 (Kazimierz) Suppen, Omeletten, Pfannkuchen, Frühstück ▪ S. 136

Bar Szynk (Kazimierz) Günstiges Restaurant mit typisch polnischer Küche ▪ S. 137

Bagelmama (Kazimierz) Bagels in unzähligen Variationen ▪ S. 137

Sezony (Podgórze) Regionale, saisonale und gesunde Gerichte ▪ S. 155

zuppito (Dębniki) Suppen, Eintöpfe, Salate und Frühstück ▪ S. 164

Gospoda na Woli (Las Wolski) Polnische Hausmannskost, großer Garten ▪ S. 172

Frühstück, Brunch

Camelot (Stare Miasto) Eines der schönsten Cafés der Stadt, Frühstück/Brunch ▪ S. 51

Charlotte (Stare Miasto) Boulangerie, Frühstück ganztags ▪ S. 52

Dynia (Piasek) Frühstück, Brunch, Lunch, japanischer Garten ▪ S. 104

Les Couleurs (Kazimierz) Französische Lebensart, Frühstück ab 7 Uhr ▪ S. 138

Konfederacka 4 (Dębniki) Touri-freies Café, Frühstück 10–12 Uhr ▪ S. 164

Milchbars, Jadłodajnie, Pierogarnie

U Stasi (Stare Miasto) Kultmilchbar mit ehrlicher und leckerer Küche ▪ S. 51

gospoda koko (Stare Miasto) Genießt unter Krakauer Studis Kultstatus ▪ S. 51

Milkbar (Stare Miasto) Modernisierte Milchbar ▪ S. 51

Bar Grodzki (Stare Miasto) Eine der Krakauer Kultmilchbars ▪ S. 65

U Babci Maliny (Stare Miasto) Milchbar in folkloristischem Zakopane-Stil ▪ S. 78

Przypiecek (Stare Miasto) Rund um die Uhr geöffnete Pierogarnia ▪ S. 78

Pierożki u Vincenta (Kazimierz) Pierogi in 20–30 Variationen ▪ S. 137

Polakowski (Kazimierz & Stare Miasto) Selbstbedienungsrestaurant mit über 100-jähriger Geschichte ▪ S. 51/S. 138

Jadłodajnia Wczoraj i Dziś (Podgórze) Klassiker der einfachen polnischen Küche ▪ S. 155

Przystanek Pierogarnia (Dębniki) Leckere hausgemachte Pierogi ▪ S. 164

Bar mleczny (Nowa Huta) Klassiker der günstigen polnischen Küche, Nowa-Huta-Ambiente ▪ S. 184

Streetfood

Moaburger (Stare Miasto) Immer voller Burgerladen ▪ S. 50

Zapiekanki (Stare Miasto) Seit 35 Jahren Zapiekanki ▪ S. 51

Zapiecek (Stare Miasto) Sandwiches zum Mitnehmen ▪ S. 65

Szalom Falafel (Kazimierz) Koschere Klassiker der israelischen und jüdischen Küche ▪ S. 138

Gruba Buła (Kazimierz) Krakaus mit Abstand beste Hamburger ▪ S. 138

Skwer Judah (Kazimierz) Beliebtester Stellplatz für Imbisswagen ▪ S. 138

Plac Izaaka (Kazimierz) Zweitbeliebtester Stellplatz für die *foodtrucki* ▪ S. 138

Mini Bar Endzior (Kazimierz) Krakaus beste Zapiekanki ▪ S. 138

Kompakt
Nachtleben

Das Nachtleben ist abwechslungsreich, die Kneipendichte beeindruckend, was nicht zuletzt an den 175.000 Studenten liegen dürfte. Wohin vor dem Schlafengehen? Je nach Vorliebe: Geruhsam und edel geht es rund um den Rynek Główny (→ Tour 1) zu. Urig und romantisch in den Kellerkatakomben der Altstadt (→ Touren 1, 2 und 3). Studentisch und gay-friendly in den Kneipen und Clubs der ehemaligen Zigarrenfabrik Tytano (→ Tour 6). Absurd, traumverloren und alternativ ist Kazimierz rund um den Plac Nowy (→ Tour 9).

Kneipen zum Klönen

Vis-a-Vis (Stare Miasto) Faszinierendes Überbleibsel aus Krakaus prätouristischer Epoche ▪ S. 36

Budda Drink & Garden (Stare Miasto) Cocktailbar mit indischer Einrichtung ▪ S. 37

Nowa Prowincja (Stare Miasto) Eher Café mit sündhaft leckerer heißer Schokolade ▪ S. 51

Bomba (Stare Miasto) Mischung aus Café und Kneipe ▪ S. 52

U Jožina (Stare Miasto) Sehr günstiges tschechisches Bier ▪ S. 52

Philo (Stare Miasto) Existentialistische Philosophenkneipe ▪ S. 52

Dym (Stare Miasto) Beliebter Treffpunkt für ein gemischtes Publikum ▪ S. 52

DeCafencja (Stare Miasto) Kultkneipe in kleinem Raum zum Versacken ▪ S. 52

Pod Papugami (Stare Miasto) Irish Pub, aber mehr als Guinness-Britpop-Gemisch ▪ S. 52

Bunkier Café (Stare Miasto) Von morgens bis nachts geöffnetes Künstlercafé ▪ S. 79

Café Szafé (Nowy Świat) Traumverlorenes Künstlercafé ▪ S. 105

Strefa (Piasek) Irgendetwas zwischen Kneipe, Club, Weinbar, Bistro ▪ S. 105

Stary Port (Piasek) Hafenspelunke mit Shanty-Musik, nur der Hafen fehlt ▪ S. 105

Mash Room (Piasek) Industrielle Einrichtung, gezapfte Cocktails ▪ S. 105

Mleczarnia (Kazimierz) Verträumte Café-Kneipe, Krakaus schönster Biergarten ▪ S. 139

Alchemia (Kazimierz) Herz des alten Kazimierz, im Keller Free Jazz u. Ä. ▪ S. 139

Propaganda (Kazimierz) Ort für alle, die den Kommunismus vermissen oder ihn, nicht ohne Ironie, feiern wollen ▪ S. 139

Eszeweria (Kazimierz) Antiquitäten, Schwarz-Weiß-Fotos, Sommergarten ▪ S. 139

ArtCafé Barakah (Kazimierz) Alternatives Künstlercafé ▪ S. 139

La Habana (Kazimierz) Kubanische Cocktailbar ▪ S. 139

Singer (Kazimierz) Kult an Nähmaschinentischen, nachts wird auf den Tischen und in der Bar zu Tango, Salsa oder Balkanbeats getanzt ▪ S. 139

absynt (Kazimierz) Gewidmet der grünen Fee, die so gut zu Kazimierz passt ▪ S. 140

Po Drodze (Kazimierz) Winzige Kneipe, bei gutem Wetter verlagert sich alles vor die Tür ▪ S. 140

Drukarnia (Podgórze) Ein moderner Raum, einer voller Antiquitäten, im Keller am Wochenende Tanz ▪ S. 155

Pub Victoria (Zwierzyniec) Café und Pub auf einem Schiff auf der Weichsel ▪ S. 164

Forum Przestrzenie (Ludwinów) Krakaus Hipsterplatz Nr. 1: Strandatmosphäre, Filmabende, Theaterworkshops, Konzerte ▪ S. 164

Mikrobrauereien, Craft Beer

House of Beer (Stare Miasto) Sehr viele Biersorten aus Polen und aller Welt ▪ S. 52

Weźże Krafta (Piasek) Wechselnde 25 Sorten Craft Beer vom Fass, 50 aus der Flasche ▪ S. 105

Ursa Maior (Kazimierz) Viele selbstgebraute Biersorten, beliebtes Tasting Set ▪ S. 140

Stara Zajezdnia (Kazimierz) Mikrobrauerei, Krakaus längste Theke, Public Viewing ▪ S. 140

Wodka-Bars

Ambasada Śledzia (Stare Miasto) Kult! Eine der polnischen Tapas-Bars mit Heringskreationen als Grundlage für die Klaren ▪ S. 52

Baroque (Stare Miasto) Mehr als 100 verschiedene Wodkasorten und 200 Cocktails für Genusstrinker ▪ S. 52

Pijalnia Wódki i Piwa (Stare Miasto) Immer volle Stehbar mit ostalgischer Inneneinrichtung ▪ S. 52

BaniaLuka (Stare Miasto) Snacks kosten 2 €, der Wodka 1 € ▪ S. 53

Im Mash Room wird es immer voll

Jazzclubs

Harris Piano Jazz Bar (Stare Miasto) Berühmter Jazzkeller mit tollen Konzerten ▪ S. 38

The Piano Rouge (Stare Miasto) Leichter Jazz ohne Gefuddel in plüschiger Umgebung ▪ S. 38

Ratuszowa (Stare Miasto) Zwar kein Club, aber im Sommer im Biergarten ab 19 Uhr New-Orleans-Bands ▪ S. 38

Piec Art (Stare Miasto) Einer von Krakaus besten Jazzkellern, meist Modern Jazz ▪ S. 52

U Muniaka (Stare Miasto) Jazzkeller mit jungen und arrivierten Gruppen ▪ S. 66

Kornet (Nowy Świat) New-Orleans-Jazz und Blues, manchmal aber auch andere Musikstile ▪ S. 106

Klezmer-Konzerte

Szeroka Nr. 1 (Kazimierz) Urige Museumsatmosphäre, Klezmerkonzerte an ausgewählten Tagen ▪ S. 128

Ariel (Kazimierz) Spielbergs Lieblingsrestaurant, Klezmerkonzerte täglich um 20 Uhr ▪ S. 136

Klezmer-Hois (Kazimierz) Mit die besten Klezmerkonzerte (täglich um 20 Uhr), voller Antiquitäten ▪ S. 136

Clubs

Pod Jaszczurami (Stare Miasto) Kulturzentrum mit legendärer Geschichte und eher trauriger Gegenwart ▪ S. 37

U Louisa (Stare Miasto) Kellerclub mit Salsa-Nächten und DJ-Sets ▪ S. 37

Frantic (Stare Miasto) Etwas snobistischer Club ▪ S. 52

Pauza (Stare Miasto) Club für Krakaus Intelligenz ▪ S. 52

Baccarat (Stare Miasto) Sehr luxuriöser House-Club ▪ S. 53

Prozak 2.0 (Stare Miasto) Techno-Club mit 3 Tanzflächen und erstklassigen DJs ▪ S. 66

Samo Ż (Piasek) Kulturzentrum mit Sommerkino, Street Art, (ambitionierten) Konzerten und DJ-Sets ▪ S. 105

ZetPeTe (Piasek) Einer von Krakaus besten Clubs von polnischer Folklore über Reggae und Jazz bis hin zu hartem Techno ▪ S. 105

Żaczek (Piasek) Club in einem Studentenwohnheim ▪ S. 106

Forty Kleparz (Kleparz) Club in einer alten Festung, Konzerte und DJ-Sets in gehobener Atmosphäre ▪ S. 114

Piękny Pies (Kazimierz) Wilder Kultclub, Do–Sa Tanz ▪ S. 139

Muzeum Flipperów (Kazimierz) Unzählige Flipperautomaten zum Spielen ▪ S. 140

Kombinator (Nowa Huta) Club im ostalgischen PRL-Stil mit Möbeln der 60er-Jahre ▪ S. 185

Schwule und Lesben

LaF (Kazimierz) Fr/Sa geöffneter LGBT-Kellerclub, besonders Lesben, aber auch Homos und Heteros ▪ S. 140

Cocon (Kazimierz) Do–Sa geöffneter Club, auch Heteros ▪ S. 140

Warnung!

An mehreren Stellen der Altstadt und in Kazimierz versuchen den ganzen Tag über mit Regenschirm „bewaffnete" Mädchen zum Besuch in einem „Stripclub" zu überreden, die ihren Namen häufig wechseln. Sie gehen dabei sehr hartnäckig vor und akzeptieren kein Nein. Geben Sie auf keinen Fall nach! Wenn es zu schlimm wird, laufen Sie am besten weg. In den Schuppen einer polenweiten Kette wird man ausgenommen, von Kreditkarten wurden vier- bis siebenstellige Summen (sic!) abgebucht. Laut Aussagen der Geschädigten sollen Gästen systematisch Drogen verabreicht werden, die sie willenlos machen. In der Breslauer Filiale erschlug ein Türsteher sogar einen Gast. Falls Sie sich jetzt (wie auch die Polen) fragen werden, warum die Clubs nicht geschlossen werden: Der Krakauer Besitzer soll den Gerüchten nach beste Kontakte zu Polizei, Staatsanwaltschaft, Politik und Kirche haben: Sonntags fährt er mit seinem schwarzen Ferrari zur Morgenmesse nach Łagiewniki.

Kompakt

Shopping

Mode, Schuhe & Accessoires

Tatuum (Rynek) Junge polnische Mode für sie und ihn ■ S. 38

Hexeline (Rynek) Elegante Frauenmode aus Polen ■ S. 38

Louve with Evolue (Rynek) Boutique der besten polnischen Designer ■ S. 38

IPM DESIGN (Rynek) Polnische Designermode für sie ■ S. 38

Podlasek (Stare Miasto) Kleinpolnische Designermode aus Leinen ■ S. 53

Noa Noa (Stare Miasto) Dänisches Mode-Outlet ■ S. 53

Aryton (Stare Miasto) Polnische Frauenmode ■ S. 53

Echo (Stare Miasto) Boutique mit polnischer Frauenmode ■ S. 53

Cashmire (Stare Miasto) Mode aus Kaschmirwolle ■ S. 53

Vistula (Stare Miasto) Klassische Eleganz für Herren ■ S. 54

Ryłko (Droga Królewska) Polnische Schuhmode ■ S. 67

Clickfashion (Droga Królewska) Bunte und bequeme Mode ■ S. 67

Hula hoop (Droga Królewska) Legere Frauenmode ■ S. 67

Polski Len (Droga Królewska) Leinen von leger bis elegant ■ S. 67

Iniane marzenie (Droga Królewska) Mode aus Leinen, Wolle und Seide ■ S. 67

Artystyczna Pracownia Krawiecka J. Turbasa (Planty) Maßgeschneiderte Anzüge, Kostüme, Mäntel ■ S. 79

METQA Perception Box (Piasek) Boutique der besten unter den jungen polnischen Modedesignern ■ S. 106

Forum Mody (Piasek) Junge polnische Modedesigner, von Unterwäsche bis Mäntel für sie und ihn ■ S. 106

Feema (Piasek) Semi-elegante und bezahlbare Frauenmode ■ S. 106

Millu (Piasek) Boutique mit junger femininer Mode ■ S. 106

Sandwich (Piasek) Frauenmode aus Holland ■ S. 106

15A Butik (Piasek) Winzige Modeboutique für Mädchen, Frauen und Damen ■ S. 106

Boho (Kleparz) Showroom einer Krakauer Modedesignerin ■ S. 114

KOKO world (Kleparz) Ethnomode einer Krakauer Designerin ■ S. 122

IdeaFix (Kazimierz) Kleidung und Schuhe von polnischen Designern ■ S. 141

The Hive (Kazimierz) Coole Männermode ■ S. 141

Przymierzalnia (Kazimierz) Mode aus zweiter Hand ■ S. 141

Anna Kara (Kazimierz) Traumhafte Hochzeitskleider aus Krakau ■ S. 141

Mapaya (Kazimierz) Handgemachte Ethnomode ■ S. 142

Fairma (Kazimierz) Vegane Schuhe ■ S. 142

Szaleo (Kazimierz) Schals, Handschuhe und Mützen ■ S. 142

Vintage Classics (Kazimierz) Retro-Klassiker und Vintage-Mode ■ S. 142

Taschen

Słoń Torbalski (Stare Miasto) Designertaschen aus Krakau ■ S. 53

pepita (Stare Miasto) Taschen für Frauen ■ S. 53

De Mehlem (Droga Królewska/Zwierzyniec) Wunderschöne Taschen aus Krakau ■ S. 67/S. 164

Schmuck

Galeria Biżuterii ORA (Stare Miasto/Kazimierz) Einfallsreicher Schmuck ■ S. 54/S. 142

Boruni (Droga Królewska) Schmuck aus Bernstein ■ S. 67

Blazko Kindery (Kazimierz) Geschmackvoller und jugendlicher Schmuck ■ S. 142

Buchwic Concept Jewellery (außerhalb der Touren) Traumhafter Designerschmuck: ul. Stacyjna 11, www.buchwic.pl

Antiquariate

Rara Avis (Stare Miasto) Antiquariat ■ S. 54

Antykwariat Wójtowicz (Stare Miasto) Alte Bücher, Karten, Stiche ■ S. 54

Bücher, Musik

Bona (Droga Królewska) Buchhandlung und Café ■ S. 66

empík (Droga Królewska) Bücher, Stadtpläne, Zeitschriften ■ S. 66

Massolit Books (Nowy Świat) Englischsprachige Literatur ■ S. 106

Bücherei der Hohen Synagoge (Kazimierz) Bildbände, Bücher, CDs zur jüdischen Kultur ■ S. 141

Jarden (Kazimierz) Klezmermusik, jüdische Sachbücher und Literatur ■ S. 141

Galerien

Galeria Andrzeja Mleczki (Stare Miasto) Von Plakaten bis Bettwäsche – alles mit Motiven des Karikaturisten ■ S. 45

Kersten Gallery (Stare Miasto) Zeitgenössische polnische Künstler ■ S. 54

Fejkiel Gallery (Stare Miasto) Zeitgenössische Grafiken und Zeichnungen ■ S. 54

Galeria Atelier Iwona Siwek-Front (Stare Miasto) Gemälde von Frauen mit gesunden Rundungen ■ S. 54

Galeria Mariana Gołogórskiego (Droga Królewska) Alternative Galerie ■ S. 67

Galeria Szalom (Kazimierz) Judaika und jüdische Kunst ■ S. 142

Typisches Trachtenmotiv

Galerie d'Art Naif (Kazimierz) Naive und volkstümliche Kunst ■ S. 142

Galeria Bronisława Chromego (Las Wolski) Skulpturen aus Stein und Metall ■ S. 172

Feinkost von süß bis salzig

Wawel (Rynek) Original Krakauer Schokolade ■ S. 38

Krakowska Manufaktura Czekolady (Rynek) Pralinen, Trüffel und Schokolade ■ S. 38

R7 (Rynek) Spirituosen und Zigarren ■ S. 38

Piekarnia Mojego Taty (Stare Miasto/Kazimierz) Krakauer Brot, lecker ■ S. 53/S. 140

Pszczelarz (Stare Miasto) Honig aus Kleinpolen ■ S. 53

Krakowski Kredens (Droga Królewska) Bestes Delikatessengeschäft der Stadt ■ S. 66

Toruńskie Pierniki (Droga Królewska) Polnische Lebkuchen ■ S. 66

Ciuciu Fabryka Cukierków (Droga Królewska) Kleinste Bonbon- und Lutschermanufaktur der Welt ■ S. 66

Habana Cygara Alkohole (Droga Królewska) Alle polnischen Wodkasorten ■ S. 66

Naturalny Sklepik (Piasek) Öko- und Bioprodukte ■ S. 106

Cukiernia Starowicz (Kazimierz) Zuckerbäcker in Familienbetrieb ■ S. 141

Produkty Benedyktyńskie (Kazimierz) Biolebensmittel der Benediktinermönche ■ S. 141

Bacówka (Kazimierz) Regionale Delikatessen ■ S. 172

Huta Piwa (Nowa Huta) Craft Beer aus der ganzen Welt und Nowa Huta ■ S. 185

Kunsthandwerk, Souvenirs, Einrichtung, Blumen

Sukiennice (Rynek) Kunsthandwerk und Andenken ■ S. 38

Blumenstände (Rynek) Krakaus berühmte Blumenfrauen ■ S. 38

Make your own Rainbow (Stare Miasto) Tassen, Kacheln, Schmuck ■ S. 54

Krakuska Sztuka Ludowa (Stare Miasto) Kleinpolnisches Kunsthandwerk ■ S. 54

Art & Craft Gallery (Droga Królewska) Glaswaren ■ S. 66

Cocoart (Droga Królewska) Kunsthandwerk aus Keramik, Holz ... ■ S. 66

Absurdalia (Droga Królewska) Einfallsreiche Krakau-Souvenirs ■ S. 66

kobalt, pottery and more (Droga Królewska) Porzellan, Keramik und Töpferwaren ■ S. 67

Galeria Meble (Droga Królewska) Möbel, Keramik und Glaskunst ■ S. 67

Flohmarkt auf dem Plac Nowy

Forum Designu (Piasek) Lampen, Möbel etc. polnischer Designer ■ S. 106

Chrum.com (Kleparz) T-Shirts mit Krakau-Motiven oder polnischen Wortspielen ■ S. 114

Marka (Kazimierz) Möbel und Leuchten von polnischen Designern ■ S. 141

Art Cherubino (Kazimierz) Engel in 1000 Varianten ■ S. 142

Archetyp (Kazimierz) Volkskunst, bemalte Holzfiguren ■ S. 142

Souvenirs Gifts (Kazimierz) Bernsteinketten, Glaskunst, Holzarbeiten ■ S. 142

Galeria LueLue (Kazimierz) Verträumte Bilder und Fotos des alten Krakau ■ S. 142

Galeria Na Placu (Podgórze) Kunsthandwerk und Andenken ■ S. 155

Sklepik Japoński (Dębniki) Japanische Kunst(-bände), Geschirr, Fächer und Kimonos ■ S. 164

Cepelix (Nowa Huta) Polnisches Kunsthandwerk, Huta-Andenken ■ S. 185

Szpeje (Nowa Huta) Möbel, Lampen und Deko aus dem sozialistischen Polen ■ S. 185

Kindersachen

Galeria Bukowski (Rynek) Teddybären in allen Größen und Formen ■ S. 38

Zabawki BAJO (Droga Królewska) Holzspielzeug ■ S. 67

Mały Styl (Kazimierz) Kindermode für Mädchen und Jungs ■ S. 142

Devotionalien

Księgarnia Franciszkańska (Planty) Devotionalien, Bücher, Souvenirs ■ S. 79

Pasaż handlowy (Łagiewniki) Devotionalien, Andenken an Johannes Paul II. und die Heilige Faustyna ■ S. 193

Sklep z dewocjonaliami (Łagiewniki) Andenken zu Johannes Paul II., Devotionalien ■ S. 193

Märkte, Flohmärkte

Rynek Kleparski (Kleparz) Lebensmittel, Blumen, Bekleidung ■ S. 113

Nowy Kleparz (Kleparz) Bekleidung, Lebensmittel, Blumen ■ S. 114

Targ Grzegórzecki (Wesoła) Lebensmittel, sonntags Flohmarkt mit Antiquitäten ■ S. 122

Plac Nowy (Kazimierz) Flohmarkt mit Antiquitäten und jüdischem Krimskrams ■ S. 142

Einkaufszentren

Pasaż Rynek 13 (Rynek) Nobles Einkaufszentrum ■ S. 38

Galeria Krakowska (Kleparz) Shopping-Mall am Bahnhof ■ S. 114

Etwas Polnisch

Aussprache

Die Aussprache ist sicher nicht einfach für deutsche Zungen, die weniger aufwendige Bewegungen gewohnt sind. Was aber auf dem Papier nach unaussprechlich aussieht, klingt beim Hören oft schon viel machbarer. Viele Buchstaben haben denselben Laut wie im Deutschen, die Ausnahmen sind im Folgenden angegeben.

Betonung fast ausnahmslos auf der vorletzten Silbe. Also nicht Hotẹl, sondern họtel und nicht **Au**tobus, sondern aut**o**bus.

ą	wie französisch Gr**an**d-Prix
c	wie **Z**oo
ć	wie Hän**dch**en
ę	wie französisch Cous**in**
h	wie Ba**ch**
ł	wie **W**estern
ń	wie französisch Ko**gn**ak
ó	wie **u** (Kraków = Krakuff)
s	immer wie da**ss** (stimmloses S)
ś	wie e**ch**t
y	wie h**i**ndern
z	wie **S**onne (stimmhaftes S)
ź	zwischen stimmhaftem S und Sch
ż	wie französisch **G**endarm
ch	immer wie Kra**ch**
cz	wie **tsch**üs
sz	wie **Sch**ule
rz	→ ż
dż	wie **Dsch**ungel
dź	weicher als dż
dz	in etwa wie **Z**oll

Basis

Ja	Tak
Nein	Nie
Bitte	Proszę
Danke/vielen Dank	Dziękuję (bardzo)
Entschuldigung	Przepraszam
Ich verstehe nicht	Nie rozumiem
Sprechen Sie (Mann/Frau) Deutsch/Englisch?	Czy Pan/Pani mówi poniemiecku/ angielsku?
Gut/schlecht	Dobry/zły
Groß/klein	Duży/mały
Billig/teuer	Tani/drogi
Mehr/weniger	Więcej/mniej
Mit/ohne	z/bez
Krakau	Kraków
Deutschland/ aus Deutschland	Niemcy/ z Niemiec
Ich bin Deutscher/ Deutsche	Jestem Niemcem/ Niemką

Grüße, Fragen und Antworten

Guten Morgen/guten Tag	Dzień dobry
Guten Abend	Dobry wieczór
Gute Nacht	Dobranoc
Hallo/Tschüs	Cześć
Auf Wiedersehen	Do widzenia
Bis bald	Na razie
Ich heiße ... (Vorname)	Mam na imię ...
Ich heiße ... (ganzer Name)	Nazywam się ...
Sehr erfreut	Bardzo mi miło
Wie geht es Dir/Ihnen (Mann/Frau)?	Jak się masz/ Pan(i) ma?
(Sehr) gut	(Bardzo) dobrze
Und Dir/Ihnen (Mann/Frau)?	A ty/a Pan(i)
Gibt es ...?	Czy jest ...?

Was kostet das?	Ile to kosztuje?	*Wo/wann*	Gdzie/kiedy
Wissen Sie (Mann/Frau) …?	Czy Pan/ Pani wie …?	*Wer/was*	Kto/co
Haben Sie (Mann/Frau) …?	Czy Pan/ Pani ma …?	*Wissen Sie (Mann/Frau), wo … ist?*	Czy Pan/Pani wie, gdzie jest …
Ich (m/w) möchte …	Chciałbym/chciałabym	*Können Sie (Mann/ Frau) mir helfen?*	Czy Pan/Pani mógłby/ mogłaby mi pomóc?

Zahlen

1/1.	Jeden/pierwszy	8/8.	Osiem/ósmy
2/2.	Dwa/drugi	9/9.	Dziewięć/dziewiąty
3/3.	Trzy/trzeci	10/10.	Dziesięć/dziesiąty
4/4.	Cztery/Czwarty	20	Dwadzieścia
5/5.	Pięć/piąty	50	Pięćdziesiąt
6/6.	Sześć/szósty	100	Sto
7/7.	Siedem/siódmy	1000	Tysiąc

Zeit und Tage

Heute	Dziś/dzisiaj	*Dienstag*	Wtorek
Gestern	Wczoraj	*Mittwoch*	Środa
Morgen	Jutro	*Donnerstag*	Czwartek
Übermorgen	Pojutrze	*Freitag*	Piątek
Jetzt	Teraz	*Samstag*	Sobota
Gleich	Zaraz	*Sonntag*	Niedziela
Montag	Poniedziałek		

Monate

Januar	Styczeń	*Juli*	Lipiec
Februar	Luty	*August*	Sierpień
März	Marzec	*September*	Wrzesień
April	Kwiecień	*Oktober*	Październik
Mai	Maj	*November*	Listopad
Juni	Czerwiec	*Dezember*	Grudzień

Unterwegs

Ich (m/w) möchte ein Auto mieten	Chciałbym/Chciałabym wynająć samochód	*Fahrkarte*	Bilet
Tankstelle	Stacja benzynowa	*Einfach/ hin und zurück*	W jedną stronę/ tam i z powrotem
Benzin/Diesel	Benzyna/Diesel	*Abfahrt*	Odjazd
Wo kann man parken?	Gdzie można zaparkować?	*Ankunft*	Przyjazd
Autobus	Autobus	*Ich (m/w) möchte in der Nähe von … aussteigen.*	Chciałbym/Chciałabym wysiąść w pobliżu …
(Bus-) Bahnhof	Dworzec (autobusowy)	*Ich suche …*	Szukam …
Haltestelle	Przystanek		

Übernachten & Essen

Haben Sie ...?	Czy mają Państwo ...?
... ein freies Doppel- (Einzel-)Zimmer	wolny pokój dwu- ... (jedno)osobowy
... für eine Nacht/ Woche	... na jedną noc/ jeden tydzień
... mit Dusche/Bad	... z prysznicem/łazienką
... mit Frühstück	... ze śniadaniem
Guten Appetit!	Smacznego!
Prost!	Na zdrowie!
Die Rechnung bitte!	Rachunek poproszę!
Ich (m/w) würde	Chciałbym/
gerne zahlen	chciałabym zapłacić
Stimmt so	Zgadza się/Dziękuję
Ich bin Vegetarier/ Veganer	Jestem wegetarianinem/ weganem
Ich bin „Fisch-Esser" (Vegetarier, der Fisch isst)	Jestem jaroszem
Welche Gerichte sind vegetarisch/ fleischlos?	Które danie są wegetariańskie/ bezmięsne?
Ist dieses Gericht vegetarisch/ fleischlos?	Czy to danie jest wegetariańskie/ bezmięsne?

Notfall

Arzt	Lekarz
Zahnarzt	Stomatolog/dentysta
Krankenhaus	Szpital
Apotheke	Apteka
Unfall	Wypadek
Verletzung	Zranienie
Ich habe hier Schmerzen	Boli mnie tutaj
Ich benötige dringend einen Arzt	Pilnie potrzebuję lekarza
Polizei	Policja

Polnisch lernen

Zu Recht gilt Polnisch als eine schwer zu lernende Sprache. Hat man jedoch die Anfangsschwierigkeiten überwunden, stellt sich mit dem Erfolg eine Befriedigung ein, es geschafft zu haben. Polen honorieren diese Bemühungen mit großem Respekt. Laut einer landesweiten Umfrage bewegt nichts so sehr das Herz eines Polen wie ein Ausländer, der diese schwierige slawische Sprache gemeistert hat.

In Deutschland bieten viele Volkshochschulen Kurse an. Für das Selbststudium sind die Lehrbücher vom Hueber und Pons Verlag bestens geeignet. Noch mehr Spaß aber macht sicherlich der Sprachkurs vor Ort:

Sommerakademie: Internationales Intensivkursprogramm an der Jagiellonen-Universität für alle Leistungsstufen. Die hohe Qualität der Kurse und das Ansehen der Zeugnisse rechtfertigen den Preis von etwa 2150 € für sechs Wochen inkl. Unterkunft. Rahmenprogramm mit Vorlesungen wichtiger Künstler und Wissenschaftler. Szkoła Języka i Kultury Polskiej, ul. Garbarska 7a, ✆ 12-4213692, www.plschool.uj.edu.pl.

Polsko-Niemieckie Towarzystwo Akademickie: Die polnisch-deutsche Akademikergesellschaft bietet in einigen Bundesländern als Studienurlaub anerkannte Kurse bei der Sprachschule Prolog an, inkl. Unterkunft für 2 Wochen. Preis 390 € (im DZ), Studenten bis 26 J. 350 €. Ul. Bronowicka 58/5, ✆ 12-6383670, www.polnischkurse.org.

Glossa: Leser waren von Didaktik und Kursangebot ebenso begeistert wie von den Tipps zu Krakau. 2-Wochen-Kurs 370 €, Unterkunftsvermittlung möglich. Ul. Dietla 103, ✆ 12-4294051, www.glossa.pl.

Das eine oder andere Gläschen hilft vielleicht bei der Aussprache

Kartenverzeichnis und Zeichenerklärung

- Hauptstraße
- alsphaltierte Verbinungsstraße
- asphalitierte Straße
- Nebenstraße
- Rundgang Anfang/Ende
- Grünanlage
- Information
- Post
- Parkplatz
- Sehenswürdigkeit
- Flughafen/-platz
- Bushaltestelle
- Taxistandplatz
- Bank/Wechselstube
- Supermarkt

Mit dem grünen Blatt haben unsere Autoren Betriebe hervorgehoben, die sich bemühen, regionalen und nachhaltig erzeugten Produkten den Vorzug zu geben.

Krakau im Kasten

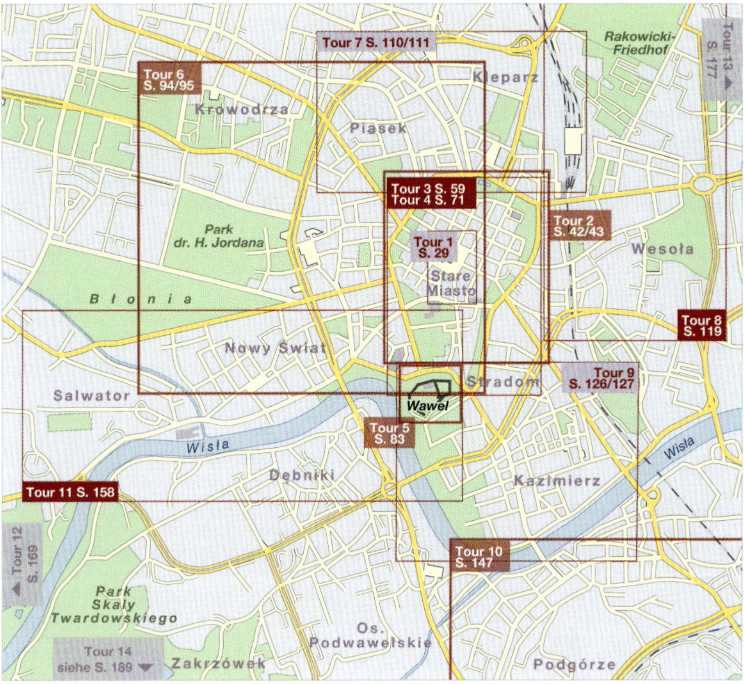

Fotoverzeichnis

Alle Fotos von **Magdalena Niedzielska-Szurmant**, außer: **Jan Szurmant:** S. 106, 107, 122, 159, 227, 286, 303, 305

Impressum

Text und Recherche: Magdalena Niedzielska-Szurmant, Jan Szurmant | **Lektorat:** Angela Nitsche, Marietta Chrobot; Überarbeitung: Nikola Braun, Anja Elser | **Redaktion:** Heike Dörr | **Layout:** Mirko Graf | **Karten:** Torsten Böhm, Hans-Joachim Bode, Carlos Borell, Theresa Flenger, Judit Ladik | **Covergestaltung:** Karl Serwotka | **Covermotive:** vorne: Tuchhallen, Blick auf Hauptmarkt und Marienkirche © Photocreo Bednarek / fotolia, hinten: Buntglasfenster im Wyspiański-Pavillon 2000 © Magdalena Niedzielska-Szurmant

Was haben Sie entdeckt?

In welchem Hotel haben Sie sich wohlgefühlt, wo befindet sich Ihre liebste Kawiarnia, in welcher Karczma war es am urigsten, im welchem Restaurant am feinsten? Wenn Sie Ergänzungen, Verbesserungen oder Tipps zum Buch haben, lassen Sie es uns wissen!

Schreiben Sie an:

Magdalena Niedzielska-Szurmant/Jan Szurmant, Stichwort „Krakau“ |
c/o Michael Müller Verlag GmbH | Gerberei 19, D – 91054 Erlangen |
niedzielska.szurmant@michael-mueller-verlag.de

Vielen Dank!

Herzlich danken möchten wir Michał Jakubczyk vom Krakauer Amt für Promotion und Tourismus für die technische Erleichterung unserer Recherchen, Iwona Derecka-Weber und Daria Jędrych von der Deutsch-Polnischen Gesellschaft Mainz-Wiesbaden für die Einladung zum Vortrag „Krakau zwischen Magie und Moderne“ und natürlich folgenden Lesern für wertvolle Tipps und interessante Hinweise: Jeanine & Marcus Binder, Lucyna Bohlender, Nicola Bräunling, Hans-Jürgen Breustedt, Sabine Dummer, Andrea Ehlert, Bernd Friedrich, Jürgen Glöckner, Elisabeth Gschaider, Jörg Hagemann, Renate Hochmayer, Alexander zu Hohenlohe, Dr. Olaf Höper, Monika Huber, Dirk Jurgasch, Gabi Karpp-Homeyer, Engelbert Knoll, Julian Koch, Sigrid Kohlmann, Regina Köhler, Ina Krause, Karolin Krutz, Robert Lambrechts, Eva Landauf-Todt & Robert F. Todt, Flora Liebig, Wolfgang Neumann, Hans-Ulrich Niepmann, Matthias Pfeiffer, Michael Pohl, Dr. Eva Raith-Ruder, Ingrid Rehm, Tatjana Saraco, Roland Schrapp, Raimund Schriek, Werner & Elke Schütz, Eugen Stangl, Ralph Thiel, Christiane Thiemt, Franziska & Alex Walser, Elisabeth Weissbacher, Horst Wiedermann, Elke Wilhem-Meuleneers, Lana Willenbrock, Dr. Dieter Wohlenberg.

Dziękujemy panu Markowi Gancarczykowi oraz panu Hubertowi Wagule (MPK S.A. Kraków) za współpracę w budowaniu części praktycznej przewodnika.

ISBN 978-3-95654-426-2

Alle Angaben ohne Gewähr. Druck: Westermann Druck Zwickau GmbH.

Newsletter

Aktuelle Infos zu unseren Titeln, Hintergrundgeschichten zu unseren Reisezielen sowie brandneue Tipps erhalten Sie in unserem regelmäßig erscheinenden Newsletter, den Sie im Internet unter www.michael-mueller-verlag.de kostenlos abonnieren können.

Nordflanke des Hauptmarkts

Abruzzen ■ Ägypten ■ Algarve ■ Allgäu ■ Allgäuer Alpen ■ Altmühltal & Fränk. Seenland ■ Amsterdam ■ Andalusien ■ Andalusien ■ Apulien ■ Australien – der Osten ■ Azoren ■ Bali & Lombok ■ Barcelona ■ Bayerischer Wald ■ Bayerischer Wald ■ Berlin ■ Bodensee ■ Bretagne ■ Brüssel ■ Budapest ■ Chalkidiki ■ Chiemgauer Alpen ■ Chios ■ Cilento ■ Cornwall & Devon ■ Comer See ■ Costa Brava ■ Costa de la Luz ■ Côte d'Azur ■ Cuba ■ Dolomiten – Südtirol Ost ■ Dominikanische Republik ■ Dresden ■ Dublin ■ Düsseldorf ■ Ecuador ■ Eifel ■ Elba ■ Elsass ■ Elsass ■ England ■ Fehmarn ■ Franken ■ Fränkische Schweiz ■ Fränkische Schweiz ■ Friaul-Julisch Venetien ■ Gardasee ■ Gardasee ■ Genferseeregion ■ Golf von Neapel ■ Gomera ■ Gomera ■ Gran Canaria ■ Graubünden ■ Hamburg ■ Harz ■ Haute-Provence ■ Havanna ■ Ibiza ■ Irland ■ Island ■ Istanbul ■ Istrien ■ Italien ■ Italienische Adriaküste ■ Kalabrien & Basilikata ■ Kanada – Atlantische Provinzen ■ Karpathos ■ Kärnten ■ Katalonien ■ Kefalonia & Ithaka ■ Köln ■ Kopenhagen ■ Korfu ■ Korsika ■ Korsika Fernwanderwege ■ Korsika ■ Kos ■ Krakau ■ Kreta ■ Kreta ■ Kroatische Inseln & Küstenstädte ■ Kykladen ■ Lago Maggiore ■ Lago Maggiore ■ La Palma ■ La Palma ■ Languedoc-Roussillon ■ Lanzarote ■ Lesbos ■ Ligurien – Italienische Riviera, Genua, Cinque Terre ■ Ligurien & Cinque Terre ■ Limousin & Auvergne ■ Limnos ■ Liparische Inseln ■ Lissabon & Umgebung ■ Lissabon ■ London ■ Lübeck ■ Madeira ■ Madeira ■ Madrid ■ Mainfranken ■ Mainz ■ Mallorca ■ Mallorca ■ Malta, Gozo, Comino ■ Marken ■ Mecklenburgische Seenplatte ■ Mecklenburg-Vorpommern ■ Menorca ■ Midi-Pyrénées ■ Mittel- und Süddalmatien ■ Montenegro ■ Moskau ■ München ■ Münchner Ausflugsberge ■ Naxos ■ Neuseeland ■ New York ■ Niederlande ■ Niltal ■ Norddalmatien ■ Norderney ■ Nord- u. Mittelengland ■ Nord- u. Mittelgriechenland ■ Nordkroatien – Zagreb & Kvarner Bucht ■ Nördliche Sporaden – Skiathos, Skopelos, Alonnisos, Skyros ■ Nordportugal ■ Nordspanien ■ Normandie ■ Norwegen ■ Nürnberg, Fürth, Erlangen ■ Oberbayerische Seen ■ Oberitalien ■ Oberitalienische Seen ■ Odenwald ■ Ostfriesland & Ostfriesische Inseln ■ Ostseeküste – Mecklenburg-Vorpommern ■ Ostseeküste – von Lübeck bis Kiel ■ Östliche Allgäuer Alpen ■ Paris ■ Peloponnes ■ Pfalz ■ Pfälzer Wald ■ Piemont & Aostatal ■ Piemont ■ Polnische Ostseeküste ■ Portugal ■ Prag ■ Provence & Côte d'Azur ■ Provence ■ Rhodos ■ Rom ■ Rügen, Stralsund, Hiddensee ■ Rumänien ■ Rund um Meran ■ Sächsische Schweiz ■ Salzburg & Salzkammergut ■ Samos ■ Santorini ■ Sardinien ■ Sardinien ■ Schottland ■ Schwarzwald Mitte/Nord ■ Schwarzwald Süd ■ Schwäbische Alb ■ Schwäbische Alb ■ Shanghai ■ Sinai & Rotes Meer ■ Sizilien ■ Sizilien ■ Slowakei ■ Slowenien ■ Spanien ■ Span. Jakobsweg ■ St. Petersburg ■ Steiermark ■ Südböhmen ■ Südengland ■ Südfrankreich ■ Südmarokko ■ Südnorwegen ■ Südschwarzwald ■ Südschweden ■ Südtirol ■ Südtoscana ■ Südwestfrankreich ■ Sylt ■ Teneriffa ■ Teneriffa ■ Tessin ■ Thassos & Samothraki ■ Toscana ■ Toscana ■ Tschechien ■ Türkei ■ Türkei – Lykische Küste ■ Türkei – Mittelmeerküste ■ Türkei – Südägäis ■ Türkische Riviera – Kappadokien ■ USA – Südwesten ■ Umbrien ■ Usedom ■ Varadero & Havanna ■ Venedig ■ Venetien ■ Wachau, Wald- u. Weinviertel ■ Westböhmen & Bäderdreieck ■ Wales ■ Warschau ■ Westliche Allgäuer Alpen und Kleinwalsertal ■ Wien ■ Zakynthos ■ Zentrale Allgäuer Alpen ■ Zypern

Reisehandbuch **MM-City** **MM-Wandern**

Register

Die in Klammern gesetzten Koordinaten verweisen auf die beigefügte Krakau-Karte.

Partnerlook auf der Dackelparade (→ S. 247)

Die Hefeteigringe namens Obwarzanki gibt es an jeder Straßenecke

Die schneebedeckten „Roten Gipfel" der Tatra

Die Apps aus dem Michael Müller Verlag

mmtravel® Web-App und mmtravel® App

Mit unseren beiden Apps ist das Unterwegssein einfacher.
Sie kommen schneller an Ihr Wunsch-Ziel.
Oder Sie suchen gezielt nach Ihren persönlichen Interessen.

Die mmtravel® Web-App ...

... erhalten Sie gratis auf www.mmtravel.com

... funktioniert online auf jedem Smartphone, Tablet oder PC mit Browserzugriff.

... zeigt Ihnen online sämtliche Sehenswürdigkeiten, Adressen und die Touren aus dem Buch (mit Seitenverweisen) auf einer Karte. Aktivieren Sie das GPS, sehen Sie auch Ihren Standort und alles Interessante in der Umgebung.

... ist ideal für das Setzen persönlicher Favoriten. Dazu legen Sie einfach ein Konto an, das Sie auch mit anderen Geräten synchronisieren können.

www.mmtravel.com

Die mmtravel® App ...

... verknüpft die mmtravel Web-App mit einem intelligenten E-Book. Mit dieser Profi-Version sind Sie komplett unabhängig vom Internet.

... kaufen Sie für Apple und Android in einem App Store.

... verortet sämtliche Adressen und Sehenswürdigkeiten aus dem Buch auf Offline-Karten. Mit zugeschaltetem GPS finden Sie darauf Ihren Standort und alles Interessante rund herum.

... informiert über Hintergründe und Geschichte.

... liefert die kompletten Beschreibungen unserer Autoren.

... eignet sich sowohl zum Schmökern als auch zum intuitiven Wechseln zwischen Karte und Text.

... lässt sich nach Bestätigung eines individuellen Kontos auf bis zu drei Geräten verwenden – und das sogar gleichzeitig.

... wird durch eigene Kommentare und Lesezeichen zum persönlichen Notizbuch.

Tram
BUS
Schen
Kraków Mydlniki
Katowice
Kraków Młynówka
Balicka Wiadukt
64 4 24 8
Bronowice
Bronowice Małe
Wesele
Kraków Zakliki
Bronowice
13 14
Głowackiego
S1
Kraków Olszanica
Uniwersytet Pedagogiczny
S1
Kraków Lotnisko
Biprostal
Kraków Airport
Port Lotniczy / Airport / Flughafen / Letiště
Krowodrza
20
Cichy Kącik
Reymana
Park Jordana
Oleandry
Strefa
II
Zone
Zwierzyniec
6
Salwator pętla
2
1
Salwator
Komorowskiego
Wisła
Ruczaj
Kampus UJ
Chmieleniec
Skotniki
18 52 62 23 11
Czerwone Maki P+R
22 19